평생학습이 창조한 세계

한숭희 저

생성적 이형화와 학습하는 체계들

Lifelong Learning

학지사

이 연구는 서울대학교 미래기초학문 분야 기반조성사업으로
지원되는 연구비에 의하여 수행되었음

머리말

새로운 생각의 전환은 허공에서 출발하지 않는다. 새로운 것은 늘 현재의 문제에 대한 불만과 비평을 먹고 자란다. 예를 들어, 포스트 휴머니즘은 휴머니즘이 내린 그늘에서 싹이 돋는다. 민주주의에 대한 개념은 처절한 권위주의와 파시즘의 현실을 딛고 실체화된다. 복지에 대한 개념은 시장경제의 잔인함을 맛본 후 등장한다. 마찬가지로 학교교육으로부터 배제되고 차별당하는 교육현실이 없었다면 결코 평생교육(학습)에 대한 요구는 태어나지 않았을 것이다. 태어났다고 하더라도 곧바로 시들고 말았을 것이다. 요컨대, 모든 주장과 이론은 지금의 불만과 상심에서 출발한다. 그렇다면 매일같이 쏟아져 나오는 교육학 연구와 담론들은 어떤 문제를 딛고 탄생하는가? 그런 문제들에 대해 평생학습 연구는 어떤 답을 줄 수 있는가?

나이가 들수록 연구를 놀이처럼 할 여유가 생긴다는 느낌을 받는다. 물론 이때의 놀이가 단지 오락이나 즐거움만을 위한 것은 아니다. 해결되지 않고 쌓여만 가는 교육의 문제들을 진정성 있게 바라보는 사람에게 공부가 오락으로서의 놀이로 여겨질 수는 없기 때문이다. 이때 놀이란 오히려 기존의 고정 관념을 넘어서는 자유로움으로서의 의미를 갖는다. 절대로 넘어서는 안 될 것이라고 믿었던 경계를 넘어 보기도 하고, 죽을 때까지 수호해야 할 신념이라고 믿었던 것도 한 번쯤 부정해 보기도 하는 것은 결코 의무감이나 사명감 안에서는 결코 해 볼 수 없는 일인 듯하다. 구체적이고 실제적인 교육문제들 너머에 내가 감지할 수 없을 정도로 큰 교육이라는 거대 생명체의 존재를 느끼면서 내가 할 수 있는 일이라고는 지금의 문제 수준을 넘어서는 큰 구조를 상상하고 놀이해 보는 것밖에는 없었다는 것을 고백한다.

사실, 들뢰즈는 그의 『니체』에서 세 가지 변신에 대해 언급한다. "어떻게 해서 정신은 낙타가 되고, 낙타는 사자가 되며, 사자는 마침내 어린아이가 되는가"(Deleuze, 1965/2007, p. 9). 그에 의하면, 낙타는 무거운 짐을 나르도록 통제되고 순종하는 노예와 같다. 그런 낙타가 언제부터인가 자신의 모습과 기존의 가치를 물어뜯고 그와 싸우는 사자가 된다. 그리고 마지막에는 그런 사자의 탈을 벗어던지고 유희하며 새로운 것들을 만들어 내는 어린아이가 되어야 한다. 그것은 현재를 재단하는 기성학문에 대한 저항을 동반한다. 그의 이런 비유는 결국 이전의 철학 조류에 대한 그의 반항과 거부를 놀이라는 형태를 빌려 표현한 것이었다.

> 소크라테스학파로부터 헤겔주의자에 이르기까지의 철학사는 인간의 오랜 복종의 역사이며, 이러한 복종을 정당화하기 위해서 인간이 자신에게 부여하는 이유들의 역사다. 그러한 퇴화의 운동은 철학만을 규정하는 것은 아니며 역사의 생성 전반을, 역사의 가장 근본

> 적인 범주를 표현한다…… 미래의 철학으로서의 참된 철학은 영원한 것도 역사적인 것도 아니다. 그것은 반시대적인 것, 항상 반시대적인 것이어야만 한다(Deleuze, 1965/2007, pp. 37-38).

이 비유가 비록 철학의 벌거벗은 모습을 처절히 비판하기 위해 등장한 것이기는 하지만, 이 변신은 그대로 이 시대의 교육문제를 내려다보는 관찰자로서의 교육학의 모습과 닮아 있는 듯하다. 오늘날 교육은 근대사회에서 국민 국가 형성, 자본주의 임금 노동자 양성, 그리고 능력주의라는 회칠한 무덤 같은 짐들로 힘겨워하는 낙타와 꼭 닮아 있으며, 이미 다수에 의해서 '반시대적인 것'으로 선언되고 있다. 이미 현대교육학은 수많은 비판이론과 탈근대적 인식론을 통해 이런 학교와 교육의 모습을 비판하는 사자의 모습으로 탈바꿈해 가고 있기는 하지만, 여전히 물어뜯고 찢기만 할 뿐 새로운 빛을 만들어 내는 데 실패하고 있다면 그 생명성도 오래 지속될 수 없다. 낙타와 사자는 뫼비우스의 트랙에 영원히 갇혀, 영원히 종점에 도달하지 못하면서 끝없이 주인에게 봉사하거나 혹은 상대를 악무한적으로 뒤쫓기만 한다.

결국 새로운 유희를 시작하기 위해서는 기존의 프레임, 기존의 전제, 기존의 논리 게임으로부터 자유로울 수 있어야 한다. 이제 교육은 어린아이가 되어 혹자는 비웃을지 모르는 순진함과 단순함을 통해 이전에는 보이지 않던 가능성되기 놀이를 시작해야 한다. 나는 그 놀이를 평생학습이라는 게임에서 찾았다. 비록 지금의 평생학습은 한때 초기 사회교육자들의 '낙타 같은' 수고의 일부이기도 했고 또한 학교 체계의 모순을 물어뜯는 '사자'의 흉내를 내 보기도 했다.

하지만 아직 한 번도 제대로 된 '놀이' 속에 빠져 자신의 옛 모습을 잊고 시대를 뒤집는 새로운 시도를 해 보지 못하였다. 이제 평생학습 연구는 다시 어린아이의 마음으로 돌아가서 '반시대적인' 이론 유희를 시작할 필요가 있다.

이런 맥락에서, 나의 연구들은 모두 어린아이의 유희와 같은 마음으로 출발했다. 지금까지 내가 써 온 책들은 어떤 엄밀한 과학적 성과들을 정리한 것이 아니다. 단지 어린아이의 유희처럼 기존의 교육학과 평생학습 연구들을 희롱하고 뒤집으며 새 규칙을 만들고자 시도해 본 것이다. 지금 내가 쓰고 있는 이 『평생학습이 창조한 세계』는 나에게 그런 놀이와 같은 것이다.

사실, 그런 놀이를 하는 데에는 학술 논문보다 단행본이 갖는 유리함이 있다. 단행본을 쓰는 일은 생각을 함께 나누는 놀이의 일부분이다. 단행본은 학술 논문과 조금 다르다. 논문이 정해진 규칙 안에서 진위를 다투는 일이라면, 단행본은 그런 규정성을 넘어 사유함의 자유를 공유하는 공간이다. 당장 검증될 수 없더라도 장기적으로 공유할 가치가 있는 생각들을 '두텁게' 사유하고 나누는 가능성의 영토이다. 여기에서 공간 대신 영토라는 단어를 선택한 이유는 적어도 단행본 안에서는 저자의 통치성이 강하게 작용하기 때문이다. 그리고 독자는 바로 저자에 의해 선택된 강한 주관성의 영토를 조심스레 들여다보고 싶어 한다. 그것을 통해 새로운 세계 탐색을 위한 가능성, 희망, 감수성, 진정성을 공유할 수 있다.

이렇게 놀이하고 춤추는 평생학습이라는 중력에 의해 이전의 주류적 학습론들은 조금씩 새로운 영토로 끌려간다. 그 한쪽에는 지난 이백여 년 동안 축적되어 온 학교학습의 양식이 있으며, 다른 한쪽에는 그것을 재위치시키는 새로운 학습의 양상들이 분산적으로 작동하는 변화의 모습이 관찰된다. 하지만 내가 보기에 지난 50여 년 동안 우리가 탐구해 왔던 '평생학습'이라는 현상과 실천은 이제 그 수명을 다한 것 같다. 새로운 변신을 시도하지 않는다면 마치 관습에 얽매인 제도처럼 사람들의 기억에서 사라지게 될 수 있다. 이제 평생학습의 이론과 개념에 의미 있는 변혁이 필요해 보인다. 여기에 일종의 선명성과 힘을 부여하기 위해 보다 강한 표현을 선택해 본다. 이 책의 중간중간에 사용되는 '포스트-평생학습'이라는 표현은 그런 의도를 가지고 선택된 표현이다.

앞서 인용한 들뢰즈의 말처럼, 미래의 학문은 어떤 고정된 것도 아니며 역사적인 것도 아니다. 다만, 언제나 반시대적인 것이어야만 한다. 현재를 부정하고 넘어서려는 힘이 없는 학문은 그저 헛수고이거나 의미 없는 목소리일 뿐이다. 현재가 틀렸기 때문에 넘어서려는 것이 아니라, 현재를 더 낫게 만들어야 하기 때문에 넘어서려는 것이다. 그래서 학문은 늘 보수적 관점으로부터 진보적 관점으로 진화한다.

이 책은 지난 50여 년 동안의 평생학습에 대한 담론을 비판적으로 이어받으면서, 그와 동시에 새롭게 다가오는 인간학습 이해의 조류들을 담을 필요성을 주장한다. 물론 이러한 시도는 그저 시작에 불과할 뿐이며, 이 책이 수행하는 역할은 단지 '그런 변화가 필요하다'는 논조의 예시를 드는 것뿐이다.

이 책은 평생학습의 태생과 흐름에 관한 일반론적인 내용을 담고 있다. 이를 적용한 한국의 구체적 사례와 사태들에 관한 내용은 다음 책에서 다루기 위해 여기에 담지 않고 따로 빼 두었다. 모든 시론적 책들이 다 그렇듯이 이 책의 내용도 엄밀한 검증과 진위를 따질 만한 내용들은 아니다. 단지 우리가 평생학습이라는 문제를 어떻게 포착하고 이해하며 교육 일반에서 다루어야 할지에 관한 질문들을 담았다. 물론 그 답을 찾는 일은 우리 모두의 몫이다.

이 책의 각 장에서 나는 다음과 같은 쟁론들을 전면화시켰다.

우선 제1장에서는 평생학습 현상을 탐구해 가는 과정에서 내가 느끼고 고민했던 흔적을 개인 연구사적 흐름을 통해 드러내었다. 이 현상을 어떤 모형으로 설명할 수 있을지에 대한 나의 생각이 시간의 흐름에 따라 어떻게 변해 가는지에 대하여 설명하였다. 또한 이러한 이론 연구적 시도들이 데이터 기반 경험 연구들을 어떻게 보완하고 지지해 줄 수 있는지에 대한 이유를 설명하였다.

제2장에서 나는 평생학습을 '작은 글자'로서의 개인사적 관점에서 보는 방식과 '큰 글자'로서의 사회적 학습 양식으로 보는 두 가지 방법으로 구분하였다. 평생학습이 낱낱의 개인 기반 학습들의 전생애적 학습이라는 시간성의 확장을 의미하기보다는 오히려 그 자체가 하나의 새로운 집단적이고 사회적인 '학습 양식'이라는 점을 부각시켰다. 또한 그 작동 과정에서 새로운 학습의 배치 양상을 창출해 낸다는 점을 설명하였다. 이를 통해 기존의 학교 체계가 형성한 형식학습(formal learning)에 대한 의미 있는 변형을 기획하고 있다는 점을 강조하였다.

제3장에서는 앞 장에서 말한 학교교육체계의 기본 특성인 '형식학습'이 근대 학교 형성사에서 어떻게 하나의 거대 플랫폼 형태로 구성되어 왔는지에 대해 논의하였다. 따라서 장의 제목을 '형식화의 시간'이라고 붙였다. 이를 위해 내가 이전에 출판했던 『교육이 창조

한 세계』의 내용에 기대면서 근대 학교 체계의 형식성이 어떻게 탄생하게 되었는지를 기술하였다. 또한 그런 형식학습 중심의 교육체계가 활동–체계의 이중모순 속에서 교육체계의 기능성과 연결성을 물신화시키게 되었고, 각종 교육개혁이 실패할 수밖에 없었던 핵심적인 이유가 되었다고 보았다.

제4장부터는 본격적으로 평생학습의 탄생과 제도화가 가지는 특성들을 탐색하였다. 먼저, 제4장에서 나는 평생교육과 학습사회라는 개념이 바로 이 형식학습 중심의 학교교육의 경계를 허무는 일, 즉 포스트–형식화 혹은 탈영토화의 작동 방식이었다고 보았다. 특히 유네스코의 『포르 보고서』의 내용을 분석하면서 그 안에 선언적으로 담긴 평생학습/평생교육의 비판적 맹아를 드러내었다.

제5장에서는 이렇게 출발한 평생교육이 1990년대 이후 '삶 전체의 학습(learning throughout life)'이라는 프레임으로 『들로르 보고서』에 등장한 이후 학습체계로서의 평생학습 장치들이 기능적으로 발화하기 시작하는 장면들을 설명하였다. 여기에서, 특히 점차 형성되어 나오는 학습체계의 융합체로서의 평생학습체계가 보여 주는 이형화/다양화 현상에 주목하였다. 특히 유럽의 평생학습 전개 방식과 동아시아의 평생학습이 발화하는 방식을 서로 비교하면서, 평생학습체계가 학교의 동형성과 다른 방식으로 확산되고 있다는 점을 보였다. 이를 통해서 평생학습체계는 어떤 본질적이고 내재적인 가치로 연역될 수 있는 현상이 아니라 학습이 다층적이고 기능적으로 작동하면서 만들어 내는 학습의 생명화 현상이며, 그 우연성과 임의성 안에서 다양한 형태의 학습체계의 진화가 나타난다고 보았다.

제6장에서는 평생학습체계의 진화양태를 이론적으로 고찰하였

다. 먼저, 학습체계를 규정해 왔던 고전적 결정론 혹은 듀얼리즘적인 존재론적 틀을 넘어설 수 있는 이론 체계로서 학습생태계적 접근을 선택했다. 여기에서는 특별히 니클라스 루만의 사회 체계 이론으로서의 교육체계에 대한 설명을 차용하였다. 또한 이 이론의 한계와 문제점을 개선하는 형태로서, 신유물론적 접근법을 활용하였다. 이 질문들을 통해서 평생학습이 형성해 가는 일종의 학습체계를 구성하고 변형시켜 나가는 힘은 어디에서 오는지를 물었다.

제7장에서 9장까지는 포스트 휴먼적 맥락에서 평생학습의 인식-존재론을 새롭게 규정하려고 시도하였다. 여기에서 나는 이전의 평생학습 연구의 흐름을 성찰적으로 재구성한 형태의 포스트-평생학습, 혹은 평생학습 3.0이 준비되어야 한다는 점을 강조하였다.

먼저, 제7장에서는 복잡 체계적 차원에서 평생학습의 층위를 개체를 중심으로 하는 개체 주체성 차원으로부터 객체 지향 평생학습 존재론 및 중층적 복잡 체계 차원으로 전환해야 하는 이유를 설명하였다. 이를 위해서 포스트 휴머니즘적 사고가 앞으로의 인간의 학습을 이해하는 데 주는 영향과 의미를 이해하면서, 그와 동시에 인공지능이 다루어 가는 비인간 체계의 학습을 인간 체계의 학습과 어떻게 병행할 수 있는지에 대한 물음을 던졌다. 또한 산업 5.0 시대와 인공지능, 포스트 휴먼의 플랫폼 안에서 평생학습체계가 진화해 나가는 맥락을 설명하였다.

제8장에서는 학습의 주체와 대상이 비단 근대주의적 인간 개인에게 한정되어서는 안 된다는 점을 강조하였고, 지구 생태계 안에 인간이 차지하는 의미를 복잡 체계성의 틀에서 재해석했다. 그 연장선상에서 평생학습을 전생애(lifelong), 혹은 전사회(lifewide)뿐만 아니

라 '전층위(lifedeep)' 차원에서 새롭게 조명할 것을 주문하였다. 평생학습은 이제 개체의 전생애적 학습 및 전사회적 학습을 넘어 중층적인 복잡 체계들이 서로 연결된 전층위적 학습을 포괄하는 통합적 학습 연결망으로 이해되어야 한다는 점을 강조하였다.

제9장에서는 『포르 보고서』가 50년 전 제시했던 '학습사회' 개념을 포스트적 맥락에서 재해석하려고 시도했다. 학습체계는 '학습을 촉진하는 체계'라는 기존의 개념을 넘어 '스스로 학습하는 활동 체계들'로 이해될 필요가 있다는 점을 설명하였다. 말하자면, 학습사회란 스스로 학습하는 체계들의 중층적-분산적 연결망인 셈이다. 코로나19 상황에서 나타났던 전층위적 학습 현상을 예시하면서, 학습사회란 그런 각 층위의 학습체계들이 서로 연쇄적으로 학습하며 변화하는 사회 구성체라는 점을 예시하려고 하였다.

이 책을 읽어 가는 독자들도 나와 같이 '놀이로서의 교육학'을 즐겨 주기 바란다. 이 내용을 심각하게 받아들이고 이해하려고 노력하기보다는, 오히려 내가 던진 개념들을 통해 세상을 뒤집고 연결하며 새로 보는 연습장으로 활용해 주면 좋겠다. 모든 이론은 잠정적 진리성만을 가진다. 언젠가는 뒤집어진다. 물리학에서 현재를 가름하는 빅뱅이론도 제임스 웹 천체망원경의 관찰을 통해 조만간 뒤집힐지 모른다. 토마스 쿤이 말한 패러다임의 전환은 언제든지 일어날 수 있다. 교육학을 연구하는 일도 학문 게임의 규칙을 뒤집는 놀이를 통해 전혀 다른 방향으로 나아갈 수 있다. 이 과정에서 평생학습 현상을 연구하는 일도 다르게 읽힐 수 있는데, 그 자체로 인류의 학습과 교육훈련 체계를 진화시키는 데 중요한 역할을 하기도 하지만, 다른 한편에서 교육이라는 거대 생물체를 이해하고 그 진화 과정을 추적하도록 해 주는 최신의 변이 현상일 수 있다. 평생학습 현상은 유아교육, 초·중등 교육, 고등교육 등과 함께 가장 최근 발화하는 교육훈련 체계의 새로운 변이 현상일 수 있다. 이런 현상을 우리는 어떻게 이론적으로 포착할 수 있을까? 그러기 위해서는 어떤 놀이가 필요할까?

이 책을 써 내려가면서 필요에 따라 내가 지난 시간 동안 집필한 논문과 책들을 이 책에 활용하였다.『포스트 모던 시대의 평생교육학』(2005),『학습사회를 위한 평생교육론』(2009),『교육이 창조한 세계』(2019),『포르 보고서 해제』(2021) 등의 내용을 부분적으로 가져왔으며, 학술 논문 가운데 최근에 썼던「평생학습 개념 생태계 연구」(2020) 및「평생학습 제도화 현상의 이론적 기반과 글로벌 전개 과정」(2021)의 내용 일부도 활용하였다. 이 문헌들로부터 가져온 내용들은 가독성을 위해서 그 출처와 그 범위를 표시하였고, 직접인용 부호 표시는 하지 않았다.

이 연구는 서울대학교 미래기초학문 분야 기반조성사업으로 지원되는 연구비에 의하여 수행되었다. 이 연구를 흔쾌히 지원해 준 서울대학교에 감사한다.

차례

제3장 형식화의 시간: 학교교육이 창조한 형식학습의 세계 95

제4장 탈영토화의 시간: 평생교육의 초형식성과 탈경계화 147

제5장 재영토화의 시간: 평생학습의 체계화와 이형성 185

제 1 장

평생학습 탐구하기

평생학습 현상을 탐구해 가는 과정에서 느끼고 고민했던 흔적을 개인 연구사적 흐름을 통해 드러내었다. 이 현상을 어떤 모형으로 설명할 수 있을지에 대한 나의 생각이 시간의 흐름에 따라 어떻게 변해 가는지에 대하여 설명하였다. 또한 이러한 이론 연구적 시도들이 데이터 기반 경험 연구들을 어떻게 보완하고 지지해 줄 수 있는지에 대한 이유를 설명하였다.

평생학습이라는 사회 현상

'평생학습'이라는 새로운 사회 현상이 나타나고 있다. 이것을 교육 현상이라고 말하지 않고 사회 현상이라고 한 이유는, 이것이 단지 교육이라는 장면에 국한된 현상이 아니며 모든 종류의 사회적 차원, 즉 사회, 문화, 경제, 정치 등 사회 전반에 포괄적으로 영향을 미치고 있는 현상이기 때문이다.

21세기를 즈음하여 일터와 삶터에서의 학습의 필요성이 과거에 비해 훨씬 더 커지고 있다. 그에 따라 학습을 제도화하여 공급하는 데 필요한 사회 장치들이 정규 학교를 넘어 확산되고 있다. 급격한 정보·지식 사회, 포스트 산업사회, 학습경제 등이 등장하면서 자의든 타의든 교육, 훈련, 기타 자기개발에 지속적으로 참여해야 한다는 논리들이 삶의 구석구석으로 파고들고 있다. 이를 위해서 새로운 영역에서 교육훈련 기관들이 생겨나고, 새로운 교육훈련 프로그램들이 공급되고 있다. 정치권에서는 공적 차원에서 더 많은 사람에게 질 높은 학습의 기회를 공평하게 분배하려고 한다는 논리가 힘을 얻고 있고(UIL, 2016), 이들이 학습활동에 참여할 수 있도록 유급학습휴가 등의 시간과 비용을 지원해야 한다는 요청이 노동시장과 기업에서도 등장하고 있다(OECD, 1973; World Economic Forum, 2016). 저개발국들에서는 문해율을 높이기 위한 국가 차원의 방법들이 강구되고 있고, 선진개발국들의 경우 일터학습을 넘어 삶의 웰빙과 질을 높이기 위한 다양한 학습 지원 체계를 만들기 위해 노력하고 있다. 유네스코와 같은 국제기구들은 '평생학습'을 위한 전담기구를 설치하기도 하였고, 전사회적으로 평생학습을 확산하기 위해 학습지역, 학습도시, 평생학습대학, 공공평생학습센터, 원격 성인교육프로그램 등을 확산하고 있다.

이러한 학습의 수요와 공급의 양적 확대 속에서 과거에 볼 수 없었던 수많은 새로운 현상들이 나타나고 있다. 학교교육과 학교 밖 교육이 연결되며, 아동교육과 성인교육의 계속성이 중요한 키워드가 되었고, 학습의 시공간을 넘어선 온라인학습이 각광받고 있다. 전일제로만 운영되던 교육의 프레임이 유연화되면서 시간제학습의 중요성이 높아지고, 대학 학점으로 사전경험학습 인정이 활용되기 시작했다. 요컨대, 학교를 넘어 통합적 '평생학습생태계'를 구축하기 위한 새로운 국가 단위 혹은 지역 단위의 전략과 정책들, 방법과 모니터링 수단들, 교육정책 촉진 장치들 및 글로벌 차원에서의 초국가적 활성화 전략들이 모습을 드러내고 있다. 이제 평생학습은 각종 학습활동 체계들의 통합적 원리로서 존재감을 나타내고 있고, 지식경제와 노동시장의 필요를 넘어 사회 통합과 개인 발달의 영역으로까지 영향을 미치고 있다.

평생학습을 흔히 성인교육 혹은 학교 밖 교육에서 이루어지는 학습과 동일시하는 경향이 있지만, 사실상 평생학습이란 이런 새로운 흐름 속에서 우리가 학습을 이해하는 새로운 '프레임'이라고 말하는 편이 좀 더 정확하다. 말하자면, 평생학습이라는 특칭의 대상이나 활동이 학교교육과 별도로 존재하는 것이 아니다. 오히려 이런 새로운 사회 현상 속에서 달라진 학습 프레임을 말하는 것이다. 즉, 평생학습은 평생이라는 맥락 속에서 인간의 학습을 이해하는 방식이라고 보는 편이 옳다. 흔히 기존의 학교학습이 따로 있고 평생학습이 그 경계 밖에 따로 있는 것으로 보는 것은 이 현상의 핵심을 비껴가는 것이다. 물론 학습 요구의 총량이 늘어나고 새로운 방식의 교육공급기제들이 생겨남으로써 지금까지 없었던 새로운 색깔과 모양의 학습활동과 기관들이 새롭게 생겨나고 있는 것은 사실이다. 하지만 평생학습이라는 것이 이렇게 '새롭게 생겨나는 양상'만을 제한적이고 고립적으로 지칭하는 것은 아니다. 오히려 학교를 포함하되 지금까지 학교가 전담해 왔던 교육활동을 넘어 새로운 학습활동과 기관들이 유아 단계에서부터 성인과 노인 단계까지, 일터에서부터 지역에 이르기까지, 취미와 교양을 넘어 생산성과 사회 통합이라는 목적에 이르기까지 다양한 방식으로 확장되고 있는 변화의 모멘텀 속에서 인간학습이 보여 주는 새로운 트렌드에 주목하려는 것이다. 이른바 '학습생태계' 전체가 변화하고, 그 안에서 인간학습과 교육훈련의 새로운 질문과 답들이 탄생하고 있다. 평생학습은 배움터를 넘어 삶터와 일터 전반에 나타나고 있는 학습의 변화를 포착한다. 그리고 이러한 변화는 과거에는 결코 관찰되지 않던 새로운 현상이다.

여기에서 핵심은 어떤 고립된 현상이 새롭게 생겨나고 있다는 것이 아니라 학습이라는 현상 전체에 모종의 일반적이고 전반적인 변화가 발생하고 있다는 점이다. 이 현상은 단순히 학습의 총량이 늘어나거나 학습을 공급하는 기관들이 다변화된다는 선을 넘어선다. 그것은 우리가 접하는 학습활동의 조건과 체계가 근본적으로 달라지고 있음을 의미한다. 과거에 익숙했던 학교 방식으로 작동하는 학습 혹은 그런 학습에 의존하는 학교화된 사회를 이해하고 설명하는 방식만으로는 이러한 새로운 사회 현상을 설명하기에 역부족이다. 학교 중심의 전통적 교육학만으로는 이러한 변화를 제대로 설명하기 어렵다. 기존의 교육학이론들은 수업, 교수, 교육과정, 평가, 학력 등의 개념에 집착해 왔고, 그래서 이런 범주를 벗어난 학습 활동 현상들을 설명하는 데 분명한 한계가 있다. 평생학습에 관한 전담 연구 논리와 방법, 즉 평생교육학이 필요한 이유가 바로 여기에 있다.

요컨대, 평생학습이란 인간의 학습 자체를 전생애와 전사회라는 새로운 맥락에서 조망하고 정책화하며 그 현상을 설명하도록 요청하는 교육학적 시도라고 할 수 있다. 즉, 학습을 학교라는 제도적 장치를 넘어 '평생이라는 새로운 맥락'에서 재규정하여 이해하고 실천하며 이론화하는 방식이다. 여기에서 '평생'이란 단지 개인의 전생애를 지칭하는 것만은 아니다. 말하자면, 평생에 걸쳐 제도화된 교육을 받아야 한다는 뜻이 아니다. 오히려 학교라는 제도적 형식에 갇혀 있던 학습을 삶의 전 영역, 즉 삶터와 일터로 풀어내어 재해석한다는 뜻이며, 학습이 위치하는 존재적 조건 혹은 양상이 달라진다는 것을 뜻한다. 학습은 이제 교실이라는 인위적 공간을 빠져나와서 '평생'이라는 상황 안에서 재해석되고 실천된다. 교실과 생활은 이제 서로 연동하는 탈경계화를 경험한다. 이 점에서 유네스코가 2015년에 제안한 『Education 2030 Framework for Action』은 평생학습의 의미를 잘 규정하고 있다.

본질적으로 **평생학습은 학습과 생활의 통합에 뿌리를 두고 있으며**, 전생애적 맥락(아동, 청년, 성인 및 노인, 소녀와 소년, 여성과 남성 등) 및 전사회적 맥락(가족, 학교, 지역사회, 직장 등)에서의 학습이 다양한 학습 양식들(형식, 비형식 및 무형식)을 통해 다양한 학습

> 필요와 수요를 함께 충족시키는 방식으로 작동한다. 평생학습을 촉진하는 교육시스템은 모든 개인의 학습 기회를 보장하기 위해 모든 하위 부문과 수준을 포함하는 전일적(holistic)이고 전 부문에 걸친(sector-wide) 접근 방식을 채택한다(UNESCO, 2015, p. 30).

이제 평생학습은 학습을 생활 세계로 끌고 나온다. 그런데 학습이 교실을 빠져나와 평생이라는 공간 안에 재위치되어야 한다는 말이 과거에는 학교 밖 삶의 공간 안에 학습이 존재하지 않았다는 것을 의미하는 것은 결코 아니다. 아이들이 모국어를 배우고 놀이를 배우며 가사와 집안일을 배우는 것처럼, 혹은 청년이 직장에서 일을 어깨 너머로 배우며 유튜브를 통해 새로운 사실들을 알아 나가는 것처럼, 학습은 늘 평생이라는 삶터와 일터 안에 존재해 왔다. 우리가 '사회화(socialization)'라고 부르는 것도 사실은 사회 안에서 진행되는 무형식학습 현상이었다. 단지 형식이 없었을 뿐이다. 이렇게 삶 속에 학습이 이미 자리 잡고 있었음에도 불구하고 학습이 교실을 빠져나와 평생이라는 삶의 공간 안에 재위치되어야 한다고 말하는 이유는 무엇일까? 그것은 바로 그 삶 속에서 작동하는 학습의 존재 방식에 의미 있는 변화가 일어나고 있기 때문이다.

단적으로 말해서, 평생학습은 삶의 수면 아래 숨어서 무형식적으로 작동하던 학습이 수면 위로 나와서 모종의 활동의 목적이자 중심이 되는 방식으로 전경화(前景化)될 것을 요구받는다. 생활 세계의 학습의 경우에도 그것이 후경에만 머무르지 않고 적극적으로 전경화될 필요가 있다. 즉, 과거처럼 활동 체계 속에 묻혀서 사회화적 형태 혹은 상황학습(situated learning)의 형태로만 학습되는 차원을 넘어서 학습의 목적이 전위에 배치되고, 그것을 위한 자원과 시공간 그리고 전문성이 확보되는 우후죽순의 양상이 나타난다. 그러다 보면 일터와 삶터 곳곳에 임의적이고 유연한 '배움터'들이 등장하게 된다. 그런 모양새의 학습활동 체계들이 생애 전반, 사회 전반 그리고 다양한 학습 양식들 안에서 작동하면서 스스로 전면화, 범주화, 연계화한다. 이렇게 나타난 작은 학습활동의 체계들, 즉 학습체계(learning systems)들이 반복적으로 자신을 재생산하고 서로 연계되며 더 큰 체계 아래 포섭되는 현상 속에서 나타난 전체 구도를, 나는 평생학습체계(lifelong learning systems)라고 부른다. 이에 대한 내용은 제4장 이하에서 설명된다.

전경화되는 학습들

학습이 전경에서 수행되는가 아니면 후경에서 수행되는가의 문제를 구분하는 것은 매우 중요하다. 대부분 우리가 무엇을 배울 때에는 도대체 언제 그것을 배웠는지 의식하지 못하는 사이에 부지불식간에 배우게 되는 경우가 많다. 무엇을 배우는 과정은 대개 무엇을 수행하는 일의 물밑에서 무의식적으로 진행되며 우리가 의식하는 것, 즉 우리 의식의 전경에는 무엇을 배운다는 것보다는 그것을 하려고 애쓴다는 목표 지향성이 위치하게 된다. 즉, 자전거를 타려고 애를 쓰며 넘어지기를 반복하면서 우리는 자전거 타는 법을 배우게 되는데, 이때 우리가 자전거를 배우는 것은 자전거를 타는 (혹은 타려고 애쓰는) 과정의 후경에서 전개되는 활동의 일부일 뿐이다.

(그래서 대부분의 학습은 겉으로 드러난 어떤 활동의 매개 활동으로 규정된다.) 물론 누군가는 이렇게 말할 수 있다. 아이가 자전거를 타려고 애쓰는 과정에 분명히 뭔가를 배우려는 모습이 전경에 드러난다고 말이다. 그러나 자전거를 배운다는 것은 단지 쓰러지지 않기 위해 애쓰는 것만을 의미하지 않는다. 쓰러지지 않고 똑바로 진행할 수 있는 단계가 된 이후에도 계속해서 코너를 잘 도는 법, 빨리 달리는 법, 잘 멈추는 법, 산길 같은 험로를 잘 주행하는 법 등을 경험하고 익히게 된다. 이런 것들을 익히는 과정에서 우리는 '무엇을 배운다'는 것을 '무엇을 한다'는 것으로부터 분명히 분리해 내기 어렵다. 말하자면, 우리가 삶터에서 혹은 일터에서 무엇인가를 배워 나가는 과정은 대부분 생활의 후경(後景, background)에서 이루어진다. 그래서 눈에 잘 띄지 않으며, 흔히 삶에는 학습이 별도로 존재하지 않는다고 생각하기도 한다.

반면, 학교는 이와 다르다. 학교의 학습은 학습 자체가 목적이며, 학습을 위해 특별히 고안된 시공간의 구성으로 이루어져 있다. 누구나 학교에 간다고 하면 '배우러 간다'는 것을 안다. 학교는 '배우는 일' 이외에 어떤 것도 그 중심에 위치시키지 않는다. 과거에 학교를 제외하고는 대부분의 학습활동이 사회화적 차원에서 후경에 머물렀다면, 이제 보다 많은 학습이 인위적인 시간과 공간, 자원과 전문성을 통해 배우는 전경적 활동이 되어 가고 있고, 이러한 학습의 전경화를 반영한 새로운 학습체계들이 여기저기에서 모습을 드러내기 시작한다. 평생학습이라는 인식은 이렇게 여기저기에서 나타나는 학습의 전경화를 포착하며 형성된 개념이다.

그런데 이런 변화는 적어도 초기에는 어떤 위계적 필요성에 의해 계획적이고 조직적으로 만들어진 것이 아니라 오히려 현장의 필요와 요구를 반영하면서 여기저기에서 무질서하게 그 모습을 드러낸다. 그러면서도 일정 시간이 지나면 나름의 조직화와 체계화를 거쳐서 학교와 유사한 형태의 형식성을 가지게 된다. 이렇게 획득된 형식성을 학교의 형식성(formality)과 대비시켜서 '비형식성(non-formality)'이라고 부른다. 여기에서 비형식이라는 것은 형식이 없다는 것이 아니라, '학교라는 형식성이 아니'라는 뜻이다. 즉, 시간표나 교실, 조직이나 구조가 없다는 뜻이 아니라, 그것이 학교가 가지고 있는 형식학습의 핵심으로서 학습 결과를 졸업장이나 학위로 표현해 내는 독점적 권한을 공유하지 못한다는 의미로 해석되어야 한다. 이것은 마치 정부가 아닌 조직 단체들을 비정부 단체(non-governmental organization)라고 부르는 것과 같다. 이때에도 '정부가 없다'는 뜻이 아니라 정부가 가지고 있는 독점적 권한을 가지지 못한 조직과 단체라는 뜻을 함의한다.

요컨대, 학교의 형식학습, 즉 졸업을 국가가 인정하는 학습의 특권은 없지만 이와 유사한 형태의 조직화와 구조화를 만족시키고 있는 다양한 학습활동 체계들, 즉 학습센터, 아카데미, 학습동아리, 튜터링, 연수 등이 삶터나 일터를 채워 가면서, 이제 학습은 학교라는 배움터를 넘어선 새로운 전경화된 배움터들을 획득하게 된다. 이와 별도로 교수 과정이 조직화되거나 구조화되지는 않았지만 학습자 스스로 학습의 의도를 전경화하면서 학습을 수행해 가는 전경화된 학습의 비중도 커져 가고 있다. 소위 독학, 자기학습(자습), 독서, 자기개발 등의 이름으로 나타나고 있는 학습의 양상들을 무형식학습(in-formal learning)이라고 부르는데, 이때의 무형식학습은 사회화 혹은 사회학습(social learning)의 맥락에서 과거에 사회적 관계나 일 혹은 문화 활동의 물밑에서 일어났던 무형식학습과는 차별적으로 스스로를 전경화시켜 나가고 있다. 말하자면, 일부러 책을 구매하고 시간을 내어 읽으며 그 의미를 따져 보는 등의 학습활동이 개인과 동아리와 공동체 단위에서 알게 모르게 퍼져 나간다. 이렇게 '평생학습 현상'은 단순히 한 개인의 전생애를 통한 학습의 연장이라는 차원을 넘어 학습의 중층적 전경화 및 그로 인해 다양한 학습 자원 및 학습체계들 및 공공제도화 등을 포괄하는 이른바 '평생학습체계'를 형성해 가면서 새로운 방식으로 기존의 교육질서를 변형하고 탈경계화해 간다.

평생교육학은 이러한 방식으로 작동하는 인간학습 및 그를 지원하기 위해 형성되는 각종 교육학적 개입 현상들에 대해 분석하고 설명하며 이론화하는 학문 분야라고 할 수 있다. 새로운 방식으로 학습의 야생적 모습을 관찰하고 이해하며, 그렇게 작동하는 학습을 통해 확장되고 세련화되는 인간사회의 여러 차원을 설명하려고 시도한다.

평생교육학의 핵심 연구 문제와 접근 방식을 정의하는 일은 학문 공동체 단위의 과제이며, 그것을 몇몇 개인이 나서서 정의하려고 해서는 안 된다. 다만, 지난 30여 년 동안 관련 분야 연구를 수행해 온 나의 입장에서 볼 때 평생교육학은 평생학습이라는 패러다임으로 인간학습을 이해하고, 그것이 사회 전반에 어떻게 파급되어 가면서 일종의 지배적인 형태의 '학습의 사회적 양식(social mode of learning)'으로 자리 잡아 가는지를 추적하고 설명하는 일을 게을리 해서는 안 된다. 단적으로 말해서, 형식학습이 지배하던 학습의 사회적 양식에서부터 평생학습, 즉 형식–비형식–무형식의 초학습 형식성(trans-formality)이 지배하는 새로운 형태의 사회적 학습 양식이 일반화되어 나가는 과정을 통해 한 사회의 구성과 기능 방식이 어떻게 변화해 가는지를 설명할 필요가 있다. 이를 좀 더 설명하면 다음과 같다.

한 사회에서 어떤 학습이 선택되고 작동하며 구조화되는 패턴은 이상할 정도의 동질성을 갖는다. 예컨대, 학교사회에서 수행되는 학습의 양상들은 비록 그것이 기업 연수원이나 군대 등에서 이루어진다고 하더라도 이상할 정도로 학교학습의 양상과 패턴을 닮아 간다. 나는 그것을 '학습의 사회적 양식' 혹은 '사회적 학습 양식'이라고 부른다. 한 사회 혹은 문화 안에는 지배적 이데올로기처럼 사람들에게 익숙한 방식의 학습의 사회적 양식들이 존재한다. 다시 말해서 학습이 선택되고, 조직되며, 수행되는 지배적인 방식들이 한 사회 문화 안에 편재하게 된다. 소위 "학습이란 무엇이지?"라고 물을 때 일반적으로 답하게 되는 어떤 이미지가 광범위하게 퍼져 있다는 뜻이다.

근대사회에 들어서는 학교가 대표적인 사회적 학습 양식이 되었는데―그래서 학교가 존재하는 사회에서 대부분의 사람들은 '학습'이라고 하면 당연히 학교에서 사용하는 교재, 수업, 교실, 교사, 학생 등의 배치 방식을 떠올리게 되었는데―그로 인해서 그러한 배치 방식은 학습을 조직하는 교육을 형식학습 중심으로 제도화해 나가도록 하였다. 또한 형식학습의 가장 큰 특징인 학력과 졸업장이라고 하는 것이 사회 질서를 재생산하는 데 가장 큰 지렛대가 되었다. 하지만 점차 이런 원칙, 패턴 혹은 양식의 지배력은 오늘날 조금씩 틈새가 벌어지고 있다. 여전히 건재하기는 하지만 그 실효성에 의문을 제기하는 목소리들이 일정 수위를 넘어서고 있다. 반면, 평생학습이라는 학습 양식은 여전히 변방에 위치하고 있음에도 불구하고 조금씩 설득력을 얻어 가면서 학교의 학습 양식에 의미 있는 균열을 형성해 간다. 어쩌면 학습의 사회적 지배 양식이 서서히 학교 양식으로부터 평생학습 양식으로 전환되어 가고 있는지도 모른다.

이런 흐름 속에서 각종 군소 학습체계들의 모집단으로서의 평생학습체계는 새로운 배치 양식의 기반으로 그 나름의 복잡 생태계를 구축해 가는 동시에, 기존의 교육체계가 수행하던 학습의 지배적 양식의 결정권에 도전하고 있다. 평생교육이 존재감을 드러내기 시작했던 2000년 이후 20여 년의 흐름 속에서 우리나라는 기존의 「초·중등교육법」 및 「고등교육법」과 동등한 수준에서 「평생교육법」이 제정되었고, 교육부에서 시·도 지자체, 그리고 시·군·구 지자체로 연결되는 위계적 교육행정 체계를 구축해 왔다. 나름의 재정적·인적·지적·시설적 자원들을 독자적으로 가지고 있고, 인구절벽 상황에서 위기에 처한 대학 체계와 융합하면서 최근에는 대학의 평생교육체제 지원 사업 등을 통해 그 활동 반경을 대학 안으로까지 확장하고 있다. 평생학습체계의 확장은 그대로 기존 학교-대학 체제를 변형하고 유연화해 간다. 말하자면, 학습생태계 전체가 변화하고 있다.

이와 같은 예시에서 볼 수 있듯이, 어떻게 평생학습활동의 제도화가 일종의 포괄적 학습체계의 연결망들을 형성해 가면서 사회 전체에 '평생학습'이라는 독특한 현상을 만들어 내는지를 탐색하는 것은 매우 흥미롭다. 언제나 그렇듯이 사회적 형식들은 늘 오랜 시간의 주기를 통해 서서히 변형된다. 평생학습은 겨우 50년 전에 주조된 개념이고, 특히 지난 20여 년 동안 그 존재감을 드러내었다. 아직까지 이것을 전담하여 연구하는 학자의 수도 적을 뿐더러 축적된 실천적 혹은 이론적 성과물도 그리 많지 않다. 하지만 점점 더 많은 사람이 평생학습이라는 개념을 활용하여 사태를 설명하고 있다. 아직까지는 작고 보잘것없어 보이는 평생학습 현상이 지난 세기 동안 근대 공교육체계를 변형시키면서 작지만 의미 있는 교육시스템의 변화를 이끌어 낸 점에 우리가 주목할 필요가 있다. 나는 바로 '평생학습'이라는 현상을 통해서 학교 밖에서 풀뿌리처럼 태어난 다양한 군소 학습체계들이 서로 연결되면서 독특한 방식의 사회적 학습 양식을 형성하게 되고, 이러한 사회적 학습 양식을 담은 집합적 학습활동 체계들이 창발하고 변형되어 가면서 기존의 지배적 교육체계와 충돌하고 타협해 가는 하나의 관찰 가능한 독특한 현상에 주목한다.

평생학습의 자기경계와 성격

평생학습을 하나의 독립적인 현상으로 규정하기 위해서는 우선 그 현상의 경계를 설정하고 그것과 다른 현상들의 차이를 분명하게 선언할 필요가 있다. 내가 처음 서울대학교 교육학과에 부임했을 당시의 주요 관심은 우선 평생학습 개념의 차별성과 일반성을 더욱 선명하게 부각하는 한편, 그 이념적 플랫폼의 실재성을 사변적으로 구축하는 데 있었다.

나는 당시 평생교육이 사회교육과 섞바뀌어 쓰이던 관행을 수정하는 일이 우선시되어야 한다고 생각했다. 그래서 평생교육을 기존의 사회교육과 차별화하고, 평생학습과 학습사회를 과거의 사회교육연구들과 다른 새로운 종류의 현상으로 정의하는 일에 집중하였다. 당시만 해도 국내에서 평생학습이라는 개념은 학교 밖 학습 경험을 대변하는 것이었고, 그에 대한 교육적 개입을 평생교육이라고 불렀다. 평생교육이란 과거 사회교육이 다루던 교육활동 체계들을 그대로 재명명한 것에 불과한 것이었다. 이에 대하여 나는 평생교육학이 사회교육학과 동일할 수 없다는 점을 여러 글을 통해 주장했는데, 예컨대 『평생학습사회』에 실었던 「화성에서 온 사회교육, 금성에서 온 평생교육」(한숭희, 2009b)은 그런 나의 의도를 담고 있었다. 또한 평생교육론 스스로 생산해 낸 개념들이 극히 빈약하였고, 이전의 사회교육이론과 혼재되던 시절이었다. 따라서 나는 『학습사회를 위한 평생교육론』에서 평생교육이론이 가지는 일종의 이론적 지평을 다음과 같이 정리해 본 적이 있었다(한숭희, 2009a, pp. 339-340).

–평생교육학이론은 '평생학습'이라는 인간 행위 및 그것을 둘러싼 교수 행위 및 그 제도화 과정, 그리고 이 체계가 다른 사회 체계들과 맺는 관계를 탐색하고 이해하려는 시도다. 이 과정에서 인간학습에 대한 전생애적 · 전사회적 · 전지식층위적 차원으로 관심의 범위를 넓혀 나간다.

–맥락적 차원에서 볼 때, 평생교육이론은 근대 학교중심사회를 넘어선, 이른바 '평생학습사회'라는 새로운 교육맥락 위에서 펼쳐지는 교육이념, 행위, 구조를 탐색한다. 이 점에서 평생교육이론은 '학습사회의 교육학'이라는 특징을 갖는다. 이를 위하여 학습사회를 이

해하기 위한 한 가지 필수 조건으로서 포스트 모던적 상상력이 필수적으로 요청된다.

–학습사회의 등장은 지식과 학습의 존재 조건을 변화시킬 뿐만 아니라 교육과 학습에 대한 기본적인 이해 기반을 변화시킨다. 그에 따라 교육현상을 이해하는 인식론적 안목에 중대한 변화가 발생한다. 예컨대, 학습주의, 학습생태계 등의 개념적 실험은 이러한 인식론적 변화의 필요성을 담고 있다. 이 점에서 평생교육연구는 학교교육을 넘어서 학습생태계를 총체적으로 조망할 수 있는 '새로운 교육인식론'을 구축하려는 노력을 선보인다.

–보다 실천적 차원에서 평생교육연구는 그야말로 '평생교육의 렌즈에 의해 포착된 교육현상'이어야 한다. 말하자면 며칠 혹은 몇 달 만에 습득될 수 있는 학습 과제보다는 인간이 평생에 걸쳐 지속적으로 수행할 만한 핵심적인 생애중핵 과제를 학습하는 일이 무엇인가에 초점을 맞추어야 한다. 이것은 자신의 삶의 의미를 다듬는 일임과 동시에 지속적으로 도전에 직면하는 자신의 경험 구조를 재구성하는 일과 관련된 것이다.

–제도적이고 방법론적인 차원에서 평생교육연구는 그러한 생애중핵 과제의 학습이 교육적이면서 동시에 민주적으로 이루어질 수 있도록 하는 공적 평생교육체제를 구축하고 발전 방안을 개발하는 일에 관심을 가진다. 평생교육의 맥락으로서의 학습사회 자체도 저절로 이루어지는 것이 아닐뿐더러, 그에 적합한 평생교육체제도 부단한 노력과 실험을 통해 최적화될 수 있다.

당시 나는 개인 수준에서 평생을 가로지르는 학습 개념의 확장이 우선 교육체계의 변화와 재편을 가져오는 것에 관심이 있었고, 사회 전체의 학습 양식에 변화가 나타나는 가운데 학습사회라는 새로운 사회 체계적 양상이 출현할 것으로 기대했다. 그러기 위해서 평생학습은 결코 과거의 성인학습이나 사회교육의 영역과 일치되는 것이어서는 안 되었다. 물론 평생학습이 성인학습과 교육을 활성화하려는 이념을 품고 있기는 했지만, 거기에만 머물러서도 안 되는 것이었다. 오히려 학습을 평생이라는 맥락으로 재위치시킴으로써 학교학습이 되었든 성인학습이 되었든 인간학습을 이해하는 교육학적 인식론의 증강과 승급을 기대할 수 있는 새로운 이론적 정체성을 가지는 것이어야 했다. 제4장에서 설명하겠지만 『포르 보고서(Faure Report)』가 예언했던 학교교육학에서 평생교육학으로의 범주 확장은 점차 확산되어 가던 새로운 교육적 수요를 감당할 수 있는 교육체계를 새롭게 디자인해 달라는 시대적 요청이었다.

사실, 지금 와서 생각해 보면 현실은 그 반대 방향이었는지 모른다. 즉, 사회 전체에서 요구되는 학습의 양식이 삶터와 일터에서의 학습 형식화로 모아졌고, 평생학습이란 그런 사회적 요구를 담은 일종의 아이디어였을 수도 있다. 그리고 이후 기존의 학교 독점 체계를 넘어 전생애 및 전사회적 차원에서의 학습활동이 인간학습의 중심으로 전환되어야 한다는 식의 교육학적 인식 변환이 이루어졌을지 모른다. 그렇다면 이제 우리가 말하는 평생학습 혹은 학습사회는 이미 시대의 요청을 반영하면서 그 모습을 서서히 드러내고 있다고 말해야 할 것이다. 그럴 경우, 평생학습은 다가올 미래를 위한 희망이 아니라 이미 닥쳐온 현재의 모습일 것이다. 『포르 보고서』가 처음 등장했던 1972년에 비교해서 지금의 평생학습의 모습은 그 현실로의 진격을 그대로 보여 준다.

한편, 나는 평생학습의 차이를 드러내기 위해 2000년대 초반부터 몇 개의 글을 연이어 출간했는데, 예컨대 「평생교육학 거대 담론과의 결별」(2002), 「플레로마와 크리투라」(2002), 「평생교육담론이 교육학 연구에 던진 세 가지 파동」(2005), 「평생학습사회에서의 학습체제 연구를 위한 생태학적 개념 모형」(2006) 등이었다. 당시 나는 평생학습 현상은 분명히 기존의 학교 지배적 교육체계가 포착하지 못했던 야생적 학습생태계를 구축해 왔으며, 이를 포착하기 위해서는 학교 중심의 교육학적 관점과 차별적인 새로운 학습 현상에 대한 관점과 방법론이 필요하다고 생각했다.

일부 심리학 혹은 공학적 차원에서 인간의 학습을 지나치게 단순하게 정의하면서 학습을 지식이나 능력을 습득하는 과정으로 이해하는 경우도 있지만, 학습은 그렇게 단순한 것이 아니다. 학습은 한 개인을 고립시켜 놓고 그에게 먹이를 주듯이 능력과 지식을 주입하는 과정이 아니다. 학습은 살아 활동하는 인간이 그 활동을 수행해 가는 가운데 일어나는 자연 과정의 일부분이며, 따라서 학습을 이야기하기 위해서는 그의 상황과 경험적 맥락 그리고 활동이 먼저 규정되어야 한다. 우리가 최근에 와서 상황학습, 경험학습 그리고 활동이론과 확장학습 등을 탐구하는 이유가 바로 이것 때문이다. 반면, 실험실이나 학교 수업 장면에 갇힌 학습은 이런 상황과 경험 그리고 활동의 맥락을 잘라 내고 무시한다. 만일 우리가 그런 인공적 상황을 넘어 평생학습의 살아 있는 플랫폼 위에 학습을 얹어 놓고 싶다면, 학습은 과거에 행동주의 혹은 인지주의 등 단순한 맥락으로 몰고 갔던 이론들로부터 자유로워져야 한다. 이것이 적어도 내가 평생학습을 연구하는 데 설정한 출발점이었다.

학습생태계라는 모형

이렇게 삶터와 일터로 확장된 학습에서 내가 발견하고자 했었던 것은 바로 그 학습의 생명성이었다. 학습은 생명의 유지와 진화를 위한 핵심 과정이며, 나는 이러한 학습의 특성이 평생학습체계와 활동성 안에서 확인될 수 있다고 보았다. 2001년에 출간된 『평생학습과 학습생태계』에서 나는 학습을 생명 과정으로 이해하는 방식을 지지하기 위해 '학습생태계'라는 개념을 전면에 사용하기 시작했다. "학습은 생명체가 일상적으로 수행하는 삶의 단면으로서 마치 호흡과 같이 자연스러운 삶의 과정"(한숭희, 2001, p. 127)이며, 자신을 끊임없이 구성해 가는 자기주도적 과정이면서 동시에 몸과 정신 그리고 영혼을 중층적으로 꾸어 가는 일로 보았다. 또한 평생학습을 "자신의 경험을 구성해 가는 총체적 과정"으로 규정했다.

> 학습이 경험을 변화시키는 과정을 말한다면, 평생학습이란 학습자의 입장에서 모든 경험의 변화가 내적으로 통일성과 전일성(holistic)을 획득하는 전생애적 과정이라고 할 수 있다. 이것은 개별 경험을 획득하는 부분 학습의 차원을 넘어서 '나'를 규정하는 총체적 경험이 서로 모순 없이 총체적인 '하나의 경험'을 구성하도록 하는 메타 과정을 포함한다(한숭희, 2009a, p. 97).

당시 나는 학습이 경험들과 사건들 혹은 프로그램들 속에서 무엇인가 '경험되는 과정'들의 연속이며, 평생학습은 이런 모든 종류의 획득된 경험들이 내 안에서 결합되고 이해되며 전체로 융합되는 전 생애적 과정이라고 생각했다. 말하자면, 내가 각각 학습한 다양한 1차 학습들, 예컨대 몸, 지식, 예술, 관계 등의 조각들이 '내 경험'의 시간적 흐름 속에서 새로운 차원의 경험으로 조절(accommodation)되는 평생에 걸친 융합 과정으로 이해했다.

이런 흐름 속에서 자연스럽게 평생학습 연구들은 학교 체계가 관심을 가지지 않았던 미지의 실험적 학습 방식들에 주목하는 한편, 이전까지 방치되었던 성인학습 영역의 존재감을 부각시키는 데 초점을 맞추었다. 이 과정에서 노인학습, 장애인학습, 가정과 지역을 관통하는 삶터학습, 그리고 노동과 역량을 포함하는 일터학습 등 새로운 영역들을 교육학 연구의 장 안으로 초대하였다. 20여 년 전 나는 이런 다양하게 부양되는 학습의 전체 층위와 장면들을 포괄하는 플랫폼에 '학습생태계'라는 명칭을 붙였다.

> 학습은 생명체가 일상적으로 수행하는 삶의 한 단면으로서 마치 호흡과 같이 자연스러운 삶의 과정이다. 한 가지 다른 점이 있다면 숨쉬기가 인간이 의식하든 의식하지 않든 무조건적으로 일어나는 생명 유지 시스템인 점과 달리, 인간의 학습은 무의식적인 측면과 의식적인 측면을 동시에 가지면서 생명체의 본원적 발전을 지원하는 생명 발달 시스템이라고 보는 것이다. 뇌가 죽으면 호흡이 멈춘다. 호흡이 가능한가에 따라 우리는 그를 '산 자'와 '죽은 자'로 구분한다. 학습은 지적 호흡이다. '자기주도학습'이 가능한지 여부에 따

> 라 우리는 그를 정신적으로 산 자와 죽은 자로 구분할 수 있다(한숭희, 2009a, p. 70).

어찌 보면, 지금 쓰고 있는 이 책은 내가 20여 년 전에 출간했던 『평생학습과 학습생태계』의 오래된 후속 편이라고도 할 수 있다. 그 책은 내가 서울대학교에 부임한 이후 가지기 시작했던 초기의 관점을 담은 출판물이었는데, 지금 다시 돌아보더라도 그 안에 이미 내 생각의 단초들이 상당 부분 내장되어 있었음을 발견한다. 그 이후 간헐적으로 출간되었던 책들, 예컨대 『학습사회를 위한 평생교육론』, 『포스트 모던 시대의 평생교육학』, 『평생학습사회연구』 및 여러 관련 논문들은 모두 그때의 초기 아이디어를 확장해 나간 것이었다. 인간의 학습을 생명성과 진정성의 차원으로 재규정하고, 그런 생명성이 자기조직화하는 맥락으로서의 학습생태계라는 플랫폼을 상정하는 노력을 제도적 형성이라는 차원에서 기술하였다.

이 책에서 나는 지난 50여 년간 우리 주변에서 나타난 평생학습의 제도화와 체계화를 둘러싸고 벌어져 온 담론과 관점, 이론과 설전들의 한계를 검토하고 그 미래상을 조심스럽게 열어 보았다. 한편에서 평생학습이라는 새로운 학습 양식이 가지는 '자유와 혁신의 공간'을 찾으며, 다른 한편에서 그것이 가지는 숨겨진 논제들을 들추어 내었다. 또한 이런 논의들을 총체적인 교육체계의 진화와 변동이라는 흐름 안에 재배치하였다. 내가 볼 때 평생학습이 만들어 가는 체계는 전반적 학습생태계에 새로운 종(種)이 등장하면서 기존의 교육체계와 경쟁하며 혹은 공진화하는 새로운 구도였다.

이 흐름 속에서 평생학습은 기존 교육체계로부터 스스로를 차별화하면서 등장한 새로운 사회적 학습 양식을 구성해 내었다. 평생학습은 흔히 많은 연구자가 생각하는 것처럼 개개인이 지금까지의 관습적인 학습 양식을 평생에 걸쳐 수행하도록 하는 일종의 '더하기 프레임'이 아니다. 오히려 '평생이라는 새로운 조건' 속에 학습이 내던져지면서 '그 학습의 성질과 기능이 새롭게 바뀌는 현상'을 실천하고 관찰하는 일로서, 바로 그 새로운 학습의 조건과 공간을 형성해 내는 일을 수행한다. 이 과정에서 어떻게 새로운 조건 아래 학습의 형식성이 변화되고 새로운 학습 플랫폼이 만들어지는지, 그리고 그 위에 어떤 새로운 학습생태계가 창발되며, 그 과정에서 어떠한 새로움으로 학습과 학습자, 학습 참여와 활동들이 이루어지게 되는가를 조명한다. 또한 그러한 활동들이 일상화되는 사회가 어떤 새로운 변화를 경험하게 되는가를 관찰하였다.

학습체계와 활동 체계들의 네트워크

최근 들어서 나의 생각은 다시 변화의 길목에 섰다. 이전까지의 연구에서 학습, 즉 평생이라는 맥락에서 재정의된 학습은 여전히 학교학습과 마찬가지로 개인학습의 확장이었고, 평생학습체계는 그러한 개별 학습자들의 학습을 지원하고 촉진하고 관리하는 체계라는 특성을 벗어나지 못하고 있었다. 그러나 최근에 와서 나는 학습의 문제를 그렇게 개인 발달의 차원에서만 보아서는 안 된다는 생각을 굳히게 되었다. 그런 차원에서 나는 현재적 차원에서 사용되는 평생학습 개념을 구조적으로 뒤집는 새로운 발상, 즉 '포스트-평생학습'

에 대한 고민이 필요하다고 생각했다. 이제 학습의 문제는 개별 학습에서부터 집단적 체계 변화로 전환될 필요가 있고, 각 학습체계들의 중층성을 기반으로 하는 분산-중층적 구조를 반영할 필요가 있다고 보았다. 이 부분에 대해서는 제8장에서 보다 자세히 설명한다.

하여튼 평생학습을 개체들의 교수학습 과정으로 이해할 경우, 평생교육은 그러한 개인학습의 전생애적 확장이라는 차원에서 학습의 기회를 가지지 못했던 사람들에게 더 많은 기회를 제공하는 채널을 확장하는 것 이상의 것이 아니다. 또한 이러한 개별 학습 지향의 이론에서는 학습자를 지나치게 주체적이고 자기주도적인 존재로 설정함으로써 학습을 지나치게 개별화 혹은 이상화하는 오류에 빠질 위험성이 있다는 점을 알게 되었다. 학습생태계의 생명성을 고려하더라도 그것을 개인의 주체적 학습 욕망으로 환원하기보다 오히려 개인이 포함한 체계와 세계의 복잡한 배치적 관계가 가지는 생명성으로 확장하여 해석할 수도 있다는 생각을 가지게 되었다. 이러한 생각을 가지게 된 배경에는 라뚜르(B. Latour)가 말한 연결망이나 푸코가 말하는 장치(dispositif) 혹은 들뢰즈(G. Deleuze)가 말하는 배치(assemblage) 등의 개념이 있었다. 물론 여전히 평생학습을 이러한 '학습의 생명성과 자기주도성'의 관점에서 이해하는 것은 기계적이고 수동적인 학교학습과의 차별성을 강조하는 데 매우 설득력이 있어 보이는 것이 사실이지만, 그럼에도 불구하고 인간의 학습을—아무리 평생학습이라는 낭만주의적 맥락 위에서 재해석한다고 하더라도—무한정 자기주도적이고 주체적인 학습 영웅들의 무용담으로만 그릴 수는 없었다.

이런 문제의식들로 인해서 내가 학습이라는 문제를 바라보는 관점은 점점 더 개인 행동의 테두리를 넘어 관계성과 집합성, 사회성과 그 안에서의 연동성이라는 측면으로 나아가게 되었다. 이 단계에서 평생학습을 이해하는 방식은 이미 그 이전 단계, 즉 평생학습의 자기경계를, 그리고 그것에 생명성과 주체성을 부여하던 당시와 상당히 다른 것이 되어 버렸다. 따라서 나는 이런 인식에 기초한 평생학습 연구를 포스트-평생학습이라고 이름 붙이기로 했다. 이 부분에 대해서는 제7장에서 자세히 설명한다. 때마침 탈근대주의적 사유와 함께 포스트 휴먼, 포스트 산업주의, 포스트 구조주의 등의 사유들은 학습을 이렇게 이해하도록 하는 데 큰 힘을 보태 주었다. 이때부터 나는 평생학습을 '개인학습의 총체성'이라는 차원보다는 '학습활동들이 선택되고 관리되며 제도화되는 과정'으로 보기 시작했고, 개인 차원을 넘어선 사회집단 차원에서의 학습 현상을 상호 결합하여 이해하려는 시도로 규정하게 되었다. 이때 적합하게 등장한 학습자 개념이 바로 '학습체계(learning systems)'라는 것이었다. 즉, 한 사회에서 주류적 패턴을 갖게 되는 학습의 체계(들)의 중층적 구조는 어떻게 형성되어 있으며, 그것들은 어떻게 배치되어 있고, 한 사회의 지배적인 사회적 학습 양식(혹은 조건)을 통해 어떻게 성장하며, 또한 그러한 집합적 차원의 학습활동들의 체계들은 어떻게 개개인의 학습활동에 영향을 미치는지 등에 대한 궁금증이 나를 사로잡았다.

2013년 이후 썼던 학습체계화 혹은 학습 제도화에 대한 연구들은 그런 나의 관심 전환을 잘 보여 준다. 2013년 『Asia Pacific Education Review』에 썼던 「Confucian states and learning life: making scholar-officials and social learning a political contestation」 (Han,

2013)과 함께 2017년 같은 학술지에 실었던 「Institutionalization of Lifelong Learning in Europe and East Asia: from the Complexity Systems perspective」(Han, 2017), 그리고 『평생교육학연구』에 2021년 게재했던 「평생학습제도화 현상의 이론적 기반과 글로벌 전개 과정: 유럽과 동아시아 현상 비교」(한숭희, 2021) 등은 이런 관심의 결과였다.

이러한 내 관심은 2019년 『교육이 창조한 세계』를 쓰면서 보다 구체화되었다. 이 책에서 나는 학습체계가 제도화되는 현상을 평생학습체계라 보았고, 그것을 교육체계의 연장선상으로 이해하려고 시도하였다. 나는 이 책에서 교육체계를 작동적 폐쇄성(operational closedness)에 기초한 자기조직화(self-organization)적 체계로 이해했고, 따라서 니클라스 루만(N. Luhmann)의 사회 체계 이론이 이런 교육체계의 특성을 설명하는 데 주요 참조이론이 되었다(Luhmann, 2002).

나는 교육체계를 나름의 본질, 즉 내재적 가치를 품으면서 스스로를 재생산해 가는 교육활동의 자기조직화 체계로 여겼다. 그런 접근법에 매력을 느꼈던 이유는 그때까지 교육을 지배하던 외재적 기능주의에 신물이 났기 때문이다. 말하자면, 교육이란 한 사회가 요구하는 기능들, 예컨대 국민주의적 시각에서 교육이 시민성을 함양하는 기제라거나 혹은 자본주의적 시각에서 교육은 근면한 노동자를 길러 내는 도구 등으로 보는 시각이 일반적이었고, 따라서 교육이란 외재적으로 부여되는 어떤 목적을 달성하기 위해 작동하는 수단적 사회 장치라는 인식이 팽배해 있었다. 또한 이런 맥락에서 주장되는 교육개혁이란 그렇게 외재적으로 부여되는 목적에 대해 학교가 제대로 기능하지 않는 것, 즉 목적-기능의 미스매치 현상에 대한 조치로 나타나는 경우가 많았다. 만일 이러한 관점이 타당하다고 한다면, 논리적으로 말해서 교육체계는 지난 100여 년 동안 엄청나게 뜯어고쳐지고 수정되며 개편되어 왔어야 마땅하다. 특히 제조업 중심에서 지식산업 중심으로 전환되는 마당에 수많은 사람이 부르짖는 '창의성교육'에 대해 학교가 부합하지 못하는 상황이 상시적으로 연출되었고, 이를 위해 실제로 다양한 방식의 개혁적 조치들이 줄을 이어 나타났던 것이 사실이다. 하지만 모두가 아는 것처럼 학교는 변하지 않았고, 특히 학교의 핵심 기제는 묵묵히 저항을 거부하면서 스스로의 모습을 유지해 왔다. "도대체 왜 학교는 변하지 않는 초안정성을 지니게 되었을까?"라는 질문을 피해 갈 수 없었고, 결국 교육체계가 하나의 사회 체계로 제도화되어 나오는 과정에 대한 루만의 설명은 나름 설득력을 갖는다고 판단했다. 제6장에서 조금 더 설명하게 되겠지만, 학교 체계는 내재적 가치를 갖는 것으로 표방되는 교과를 가르치는 수업 양식을 통해 스스로를 규정짓고 재생산하는 자기준거 체계를 내장하고 있기 때문에, 이것에 반하는 어떠한 변화에도 저항하는 힘이 내재화되어 있다고 믿었다. 어떤 점에서 본다면 교육체계는 그러한 소위 '내재적이고 본질적인' 교육적 가치를 배타적으로 재생산하면서 타 사회 체계와 자신을 차별화해 나가는 거대조직 생명체로 보일 만했다.

내가 3년 전에 교육체계의 생성과 학교 체계로의 진화를 탐색하기 위해 『교육이 창조한 세계』라는 졸저를 출간했던 이유도 이와 관련이 있다. 이 책의 핵심은 학교란 다른 것이 아니라 근대사회적 특성을 반영하여 학습의 형식성을 어떤 특정한 방식으로 극대화한 하나의 자기조직적인 사회적 학습 양식이며, 그 핵심에는 일종의 핵심적인 자기준거 체계로서의 '형식성'이 자리 잡고 있다고 보는 것이다. 학교 체제의 모순을 개혁하기 위해서는 그렇게 부여된 형식성을 해체하여 변형할 수 있는—그래서 초형식적(trans-formal)이며 변혁적(trans-formative)인—근본적 시도가 필요하다고 믿었다. 지난 50년 동안 평생학습이 하고자 했던 시도가 바로 이러한 시도에 다름 아니었다.

하지만 이 책의 한계는 바로 여기에 있었다. 비록 이 책이 근대교육체계의 자기재생산 과정이 그리도 고집스럽게 유지되고 있는 이유에 대해 나름의 설명을 했다고 할지라도, 결국 이 체계가 어떻게 변화할 수 있는지에 대한 가능성 혹은 그 틈새에 대해 충분히, 그리고 납득할 만큼은 보여 주지 못하고 마무리되었던 것이다.

『평생학습이 창조한 세계』는 바로 그 책의 후속 편이다. 여전히 불충분한 설명력에 실망할 수도 있지만, 이 책에서는 학교 체계의 핵심적인 DNA로서의 형식학습 혹은 그 형식성을 해체하고 재구성할 수 있는 실질적 역할을 평생학습이 수행해 왔다는 점을 부각시키면서, 그렇게 전개되는 새로운 형태의 평생학습체계들이 기존의 학교 체계와 갖게 되는 긴장감을 묘사하려고 노력했다. 이 시리즈의 이름을 '~ 창조한 세계'로 붙인 이유는 교육체계의 운동과 양태가 단지 외부의 힘에 의해 수동적으로 결정되는 것이 아니라, 오히려 교육과 학습이 외부 세계의 양태를 주도적으로 형성하고 만들어 가는 자기조직적 힘을 가졌다는 것을 보여 주고 싶었기 때문이다. 부분적으로는 외적 힘에 의해 제한되고 매개되는 상황을 피할 수 없지만, 교육활동이 하나의 독립적인 개념을 가지면서 하나의 사회 체계라는 현상계로 구분될 수 있으려면 교육이 개념적 차원에서 혹은 체계 운동적 차원에서 스스로의 운명을 규정하고 생성해 가는 작동 메커니즘을 가지고 있다는 확신이 필요했다.

『교육이 창조한 세계』에서 나는 역사 시대 이후 교육이 문자와 상징체계 학습을 중심으로 하는 배타적 기능 체계로서 자기 입지를 구축해 왔으며, 이 과정에서 일종의 '학습의 형식성'으로서 독특한 교수학습의 조직과 운영 방식을 형성하였다고 보았다. 그리고 학교와 근대학제는 그 확장체로서의 자기조직화의 결과물로 이해했다. 이러한 교육체계에 사회 선발 체계를 결합하고 능력자지배주의(meritocracy)를 그 위에 이념적으로 덧입힌 형태의 '학교화된 사회(schooled society)'가 탄생한 것이다. 이때 '학교화된 사회' 혹은 '학교사회'는 결국 학교가 창조한 세계의 표현물인 셈이다.

『교육이 창조한 세계』가 말하고자 했던 내용은 제3장에서 간략히 설명하게 될 테니 여기에서는 매우 간략하게 그 핵심을 나열하는 것으로 마무리하도록 한다(한숭희, 2019).

> 첫째, "모든 체계(system)는 기본적으로 학습체계이다."라는 명제에서 출발한다.
>
> 둘째, 모든 학습은 기본적으로 활동이며, 거꾸로 모든 활동 안에는 기본적으로 학습활동의 요소가 숨어 있다.
>
> 셋째, 교육이란 제도화된 학습이며, 모종의 체계적 기준에 의해 선택된 학습활동들의 집합이다.
>
> 넷째, '학습 생활'의 차원에 이르러서 교육과 학습은 비로소 만난다. 학습 생활은 학습이 이루어지는 확장된 생태계를 구성하며, 이

를 학습생태계라고 부른다.

다섯째, 학습은 문화적 집합성을 구성한다. 문화가 전수되거나 이동하기 위해서는 반드시 학습을 통해야만 하며, 학습은 세계를 변형하는 가장 중요한 과정이다.

여섯째, 교육체계는 학습을 통한 세계 형성에서 형식교육을 중심으로 선택 조직화된 배타적 체계이다. 이 체계는 근대사회를 형성하는 과정에서 독립적 지위를 갖게 되었으며, 이런 사회를 우리는 학교사회라고 불렀다.

일곱째, 학습사회와 평생학습은 학교사회와 형식학습을 대체하는 확장된 지식-학습-교육 연결 체계에 대한 아이디어에서 출발한 것이다. 평생학습은 과거와 구분된 학습의 사회적 양식을 통해 차별적인 지식-학습-교육의 구조 및 그 실현체로서의 학습사회를 만들어 간다.

여덟째, 지식-학습-교수 체계가 변하는 과정을 설명하는 것이 곧 교육사이며, 교육체계의 변화사이다.

『평생학습이 창조한 세계』에서 나는 학교 체계와 평생학습체계를 대조하면서 근대 이후 형성되어 온 교육체계에 근본적인 균열과 변화가 일어나고 있으며, 그 안에서 학교사회를 대체하는 '학습사회(learning society)'가 진화해 나오고 있다는 점을 설명하려고 노력했다. 이때, 평생학습체계는 학습사회라는 새로운 질서를 표방하면서 나타난 대안적 교육체계이며, 근대 학교교육체계가 획득한 특유의 '작동적 폐쇄성'에 대해 문제를 제기하고 그 탈체계화를 전제로 자기조직화되기 시작한 학습 양식으로 그려진다. 평생학습은 처음부터 고유한 영토를 가진 하나의 구분된 교육영역으로 이해되기보다는, 오히려 기존의 근대 학교교육체계에 대한 대립과 변용으로 나타난 탈형식화 및 그것을 통해 형성된 이형성(heteromorphism)을 특징으로 하는 느슨한 형태의 학습체계 집합체라는 관점을 취한다.

이 책은 평생학습이라고 명명되는 체계들의 중층적 구조와 양태를 조망하는 한편, 그 안에서 작동하기 시작하는 인간학습의 새로운 차원을 이해하는 데 관심을 가진다. 그렇게 평생학습이 작동하는 체계를 평생학습체계(lifelong learning system)라고 이름 짓는다. 평생학습체계는 외형적으로 학교 밖에 고립적으로 흩어져 있던 크고 작은 다양한 비형식/무형식 학습체계들의 유기적 집합으로서의 일종의 학습의 복잡 체계(complex learning system)라고 할 수 있다. 마치 니클라스 루만이 근대 학교교육체계를 일종의 사회 체계로서 자기생성(autopoiesis)적 특성을 가진 사회 조직으로 이해한 것과 마찬가지로, 나는 평생학습체계가 점차 통일된 복합 체계로서의 존재감과 자기생성성을 가져가고 있다는 점에 주목한다.

이때 사용되는 '체계(體系)'라는 단어는 영어의 시스템(system)에 해당하는 말이다. 흔히 사회 제도적 차원에서는 체제(體制)를 더 자주 사용하기 때문에 여기에서 사용하는 체계라는 단어가 조금은 낯설게 느껴질지도 모른다. 그러나 체계와 체제는 서로 다른 의미를 가진다. 예컨대, 자본주의 체제라는 단어 안에서 체제는 자본주의라는 사상을 근간으로 만들어지는 사회 제도를 말한다. 이때 체제는 regime으로서의 의미를 갖는 데 반해서, 내가 사용하는 체계는 복잡 체계(complex system), 회집체 혹은 배치(assemblage), 혹은 자기조직 체계(self-organizing system) 등의 차원으로 이해된다. 이 각각의 의미에 대해서는 뒤에 다시 설명할 것이다. 용례상 '평생학습체제'라는 단어가 더욱 익숙하게 들리는 독자들이 많겠지만, '체제'라는 단어의 경우 일종의 제도화된 관계 방식으로서 이미 정해진 법적 제도적 권위에 의존하여 작동하는 것으로 해석될 여지가 있다. 내가 구태여 '체계'라는 단어를 선호하는 이유는 그 뒤에 숨어 있는 체계의 이론적 후광을 전면화하고 싶었기 때문이다. 물론 가끔 혼용할 경우도 있는데, 이 책에서 '평생학습체제'는 법과 제도, 조례, 규정 등을 통해 제도화된 사회 체계의 외부적 모습을 드러내는 개념으로 사용할 것이며, '평생학습체계'는 이런 체제가 작동하는 내부의 원리와 관계를 시스템적으로 강조할 때 적용한다.

이론 연구의 필요성

이러한 사고 모형들은 평생학습 현상 자체를 설명하지 않는다. 그 대신 그러한 현상들이 놓일 수 있는 맥락 혹은 플랫폼을 그려 낸다. 일종의 전제이자 출발점인 셈이다. 제2장 이후 기술될 내용들은 여기에서 그려진 플랫폼 위에 배치될 것이다. 이러한 가정들을 경험 연구를 통해 검증하려는 것은 어쩌면 무모한 일이 될지도 모른다. 이것은 일종의 '이론'이며 사태를 보는 관점 혹은 방식이다. 이론이 경험적으로 검증되기 위해서는 그에 합당할 만큼 충분한 증거들이 축적될 때까지 기다려야 한다. 혹은 어쩌면 검증이 불필요할지 모른다. 개별 사태들을 이해하는 데 유용하다면 계속 살아남을 것이지만, 그렇지 않다면 자연스럽게 폐기될 것이기 때문이다.

사회과학적 사태들을 이해하기 위해서는 어쩔 수 없이 모종의 가설적 전제와 모형들을 동원하지 않을 수 없다. 우리가 흔히 설명 모형을 이론이라고 부르기도 하는데, 이런 이론 작업은 아무리 경험과학적 연구를 시도한다고 하더라도 반드시 필요한 것이다. 관찰되지 않는 세계의 부분적 조각들을 서로 연결할 수 있는 유일한 방법이 바로 이론적 전제와 모형이기 때문이다. 사실 우리가 '이론'이라고 할 때에는 이미 그것이 '실재'가 아니라는 점을 전제한다. 이때 그것이 실재가 아니라고 해서 거짓인 것은 아니다. 그것이 실재가 아닌 이유는 우선 실재가 무엇인지를 아직까지 모르기 때문이며, 그것이 실재라고 주장할 근거가 없기 때문이다. 지금까지 수많은 이론은 경험적으로 관찰되기 이전에 일종의 가설로 제안된 것들이다. 예컨대, 너무 작거나 커서 관찰할 수 없거나(과거의 경우 원자의 구조, DNA 혹은 지구) 인간의 경험이 접근할 수 없는 영역에 있다는(지구 중심 등) 등의 이유로 실재를 있는 그대로 포착할 수 없을 때 우리는 그것을 이론의 형태로 제시한다. 혹은 너무도 복잡하거나 상시적으로 변화하기 때문에 어떤 한 시점이나 조건 안에 고정시킬 수 없을 경우도 마찬가지이다.

어차피 학문은 데이터 차원을 넘어서는 이론적 사유와 가치를 동반한다. 학문은 객관적인 관계를 드러내는 일이기에 앞서 인간과 세계의 철학과 선택, 그리고 미래의 희망을 통해 데이터를 해석하려고 한다. 데이터가 주는 경험적 해석에 집중하는 것을 과학적 연구라고 한다면 학문은 그 연구, 즉 그것이 주는 해석 너머를 보려는 시도라고 할 수 있다. 그래서 우리가 연구를 할 때에는 데이터가 설명할 수 있는 영역 너머의 무엇을 추론하려고 시도하며, 이 부분은 필연적으로 이론 연구—혹은 일반이론 연구—를 필요로 한다.

이론 연구가 필요한 또 하나의 이유는 데이터 자체가 주는 순수하게 객관적인 해석이라는 것 자체가 처음부터 존재하지 않을지 모르기 때문이다. 왜냐하면 흔히 양자역학에서 '슈뢰딩거의 고양이'가 주는 모순을 이야기하는 것처럼, 우리가 관찰 가능한 사태를 '객관적'으로 포착하려는 순간 이미 그것은 우리가 개입한 흔적으로서의 배치적 관계에 얽매이게 되기 때문이다. 관찰자 시점에서 볼 때 사태는 늘 변하는 것이고, 생성과 변형은 일상적이다. 만일 어느 한순간의 배치를 객관이라는 잣대로 고정시키게 된다면, 우리는 그 시점에 의해—이 시점은 우리가 포착한 시점이다—사태를 보는 방식을 고정당하게 된다. 중요한 것은 이 사태를 우리는 왜 그리고 어떤 관점에서 이해하려고 하는가를 먼저 확인하는 것이다.

물론 이런 언술을 통해서 결코 객관성 자체를 부정하거나 주관성의 과도한 힘을 옹호하려는 것은 아니다. 사실, 이 두 가지는 서로가 서로를 제약하는 불가분의 관계에 있으며, 주관을 객관으로부터 떼어 내는 순간 그 주관은 단지 '절대적 객체'로부터 스스로를 분리해 낸 하나의 나약한 관찰자로 전락할 뿐이다. 예컨대, 내 눈에 보이는 달의 존재와 나의 존재를 떼어 놓을 경우 나는 달을 바라보는 인식론의 회의주의 아래 종속될 뿐이다. 이것은 객체를 일종의 본질로 환원하고, 인간의 학문을 그 본질에 접근하는 어떤 나약한 탐색의 언어들로 격하시킨다. 다행히도 최근 수많은 학자가 순수한 객체주의 혹은 데이터 중심주의를 거부하고 나섰다. 사회 구조와 문화의 본질주의적 접근을 부정하고, 절대적 객관성과 주관성의 이분법을 부정하며, 무엇인가 변하지 않고 처음부터 어떤 현상을 조율하는 기제가 존재한다는 생각을 버린다. 모든 것은 관계와 배치의 산물이며, 구성 방식이 나타내는 기능성의 문제로 이해될 수 있다. 모든 차원에서 생성과 변형의 가능성이 존재하고, 작은 변형을 통해 큰 차원의 변화가 촉발된다. 모든 것은 스스로의 자기구성체적 양상을 띠고 있으며, 기계적으로 타자에 의해 부여된 기능체로 태어나서 절멸하지 않는다. 새로운 관계는 새로운 존재를 탄생시킨다.

내가 여기에서 이론의 가치를 말하는 이유는 바로 이론이 현실을 드러내는 지렛대로 활용될 수 있기 때문이다. "그것은 이론일 뿐이다."라는 말은 그 자체가 가치가 없다는 뜻이 아니라 "그것은 현실과 다르다."의 뜻이면서 동시에 현실로 가는 중간 정거장이라는 뜻도 함의한다. 이렇게 말할 때 이론은 실천의 숨겨짐 혹은 복잡함으로 직접 접근하기 어려운 상황에서 징검다리로 활용될 수 있으며, 이 경우 이론은 조금씩 실천에 접근하는 동안 지속적으로 변형된다. 이론의 변형은 그 이론이 틀렸거나 폐기해야 한다는 의미가 아니다. 마치 건물을 지을 때 지속적으로 비계의 형태를 변형해야 하는 것과 같다.

또한 이론은 이념 혹은 욕망으로, 실천을 현실로 대체하는 것이다. "그것은 이론일 뿐이다."라고 말할 경우, 이때 이론은 이상과 동일시된다. 현실은 모종의 욕망과 구조, 자원과 인센티브를 통해 작동하는 일련의 닫혀진 현재태를 가지게 된다. 문제가 생긴 후 해결하고 개선하는 일들이 그 안에서 벌어지겠지만, 그것은 여전히 현실의 현재적 작동 구조를 크게 벗어나지 않는다. 다만, 작동 자체의 문제를 개선하는 일에 집중한다. 반면, 이론은 이와 다른 차원의 기준과 프레임을 제시한다. 이때 이론은 데이터를 통해 현실을 설명할 수 있는 새로운 준거를 제안한다.

평생학습의 아이디어는 지금까지 지배적인 학교학습의 특징을 넘어서려는 존재론적 · 인식론적 · 정치사회적 · 문화적 · 공학적 차원들을 구축해 왔다. 평생학습과 학습사회가 무엇인가에 대한 이론적 관점이 부족할 때 평생학습 연구는 단순히 '사람들에게 많은 교육을 공급하고 더 오래 학습하도록 한다'는 단순화된 도구적 논리에 머무를 위험성이 있다. 철학이 없는 해석은 단지 도구적이고 기술적인 해석에 머물 가능성이 있다. 철학 없이 어떤 사태를 볼 경우, 왜 이 사태를 이런 방식으로 이해해야 하는지에 관한 성찰을 빠뜨리게 된다. 왜 학습을 평생에 걸쳐 공급해야 하는가? 누구를 위해서 그렇게 해야 하는가? 그 비용은 누가 감당할 것인가?

이 책은 제1장부터 제9장까지, 지난 50년간 지속되어 온 평생학습이라는 현상을 이해하는 방식과 태도에 대해 묻는다. 평생학습 현상은 결코 단순한 현상이 아니다. 경험적 자료를 통해서 모두 드러낼 만큼 가시적이지 않다. 지금까지 연구되어 온 방식이 그대로 미래를 위한 연구에 적합한 것도 아니다. 과거와의 단절과 구분을 요청하며, 사태를 뒤집어 보기를 요청한다.

지금까지 평생학습 연구들은 상당 부분 과거의 프레임에 얽매여 있었다. 이론과 사유 부족이 낳은 안타까운 현실이다. 그런 이유로 이제 평생학습을 이해하는 현재적 관점들은 더 이상 미래를 보장하기 어렵다. 오히려 그것 자체가 평생학습 연구가 스스로 넘어서야 할 과거의 모습이 되어 버렸다. 우리에게는 현재의 평생학습 현상 및 그것을 탐색하는 평생교육학의 모습을 투영해 볼 수 있는 인식-존재론적 기반이 부족하다. 내가 제7장에서 제안한 '포스트-평생학습'은 지금까지의 평생학습 연구를 성찰하기 위해 한 걸음 물러서 사태를 보려는 노력으로 이해될 필요가 있다.

지금까지 우리는 흔히 개별적인 성인학습활동들 혹은 교육프로그램들을 다루는 연구를 수행했을 뿐, 혹은 평생교육 정책과 제도를 구축하기 위한 정책 개발 연구를 수행하는 데 온 시간과 신경을 쏟았을 뿐, 평생학습이라는 형태의 현상이 가지는 전지구적이고 일반적인 특성을 파악하려는 연구를 충분히 수행하지는 않았다. 공공평생학습, 일터학습, 지역 성인 시민성교육 등 다양한 비전통적 교육·학습 활동과 제도화 연구들이 있었지만, 이들을 포괄하는 교육과 학습의 일반적 특징과 방향성에 대한 연구는 부족했다.

어떤 사태를 종합적으로 보기 위해서는 나름의 과감한 가설들이 필요하며, 이론 연구는 그러한 가설들의 대격전장이 된다. 나의 경우에는 이들 개별 학습활동들을 어떤 방식으로든지 제도적 형태로 발전시키고, 이들끼리의 탈중심화된 네트워크를 형성하는 경향성을 가진 학습체계들로 포착하고자 했다. 또한 마치 생태계가 진화해 나가듯 학교 밖 학습활동들이 자기조직화하면서 형성하는 모종의 체계화 형태를 나는 '평생학습체계'라고 이름 붙였다. 이런 확장된 체계가 형성되어 나간다는 것 자체가 이들 개별적인 학습활동들이 모종의 일반성을 형성해 가고 있다는 증거라고 볼 수 있다. 적어도, 이런 질문을 통해서 현재와 같은 평생학습의 시대 '이후'의 체계화 혹은 포스트-제도화 시대의 평생학습 과정을 들여다보는 연구들이 가능해질 수도 있다.

일반이론이란 어떤 현상이 가지는 특정한 목적성과 기능성을 넘어서 '그 현상 자체가 가지는 일반적 양상'을 탐색하는 것이다. 즉, 어떤 현상의 안쪽에서 바깥을 바라보는 연구가 아니라 그 현상 자체의 특성을 바깥에서 안쪽으로 바라보는 연구이다. 평생학습이 무엇을 할 수 있는가를 묻는 것을 넘어서 평생학습 현상이란 무엇인가를 묻는 연구이다. 지금까지 개별 정책들의 효과성에 대해서는 수많은 연구가 있었지만, 그 전체를 '평생학습정책' 혹은 '평생학습제도'라는 포괄적이고 개념적인 정체성과 운동성으로 묶어서 그 일반성을 탐색하려는 시도는 찾아보기 어려웠다. 대부분 매일같이 생산되는 연구물들은 평생학습을 학습의 '기회 확대' 혹은 새로운 '평등화 기제' 정도로 이해하면서 시민의 학습 기회와 효과성이 어떻게 확대되어 가고 있는지, 어떻게 형평성의 문제가 다루어지고 있는지, 혹은 어떻게 질 관리가 모니터링되고 있는지 등의 실천 지향적 문제들에 대해 논의하였다. 반면, 그 질문의 방향을 거꾸로 자신을 향하게 하는 방식의 연구들, 예컨대 그렇다면 그런 방식으로 생성되고 체계화되는 학교 밖 학습활동들의 구조와 특성이 무엇이며, 그것이 이전의 근대 공교육체계가 가졌던 대표적인 교육체계적 특징들과 무엇이 다른지에 관해 검토하는 연구들은 발견되기 어려웠다.

이제, 평생학습 연구가 종합적으로 발전하기 위해서는 눈에 보이는 '효과성 연구'를 넘어 그 근저에 존재하는 인식-존재론적이고 철학적인 이론 연구가 필요하다. 우리가 연구하는 평생학습 현상이 어떤 존재론적 근거 위에 서 있는 현상이며, 그 안에서 작동하는 담론과 힘, 관계와 역동성이 인간의 학습과 교육, 제도와 개혁의 양상을 어떻게 결정해 가는지에 관하여 탐구할 필요가 있다. 이런 연구가 중요한 이유는 그것을 통해서 한 사회에서 지배적인 학습 양식이 선택되고 결정되는 방식을 포착할 수 있기 때문이다. 한 사회가 자본주의라는 경제 양식을 가지고 있는 것 혹은 민주주의라는 정치 양식을 가지고 있는 것처럼, 한 사회는 그 사회를 지배하는 학습 양식을 구축한다. 이것을 나는 '학습의 사회적 양식' 혹은 지배적 학습 양식이라고 이름 붙였다. 아직까지 한 사회에 이러한 지배적인 학습 양식이 존재한다는 구체적인 연구가 나타난 것은 아니지만, 이러한 가설에 대한 갈망은 교육학에서 늘 있어 온 것이었다. 이러한 접근과 질문은 교육학을 단지 외부로부터 주어진 가치와 목적에 따라 인간을 변형시키는 응용적 기술학문의 차원을 극복하고, 한 사회 안에서 존재할지도 모르는 인간 변화와 학습, 그리고 거기에 작용하는 교육의 작동 패턴을 찾고 그것을 주도하는 힘과 논리를 추적하는 것을 통해서 교육학이 인간의 형성과 변화, 그리고 한 사회의 구성과 역사적 진화의 흐름을 밝히는 데 힘을 보탤 수 있는 기초학문으로 자리매김할 수 있도록 도와준다.

평생학습은 인간의 학습을 전생애적이고 전사회적으로 확장하는 한 가지의 사회적 학습 양식이며, 그 제도화 과정은 이러한 학습 양식을 실천적이고 제도적인 사회 체계로서 작동할 수 있도록 구조화하는 과정이다. 평생학습은 그 제도화 과정을 통해 사적 활동이던 개인의 학습활동들이 선택적으로 사회적 가치와 연동하도록 하며, 이전에 사적 학습활동이었던 것들이 사회적 의미로서 포착되고 인정되며 일정한 형태의 사회적 기능성을 가지게 하는 한편, 사회적 차원에서 집합적으로 재생산할 수 있는 조직 체계와 구조를 만든다. 또한 이러한 구조들을 공유하는 활동 체계들을 서로 연결하면서 일종의 포괄적인 창발 체계, 즉 여러 수준의 평생학습체계로서의 자기 경계를 만든다. 여기에서 이런 과정을 만들어 가는 주체는 누구이며 어떤 힘이 작동하는 것인지에 관한 질문의 답을 찾는 일은 그리 쉽지 않다. 혹은 낱낱의 경험 연구를 통해 밝힐 수 있는 종류의 질문도 아니다. 오히려 그 현상 근저에 있는 논리적 정합성을 찾아 들어가는 연구, 즉 이론 연구들을 필요로 하는 질문들이다. 어떤 특수한 상황과 맥락을 담은 어떤 특정 패턴을 해석하는 것에 그치는 것이 아니라, 유사한 패턴들이 서로 연결된 시스템적 작동 방식의 존재 유무 및 그 운동성과 기능성을 추적해야 할 질문들이다. 이를 위해서는 개별적인 경험 연구들이 생산한 증거 파편들을 전체적 이론 테이블 위에 놓고 재조립하는 상상력이 필요하다.

이 과정에서 모든 가정과 전제들을 버리고 선택할 수 있는 하나의 출발점은 바로 평생학습을 한 가지 모양새로 선험적으로 규정해 버리는 어떤 가치론적 · 본질론적 · 존재론적 · 객관적 전제들도 부정하는 것이다. 각종 학습활동들이 생성 · 진화하면서 구축해 가는 평생학습체계는 결코 처음부터 어떤 동일성의 전제 혹은 선험적 개념성에 의해 규정되고 구성되어 가는 것이 아니다. 오히려 끊임없는 분산적이고 재귀적인 실천을 통해 스스로 그 '차이'들을 반복적으로 산출해 냄으로써 자신의 정체성을 직조해 내는 존재로 이해된다. 그 '차이'가 누적하는 구조적 패턴은 어떤 외부에 의해 결정되고 폐기되는 것이 아니라, 끊임없는 자기재규정성을 통해 수시로 전혀 다른 존재성으로 재탄생한다. 인간의 의지에 의해 목적 지향적으로 구축되는 체계라기보다는 인간-도구-사물-환경 등의 배치 양상에 따라 기계적으로 형성되고 작동하는 것으로 읽힐 것이다.

이제 우리가 물어야 할 질문들은, 예컨대 이런 것들이 될 수 있다. 평생학습 연구의 핵심 경계와 단위는 무엇이 되어야 할까? 무엇을 집중해서 관찰해야 할까? 어떤 연구 방법론이 구상되어야 할까?

예컨대, 최근 주목을 받고 있는 행위자연결망이론(Actor-Network Theory, 이하 ANT)이 바라보는 평생학습체계의 운동성은 어떻게 표상화될 수 있는 것일까? 평생학습체계의 정교화, 분화, 재통합화 등의 운동성을 관찰하고 설명하기 위해 우리는 어떤 전제와 개념을 가지고 있어야 할까? 이를 탐색하기 위해 어떤 전제들이 필요할까?

이와 관련된 몇 가지 전제들을 정리해 보면 다음과 같다. 우선, 평생학습의 의미와 기능은 결코 그 활동 체계 이전에 이미 존재하던 어떤 선험적 조건이나 개념에 의해 결정되거나 연역적으로 규정될 수 있는 현상이 아니라고 전제하는 것이다. 인간의 경험을 구성하는 과정은 미리 정해진 개념을 표상화하는 과정이 아니다. 평생학습이라는 개념 및 그 개념이 사용되는 제도화된 양상들의 내적 자기연결성을 추적해 가면서 전체 현상의 경계를 확인할 필요가 있다. 그럼에도 불구하고 평생학습이라는 개념이 무작위적이고 임의적으로 적용되고 있는 것으로 전제하는 것도 피해야 한다. 제도화는 지속적 반복을 통해 자기경계의 흔적을 만들어 내는 동시에, 그 경계를 통해 평생학습이 어떤 것인지를 스스로 이념화하는 것일 수 있다. 연구는 바로 그 흐름과 자취를 추적한다. 여기에서 모든 사회 체계는 활동과 이념의 상호 피드백 구조를 가지게 되며 이것을 제6장에서 자기조직화 과정으로 설명했는데, 그 안에서 평생학습은 시간이 경과함에 따라 혹은 경험의 범위가 넓어짐에 따라 이전보다 훨씬 분명한 자기경계를 생산하면서 스스로를 타자들과(환경과) 차별해 나가는 모습이 관찰될 수 있다. 따라서 평생학습 현상에 대한 추적은 곧 평생학습 현상이 만들어 내는 진화사에 대한 추적이 될 수 있다.

결국 평생학습이 무엇인가라는 질문에 대한 답은 바로 그러한 평생학습이라는 이름으로 벌어져 왔던 일들을 추적하는 가운데 획득되어야 하며, 당연히 치밀한 경험 연구에 의존할 수밖에 없다. 하지만 경험 연구만으로는 그 뒤에 숨어 있는 복잡성의 구조를 포착하기 어렵다. 우리에게 이론 연구가 필요한 이유다.

마지막으로, 지금까지는 평생학습을 일종의 형식적 범주 개념으로 설정하고 그 안에 성인교육, 비형식교육, 사회교육 등을 모두 포함시켰지만, 나는 이런 접근에 반대한다. 평생학습 현상은 이전의 성인교육, 비형식교육, 사회교육 등의 범주와는 차별화된 새로운 교육생명체이며, 스스로의 경계를 설정하고 확장한다. 어쩌면 '주어진 범주' 없이 처음에는 난삽하게 나타났다가 사라져 가는 이 활동들의 모습이 보여 주는, 분명 혼종적이고 다층적이며 산만하기 이를 데 없는 모습들 속에 숨어 있는 창발적 패턴과 재귀적 확장 과정을 포착하는 일이 결국 평생학습에 대한 '일반이론 연구'가 될 수 있다.

제2장

평생학습이라는 큰 글자

평생학습을 '작은 글자'로서의 개인사적 관점에서 보는 방식과 '큰 글자'로서의 사회적 학습 양식으로 보는 두 가지 방법으로 구분하였다. 평생학습이 낱낱의 개인 기반 학습들의 전생애적 학습이라는 시간성의 확장을 의미하기보다는 오히려 그 자체가 하나의 새로운 집단적이고 사회적인 '학습 양식'이라는 점을 부각시켰다. 또한 그 작동 과정에서 새로운 학습의 배치 양상을 창출해 낸다는 점을 설명하였다. 이를 통해 기존의 학교 체계가 형성한 형식학습(formal learning)에 대한 의미 있는 변형을 기획하고 있다는 점을 강조하였다.

평생학습이라는 큰 글자

영어로 개인(individual)이라는 단어는 더 이상 나눌 수 없는 존재라는 뜻을 함의한다. 말 그대로 생물학적으로 더 이상 나눌 수 없다. 개인을 그 구성 부분, 즉 심장, 뇌, 폐 등으로 나눌 경우 그 인간은 더 이상 살아 있는 생명체가 아니다. 인간이라는 구성체는 물론 다량의 세포가 연결되어 있으므로 어찌 보면 세포 단위로까지 나눌 수 있어 보이기도 하지만, 그런 세포를 고립된 채로 공기 중에 노출시키면 단 몇 시간 안에 죽는다. 생명체의 정의가 스스로의 삶을 유지하고 재생산할 수 있는 존재 단위라고 한다면, 세포는—비록 바이러스나 세균 단위에서는 생존할 수 있을지 모르지만—적어도 인간이라는 생명체에서는 결코 의미 있는 생명 단위가 아니다. 다른 것들과 연결되어 있어야 인간의 생명이 유지된다. 그런 점에서 개인은 individual, 즉 생물학적 차원에서 더 이상 나눌 수 없는 (혹은 환원할 수 없는) 인간생명체임이 분명하다.

하지만 홀로 선 생물학적 개인으로서의 인간은 사실상 완전한 의미에서의 '인간'이 아니다. 심지어 생물학적 차원에서 보더라도 인간은 결코 혼자서는 오래 생존할 수 없으며, 자손을 낳을 수도 없고 언어를 사용하여 사고할 수도 없다. 모든 활동은 집단적이고 조직적인 차원에서 전개된다. 인간 노동의 분업, 문화적 편제, 가족 단위와 친족집단, 의미 공유체 등 인간의 존재는 나름의 조직과 배치 양상에 의해 유지된다. 특히 의미와 지식 그리고 학습이라는 차원을 다루는 교육학의 입장에서 인간이란 의미, 소통, 활동, 지식, 지식의 공유 및 활용 등의 활동으로 묶여 있는 생성적 다양성과 소통을 전제로 한다. 결코 in-dividual로서의 개인의 차원에만 의지할 수 없다. 말하자면, 학습을 말할 때 '개체'로서의 인간은 적어도 제한적인 형태의 관찰 단위일 뿐이다.

평생학습이 물론 처음에는 개개인의 생애 전반에 걸친 학습을 이해하는 개념으로 등장하였지만, 그렇게 모습을 드러낸 평생학습의 제반 사회적 특성을 이해하기 위해서는 학습을 개체 단위의 수행성으로만 환원하여 이해해서는 안 된다. 만일 개인학습으로 구성되는 학습을 평생학습의 '작은 글자'에 비유한다면, 학습이 작동하는 활동 체계, 집합성, 공동체 문화 등의 맥락은 일종의 '큰 글자'에 비유할 수 있다. 나의 관심은 어떻게 평생학습정책들이 개개인에게 보다 많은 학습을 공급해 왔는지 혹은 얼마나 공평하게 분배해 왔는지 등을 따지는 데 있지 않다. 평생학습은—성경 구절을 사용하여 비유한다면—이스라엘 백성을 광야로 이끌어 내는 구름기둥이나 불기둥과 같은 것이다. 하나의 문화이며, 학습 풍토이고, 시대적 습관이다. 학습이 존재하고 작동하는 지배적 방식이다. 만일 우리가 현시대의 인간학습이 학교 형식학습을 넘어 평생학습의 양태로 작동하기 시작했다고 말할 수 있다면, 이제 우리의 관심은 어떻게 그 '구름기둥'이 시민들에게 새로운 교육기회를 열어 주었는지를 보는 차원을 넘어 도대체 이 '구름기둥'의 정체가 무엇이고, 어떻게 형성되었으며, 어떤 방식으로 기존의 학교학습의 사회적 양식을 대체해 가고 있는지를 물어야 한다. 말하자면, 학습의 사회적 차원 패턴으로서의 평생학습 이미지를 포착할 필요가 있다.

지금까지 우리는 흔히 평생학습을 '한 개인이 초기교육을 마친 후

이어지는 평생에 걸친 학습의 생애사' 정도로 이해해 왔다. 이렇게 개인의 생애사를 중심으로 이해되는 평생학습을 나는 '작은 글자로서의 평생학습'이라고 부르려고 한다. 이 차원의 평생학습은 사실 전혀 새로운 현상이 아니다. 고대 중국의 공자도 군자의 평생학습을 강조했고, 전근대 조선사회에서도 사족(士族), 즉 양반이나 사대부로 살기 위해서는 평생 동안 성리학을 손에서 놓지 말아야 했다. 현대사회에서도 배움을 평생 지속하는 사람을 찾는 건 그리 어려운 일이 아니다. 사실 누구나 자신만의 평생학습이라는 작은 글자들을 가지고 산다. 각자의 학습이 담아내는 색깔과 의도 그리고 방법은 모두 다르다. 이렇듯 작은 글자로서의 평생학습은 새로운 현상도 아닐뿐더러 그리 신기한 일도 아니다.

반면, '큰 글자로서의 평생학습'은 20세기 후반에 등장한 전혀 새로운 현상이다. 이때 '크다'는 뜻은 작은 글자로서의 평생학습들이 집합적으로 형성해 내는 집합적 사회 현상으로서의 평생학습이 형성해 내는 이미지, 즉 문화적 차원에서 사회 체계와 제도적 구조의 형태로 조형해 낸 학습의 사회적 양태를 말한다. 물론 체계와 제도는 기본적으로 개인들을 요소로 구성되기는 하지만, 단지 학습하는 인간들만 모아 놓는다고 평생학습체계가 생기는 것은 아니다. 큰 글자로서의 평생학습은 개별적으로 확장되는 작은 글자로서의 생애 전반의 학습활동들, 그리고 그런 학습들이 사회 전반으로 확대되는 양상을 매크로 차원에서 들여다본 모습이다. 마치 프랙털 구조처럼 평생학습 현상은 마이크로 단위에서 보이는 모종의 학습 패턴이 매크로 단위에서도 그대로 투영되어 나올지 모른다. 우리가 주목하는 것은 작은 단위에서 단지 무질서하게 양적 확대를 이루는 것이 아니라 그 매크로 단위에서 관찰될 수 있는 나름의 거시적 패턴과 양상이다. 이것을 나는 평생학습의 큰 글자라고 부른다.

평생학습의 큰 글자는 개개인들의 평생학습의 합을 단순히 늘어놓는 것으로 환원되지 않는다. 그 안에는 지식, 물적 조건, 집합적 학습 동기, 도구와 편의 시설, 학습을 사이에 둔 인간-비인간의 연동적 관계, 생산과 재생산, 환경과 생태계 등 다양한 배치가 동반된다. 그래서 각각의 학습체계들은 개인으로 환원되지 않는 또 다른 차원의 학습자들이며, 평생학습체계는 집합적으로 이런 전체 양상을 자기조직화해 가는 분산적-중층적 생명체 집합일지도 모른다.

이런 집합적이고 사회적 차원의 평생학습은 인류의 역사를 통틀어 보았을 때 분명히 20세기 말에 나타난 새롭고도 특이한 현상이다. 한 사회가 개개인의 평생학습에 대해 관심을 갖기 시작했고, 학교를 넘어 다양한 기관들이 교육의 기능을 수행하기 시작했으며, 국가는 초·중·고를 졸업한 성인들에게 고등교육 및 성인교육의 기회를 적극적으로 부여하는 교육정책을 활성화하기 시작했다. 또한 이러한 학습에 대한 지원을 전사회적(lifewide) 차원에서 제도화하는 일까지 생겼다. 평생학습이라는 단어는 이제 공식적 지위와 존재감을 얻기 시작했고, 평생학습도시라는 개념을 통해 인간 활동에 대한 설계와 지원이 일어나기도 했다. 비록 평생학습이 '작은 글자'의 차원에서 고대 유교 체제에서도 존재했다고 말할 수 있지만, 이런 '큰 글자' 차원에서의 평생학습은 분명히 전대미문의 현상이었다.

사회적 학습 양식으로서의 평생학습

이러한 '큰 글자'라는 비유는 곧 사회 전체의 학습의 흐름이 갖는 모종의 특이성 혹은 평생학습으로 분류될 수 있는 학습의 집합이 갖게 되는 어떤 조합적 특성을 말하는 것으로 읽힐 수 있다. 나는 이것을 개인의 학습 양식에 빗대어 사회적 학습 양식이라고 부른다.

자비스(D. Jarvis)가 편집한 총서인 『Routledge International Handbook of Lifelong Learning』은 특이하게도 평생학습의 제 복잡한 현상들을 가로지르는 '학습 양식'의 존재성에 관심을 두고 있었다. 평생학습의 특징을 생애 전반에 걸친 학습(learning throughout life)이라는 시간의 축과 평생학습의 장면들(sites of lifelong learning)이라는 공간의 축으로 설정한 점에서는 그 이전의 다른 총서들과 다를 바 없지만, 이 총서는 평생학습을 다양한 '학습 양식(modes of learning)'들의 집합이라는 차원에서 재조명하려고 시도했다. 예컨대, 평생학습을 자기주도학습(Self-Directed Learning), 교수 기반 학습(On Being Taught), 원격학습(Distance Learning), 이러닝(e-learning) 그리고 인터넷(The Web)이라는 다양한 학습 양식들로 묶어 낸 것이 흥미롭다.

의도는 유사할 수 있겠지만, 자비스가 의도한 학습 양식이라는 개념은 내가 원했던 학습 양식이라는 개념과 상당한 차이가 있다. 그는 주로 학습이 조직되고 전달되는 방식에 초점을 두어 학습 양식을 구분했는데, 예컨대 그것이 자기주도적인가 교수 기반인가, 교실 수업인가 원격학습인가, 면대면인가 아니면 이러닝인가 등의 차이에 주목한 듯싶다. 물론 이러한 요소들이 학습을 모종의 '양식'으로 분류하는 데 중요한 기준이 되는 것은 부정할 수 없지만, 내가 보고자 하는 학습 양식이라는 개념은 그보다 훨씬 복잡성을 가미한 것으로서 일종의 학습이 일어날 수 있는 배치(assemblage)이며 코드(code)이고 패턴(pattern) 등의 의미를 가진다. 이러한 배치, 코드, 패턴 등은 한 사회에서 지배적인 방식의 학습 양상을 유행시키며, 한 사회의 재생산 구도는 그렇게 선택된 학습 양식과 부지불식간에 연계된다. 마치 푸코(M. Foucault)가 한 사회의 지식을 담론(discourse) 혹은 에피스테메(episteme)로 규정하면서 그러한 지식의 양식들이 한 사회의 권력 구조를 결정하는 핵심 요소였다고 보는 것과 유사하다.

또한 지금까지는 흔히 학습 양식(learning mode)이라는 개념이 학습 스타일(learning style), 즉 학습에 대한 개인차라는 뜻과 혼용되어 왔다. 하지만 그 의미상에서는 근본적으로 차이가 있다. 학습 스타일은 어떤 과제를 학습할 때 개개인에 따라서 그에게 맞는 방법들, 예컨대 지식을 획득하고 처리하며 새로운 지식을 생성해 내는 과정에서 다양한 방법과 접근법들의 조합이 개인별로 다르게 사용될 수 있으며, 시각, 청각, 기억, 환류 등의 방식들을 다르게 가져갈 수 있다는 전제에서 출발한다. 학교교육학에서 학습 스타일은 주로 학습 성취를 높이기 위한 효과성 혹은 효율성의 차원에서 사용되었는데, 이때 학습 양식은 자신이 가장 높은 학습 성취를 얻을 수 있도록 선택할 수 있는, 자신에게 적합한 학습 방식을 말하는 것이었다.

여기에서 말하는 학습 양식은 좀 더 집합적인 개념이다. 한 학습 체계가 지배적으로 선택하고 있는 학습 목적, 방법, 평가 등 학습의 요소들이 일련의 이념과 원칙 혹은 이익 관계 등에 의해 배치되는 방식을 말한다. 왜 학교 교실은 지금처럼 구성되어 있는지, 혹은 왜 학제는 6–3–3–4제를 선택하고 있는지 등이 모두 학습 양식의 예가 될 수 있다.

크게 보면 현재 물화되어 있는 학교학습, 즉 형식학습(formal learning)도 하나의 사회적 차원의 학습 양식이라고 말할 수 있다. 왜 학교학습은 지금처럼 구성되어 있으며, 그렇게 구성하고 유지하는 힘과 권력은 어디에서 나오는지, 혹은 그런 논리의 정당성은 어디에서 창출되는지 등에 대해 질문을 던질 수 있다.

정확히 맞아떨어지는 비유는 아니지만 이해를 돕기 위해 무리하게 적용해 본다면, 형식학습과 비형식학습 혹은 무형식학습의 구분도 어쩌면 서로 대항하고 경쟁하는 학습 양식들일 수 있다. 형식학습은 학습이 모종의 의도를 가지고 조직화되어야 하며, 수업과 교과라는 원리로 직조되고, 체계적으로 평가되며 학력으로 인정되어야 한다는 조합 원리를 지배 구조로 하는 학습 양식으로 볼 수 있다. 반면, 비형식학습(nonformal learning), 혹은 무형식학습(informal learning) 등은 형식학습이라는 지배적 학습 양식의 탄생으로 인해 상대적으로 무력화된 다양한 기타 학습 양식들의 범주적 대명사라고 할 수 있다. 여기에서 이 세 가지 범주를 구분하는 힘은 결코 각각의 개별 학습활동에서 나오지 않는다. 예컨대, 형식학습은 한 사회가 모종의 학습활동에 대해 부여한 권력이자 배치라는 점에서 지배적인 '사회적 학습 양식'이라고 불러도 좋을 듯하다. 또한 비형식학습은 바로 그 권력에 의해 배제된 잉여의 학습활동을 지칭하는 또 하나의 '사회적 학습 양식'이라고 부를 수 있다. 그러나 앞에서 말한 것처럼, 이런 대칭적 비유는 단지 아직까지 분명하게 규정하기 어려운 '사회적 학습 양식'이라는 개념을 보다 쉽게 이해하기 위해 던진 예시에 불과하다.

아직 추론적 단계의 사유를 좀 강하게 표현해 보자면, 평생학습은 학교 체계가 근대사회에 구축한 '형식학습'이라는 학습 양식의 배치 방식의 문제를 지적하고 그와 경쟁할 수 있는 새로운 학습 양식들을 창출해 내기 위해 설정된 일종의 새로운 학습 플랫폼(learning platform)일지 모른다. 여하튼 '비(非)' 혹은 '무(無)'라는 개념은 그 단어가 붙지 않고 표현된 어떤 특성에 대한 상대적 위치를 보여 주는 범주적 의미만을 가진다는 점에서 앞으로는 이렇게 편의상 구분된 비형식 혹은 무형식이라는 개념들은 폐기되고, 그 대신 더욱 개별 현상들에 적합한 하위 학습 양식 체계들에 관한 개념들이 개발되고 세분화되어 갈 것으로 생각한다.

오늘날 학교의 권력과 힘은 현재 '형식학습'이라고 하는 학습의 조직화 코드에 의해 제도화되고 있고, 그것이 전체 사회를 주도하는 나름의 지배적인 학습 양식, 즉 '사회적 학습 양식(social mode of learning)'으로 자리 잡고 있다. 하지만 형식학습이라는 방식은 학교교육의 필연적 구조방정식이었다기보다는 오히려 교육체계가 근대사회 노동시장 및 능력자지배사회라는 구조와 기능적으로 접속되는 과정 속에서 탄생한 우연성의 산물이며, 얼마든지 변형이나 대체가 가능하다고 볼 근거가 충분하다. 마치 포스트 휴머니스트들이 흔히 말하는 것처럼, 예컨대 인간이 단백질 덩어리로 구성된 것은 지구라는 행성 안에서의 진화 과정에서 선택된 우연일 뿐이며 만일 화성이었다면 알루미늄과 철제로 구성된 생명체로 진화했을지 모른다고 주장하는 것과 마찬가지로, 근대사회에서의 학교가 지금의 양식을 띠게 된 것은 순전히 당시의 학습체계들이 근대 산업사회의 조직화 및 표준화 방식을 교육진화 과정에 적용함으로써 나타난 우연성의 결과였을 뿐이다. 또한 앞으로도 그러한 학습 양식이 계속해서 교육체계의 지배종으로 남아 있으리라고 예측할 수도 없다.

어쨌든 한 사회의 사회적 학습 양식 안에는 그 학습 양식을 구성하는 요소들 및 관계들의 질서를 세우는 일정한 집합적 패턴이 존재한다고 볼 수 있다. 개개인들이 어떤 학습 양식을 선호할 수 있는 것처럼, 한 사회도 사회 생산과 재생산 과정에서 지배적으로 선호하는(혹은 선호하도록 강제하는) 학습 양식이 존재할 수 있다. 그 학습 양식을 구성하는 하위 요소들 간의 조합 방식에 따라 다양한 학습 양식들 간에 차이가 재생산되는데, 예컨대 어떤 학습 방식들은 엘리트적 존엄성을 획득하는 반면, 그와 다른 학습 방식들은 품격이 떨어지는 것으로 다루어지기도 한다. 예컨대, 고대와 중세를 거치면서 문자학습은 구어학습에 비해 품격이 높은 지배층의 학습 양식으로 전유되어 왔다. 문자에 기반한 학문 지식의 이론학습은 지배 계층의 전유물이었던 데 반해서, 도제와 직업훈련 혹은 경험학습 등은 노동자와 하층 계급이 선택할 수 있는 학습 양식이었다. 근대사회에 들어와서도 학교를 통한 학습은 그렇지 않은 학습에 비해 차별적 지위를 획득했다. 현대 학교 체계 안에서도 원격학습 방식은 교실 수업에 비해 외면되어 왔다. 또한 계약학과라는 형태는 취업에 유리하지만 여전히 입시 시장에서 존중받는 방식은 아니다. 이렇게 한 사회에는 학습의 다양한 차원들이 상대적 서열과 위치, 보상 체계, 지배 통치성 등을 동반하며 상대적 우열 관계를 형성하는 방식이 있다.

결과적으로 볼 때, 오늘날 학교와 대학은 이런 다양한 학습 양식 가운데 '형식학습'이라는 학습 양식을 독점한 한 가지 사회적 배치 형태라고 말할 수 있다. 학교가 수행하는 '형식학습'은 학습 양식들 가운데 가장 대표적이면서도 정교하게 진화한 학습의 패턴이다. 물론 이때 형식학습은 그 자체가 하나의 단일하고 견고한 학습 양식이라기보다는 학교라는 구성체가 선택적으로 수용해 온 복수의 하위 학습 양식들의 집합체로 볼 수 있다.

학습의 탈주와 평생학습 플랫폼의 출현

평생학습을 통한 연구와 실천 과정에서 수많은 새로운 학습의 장들이 탄생하고 확장되어 왔다. 특히 '평생'이라는 맥락을 실제화하는 핵심적인 장인 경험(experience), 일터(workplace), 지역 공동체(community), 문화예술(cultural arts), 몸과 웰빙(body and well-being), 영성(spiritual) 등 종전에는 인지학습에 갇혀져 있던 학교에서 존재하기 어려웠던 학습의 장에서는 필연적으로 그 안에서의 기능성을 갖춘 새로운 학습 양식들이 탄생하고 배치되기 시작했다.

이들은 평생이라는 축에서 보자면 아동·청소년의 시기를 좀 더 성인과 노인 쪽으로 생애주기를 연장했고, 형식학습 안에서는 일어나기 어려운 학습 현상에 더 주목했다는 점에서 비형식과 무형식에 초점이 맞춰져 있었다. 인지학습을 넘어 감성(혹은 최근 유행하는 단어로서의 정동 혹은 몸체험)이나 영성 학습을 탐색하는 데 주의를 기울였고, 학습 결과를 통해 사회적 지위를 획득하는 기존 질서보다는 세계를 다시 쓰고 변혁 혹은 변용시키는 운동성을 촉진하고자 했다. 물론 그 안에 인적자원 개발이나 지역사회 개발 등의 전통적 발전주의 기반 연구들도 일정 부분을 차지하고 있었지만, 이것들 역시 기존의 학습이론과 차별적인 새로운 학습 연구의 양상을 만들어 내었다.

평생학습은 결과적으로 학습 양식의 다양화를 가져 왔다. 학교가 교과라는 명시적 지식을 수업이라는 시공간의 소통 형식을 통해 가르치며 그 결과를 형식학습의 형태로 외현화하는 형태의 학습 양식에만 집중했다면, (물론 비교과 활동 혹은 방과후 활동이라는 형태로 그 외의 학습 양식을 다루기는 하지만) 평생학습은 그 외의 다양한 대상, 다양한 상황, 다양한 활동 체계, 다양한 정보 테크놀로지, 다양한 역량 평가 방식 등을 담아내는 학습 양식들을 적극적으로 학습 장면에 초대하였고, 그들 간의 새로운 배치 양상에 대해 나름의 정당성과 권한을 부여하였다.

그런 점에서 나는 평생학습이라는 조류가 이러한 새로운 사회적 형식과 조건들을 가진 다양한 학습체계들을 만들어 내었다고 본다. 평생학습체계, 즉 평생학습이 창조한 학습체계들의 전체 집합은 일종의 새로운 학습 양식들을 진화시키는 복합적 학습생태계이며, 학교사회와는 다른 방식의 학습 양식의 배치를 형성해 내었다고 할 수 있다. 또한 그러한 새로운 패턴의 차별성을 확장하고 진화시키기 위해 동원되는 제도와 정책들이 현재 세계교육의 주요 흐름을 구성하고 있다. 그 안에는 형식학습과 비형식/무형식 학습의 비균질적이고 비대칭적 차등화를 전제로 하는 학습 지형의 구도가 약화되고, 학교의 형식학습의 배타적 영토성이 탈영토화되는 경향성을 보인다. 평생학습체계 안에는 각양각색의 크고 작은 학습체계들이 느슨하지만 유기적으로 연결된 중층적 구조를 이루고 있다. 라뚜르의 행위자 네트워크이론을 빌려 설명한다면 평생학습체계 안에 포함된

크고 작은 학습체계들은 그 자체가 일종의 행위자(actor)이며, 평생학습체계는 이런 행위자들이 서로 연결된 연결망이다. 이들 간에는 어떠한 선후 관계도, 인과 관계도, 목적 수단 관계도 없다. 이들은 평생학습체계가 구성해 내는 새로운 학습 양식들의 조건, 배치, 정책, 체제 등 안에서 수평으로 연결되어 있다. 그 안에서 형식학습의 배타적 영토성은 점차 탈영토화되며 사회 전체로의 재분배가 일어난다.

어떤 지배적 학습 양식을 대체할 새로운 방식의 학습 양식이 출현한다는 것은 필연적으로 교육체계들의 권력 사이에 다툼이 일어난다는 것을 의미한다. 학습이 사회적으로 분배되는 방식의 변화는 필연적으로 사회 권력 구조 구성 방식의 변화를 동반하게 될 수밖에 없는데, 이때 한 사회의 학습 배치 양상이 달라졌다는 것은 결국 그 사회에서 학습을 통해 재생산되던 사회 권력 구조에 모종의 변화가 나타나게 되었다는 것을 의미한다. 아직은 경험 연구를 동반하지 않은 추론적 가설에 불과하지만 앞으로 주목해 보아야 할 부분임에 틀림없다. 이미 말했던 것처럼, 근대사회는 형식학습이 지배적인 학습 양식으로 자리 잡음으로써 그것을 통해서 사회적 지식 생산과 더불어 사회 계층 재생산의 기능을 동시에 담당하도록 했던 사회이며, 여기에서 '형식학습'이라는 교육체계와 '근대 산업사회'라는 사회 생산 체계는 서로 간에 상보적이고 기능적인 연결 구조를 가지고 있으며 서로가 서로를 유지하도록 강화하는 공생적 연결 구조를 강화해 왔다. 어떤 한 가지 사회적 학습 양식의 지배적 질서가 무너진다는 것은 곧 사회 재생산 체계에 의미 있는 변화가 나타난다는 것을 뜻한다.

교육개혁은 우선 지배적 학습체계를 지지하고 있는 핵심적인 학습 양식을 개혁하는 데에서 출발한다. 평생학습의 역사는 바로 지배적인 학습 양식이었던 형식학습의 의미와 구성 방식을 해체하고 재규정하려는 시도였다. 또한 그 제도화의 산물로서의 '평생학습체계'는 이런 변혁의 양상을 담은 현 실태였다.

여기에서 한 가지 흥미로운 점은 이러한 '학교교육체계' 대 '평생학습체계'의 대립이 교육학자들에게는 '교육' 대 '학습'의 대치로 비쳤다는 것이다. 마치 학교 안에서 교수자의 지도 아래 있던 학습의 존재성이 탈주하면서 세상을 교수자 없는 학습의 세계, 즉 교육적 질서와 가치가 위협받는 위기사회적 요소로 받아들여졌다는 것이다. 실제로 이러한 '학습의 탈주' 현상에 대하여 많은 교육학자가 불편함을 감추지 않았는데, 예컨대 비에스타(Biesta, 2006)는 『학습을 넘어』라는 저서를 통해서 교육으로부터 탈주하는 학습의 성격을 곧바로 신자유주의의 등에 탄 평생학습의 모습에 비유하면서 하루 빨리 평생학습의 기운이 사라지고 교육의 본질이 복원될 것을 기원하였다. 물론 그의 이런 등식이 과장된 일반화이기는 하지만, 크게 보았을 때 전통적 학교 질서에 대한 평생학습체계의 도전을 읽어 냈다는 점에서 나름의 의미가 있는 주장이라고 할 수 있다.

사실, 이러한 학습의 탈주 혹은 학습을 중심으로 교육의 질서를 포착하는 인식론은 부분적으로는 1996년 발간된 유네스코의 『들로르 보고서』 덕분이다. 1990년대의 『들로르 보고서』 이후 학습이라는 개념은 학교가 점유한 '형식화된 학습'이라는 틀을 벗고 스스로의 존재감을 드러내며 전면화되기 시작했다. 예컨대, "학교교육이 아니라 학습이다(learning not schooling)."라는 슬로건이 교육현장을 휩쓸었고, 단지 교육(education)이라고 부르는 대신 '학습과 교육(learning and education)'이라고 병기하는 양상이 일반화되었다. 학습은 교육이 장악한 부속물이 아니며 학교교육의 기계적 획일성을 대체할 핵심적인 교육운동의 하나로 생각되었다. 『옥스포드 평생학습 총서』에서 헤이거는 1990년대 이후 평생학습의 개념이 전면화되는 장면을 다음과 같이 묘사하고 있다.

> 1990년대 이후 평생학습의 등장이라는 현상은 그 가운데, 특히 학습에 강하게 초점을 맞추고 있었다. 정책 문서상 평생교육에서 평생학습으로 개념을 바꾸는 일은 단순한 용어 대체 이상의 의미를 가지는 것이었다. 특히 교육자들에게 '평생교육'이라는 말은 곧 교육과정, 교사, 교수 양식, 교육 전담 기관 등을 시사하는 것이었던 반면 '평생학습'은 다른 것보다도 학습 그 자체에 주목하도록 하는 개념이었고, 여기에서 학습은 교육보다 훨씬 광범위한 뜻을 함축하고 있었다. 이런 개념 변화는 그동안 늘 중심에 있던 교사들, 교육과정 구성자들, 혹은 수업 운영자들을 주변으로 내몰고, 그 대신 학습자들을 사유의 중심으로 재위치시키는 효과를 가져왔다. (하지만) 실제로 학습이라는 아이디어는 너무도 광범위한 개념이었기 때문에 정책 개발자들이 그 개념을 정의하고 측정하는 데 애를 먹었다(Hager, 2011, p. 16).

유네스코가 부여한 이미지

'평생학습'이라는 큰 글자는 약 50년 전 유네스코(UNESCO)가 부여한 개념이다. 1960년대 말부터 UNESCO 교육연구원(UNESCO Institute of Education)이 중심이 되어서 평생교육이라는 상징적 개념을 발명하였고, 형식학습을 넘어선 주변적 학습 양식들을 모두 포괄하는 개념으로 등장하기 시작했다. 그러한 작동 방식이 본격적으로 등장한 것은 1990년대에 들어선 시점부터였다. 당시 유럽의 경제 위기 및 유럽연합이 전개해 온 일련의 평생학습정책들을 통해 존재감이 확대되었고, 1990년대 말 아시아에서의 학습도시운동 등도 충분히 관심을 끌 만한 것이었다. 주요 세계기구들, 예컨대 World Bank, OECD, UNESCO, ILO 등도 직간접적으로 평생학습의 필요성을 전파하였고, 1997년 함부르크에서 열렸던 제5차 세계성인교육대회(CONFINTEA V)는 성인교육을 평생학습의 맥락에 재위치시키는 계기를 마련하였다.

지난 50년의 이론적 및 실천적 흐름을 종합해 보면, 평생학습의 개념과 실천은 여러 가지 다양성과 이종성을 한 가지 개념적 바구니에 품고 있는 모습이었다. 예컨대, 평생학습을 교육중심운동으로 보는 UNESCO의 관점에서부터 노동시장과 경제 생산 체계의 시각으로 바라보는 OECD와 World Bank 등의 시각이 공존했고, 이런 시각의 차이는 국가마다 다양했다. 특히 아시아, 남미와 아프리카 등 포스트식민주의적 관점에서 포착되는 평생학습의 이미지는 유럽의 그것과 같지 않았다. 또한 주로 문해교육 차원에서 이 현상을 이해하려는 지역이 있는 반면, 시민성교육의 차원에서 평생학습을 제도화하려는 지역들도 혼재되어 있었다. 그 시행 주체들의 경우에도 무형식 공동체들에서부터 국가 차원의 제도화된 형태까지 다양했다. 말하자면, 평생학습은 다양한 혼종성과 이형성을 하나의 개념 안에 품어 내는 새로운 범주로서 이해되기 시작했다.

당시까지만 해도 평생학습은 하나의 통합되고 정련된 개념 체계를 가진 이론이라기보다는 기초적인 기호에 머물러 있었다. 즉, 이런저런 활동 체계들을 거칠게 묶은 개념이라는 상징성에 불과했던 것이다. 평생학습이라는 개념적 경계 체계가 분명한 것도 아니었고, 그런 경계 안에 포함될 수 있다고 여겨졌던 학습 단위와 현상들은 여전히 분절되고 나뉜 개별 현상들의 단순 집합일 뿐, 전체적으로 개념적 통일성과 연계성을 가지도록 진화되지 못하였다.

하지만 이러한 이념과 형태의 다양성에도 불구하고, 이러한 낱낱의 학습 양상들이 적어도 교육이 개입할 만한 가치가 있는 학습의 범주 안으로 포섭되어 들어오도록 한 것은 평생학습 개념의 가장 큰 성과라고 할 수 있다. 말하자면, 평생학습이라는 새로운 기호 혹은 개념은 이전까지 개별적으로 분리된 형태로 겨우 모습을 드러내기 시작했던 군소 학습 현상들을 전체적으로 '통칭'하는 일반성의 범주를 제공했다. 일종의 학습 일반성을 일컫는 '종의 개념'이 탄생한 것이다. 이제 평생학습이라는 개념을 통해서 학습이 각각의 국지적 맥락 속에 특수성으로만 존재하던 모습에서 벗어나서 처음으로 '학습 일반성'이라는 새로운 존재감을 획득하게 되었다고 할 수 있다. 이로서 개별 학습 현상들은 평생학습이라는 새로운 '기호'를 통해 연결되기 시작했다.

『포르 보고서』는 그러한 새로운 힘의 가능성을 여실히 보여 주기에 충분했다. 이 보고서 안에서 평생학습은 포괄적 교육체계 개혁을 위한 일관된 운동성을 가지는 것으로 묘사된다. 특히 '교육'이라고 하는 것이 갖는 근대주의적 한계, 즉 국가 체제의 일부분으로서 그 기능성에 충성하는 제한적 의미로서의 교육체계의 한계를 넘어서는 일종의 시대적 교육운동의 한 부분으로 이해될 수 있었다.

> 평생교육이라는 말을 들으면 두 가지 이미지가 떠오른다. 하나는 렁그랑(P. Lengrand)의 유명한 '수직적-수평적 통합' 원리로 떠올리게 되는 좌표평면이고, 다른 하나는 들로르(J. Delors)의 '평생교육의 네 기둥'으로 만들어진 신전이다 …… 렁그랑과 들로르를 이와 같이 해석하면, 평생교육은 교육-문화코드를 바꾸는 운동이라고 할 수 있다. 교육이나 문화의 코드를 바꾼다는 말은 인간-사회의 정체성 형성 영역을 다루는 근원적 차원의 변화를 도모한다는 의미를 갖는다 …… 경제나 사회 구조적 차원의 변혁만으로는 사회가 변화하기 어렵다. 식민화된 개개인들이 생활 세계를 복원하는 과정을 통해서만 사회는 그 짜임의 코드가 바뀔 수 있다는 것이다(정민승, 2021, p. 382).

하지만 그러한 기대에 비해 1970년대 이후 실제로 전개된 연구와 실험들은 다소 실망스러웠다. 1990년대부터 2010년대까지 지난 수십 년 동안 출간된 총서들은 새로 탄생한 '개념적 일반성'으로서의 평생학습의 집합적 위상의 한계를 잘 보여 주는데, 지난 30년 동안 이들이 보여 준 가장 눈에 띄는 특징은 평생학습을 단지 여러 새로운 분야, 층위, 대상, 실천 등의 나열식 단순 집합으로 여겼다는 것이다. 대부분 평생학습을 '나열식'으로 확장하려고 시도했는데, 예컨대 애스핀(D. Aspin) 등이 편집한 『International Handbook of Lifelong Learning』(Aspin et al., 2001), 혹은 티트무스(C. Titmus) 등이 편집한 『Lifelong Learning for Adults』(Titmus, 1989) 등이 그런 형편이었다. 2011년 출간된 『Oxford Handbook』은 인적자원 개발이라는 조금 다른 관점에서 구성된 것이었고, 내용도 그리 만족스럽지 않았다. 또한 자비스 등이 2009년 편집한 『The Routledge International Handbook of Lifelong Learning』도 이런 흐름으로부터 완전히 자유롭지 않다.

이들이 전반적으로 평생학습을 여러 부분적 요소들의 나열과 통합이라는 단순 도식으로밖에 볼 수 없었던 것은 지금까지 평생학습 관련 연구의 기본적 한계 때문이었는지 모른다. 예컨대, 대부분 평생학습 연구물들은 학습의 시간적 확장이라는 점에서 아동 · 청소년, 성인, 노인 등의 시간적 변화에 따른 학습의 다양성을 병렬적으로 설명한다. 또한 학습의 공간적 확장이라는 차원에서 학교 이외의 여러 공간과 제도에서 나타나는 학습들을 단순하게 펼쳐 놓는다. 하지만 그렇게 새로 탄생하는 다양성 속에 나타나는 새로운 학습체계의 구조가 무엇인지를 거시적 차원에서 탐색하거나 포착하지 못하였고, 결국 평생학습이라는 논의는 단순히 백화점식 논의로 흘러갈 수밖에 없었다.

앞으로의 평생학습 연구는 추상적 일반 범주 안에 무차별적으로 섞여 공존하고 표류하며 충돌하는 여러 학습체계의 메타적 현상들 사이에서 모종의 새로운 서사를 만들어야 한다. 이것들을 정리하고 이론화하며, 그 내적 대립성에도 불구하고 그 스스로가 전체 구조 안에서 새로운 구조와 진영을 구축하며 진화해 가는 모습을 포착하는 양상을 탐색할 수 있어야 한다. 단순히 '평생학습'을 성인학습과 등치하거나 혹은 이 개념 아래 각자의 분절적 연구들을 난삽하게 나열하는 차원을 넘어서, 초학제적 차원에서 서로 융합하고 연결된 학습체계들의 복잡화 현상을 추적할 수 있어야 한다. 이것을 통하여 궁극적으로는 평생학습체계라고 하는 새로운 대안적 교육연결망이 탄생하고 진화하는 양상을 이해할 수 있어야 한다. 또한 그 안에 잠재된 수많은 혼종성과 이형성이 형성해 내는 학습 배치적 조율과 체계화 현상을 관찰하는 것을 통해서 평생학습 현상의 다양성을 새로운 양상과 방향으로 기술해 낼 수 있어야 한다. 평생학습 연구는 이러한 운동성을 추적하는 것을 통해 그 체계의 생성과 변형을 관찰할 수 있게 된다. 이것이 '평생학습이라는 큰 글자'를 읽는 방법이 될 것이다.

그렇다면 평생학습이라는 큰 글자의 모양과 움직임을 읽어 낼 수 있는 방법은 무엇일까? 평생학습정책과 관련된 학습 플랫폼은 어떻게 디자인되어야 할 것인가? 개별화된 학습의 주체를 구체적 인간들의 군상으로부터 그를 포함한 체계, 즉 학습체계로 전환하기 위해서는 무엇을 해야 할 것인가?

평생교육학: 큰 글자를 읽는 연구

평생교육학은 평생학습을 학습의 사회적 양식으로 장착한 사회로서의 '학습사회'에서 작동하는 교육 실천과 활동, 제도와 정책, 교육체계와 그 진화 양상을 탐색하고 연구한다. 현재의 교육학이 학교 체계를 제한적인 맥락으로 삼아 그 경계 안에 응축된 학습을 관리하고 운용하는 방식에 관한 학문이었던 데 반해서, 평생교육학은 전생애와 전사회, 그리고 전층위라는 복잡계적 조건 안에서 작동하는 수많은 크고 작은 학습체계들의 활동에 교육이 개입하고 관리하는 방식을 탐색하는 것으로 전제된다. 이것을 위해서 우선 산개한 학습활동들을 포괄적으로 이해하고 정책적으로 디자인하기 위한 사회적 학습 플랫폼을 구축하는 일이 선행되어야 하지만, 이와 함께 이 현상의 '큰 기호'를 읽어 내고 그 '종(種)'적 움직임의 패턴을 파악하는 설명력을 높여야 한다. '평생학습이라는 큰 글자'를 의식하지 않고 수행되는 평생학습 연구는 단지 개별 학습 연구, 개별 기관 연구, 개별 프로그램 연구로 남을 수밖에 없다. 이런 큰 이미지 없이 수행된다면 그런 연구들은 기껏해야 한 인간의 생애사, 한 기관의 프로그램, 혹은 한 국가의 성인교육제도를 연구한 것일 뿐이다. 관련 학술지에 실린 논문들을 보면 처음에 거창하게 던졌던 선언, 즉 학습의 초경계성 혹은 초형식성이라는 평생학습의 인식론과는 상관없는 연구가 많은 것을 발견한다. 그 의도와 달리 실제로는 '평생'이라는 개념과 무관한 연구들이다. 과연 평생교육학은 인간의 학습과 교육을 어떤 시각과 방법으로 다루고 연구하며 포착해야 할까?

아쉽게도 현재 이러한 고민을 진지하게 받아들이는 교육학자들은 소수에 불과하다. 평생교육학 내부에서 볼 때, 평생교육은 여전히 '학문 체계(discipline)'로서 특유의 문제와 방법론을 추구한다기보다는 일종의 '활동 영역(field)'으로 남아 있으며, 평생교육학은 그 각각의 활동 영역 안에서의 실천적 효과성을 높이는 방법론으로 이해되고 있다. 그나마도 「평생교육법」이 규정한 6가지 영역, 즉 문해교육, 학교보완교육, 문화예술교육, 인문교양교육, 직업능력향상교육, 시민참여교육 등 그 각각의 영역들조차 엄밀히 규정되지 않은 상태로 모아 놓은 개별 학습체계들의 집합군일 뿐이다. 2000년대 초반까지만 해도 국내에서 평생학습이라는 개념은 학교 밖 학습 경험을 대변하는 것이었고, 그에 대한 교육적 개입을 평생교육이라고 불렀다. 그 이후에도 평생교육은 과거 사회교육이 다루던 교육활동 체계들을 그대로 재명명한 것에 불과했다.

나는 여러 글에서 평생교육학이 사회교육학 혹은 성인교육학과 동일할 수 없다는 점을 강하게 주장했는데(한숭희, 2006a/2006b/2009b), 『학습사회를 위한 평생교육론』은 이런 관점으로 평생학습과 교육의 의미를 체계화하려던 시도 가운데 하나였다. 당시의 관점은 지금에 와서 볼 때 보완되어야 할 부분이 많았지만, 그럼에도 불구하고 그 생각들은 여전히 유효하다. 그 책에서 나는 평생교육을, ① 체화된 삶의 지식을 대상으로 이루어지는 평생학습에 관한 전일적이며 전지구적인 학습 현상을 탐구하는 한편, ② 이러한 학습이 교육현장에서 교수되는 과정 및 그 결과로 기존의 학교교육체계를 넘어 새롭게 제도화 및 체계화됨으로써 포스트-학교화(post-schooling)되는 양상을 연구 대상으로 하며, ③ 이 과정에서 과거에 존재하던 사회교육학 혹은 성인교육학은 평생교육학의 전체 구도를 지지하는 일부분으로서 재위치된다(한숭희, 2009a)고 보았다.

또한 이런 맥락에서 나는 평생학습 연구는 다음과 같은 몇 가지 점을 전제할 필요가 있다고 보았다.

첫째, 평생학습을 심리적 현상의 차원을 넘어서 일종의 사회적 현상으로까지 확장하는 것이 필요하다. 우선, 사회적 요청으로 인하여 학습의 총량이 증가하면서 그것이 '평생학습'이라는 개념으로 탄생한 사회·경제·문화적 맥락과 배경을 탐색한다. 또한 이런 맥락에서 '학습'은 그 이전 세계의 학습과 어떻게 스스로를 차별화하는지를 보인다. 학습은 단순히 말해서 지식을 공유하고 습득하는 과정이지만, 그것이 모두 단순하게 동일한 것은 아니다. 한 사회는 그 사회의 소통 방식, 지식 축적과 관리 방식, 지식의 사회적 가치 정의 방식 등에 따라 학습을 조건 짓는 방식들이 존재하며, 이것을 나는 '학습의 사회적 양식'이라고 명명했다. 한 사회 내에서 평생학습은 개별 학습 체계들이 자리 잡고 스스로를 조건 지으며 재생산하는 특이성의 양식을 획득한다. 평생학습 연구는 이러한 평생학습의 특성을 '학습의 사회적 양식'이라는 프레임에서 이론화하고, 그런 학습 양식으로 인해 구성되는 사회 체계가 변화하는 양상을 기술할 수 있어야 한다. 이렇게 형성되어 가는 사회적 학습 양식은 이전의 '학교사회(the schooled society)'에서의 형식학습 양식과 구분되는 차별성을 갖게 된다.

둘째, 평생학습의 제도화와 학습생태계의 재영토화 과정이 기존의 교육체제와 교육이론의 지형을 어떻게 확장하고 변형시키는지에 대한 규명이 필요하다. 이를 위해서 우선, 교육체계의 형성사 전체가 보여 주는 흐름의 비연속성에 주목할 필요가 있다. 평생학습이 나타나기 이전의 근대 학교교육의 역사를 교육체계화의 역사로 포착하는 것은 물론이지만, 그 이전의 전근대적 교육체계 형성사로서 문자의 발명, 학문과 대학의 탄생, 아동 개념의 발명, 표준화된 학교 개념의 탄생, 개인학습자에 대한 주목, 인간의 다양한 능력의 발달(성장, 발달, 지능,

마음, 역량 등) 등에 대한 형성사를 대비하면서, 평생학습의 전사회적 체계가 보여 주는 학습 양식이 이전 단계의 양식들과 가지는 차별성에 주목할 필요가 있다. 평생학습 현상이 이런 흐름과 상관없는 것처럼 보이지만 사실은 그 연장선상에서의 '학습의 제도화'로서의 교육화 현상의 일부라는 점을 포착할 필요가 있다. 왜냐하면 교육은 학습을 제도화한 형태이며, 평생학습은 학습이 제도화 · 체계화되는 차세대적 양상이기 때문이다. 요컨대, 전체적으로 보았을 때에는 학습의 제도화가 어떻게 교육사 안에서 실현되어 왔는지를 정리하는 과정에서 평생학습이라는 특이성을 가지는 학습 양식이 교육체계 진화사의 한 지형을 차지하게 되는 양상을 설명할 수 있다.

셋째, 평생학습은 교육학만의 현상이 아니며, 초학제적(transdisciplinary) 현상으로 확장되어 이해될 필요가 있다. 평생학습은 여러 지식 분야에서 나타나는 융합적 · 복합적 현상이며, 그 실천적 교차를 통해 입체적으로 세계를 바꾸어 가는 동력이 된다. 평생학습이 만들어 가는 다양한 학문적 파생력을 탐색하기 위해서는 국내외 학술지의 색인을 빅 데이터 방식을 응용하여 분석할 필요가 있다. SCOPUS 색인에서 'lifelong learning'을 주제어로 포함하여 게재된 학술 논문들을 분석해 보면, 1990년대 이후 조금씩 증가하다가 2010년을 기점으로 대규모로 확장, 분화되는 양상을 보인다. 2000년대 이전에는 주로 교육학 영역에서 논문들이 나왔지만 이후에는 의학, 간호학, 공학, 커뮤니케이션, 인공지능 등 다양한 부분에서 논문 주제들이 클러스터링되기 시작하는 현상을 발견할 수 있다. 요컨대, 평생학습 연구는 교육학만의 전유물이 아니다. 국내의 RISS 데이터를 분석해 보더라도 이와 유사한 결과를 얻을 수 있다(한숭희 외, 2020). 당연한 말이지만, 이러한 초학제적 교차 현상은 학문 분야뿐만 아니라 여러 실천 영역에서도 나타난다. 평생학습은 융복합의 공간과 시간, 문화와 관계, 생각과 행동의 중층적 차원들을 넘나들며 인간 생활의 새로운 차원을 만들어 간다. 학습도시, 학습 공간, 학습 양상, 학습 관계 등에서 학교사회의 양상을 넘어선 현상들이 나타난다. 가장 직접적으로는 노동시장교육의 변화를 만들어 낸다. 이러한 '노동시장 기반 평생학습'은 직업 역량을 형성하는 방식에 획기적 변화를 가져오며, 형식교육 이외에도 비형식학습 및 무형식학습의 가치와 가능성을 높인다. 최근 산업 4.0이 전제로 하는 데이터 사이언스는 노동시장에서도 데이터 기반 의사 결정과 패턴 분석 및 그에 터한 생산 적응 체계를 구축하는 방향으로 작동하고 있고, 노동시장에서 필요한 능력도 이와 긴밀한 관계를 가지게 된다. 노동시장에서의 학습은 이러한 인공지능학습과의 인터페이스를 전제로 하는 방식으로 변화하고 있다. 또한 삶의 영역에서 나타나는 '지역 기반 평생학습'은 일상적 도시와 주거, 여가와 공간, 문화와 지식 등의 차원을 학습 기반으로 변화시킨다. 말하자면, 학습이 예전보다 훨씬 더 깊고 넓게 개입하고 지원하는 방식으로 이러한 삶의 차원들이 재편되어 가는 것이다.

포스트-평생학습의 관점

우리가 '포스트(post)'라는 표현을 어떤 단어 앞에 붙일 때에는 그 단어의 '이후'를 의미하게 된다. 예컨대, 포스트-아포칼립스(post-apocalypse)라는 말은 지구 종말 이후를 의미한다. 혹은 포스트-모던이라는 말은 근대 이후를 의미하며, 포스트-구조주의는 구조주의 이후의 철학적 전개를 말한다. 이렇듯 포스트라는 표현은 어떤 사태 이후의 변화를 의미하게 된다. 그러나 여기에서 핵심은 아무리 '포스트'라고 하더라도 그 현상이 완전히 사라진 것을 의미하지는 않는다는 것이다. 우리가 사용하는 '포스트'라는 개념은 오히려 '탈(de)'이라는 말과 '후기(late)'라는 말을 적절히 포용하는 개념으로 읽힌다. 다시 말해, 포스트-평생학습이란 이전의 평생학습적 현상이나 관점이 완전히 정리되어 사라진 세계를 말하기보다는, 오히려 그 잔상과 효과가 여전히 남아 있으면서도 그와 동시에 새로운 변화를 위한 출발을 시작했다는 의미를 담는다.

지금까지 교육학이론 체계는 학교와 대학이라는 형식교육체계를 궁극적인 대상으로 구성되었으며, 평생학습은 그 체계 외곽에 위치한 부가적 현상으로 분리하여 다루어져 왔다. 평생학습 연구 스스로도 자신을 성인교육연구 혹은 사회교육연구의 경계 안에 안주하려고 하는 경향이 있었다. 그래서 평생학습 경계 안에 별도의 법과 제도를 구축하려고 하고, 평생교육사와 같은 구분된 전문성을 설정하며, 성인들로 이루어진 별도의 학습자군을 대상으로 설정해 왔다. 시간이 흐르면서 이 경계는 더욱 견고해졌다. 반면, 초기에 주창했던 전생애적이고 전사회적인 그리고 전 학습 양식적인 학습으로서의 평생학습의 이미지는 별로 달라지지 않았고, 이론적으로 새로운 도약을 이루지도 못하는 지지부진함을 경험하고 있다. 학습이 학교를 떠나 평생에 걸쳐 수행되어야 한다는 것은 더 이상 새로운 슬로건이 아니며, 누구나에게 공감을 받을 만큼 평범한—어쩌면 진부하기까지 한—슬로건이 되어 버렸다. 그런 사이에 다양한 분야에서 평생학습이라는 개념들이 편재되어 사용되기 시작했다. 지난 50년 전과 달리 평생학습은 이제 모두의 언어가 되었지만, 평생교육학은 여전히 사회교육 혹은 성인교육의 영역 안에 경계를 짓고 스스로를 보호받으려고 한다.

요컨대, 평생교육은 다시 성인교육의 태아 속으로 회귀해 들어가고 있고, 평생학습은 새로운 이론적 발전 없이, 다만 만인이 사용하는 진부한 표현으로만 남게 되어 버렸다. 이런 식의 평생학습은 더 이상 의미를 가지기 어렵다. 50년 전에 던져진 개념의 영광에만 의지하여 지탱할 수 있는 시대는 이미 지났다. 언제까지나 "평생학습의 개념은 광의적이며 애매하다."라는 책임 회피성 발언 뒤에 숨으면서 그 개념적 진화의 책임을 회피할 수는 없다. 『포르 보고서』가 발간된 지 50년이 된 지난해, 유네스코가 새롭게 발간한 『교육의 미래 보고서』 안에서 '평생학습' 혹은 '평생교육'이라는 개념이 차지하는 비중이 매우 제한적이었다는 점은 우리에게 큰 경고의 의미를 던져 준다.

조금 과한 표현인지 모르지만, 지금이야말로 현재의 '평생학습' 담론을 넘어서는 새로운 해석과 시도들을 창출해야 할 적절한 시기이다. 지난 50년간의 개념 발달 지체 현상 혹은 그 진부함을 넘어 새로운 학습 양식의 끊임없는 창출을 인도할 새로운 지표들을 창조해 낼 수 있는 새 바람이 필요하다. 나는 이것을 '포스트-평생학습' 담론으로 이름 지으려 한다. 포스트-평생학습이란 결코 평생학습의 바람이 멈추었다는 것을 의미하지 않는다. 따라서 결코 '탈(de) 평생학습'을 의미하지 않는다. 오히려 '후기(late) 평생학습 담론'의 성격에 더 부합한다. 하지만 단지 전기 담론의 흐름을 그대로 이어 가기보다는 나름의 의미 있는 단절과 새로운 출발이 필요하다는 점에서 '포스트'라는 표현이 적절해 보인다. 포스트-평생학습이란 지난 50년간의 평생학습 관련 이론과 실천들이 가져다준 희망과 실천의 잔상이 여전히 살아 있는 동시에, 여기에 새로운 이론적이고 실천적인 전환의 계기를 마련하기 위한 표상으로 제안될 수 있는 개념이다. 포스트-평생학습의 관점은 평생학습을 기존 교육체계에 대한 '추가적(additional)' 현상이라기보다 오히려 그 연장선상에서의 '확장적(expansive)' 현상으로 이해한다. 여기에서 확장적이라는 표현은, 예컨대 엥게스트롬(Y. Engeström)이 그의 학습이론을 확장학습(expansive learning)으로 명명하면서 그 이론이 개인학습 차원과 차별되는 집단 활동 체계의 모순을 다루는 새로운 이론 체계라는 점을 강조할 때 사용한 논리와 같은 것이다. 말하자면, 평생학습 현상은 교육체계의 발전 과정에서 나타나는 필연적이고 본질적이면서 동시에 그 체계 자체에 대한 확장적인 현상으로 재이해될 필요가 있다.

평생교육학 연구의 경계 내부에서 보더라도 앞으로의 연구는 지금까지 평생학습을 단순한 학습 총량의 증가로만 단편적으로 이해해 왔던 관점을 대체하는 새로운 학습사회와 평생학습 인식의 기반을 제공하는 것이 될 필요가 있다. 실천적인 차원에서도 기존 교육·사회 체제의 틀 안에서 학습의 총량을 증가시키기 위해 학습 기회와 공급을 늘려 오는 방식을 평생학습정책이라고 이해했던 기존의 방식을 넘어, 사회 전체의 학습이 전사회적으로 학습의 양식과 원리, 자기운동성을 가질 수 있도록 이해하고 정책화하는 방식으로의 확장을 요청한다. 이렇게 재정의된 '포스트-평생학습의 세계'는 이제 우리가 이해하는 인간 성장과 학습의 새로운 플랫폼으로서 인간 성장과 학습을 이해하는 하나의 학습-일반 체계를 제시해 줄 수 있어야 한다.

평생교육이론은 교육학의 한 부분으로 탄생했지만, 결국 교육학의 차세대를 이끄는 새로운 진화를 이끌어 갈 수 있도록 준비되어야 한다. 근대 학교 체제가 성립하기 이전의 교육학을 1세대 교육학이라 지칭하고 보편적 학교 체제를 중심으로 발전한 교육학을 2세대 교육학이라고 한다면, 지금까지의 '평생학습' 연구와 실천은 2세대 학교교육학을 보조하면서 그와 병진하는 형태를 취해 왔다. 반면, 우리가 '포스트-평생학습'을 필요로 하는 이유는 그것이 바로 3세대 교육학의 맹아로서 포스트-학교 시대 교육진화의 서막을 여는 역할을 맡을 수 있기를 기대하기 때문이다. 그러한 발생학적 맹아가 뿌리를 내리고 싹이 틀 수 있는 조건이 바로 '학습사회(learning society)'의 출현이다. 포스트-평생학습은 '평생학습사회에서 나타나는 학습의 일반적 특성과 양식'이 학교의 형식학습을 대체하거나, 적어도 의미 있는 구조적 변혁을 야기할 것을 요청한다. 그것은 지난 세기 평생학습이 주장했던 것처럼 단순히 '평생에 걸쳐 학습해야 한다'는 식의 '현 단계에서의 학습의 양적 확장'을 의미하는 것일 수는 없다. 오히려 포스트-평생학습이 요청하는 평생학습의 효과는 새로운 조건, 즉 학습사회라는 조건 아래에서 학습이라는 인간 행위의 특성과 양식이 질적으로 달라짐을 내포하는 것으로 보아야 한다. 이런 맥락에서의 교육은 점차 근대 학교교육양식에서 이탈하여 학습사회의 인간학습 특성을 가장 최적화하기 위해 자기진화해 가는 교육방법, 교육환경, 교육시스템 등을 포괄하게 될 수 있다.

평생학습이라는 개념이 포괄하는 산발적 학습 양상들은 아직까지 형식학습의 경계 밖에서 자신의 응집성을 높이려는 형태로 학교와의 대치 국면을 유지하고 있다. 형식학습의 지배적 위치 및 그 경계가 뚜렷한 상황에서 평생학습은 그 경계 밖에서 형성되는 새로운 학습체계의 포괄적 지형을 지칭하는 왜소한 형태로 인식된다. 즉, 학교 체계의 배타적 경계 밖에서 조금씩 뿌리내려가는 군소 학습체계들의 연대로서 평생학습체계는 이러한 학습들을 점차 제도화된 형태로 몰고 간다. 그 과정에서 점차 자신의 존재성을 확신감 있게 드러내면서 전사회적 학습의 양상을 바꾸어 나갈 힘을 얻게 된다.

이러한 맥락에서 평생교육은 어떤 특정 교육활동에 한정된 범주를 넘어서 전사회적 학습 패턴을 디자인하며 촉진하거나 제어하기 위해 작동하는 정책적 개입의 성격을 띠게 될 수 있다. 이때 '평생'이라는 개념은 한 개인의 평생에 걸친 활동이라는 의미, 즉 작은 글자로서의 평생학습의 의미를 넘어서 큰 글자로서의 평생학습, 즉 한 사회 안에서 작동하는 사회적 학습 양식으로서의 평생학습 및 그 아래 포섭된 각종 학습체계들에 대한 집합적 관찰 단위들을 전제로 한다. 당연한 말이지만 한 사회의 사회 체계는 결코 하나의 매끄러운 모양으로 나타나지 않는다. 그것은 수많은 이형성들이 만들어 내는 쟁송적 관계를 특징으로 할 수밖에 없으며, 그런 점에서 평생학습의 양상들은 상시적으로 변화하게 된다.

평생교육학은 두 가지 모순 속에서 출발한다. 하나는 그것이 교육이라는 전제 아래 학습 현상에 대한 직접적인 개입과 변형 및 관리를 지향한다는 점이다. 따라서 선택된 가치와 사회 체계적 양상에 대한 윤리적 고민을 담아야 한다. 수많은 진보적 가치들과 학습사회 운동들이 그 안에 실천성으로서 담기게 된다. 반면에 평생학습 현상은 그 자체가 복잡계적 체계성을 가지고 있기 때문에 일방적인 개입을 통한 변형을 기대하기는 어렵다. 그렇기 때문에 평생교육학이 다루고자 하는 교육활동은 학교교육에게 익숙했던 개인학습자에 대한 형식학습적 접근 혹은 조직화와 인정화라는 접근으로는 만족될 수 없다. 오히려 교육 주체의 디자인이 이끄는 방식보다는 학습자의 경험에 의한 객체적 경험학습이나 상황학습 혹은 확장학습이나 조직학습 등의 차원에서 접근할 수밖에 없을 수도 있다. 평생교육학의 개입 방법은 개인이 아니라 활동 체계 혹은 학습체계 단위로 전환될 필요가 있다.

이를 위해서는 교실이나 수업 개념을 폐기하고 학교의 활동 체계를 처음부터 재설계할 수 있는 과감성이 필요하다. 인간은 홀로 있을 때, 작은 활동 군집 안에 있을 때, 그리고 군중으로 있을 때 각각 학습의 단위가 달라지며 학습의 목표도 달라진다. 이런 활동 체계를 전제로 한 교육은 지금의 교실과 수업 단위로 이루어진 시공간과는 전혀 다른 방식으로 디자인될 것이다. 또한 복수의 '학습 층위'를 근접 발달 영역(zone of proximal development)으로 묶는 학습의 접근법들도 고려될 필요가 있다. 제8장에서 언급할 객체 중심 평생교육학은 그런 접근을 담고 있다.

학습과학으로서의 평생학습이론

르네상스 이후 16세기에 이르면서 인간들은 세계를 주로 물리학적 관점에서 이해하기 시작했고, 그들 자신을 일종의 '정밀한 기계'에 비유하였다. 이 맥락에서 주체(subject)로서의 인간이 객체(object)로서의 지식을 '습득(acquisition)'하는 활동으로서의 학습 개념이 탄생했고, 그것이 근대 공교육체계 안에 깊숙이 스며들었다. 이에 반해서 19세기 이후 생물학에 기대어 세상을 진화와 발달이라는 거대 생명체로 이해하려는 시도들이 있었고, 인간의 학습은 그 영향 속에서 잠재성의 발현, 발달, 진화라는 차원에서 접근되었다. 우리가 흔히 말하는 인지주의 혹은 구성주의적 차원에서의 학습에 대한 이해가 바로 이런 변화와 맞물려 있었다. 또한 20세기 양차 세계대전이 발발하고 국가, 민족, 인종, 사회, 성, 지역 등의 차별성들이 서로 대립하면서, 학습은 인적자원 개발과 사회적 지위 배분이라는 새로운 관점에서 조명되기 시작했다. 이때까지만 해도 공교육체계가 관리하는 학교교육은 학습의 대량 생산과 분배를 위한 가장 효과적이면서도 신속한 사회 체계로 인식되었다.

인간의 학습에 대해 본격적으로 포괄적인 접근을 시도한 '학습과학(learning science)'이 탄생한 것은 21세기에 들어오면서부터였다. 새로운 밀레니엄으로 넘어오면서 세계를 주체 없는 복잡 체계의 형성 과정으로 이해하려는 시도들이 나타났고, 이와 맞물려서 지구적 위기—생태, 기후, 에너지, 물, 인구, 자원 등—에 대한 지속가능발전이라는 인류 과제가 대두되면서 지구 전체를 구성하는 생명-비생명, 인간-비인간, 부국-빈국 등의 차이를 하나의 복잡계적 틀 안에서 불확정성과 비예측성, 카오스적 통합성으로 인식하려는 흐름이 등장했다. 이러한 학문적 흐름은 인간의 학습을 또 한 번 새로운 차원으로 옮겨 놓았다. 학습에 대한 이러한 인식 변화는 21세기 이후 학교와 학습의 무조건적 접속 관계를 조금씩 해체하기 시작하였다. 이러한 흐름에도 불구하고, 사실 아직 단일 학문으로서의 학습 과학은 형성되지 않고 있다고 말하는 편이 정확하다. 단지 '학습에 관한 제 과학들(sciences of learning)'의 집합만이 존재할 뿐이다. 다시 말해, 초기에 의도했던 학습의 단일과학(learning science)의 꿈은 아직 실현되지 않았으며, 실제로는 현존하는 다양한 학습 연구의 연합과학(sciences of learning)이 그 자리를 채우고 있을 뿐이다.

평생학습 연구는 그러한 학습에 관한 새로운 과학들 가운데 한 가지 지위와 위치를 차지하기에 충분하다. 이전까지 교육체계의 발전 양상은 주로 형식학습이라는 학습 양식을 중심으로 작동해 왔고, 근대사회의 학교교육체계는 그 정점에 있다고 말할 수 있다. 사실 '형식학습', 즉 국가인정교육체계 안에서 이루어지는 학습만이 독점권과 통치권을 가지는 현재의 방식은 우선 그 밖에서 이루어지던 여러 가지 학습의 사회적 교환 가치를 제한하는 한편, 근대 초기 당시로서 소수에게 장악된 학교 기회로 인해서 인구의 상당수를 인위적으로 형식학습의 기회로부터 배제하는 차별화 현상을 낳게 되었다. 주로 학교 밖 교육현상을 연구하고 실천하던 성인교육자들은 왜 학교가 학습의 독점적 통치자로 남아 있어야 하는지에 대해 의문을 던지는 한편, 그 밖에서 이루어지는 학습들의 가치가 오히려 학교가 수행하는 학습보다 더 실제적이고 실용적이며 삶의 중핵을 담고 있을 수 있다는 점을 강조하기 시작했다.

이러한 흐름 속에서 학습을 '삶의 살아 있는 실제 상황' 속에 다시 복원하여 연구하려는 시도들이 활발하게 전개되었다. 예컨대, 상황학습(situated learning), 경험학습(experiential learning), 관점전환학습(transformative learning), 활동 체계와 확장학습(activity systems and expansive learning) 등이 20세기 말과 21세기 초에 활발하게 연구되기 시작했고, 1990년대 지식경제의 흐름 속에서 성인 직장인들의 계속교육(continuing education), 순환교육(recurrent education), 재훈련(re-training), 일터학습(workplace learning) 등 노동시장과 연관된 학습들이 급속히 확산되었다. 이런 학습들은 대부분 평생학습이라는 개념과 슬로건을 전면에 내세우며 진행되었다.

요컨대, 학습을 삶터와 일터라는 평생의 맥락 위에서 탐색하는 일은 학습과학의 한 가지 핵심적 접근법이 될 수 있다. 학습과학이 현대과학의 한 분야로 등장한 이후 지속적으로 추구해 오던 목적 가운데 하나가 바로 '학교라는 실험 사태'를 넘어 '실제 생활 사태 속'으로 학습 연구의 중심지를 옮기는 것이었다. 평생학습 연구는 이 점에서 학습과학의 중요한 파트너가 될 수 있다.

제3장
형식화의 시간: 학교교육이 창조한 형식학습의 세계

학교교육체계의 기본 특성인 '형식학습'이 근대 학교 형성사에서 어떻게 하나의 거대 플랫폼 형태로 구성되어 왔는지에 대해 논의하였다. 따라서 장의 제목을 '형식화의 시간'이라고 붙였다. 이를 위해 내가 이전에 출판했던 『교육이 창조한 세계』의 내용에 기대면서 근대 학교 체계의 형식성이 어떻게 탄생하게 되었는지를 기술하였다. 또한 그런 형식학습 중심의 교육체계가 활동-체계의 이중모순 속에서 교육체계의 기능성과 연결성을 물신화시키게 되었고, 각종 교육개혁이 실패할 수밖에 없었던 핵심적인 이유가 되었다고 보았다.

포스트-근대 학교와 평생학습[1)]

지난 10년간 전 세계 선진국들의 고등교육 팽창은 놀라울 정도이다. 근대사회에 들어서면서 모든 인간이 최소한 초등교육 이상의 교육을 받게 되고, 학교와 대학이 일과 경력의 경로들을 좌우하는 시대가 지난 한 세기 동안 이어지는 과정에서, 이제 그 정점에 있는 고등교육까지도 이미 그 대중화의 단계를 넘어서고 있다. 약 50년 전 마틴 트로우(Trow, 1970)가 예언한 대로 이제 고등교육은 대중교육의 시대를 넘어 '보편적 접근(universal access)'의 시대, 즉 누구나 대학에 가는 것이 당연한 것으로 받아들여지는 시대로 진입해 가고 있다. 『OECD 교육지표』는 다음과 같이 말한다.

> 25~34세 고등교육 이수율은 대부분의 OECD 회원국에서 매우 증가하였다. 고등교육을 이수한 청년 비율은 2000년 27%에서 2021년 48%로 증가하였다. 이 연령대에서는 고등교육을 이수한 자의 비율이 후기 중등교육 또는 중등 후 비고등교육을 이수한 경우보

1) 2019년 봄에 나는 『교육이 창조한 세계』라는 책을 출간했다. 이 책은 앞 장에서 말한 학습과 교육에 대한 체계 이론적 접근을 담고 있다. 제목이 말해 주는 것처럼 이 책은 교육현상을 체계 이론적 관점에서 드러나는 일반적 전개 과정으로 추론하는 것을 목적으로 하였다. 내가 보기에 평생학습의 체계화는 그러한 교육체계를 이은 차세대 교육플랫폼으로 구축되어 가고 있다. 또한 이 책에서 나는 "교육은 그 자체가 하나의 창조된 세계이면서 동시에 다른 세계를 창조하는 손이기도 하다."라고 말했는데, 이 점은 그대로 평생학습체계의 형성과 변형 과정에도 적용된다. 제3장의 내용은 주로 이 책에서 발췌하여 수정한 것이다. 필요한 경우 인용 부분과 범위를 게재하였으며, 직접 인용의 경우라도 가독성을 위하여 별도의 인용부호를 사용하지 않았다.

> 다 OECD 회원국 평균 7p%가량 높았다. 만일 현재의 동향이 계속된다면, 몇 년 안에 고등교육은 경제활동을 하는 성인의 가장 일반적인 교육 수준이 될 것이다(OECD, 2022, p. 48).

고등교육이 보편적 접근의 대상이 되기 위해서는 그 양상이 평생교육의 형태와 깊숙이 접합되지 않으면 안 된다. 이 점과 관련해서 여러 연구는 고등교육과 평생학습이 융합되는 현상을 지속적으로 탐색해 오고 있는데(채재은, 한숭희, 2015; 한숭희, 이은정, 2016; Schuetze & Slowey, 2000; Slowey & Schuetze, 2012), 이 과정에서 고등교육이 원격교육, 계속교육, 재교육, 성인학습자, 경험학습 등의 형태들과 깊숙하게 결합되지 않는다면 결코 보편적 접근의 단계로 진입하기 어렵다는 것이 밝혀지고 있다.

근대 학교 체계가 걸어온 역사를 돌이켜 보면, 단적으로 말해서 학교의 세기는 전형적인 서구 근대주의가 세계교육의 전모를 침탈하고 정복한 문화 정복의 결과물이었다. 근대 제국주의는 비유럽권을 침탈하는 과정에서 교육과 의술 그리고 종교를 전면에 배치했다. 이때 식민주의의 최전선에 섰던 학교 체제는 그 이전에 존재하던 비유럽권의 교육제도, 예컨대 동아시아 유교 기반 교육체제, 아랍의 전통 교육체계, 인도의 전통 학교 체계 등을 철저하게 무력화하면서 서구식 학교 체계를 이식했다. 이것을 계기로 해서 대부분의 비서구권 국가들은 식민지 직접 경험이 있건 없건 간에 유럽과 북미에서 시작된 근대주의교육, 제국주의적 대학 편제, 근대인간론에 근거한 인식론과 지식관, 교육과정, 교사 배치와 평가 방식, 수업이라는 표준화된 교수학습 양식을 통한 학습 시간 관리 등의 지배적 교육양식을 국가교육체계 안에 받아들였으며, 이 과정에서 지식과 학습을 다루는 교육양식으로서 산업공장제적 표준화교육양식이 학교의 근본적 특성을 구성하게 되었다.

하지만 이러한 학교의 지배적 교육양식이 가지는 산업공장제적 표준화 모형은 1960년대 이후 수많은 비판과 성찰에 직면해야 했다. 당시 68혁명을 계기로 신세대가 구세대에 대하여 자기 목소리를 내기 시작하였고, 이 과정에서 구세대의 이념을 권위적으로 재생산하던 교육체계에 대한 전반적인 비판의 목소리들이 커지기 시작했다. 이반 일리치(I. Illich) 등의 학교해체론(de-schooling)은 근대교육체제가 내장한 인간과 지식의 처리 방식에 대한 기본적인 저항이었으며(Illich, 1977), 그러한 진보적 관점을 반영한 1972년『포르 보고서』역시 그 연장선상에서 학교 체계의 기형적 교육관리 양식을 비판하고 그것을 극복할 수 있는 방법으로서 평생교육과 학습사회의 개념을 제안하였다(UNESCO, 1972).

20세기 후반으로 넘어가면서 의기양양하기만 했던 학교교육체계는 21세기 포스트 산업사회와 지식경제라는 환경을 맞으면서 새로운 환경적 변화를 맞게 되었다. 이른바 "교육의 시대"가 저물고 "학습의 시대"가 나타나기 시작하면서 다양한 방식으로 학교의 미래를 저울질하는 비판과 개혁의 목소리들이 등장했다. 교육은 결코 엄격하게 정해진 지식 체계를 정해진 방식에 따라 전수하는 것에 머물러서는 안 되며, 학습자의 학습에 대한 진정성, 경험과 체험, 흥미와 동기, 탐색과 문제 해결, 실험과 실습, 실천과 봉사, 시뮬레이션 등을 통해 새로운 모형을 개발해야 한다는 주장들이 다양하게 나타났다. 특히 학습이 학교의 담장을 넘어 삶과 일의 중심에 자리 잡기 위해서는 이러한 변화가 필수적인 것이었다. 평생학습이라는 아이디어는 이러한 흐름을 함께 타면서 나타났다.

이러한 변화는 그러한 표준화된 학교 체계를 지탱하고 있던 근대주의(modernism)의 해체와 따로 떼어 생각하기 어렵다. 그것은 표준화된 교육장치를 폐기하는 데에서 출발하는 것이며, 그러기 위해서는 그 근저에 있는 근대주의적 산업 생산 프레임을 해체하는 것이 전제가 되어야 했다. 그리고 이 과정은 필연적으로 포스트-근대주의, 포스트-산업주의, 포스트-구조주의, 포스트-식민주의, 포스트-휴머니즘 등, 이른바 '포스트-주의'들의 등장으로 더욱 힘을 받기 시작했다.

과연 '포스트-시대'의 학교교육 혹은 '포스트-학교 체제'는 과연 어떠한 모습이 될 것인가? 이때 포스트라는 말은 우리말로 '탈-학교' 혹은 학교 해체(de-school) 등과는 다른 의미를 가지는 것으로 해석될 필요가 있다. 우리가 포스트-근대주의라는 개념 혹은 포스트-식민주의라는 개념을 사용할 때, 그 이전의 근대 혹은 식민주의라는 개념의 존재를 완전히 청산했다기보다는 오히려 그 그림자의 존재성을 인정한 채 그 이후의 변화 양상을 덧대어 말하는 것이다. 마찬가지로 우리가 포스트-학교 체계라고 말할 때에도 그 안에는 여전히—비록 그 성격이나 방식은 달라지더라도—학교의 지배적 위치와 양식이 중요한 부분을 차지하게 된다. 포스트-학교 체계는 그 자체가 바로 포스트-근대주의, 포스트-구조주의, 포스트-산업주의, 포스트-휴머니즘까지 포괄하는 거대 지각 변동의 결과물로 드러날 수 있다. 결코 학교의 영향력이 한순간에 사라지는 것은 아니다. 앞에서 말한 것처럼 고등교육이 보편적 접근의 단계로 접어들어

가는 순간 이미 그 고등교육은 근대사회가 설정했던 엘리트 중심 대학의 모습이 아니다. 대학이라는 이름을 여전히 유지하지만 그 안에는 계속교육, 성인교육, 재교육, 시간제교육, 원격교육 등 다양한 '포스트'적 특징들이 자리 잡게 된다.

이런 점에서 본다면, 근대주의적 학교 체계는 여전히 양적으로는 지배적 교육권력을 놓지 않고 있지만, 그 내용에 있어서 이미 '포스트'적 형질 변경을 경험하고 있다고 해야 하겠다. 앞으로도 영원히 그 핵심 축을 이룰 것이지만 그 안에는 이미 의미 있는 균열과 재배치가 이루어지고, 학교 밖 학습이 자기조직화 및 체계화를 통해 새로운 대안적 혹은 병행적 교육체계로 나타나고 있다고 할 수 있다. 평생학습은 이러한 논의의 연장선상에서 포스트-학교 체계의 모습을 설명하는 한 가지 중요한 선택지가 될 수 있다.

교육과 근대 학교의 창발

인간이 탄생 초기부터 불과 도구를 발명하고 기본적 소통을 통해 집단생활을 해 오는 동안 교육은 이 기간 전체를 통해 중단 없이 일어났다고 해도 과언이 아니다. 물론 이 기간 동안 인간은 문자 체계 없이 오직 소리와 몸짓을 통해 소통했을 것이고, 대부분의 교육활동도 그런 임의적 의사소통 활동을 통한 사회화(socialization)라고 하는 무형식학습을 통해 이루어졌을 것이 분명하다. 도구를 만들고 동족과 타 부족을 구분하며, 동족 안에서 서열과 질서를 확립하고 유지하는 등 포괄적으로 '문화'라고 할 수 있는 것이 생성되었을 터이고, 문화화(enculturation)를 기반으로 하는 사회화 과정이 인간학습의 대부분을 차지했을 것이다. 이런 삶 속에서 교육활동은 그 자체가 독립된 사회적 기능으로 분리되지 못하고 사회화 안에서 수행되는 사회학습(social learning) 혹은 자연학습(natural learning)의 형태를 띠었을 것이다.

본격적인 의미에서의 교육은 기록 시대 이후, 즉 문자와 역사를 계기로 시작되었다고 보는 것이 타당하다. 문자의 탄생은 아무리 빨리 잡아도 4,000년 전 이상 거슬러 올라가기 어렵다. 지구 탄생 이후 지금까지 45억 년이 흘렀고, 그 가운데 약 35억 년의 시간 동안 생명체는 단세포 생물에서부터 다세포 복잡생명 체계까지 진화해 왔다. 인간이 탄생하고 진화해 온 일종의 '인간세'는 약 350만 년이며, 이 중에서 문자의 발명과 함께 진행된 역사의 시기는 겨우 3,500년 정도에 불과하다. 말하자면, 생명의 시간 전체에서 인류세(anthropocene)가 차지하는 비율은 기껏해야 1/1,000에 불과하며, 그런 인간세 가운데 문자를 동반한 문명세가 차지하는 진화 기간은 그 가운데 다시 1/1,000의 시간에 불과하다. 그것이 최대로 잡은 교육의 시간이다.

교육은 다양한 학습 과정 가운데 특별히 문자의 습득과 전파 그리고 그에 기초한 종교 및 학문 활동과 연관된 학습활동에 중점을 두고 개발된 사회 체계이다. 기원전 4500년대 메소포타미아 지방에서 문자에 기반한 인류 최초의 문명을 형성하기 시작했고, 이곳에서 기원전 3300년대의 것으로 보이는 그림 형태의 문자가 발견되었다(Kramer, 2000). 이를 계기로 임시적이고 비결정적인 활동 체계를 넘어 문자 및 상징적 의미 체계를 통한 조직된 형태의 안정화된 학습의 행태가 나타나기 시작하였고, 문자의 전달과 지식의 축적을 기초로 하는 교육체계는 이를 계기로 탄생하게 된다.

교육은, 우선 종교는 현세와 차별적인 내세를 이해하고 수용하도록 하는 그노시스(gnosis) 지식을 중심으로 시작되었다. 한자에서 종교(宗敎)는 가르친다는 의미의 '교(敎)'를 품고 있는데, 예컨대 불교란 불학을 전파하는 활동이며, 기독교 역시 기독학을 전파하고 가르쳐 제자가 되게 하는 과정이다. 이러한 교육은 이후 에피스테메(episteme)적 지식을 중심으로 하는 세속화된 학교로 전환되었다. 종교가 현대 세속학교를 탄생시키는 계기를 만들기는 했지만, 그 안의 지식의 양식까지 그대로 이어받은 것은 아니었다(Davis et al., 2015/2021, p. 35).

한편, 종교로부터 완전히 자유롭지는 않았지만 나름의 자율성의 거리를 두고 탄생한 중세 대학은 이후 세속학교의 전범이 되었다. 중세 유럽에서 탄생한 대학은 종교 체계로부터 상대적인 자율성을 가진 최초의 교육전용 플랫폼이었다. 교회와 국가로부터 공식적 인정을 받았으며 학위라는 학습 결과 인정 방식을 처음으로 공식화했다. 근대 공교육체계의 교수학습 기본 양식을 제공했고, 학제의 맨 윗자리를 차지하면서 교육체계 전체를 이끄는 구심점이 되었다.

근대 국가의 탄생과 자본주의의 출현은 이러한 교육이 제도화하는 학습활동의 양상을 완전히 바꾸어 놓았다. 소규모 부족 국가와 달리 국가 단위의 사회 체계가 출현하기 위해서는 필수적으로 문자에 기반한 관료제가 필요하게 되는데, 이에 모든 국가는 관료를 길러 내는 교육장치들을 작동시키게 된다. 중국 등 동아시아에서 유럽보다 훨씬 앞서서 중앙집권화된 국가가 탄생할 수 있었던 것은 바로 문서에 의해 통치하는 관료제 덕분이었고, 이것이 가능했던 것은 바로 학자관료를 배출하는 과거제와 학교 제도 때문이었다.

이후 절대왕정이 무너지고 민주주의가 정치체로서 탄생할 수 있었던 힘은 시민의 정치에 대한 이해력 및 참정 행위에서 나온 것이었다. 사실 시민정치는 18세기의 의무교육 덕분이었다. 근대 국가가 운영하는 초등교육은 민주주의와 시민성을 가르치는 가장 중요한 사회 장치였다. 민주주의가 먼저 생기고 그것을 가르치는 것이 학교가 된 것이 아니라, 오히려 학교를 통해 문해력과 합리성을 가진 시민이 탄생함으로써 민주주의는 여러 가지 모습으로 발전할 수 있었다.

이러한 정치경제적 흐름 속에서 표준화된 학교 개념이 탄생한다. 학교는 교육이 창조한 가장 대표적 성과물이다. 특히 근대사회에서의 학교는 하나의 독자적으로 살아 숨쉬는 거대 생명체와 같은 양태의 교육체계로 진화하였다. 근대사회교육체계는 생산 체계, 법체계, 정치 체계, 예술 체계 등과 함께 독립된 근대사회 체계의 하나로 진화하게 되었다. 이와 함께 아동이라는 개념이 등장하게 되는데, 아동 개념은 근대 공교육의 탄생과 맞물리면서 등장한다. 중세 기독교회화 속에 표현된 아동은 성인의 축소판이었다. 아동의 세계에 대한 자각은 초등교육의 새로운 구조를 형성했다.

그러한 학교 안에서 형성되는 것으로서의 지능, 역량, 능력 등의 개념은 학교를 단순한 교과를 전수하는 곳으로부터 확장하여 모종의 인간 능력을 개발하는 곳이라는 새로운 프레임을 형성하게 해 주었다. 지능 개념이 학교에 의해 발명되었다고 말하기는 어렵지만, 적어도 그것이 일반화되면서 인간 능력의 보편적 대명사가 될 수 있었던 것은 순전히 학교 체계 때문이다. 그 배경에는 물론 능력자 지배주의(meritocracy)가 자리 잡고 있었다. 이후 학술적 지능 개념을 대체하고자 하는 다양한 능력 개념이 나타났는데, 최근의 역량(competence 혹은 skill), 문해(literacy) 개념 등이 나타나면서 지능이라는 학교의 아카데미즘을 넘어서 실제 생활 장면에 적합한 개념으로 인간 능력을 표현하기 시작했다.

한편, 교육과 노동시장의 연결 및 정보사회에서의 역할 등은 또 다른 차원에서 교육의 새로운 역할을 생산하기 시작했다. 마르크스(K. Marx)의 주장처럼 자본주의는 생산력과 생산 관계의 결합, 즉 생산 양식의 진화태이다. 이때 생산력을 담보하는 것이 주로 과학과 기술이었다고 할 수 있는데, 근대 산업사회와 산업자본주의가 결합하는 가운데 학교는 과학기술의 개발뿐만 아니라 안정된 노동력을 생산하는 역할을 하였다. 지식자본주의 아래에서 지식은 생산과 소비의 핵심 요소가 된다. 데이터는 가장 소중한 생산자원이 되고, 산업 체제는 데이터를 기반으로 하는 시스템학습을 통해 최적의 생산-소비 균형을 맞춘다.

그런데 정보자본주의가 시작되면서 근대 학교 체계와 정치사회화 체계 그리고 산업 생산 체계의 공생 구도에 금이 가기 시작했다. 학습에 대한 시민들의 요구가 상승하는 반면, 기존 학교 체제는 형식학습이 야기하는 관료화와 비효율화로 인해서 이러한 수요를 충족시키기 어려운 상황을 맞게 된다. 산업 생산 체계는 비형식학습 혹은 무형식학습을 통한 교육훈련 체제를 구축하기 시작하였고, 시민사회의 확장 속에서 시민성교육의 새로운 장을 탐색하게 된다. 이 과정에서 흩어져 있던 성인교육, 비형식학습, 기술 훈련, 독학 등의 학습활동들이 평생학습이라는 프레임 아래 모이면서 새로운 교육실천의 체계가 등장하였다.

평생학습은 인류 문명사에서 나타난 한 가지 의미 있는 발명품이다. 또한 이런 흐름 속에서 나타난 사회적 학습 양식으로서 반대편에 서 있던 학교교육의 제도적 물신성을 비판하였다. 시간의 흐름을 두고 존재감을 드러내는 평생학습체계는 점차 기존의 교육체계에 의미 있는 변화의 흔적을 만들어 내는 한편, 새로운 학습체계들을 양산하고 조직하며 구조화하는 흐름을 이어 가고 있다.

한편, 전체 흐름을 통해서 볼 때 교육체계의 형성사는 교육이라는 활동의 형식성이 형성되고, 확장되며, 변형되는 총체적 과정의 역사라고 할 수 있다. 우선, 교육의 역사는 인간학습이 점차 무형식성 속에서 모종의 형식성을 획득하게 되는 과정이다. 이 과정에서 유니버설한 형태로 인간학습이 형식화되고, 그러한 형식성이 전 세계 교육의 일반성으로 드러나게 된 형태를 우리는 학교교육의 형식성이라고 말한다.

우리가 어떤 사회적 활동을 교육이라고 말할 때, 그것은 마이크로 수준에서의 학습활동(learning activities)에서부터 매크로 수준에서의 교육체계(education systems)에 이르는 연속선상에 놓인 중층적 활동 체계들을 포괄적으로 지칭하게 된다. 중세까지만 해도 학교는 지금의 교습소 정도의 규모를 가진 개별적 학습 기관들이었다. 예컨대, 조선말 서당이나 서원의 모습은 분명히 해방 이후의 근대 학교교육과 다르며(김대용, 1993), 일본의 에도 시대 서원의 모습은 메이지 이후의 근대 학교와 완전히 다른 모습이다(쓰지모토 마사시, 오키타 유쿠지, 2010). 이런 시대적 차이는 서양의 학교에서도 그대로 드러난다. 반면, 근대사회로 넘어오면서 학교는 이런 기관들이 표준화되고 대형화되면서 서로 수직-수평으로 연결된 학교 체계라는 연결망 안에 위치하게 된다. 이런 수준으로 분화된 교육체계에서는 학습활동이 단독으로 존재하는 것이 아니라 교육체계의 연결망 안에 구조화되어 위치하게 된다. 말하자면, 근대 학교 체계에서의 '학습활동'들은 '교육체계'에 의해 그 목적, 내용, 형태, 결과 등이 표준화된 형태로 결정된다. 이런 형태의 학습 양식을 '형식학습(formal learning)'이라고 부른다.

근대 학교교육을 형식교육(formal education)이라고 말하는 까닭은 바로 학교가 학습의 '형식성'을 기초로 구성된 교육체제이기 때문이다. 근대 학교에서 학습이 '형식학습(formal learning)'의 형태로 관리되기 시작하면서 교육체제는 완전히 다른 국면을 맞게 된다. 여기에서 우리가 말하는 '근대교육'이란 우선적으로 근대사회가 수행하는 교육활동과 체계를 말하는 것이지만, 그런 활동과 체계는 다른 시대와 구분되는 일종의 특이한 '학습 양식'을 생산한다.

이 장의 뒷부분에서 자세히 설명하겠지만, 여기에서 형식학습이란 일종의 교육과정을 통해 학습을 조직화하고 표준화하는 한편, 학습 결과를 인정화하는 것을 통하여 국가가 학력과 학위를 부여하는 형태의 학습 양식을 말한다. 근대교육은 그 시대적 학습 양식의 특성을 포섭한 형태로 구축된 '집합적 거대 실체'로서의 학교교육체계를 생산한다. 또한 이런 학교교육의 학습 양식은 그 안에서 벌어지는 '학습활동'의 형태와 조직 양식을 규정한다. 형식학습이란 근대 학교가 가진 한 가지 지배적인 학습 양식이라고 할 수 있다. 교육 가운데에는 반드시 학습을 형식성의 틀 안에서 다루지 않는 것들도 많지만, 그럼에도 불구하고 교육은 어쨌든 간에 학습을 제도화하고 관리하는 사회 장치라는 점에서 볼 때 어떠한 형태의 조직화 혹은 체계화는 불가피하다. 비록 중세 대학에서 처음으로 관찰되기는 했지만, 이러한 형태의 형식학습이 본격적으로 확산되면서 초·중등 교육을 포함한 모든 교육단계들의 핵심 원리가 된 것은 근대사회 이후에 학교 체계가 구축된 이후의 일이다. 근대 학교는 형식학습을 지배적인 사회적 학습 양식으로 선택함으로써 동시대 가장 강력한 교육생태계의 종이 되었다.

형식교육은 교육이 다루는 학습이 형식학습, 즉 학습의 과정뿐만 아니라 그 결과까지도 교환 가치적 인정 체제에 의해 인정되고 객체적 가치를 획득하게 되는 교육체계이며, 그에 따라 학습활동이 다른 사회 체계—특히 지식시장 혹은 노동시장—의 교환 가치들과 등가성을 가질 수 있는 형태를 띠며 서로 결합되는 양태를 보이게 된다. 이 틀 안에서 취학 연령, 학령기 개념, 전일제 학교, 단계별 승급 개념, 그리고 최종적으로 고등교육단계에서의 교육의 종료를 포함하는 시공간의 설계가 이루어지게 된다. 이에 반해서 평생교육의 개념은 이러한 '형식성'을 변형하면서 교육의 개념 안에 비형식(non-formal) 혹은 무형식(in-formal)의 존재성을 포함시키는 동시에 이러한 형식의 유무라는 장벽을 넘어서는 변형(trans-formal)의 가치를 표상화한다.

우리가 '포스트-학교 체제'를 말할 수 있다면 그것은 분명 학교가 지배하던 형식학습 독점주의가 해체되면서 그 사회의 지배적 학습 양식에 의미 있는 구조 변화가 나타나게 되기 때문일 것이다. 다음 절에서는 오랜 시간 동안 교육의 태동과 진화사 가운데 형식학습과 결합된 근대교육 형식이 창발하게 된 과정을 매우 간략하게 추론해 본다.

학교 체계의 특성

『교육이 창조한 세계』는 학습활동이 교육체계로 진화하는 가운데 근대 학교 체계가 형성되는 과정의 전반적 흐름을 기술하고 있다. 그 가운데 학교 체계가 가지는 특성, 형식학습의 조직화, 표준화, 인정화 현상과 그 물신화 과정 그리고 그 연장선상에서 구축되는 '학교화된 사회'의 모습 등에 관한 부분을 이 장에서 재기술한다(한숭희, 2019).

근대사회는 그 이전과 차별적인 형태로 학교라는 독특한 교육제도를 구성했다. 근대 학교는 그노시스적 지식의 틀로부터 벗어나 진실을 탐색하고 검증하며 인지할 수 있다고 보는 사실적·과학적 혹은 에피스테메적 지식관을 선택하면서 시작된다. 또한 이런 지식이 학교 안으로 들어오면서 독특한 형태의 교과 혹은 교육과정을 형성하게 된다. 이런 지식은 수업이라는 특별한 종류의 시공간적 의사소통 양식과 결합한다. 강의는 수업의 한 가지 방법이 된다. 학습을 위해 시간과 공간은 표준화된 형태로 분할된다. 교과는 학교라는 인공적이고 시뮬레이션적인 시공간 안에서 탈맥락화 및 재맥락화를 거듭하며 학습된다. 그렇게 학습된 결과는 시간 단위, 즉 학점으로 축적되며 그 결과로서의 학제 안에 편제된다.

먼저, 학교는 동서를 막론하고 중세를 가로지르며 형성되었던 종교 시대의 교육전통을 이어받는다. 우리에게 흔히 기독교, 이슬람교, 불교, 유교 등으로 알려진 종교는 사실 그러한 종교를 구성하는 형이상학과 실천론을 체계화하는 학문의 전통이었고, 여기에서 종교와 학문은 마치 유교와 유학처럼 동전의 양면이었다. 따라서 사상의 체계화와 사도의 훈련, 그리고 전파를 위해 기독학, 이슬람학, 유학, 불학 등의 모습으로 구조화되고 교수·학습되는 체계를 형성했다.

근대사회 형성 이후에도 종교 학교들의 학습 양식은 그대로 학교라는 유산으로 남게 되는데, 유럽의 경우 신학 대신에 세속 학문들이 그 자리를 대체하게 되지만 가르치고 배우는 방식은 그대로 유지된다. 교육의 핵심은 여전히 텍스트를 기반으로 하는 이론 중심 학습이었고, 그와 다른 학습 양식들, 예컨대 경험과 체험, 실습과 몸지식을 필요로 하는 직업·실기 학습은 '교육'의 경계 밖으로 밀려났다. 이런 흔적은 유럽에서의 김나지움과 도제 제도의 차별화에 그대로 남아 있다. 직업실기교육을 '교육'의 경계 밖에 두는 전통은 아시아에서도 그대로 발견된다. 이런 전통을 통해 학습(learning)은 그대로 학문 기반 학습 혹은 이론학습을 의미하는 것으로 굳어졌다.

근대적 정치 제도와 산업사회의 형성에 따라 국가 차원의 의무교육이 실시되기 시작하면서 '학교'는 소규모 교습 기관의 이미지를 벗고 대규모 인간 관리 체계의 양상을 띠게 되었다. 동일 연령의 아동들을 한꺼번에 수백 명에서 많게는 수천 명씩 한 공간에 모아 가르쳐야 하는 상황이 벌어지게 되었고, 이것을 위한 유일한 참조 체계는 당시 군대 혹은 대규모 공장 체계를 관리하는 방법들뿐이었다. 우리에게 익숙한 표준화 교육개념은 이것을 계기로 교육제도 안에 깊숙이 자리 잡게 되었다.

특히 18세기부터 실생활이 소리말에서 문자말 중심으로 바뀌었고, 국가 및 경제 체계가 기록 중심으로 작동하기 시작하면서 학교는 사회 구성의 핵심적인 배치적 요소가 되었다. 병원, 군대, 학교, 기업, 농장 등에서 기록 문화는 일상화되었고, 영구적으로 보관되는 기록들에 의해 사람들의 현재와 미래가 위치 지어지는 양상이 나타났다. 초급 인력 훈련 기관의 차원에서 시작된 의무교육은 이후 초등–중등–고등교육을 잇는 학제라는 형태로 발전하게 되었다. 이러한 장기간의 학교교육체계는 아동 · 청소년의 학습 결과(학력)에 따라 수준별로 차별적인 사회 계층에 분배하는 기능을 가지게 되었다.

이 흐름 속에서, ① 교육체계 전체를 관통하는 학교의 활동 체계들이 조직화되고, ② 그 내용과 수준이 표준화되며, ③ 학습 결과가 단계별로 차등화되어 인정되는 방식으로 학습의 내용과 특성이 발달하였다. 이것이 근대 학교의 가장 큰 특징인 '형식학습(formal learning)'의 모습이다. 학습의 형식화는 이후 학교가 모든 학습의 독점적 지위를 가질 수 있도록 보장하는 핵심 특성이 되었고, 또한 우리가 흔히 말하는 '학력사회'를 결과한 이유가 되었다.

되돌아보면, 17세기 이후 계몽주의, 인쇄술, 매스컴, 자본주의, 산업혁명 등 다양한 변화들이 있었지만 근대 대규모 학교의 형태에 큰 영향을 준 것은 대도시 공장의 운영 방식이었다. 데이비스(B. Davis) 등은 다음과 같이 말한다.

> 근대 공장 체계가 가져다준 일련의 변화들도 학교 안에 삽입되었는데, 예컨대 효율적인 조립 라인, 생산물의 표준화, 그리고 대량 생

> 산 중심의 생산 방식 등이 그것이었다. 이런 특징적인 생산 방식들은 의도적이면서도 정교하게 공교육체계 모형 안으로 편입되어 들어갔다. 교육과정은 공장의 조립 라인을 닮아 갔다. 생산 과정에서의 질 관리는 필답고사의 형식을 빌려 학교 안에 장착되었고 학생들의 '품질 관리'에 활용되었다. 이전에 비해 훨신 큰 규모의 학교들이 지어졌고, 훨씬 많은 학생을 학년별 혹은 과목별로 수용할 수 있었다. 이 모든 변화는 결국 한 가지 방향을 가리키고 있었다. 바로 표준화(standardization)였다(Davis et al., p. 42).

학습의 형식성을 가진 양식, 즉 형식학습은 이런 표준화 공정 아래에서 지식을 연령에 맞는 수준별로 나누고 수업 단위에 맞게 잘게 토막 낸 모듈별로 서로 연결하여 구성한 교육과정의 절차대로 이수되는 학습의 형태를 가지게 되었다. 이 과정에서 첫 번째 핵심은 각 단계와 수준이 각 연령대별로 모든 학생에게 동일하게 적용될 수 있도록 하는 표준화 절차를 준수하는 것이었다. 또한 이렇게 분절된 시간(예컨대, 수업 단위, 학기, 학년, 과정 등)별로 교육과정 이수 결과를 확인하는 절차로서의 인정화 절차(예컨대, 학점, 학년, 졸업장, 학위 등)가 동반되면서 비로소 초등교육, 중등교육, 고등교육은 하나의 연결된 경로로 묶일 수 있게 되었다. 이 표준화-인정화 절차를 준수하는 학습의 양식인 형식학습은 그렇게 탄생하게 되었다. 이후 학습을 형식화하는 표준화-인정화 프로토콜은 결국 학교의 관료화와 학력사회의 일반화를 낳는 주범으로 지목받게 되었고, 이를 대체할 수 있는 대안교육들이 다양한 방식으로 시도되었다.

근대 학교교육체계가 갖는 기본적인 특징은 세 가지로 요약할 수 있다. 첫째, 근대사회는 인류사회 최초로 모든 시민을 대상으로 하는 강제적 국가학습 장치를 개발해 내었다. 즉, 학습이 국가 체제에 의해 제도적으로 식민화되기 시작하였다. 둘째, 그러한 국가의 제도적 개입에도 불구하고 근대 학교는 여전히 전통적인 학문 지식을 전수하는 기능을 담당하고 있었으며, 그것은 마치 중세 수도회가 기독교 진리 체계를 수호하는 것처럼 대학 및 그에 부속한 학교 체제는 학문의 진리 체계 수호를 스스로 천명하였다. 셋째, 근대교육은 각급 학교를 종적 · 횡적으로 연계하여 학습자의 학습 경로를 체계화하는 한편 각급 학교들을 네트워크화하고 관리 통제함으로써, 일종의 학력 시스템으로 드러난다. 이 세 가지 특징들을 하나씩 검토해 본다(한숭희, 2005, pp. 48-66).

첫째, 모든 국가는 자국민의 학습을 관리하고 통제하는 장치를 가지고 있다. 교육과 문화에 대한 국가의 개입은 전형적으로 지식을 통제하고 관리하는 한 가지 방식을 보여 준다. 학교 교육과정과 국 · 검정 교과서 정책, 영화와 예술에 대한 심의와 미디어 통제, 국가보안법을 통한 사상 검열 등을 통하여 국가는 국민의 생각하고 학습할 권리에 대하여 일정한 제한과 범위를 설정한다. 소극적으로는 '학습해서는 안 되는 범위'를 규정하고 그들을 배우지 못하도록 하는 한편, 적극적으로는 '학습해야 할 범위'를 설정하고 그에 해당하는 것들을 교육 문화기구들을 통하여 가르친다. 요컨대, 국가는 합법적으로 국민의 사상과 학습권을 일부 제한할 수 있는 장치를 가지고 있는 셈이다. 바로 이 학습권의 측면에서 보자면 파시스트 국가와 민주주의 국가의 차이가 확연히 드러난다. 이러한 점에서 김신일은 교육을 한 사회의 학습을 관리하고 통제하는 일종의 '제도화된 사회적 학습기제'이자 정당화된 사회 통제 이데올로기의 하나라고 말한다.

> 학습을 관리하는 제도는 시대에 따라 변천하였고, 사회에 따라 다르게 발전하였다. 그러므로 학습의 관리 양식과 제도의 변천은 인류사에서 빠질 수 없는 중요한 영역이다. 역사를 보면 개인을 위해서 또는 사회를 위해서 반드시 학습할 필요가 있다고 판단된 지식이나 기능이나 가치관을 강제적으로 학습시키는 제도를 만드는 일이 흔했다. 이처럼 개인 및 집단의 학습을 촉구 내지 강제할 목적으로 만든 것을 흔히 교육제도라고 불렀다 …… 지난 19세기 유럽에서 시작하여 전체 인류사회로 파급된 의무교육제도는 국가가 관리하는 학습을 모든 국민에게 의무화한, 인류사상 최근에 나타난 새롭고 특이한 강제적 학습 장치이다(김신일, 박부권, 2005, p. 19).

둘째, 교육체계가 가지는 비대칭적 소통성은 학교 체계 안에서 그대로 '교육주의', 즉 교수자의 소통 비대칭성이 그대로 권력의 형태로 나타나면서 소통의 방향성을 일방적으로 규정하는 이념적 경향을 낳게 된다. 이 과정에서 불가피하게 '교육주의'가 탄생하게 된다(김신일, 박부권, 2005). 즉, 교육소통의 비대칭성은 그대로 교육주의로 연결되며, 이것은 다시 교육체계가 선택한 지식과 가치를 강제로 규율(discipline)하려는 힘의 독점성으로 나타난다. 결국 이러한 교육주의, 규율, 지식 관리, 위계화 등은 당시 근대사회의 능력지배주의(meritocracy)와 결합하면서 능력이라는 이름의 위계적 지배 체계 혹은 능력권위주의를 사회적으로 정당화하는 데 기여하게 된다(Young, 1994). 학교가 학문 중심 교육과정을 특징으로 하는 이유는 그 실용성보다는 오히려 중세 이후 이어져 내려온 전통 때문이며, 교육주의는 끊임없이 학문교육과정의 가치와 주권을 정당화해 왔다.

움베르토 에코(U. Eco)의 『장미의 이름』은 결코 몇몇 광신도와 같은 중세 수사들의 이야기만은 아니다. 그것은 학문을 둘러싼 실제 생존과 투쟁, 음모와 광기의 역사를 간접적으로 드러낸 것이었다. 학문을 '디시플린(discipline)'이라고 부르는 데에는 그만한 이유가 있었다. 학문이란 지식이기 이전에 학문 공동체 구성원들, 나아가 일반인들의 삶을 조직화하는 규율 원칙이었기 때문이다. 또한 학교라는 뜻의 'school'도 다른 한편에서 학파라는 의미를 가지고 있다. 학교는 본디 학문에 의해 디시플린되는 동질적 사람들의 모임이었다.

자세히 들여다보면, 근대교육의 시대에 들어서도 오퍼스 데이의 흔적들이 숨어 있음을 발견하게 된다. 이 맥락에서 교육은 학문 집단의 비밀결사로 이해되었고, 겉으로 표방되는 기능적 가치 혹은 사회 제도와의 기능적 관계는 사실 그 본질과 별다른 관련성을 보이지 않았다. 학문 집단의 입장에서 최고의 핵심 과제는 목숨을 걸고 학적 전통과 지식 체계를 보존하는 것이었다. 교과의 가치를 지키는 일을 신의 소명으로 이해할 만큼 그 믿음의 정도는 거의 종교의 수준에 도달해 있었다. 온갖 종교와 종파들이 그런 모양이었지만, 그것은 학문 집단에 있어서도 예외는 아니었다. 다양하게 발흥한 학문 집단들에서는 그들의 집단적 사고의 결과를 후세에 남기려는 필사적인 노력이 벌어졌다. 유럽에서의 대학은 그 집합장이었다고 볼 수 있다.

셋째, 이러한 학문의 세계가 국가교육체제 안으로 편입되어 들어오면서 그것을 강화하는 방식으로서 학력 체계가 구축된다. 대학은 개별 학문들의 연합체라기보다 '국민' 혹은 '인력'을 양성하는 통일된 체제로 전환되기 시작하였다. 학파들의 연대로 존재하던 대학이 국가의 공식교육체제 안으로 편입되면서 그들의 자율적 생명성에 상당한 제약이 발생하기 시작하였다. 근대성(modernity) 아래에서 교육은 이제 메타생명체의 재생산이라는 본질 위에 국가 시스템이라고 하는 외피를 입기 시작하였다.

우리가 흔히 상식으로 알고 있는 6–3–3–4제 혹은 6–5–4제 등의 학제가 학교의 근간을 차지하게 된 것은 근대 학교교육의 특징 가운데 빼놓을 수 없는 사건이었다. 초기 영국의 그래머스쿨, 독일의 김나지움, 프랑스의 리세 등의 중등교육기관 역시 처음에는 대중교육의 사다리와 무관한 것이었는데, 초기 그래머스쿨에 다니는 사람들에게 지금과 같은 고교평준화라는 것이 있다는 것을 이야기한다면 아마도 놀라 자빠질 것이 분명하다. 그만큼 대중화 혹은 표준화라는 것은 교육 발생 초창기에는 낯선 일들이었다.

중등학교도 초기에는 학문을 위한 준비 단계로 시작한 것이었다. 실용되지도 않는 라틴어를 매를 맞아 가며 암기해야 했던 이유는 라틴어를 모르고는 도저히 학문을 할 수 없었기 때문이다. 이 단계에서도 역시 '학문과 관계없는' 사람들은 이런 학교가 아니라 별도로 수와 부기법 등을 배우는 실용 학교에 다니거나 도제 수습을 시작하는 편이었다. 교육의 주요 목적은 학문을 위한, 학문 후속 세대를 기르는 일이었다.

산업사회/국민 국가 시대에 들어서 이러한 교육이 대중교육(mass education)이라는 틀을 입게 되면서부터 모든 것이 달라지기 시작하였다. 농경/봉건 사회에서 산업/국민 국가 시대로 전환되면서 교육은 학문을 위한 작은 기관들의 무리로부터 모종의 체계성을 갖춘 거대한 위계(hierarchy)로서의 '학력 사다리'를 형성하기 시작하였다. 이전까지 여러 곳에 흩어져 있던 교육기관들은 이 위계의 나무 어느 곳엔가에 붙어 있어야 했다. 왜냐하면 국민 국가의 시대로 넘어오면서부터 교육은 국가가 독점하기 시작하였고, 국가라고 하는 나뭇가지의 어느 곳에 붙어 있는 것에 대해서만 학교라고 하는 지위를 부여하기 시작했기 때문이다. 국가는 학교라고 명명된 교육기관들에 대해서 양분을 공급하기 시작하였으며, 그와 함께 다양한 종류의 새로운 의미를 부여하기 시작하였다. 이제 대학은 능력 있는 사람이라면 아무나 갈 수 있는 곳이 아니며, 중등교육 자격을 이수한 사람만이 갈 수 있는 곳이 되었다. 그것은 중등학교도 마찬가지였다. 교육의 의미가 학문으로부터 국가 서열 체계에 의해 규정되는 위상으로 전환되었던 것이다. 오늘날 우리가 말하는 '학교'라고 하는 것은 바로 이러한 국가 관리 시스템에 의해 조직된 '체계' 안에서 상대적 위치를 부여받은 개별 교육기관들을 말하는 것이며, 이런 구조 없이 단순히 개별 교육기관 하나하나에서의 가르침을 상정해서는 안 된다. '학교'란 그 자체가 '시스템'을 지칭하는 개념이며 학습에 대한 사회적 관리와 통제를 담당하는 일종의 관리 체제임과 동시에, 국민의 입장에서는 자신이 수행하는 학습이 사회적 가치를 획득할 수 있도록 가치를 부여하는 사회적 장치인 셈이다. 시스템을 떠난 학교는 '학교' 라는 명칭을 사용할 권리도 박탈된다.

이러한 교육의 국가 서열 체계 안에서의 '학교 체제'의 탄생은 몇 가지 점에서 자본주의라고 하는 새로운 경제 질서의 탄생과 비견할 만한 중대한 역사적 의미를 갖는 것이었다. 우리가 자본주의란 무엇인가라는 질문을 던질 때 그 의미는 개별 생산물이나 상품 하나하나 속에 붙박아 있는 것이 아니라 상품이 생산되고 유통되는 방식을 의미하는 것이다. 마찬가지로 '학교'가 무엇인가를 물을 때 우리는 동일한 대답 방식을 사용할 수 있다. 즉, 학교는 가르치고 배우는 각각의 공간 및 그 행위를 지칭하는 것이 아니라, 그러한 공간과 행위들이 재생산되는 의미 체계 및 그 연결망에서의 위상을 의미하는 것이다. 즉, 학교는 무엇을 가르치고 배우는가에 의해 규정되기보다 그것이 어떻게 가르쳐지고 배우며, 그 결과가 다른 체계와의 관계 속에서 어떤 의미를 부여받는가에 의해 규정되는 것이다. 학교라는 체계 안에서 지식이 전수되고 학습되며 그 결과가 인정된다. 학교 양식은 학습 양식을 대표적으로 결정한다.

학습의 표준화, 조직화, 인정화

근대사회에서 학교가 일종의 체제라고 하는 것의 배후에는 그것이 그 사회의 학력 인증 시스템을 독점하고 있는 유일한 체제라는 사실이 숨어 있다. 학교는 처음부터 학력을 독점적으로 생산하기 위해 탄생한 사회적 기구이며, 그런 점에서 학교 체제의 탄생은 그 사회에서의 학습 양식(mode of learning)이 '학력사회'를 전제로 하여 구성되어 갈 것이라는 것을 이미 논리적으로 예견한 것이라고 볼 수 있다. 이러한 맥락에서 학교교육은 바로 그 시대의 교육의 대표 양식이 되었다. 그 특징을 몇 가지 나열하면 다음과 같다.

첫째, 학교로서의 교육체계가 가지는 가장 큰 특징은 그 안에 존재하는 비대칭적 소통성이다. 교육은 일종의 소통 활동이면서 동시에 위계상의 비대칭성을 특징으로 한다. 그 내부에 존재하는 개체들을 각각 가르치는 자와 배우는 자로 구분하는 위계를 형성한다.

둘째, 학교(체계) 안에서 지식은 교과라는 형태로 처리된 후 교실 수업 안으로 던져진다. 교육체계 안에 존재하는 지식은 그 밖의 세계에 존재하는 지식과 다른 차별성을 획득한다. 지식은 교육체계가 설정한 기준에 의해 임의적으로 선택되고, 분절되며, 재조합된다. 이렇게 탄생한 것이 교과 혹은 교육과정이다.

셋째, 교수학습 과정이 수업이라는 표준화된 형태로 조정된다. 교육과정의 탄생은 이후 교수 과정의 '형식화'를 동반한다. 수업이라는 형태의 시간과 공간 배치는 교육과정으로서의 지식을 학습 결과로 형성해 내기 위한 교육체계만의 독특한 방식을 담고 있다.

넷째, 교육과정의 수준별 경계가 나타나며, 각 수준별로 수직 연결된 위계가 성립한다. 이 위계에서 초등에서부터 고등까지의 위계는 초등교육과 고등교육이 서로 다른 목적으로 위치를 잡은 후 중등교육이 이들을 연결하는 순서로 구축되었다.

다섯째, 학제가 형성됨에 따라 각 단계에서 학습된 결과에 대해 모종의 인정 체계가 확립되면, 이른바 교육체계의 기본 사이클이 완성된다. 이를 위한 건물, 제도, 법체계, 재정 등은 이러한 핵심 사이클이 안정화되어 반복되기 위해 추후 따라 나오게 된다.

여섯째, 이런 과정이 사회 시스템 안에서 영속적으로 재생산될 수 있도록 하는 교육제도와 재정 체계가 갖추어진다. 이른바 근대사회의 특성을 반영한 학교 체계가 완성된다.

일곱째, 학교 제도가 지구적 차원에서 표준화되면서 지역 간 차이가 사라진다. 학교의 동형화(isomorphism) 현상은 교육체계의 지속적인 특징으로 자리 잡게 된다.

여덟째, 학교 제도와 노동시장의 연결 구조가 정교화되는 양태의 학교사회가 형성된다. 교육과 선발 체계가 서로 공생하는 양상이 자리 잡게 되면서 학교의 가치는 노동시장으로부터 부여되는 교환 가치를 흡수한 양상을 가진다.

이렇게 학습의 형식성은 교육이 선발과의 공생 체계를 구축하는 과정에서 이 두 체계를 연결하는 표준화 양식으로 탄생하였다. 학교는 교육과 선발이라는 전혀 다른 이종의 DNA가 결합되어 작동하는 잡종(hybrid) 생명체인데, 학습의 형식성은 이 둘을 연결하는 핵심 코드, 즉 그 연결 고리였다. 교육은 사회적 선발에 효과적인 지식-학습체계를 내부에 형성했고, 이를 통해서 사회 계층 재생산의 기능을 떠맡게 되었다. 그렇게 학교를 통해 사회적 질서가 결정되는 사회가 바로 데이비드 베이커(Baker, 2014)가 말한 '학교사회'이다. 이때 학교사회란 학교의 학습을 매개로 사회적 질서가 결정되고 권력과 재화가 분배되는 사회를 의미한다.

물론 근대사회 이전에도 교육과 직업 세계는 나름의 연결선을 가지고 있었다. 예컨대, 중세 대학(medieval university)의 탄생은 목회자, 법률가, 의사라는 직업훈련과 연결되어 있었고, 동아시아의 학교는 유교사회에서의 학자-관료를 양성하는 방식이었다. 하지만 여기에서는 근대 학교를 특화시키고 있는 형식학습의 요소들, 즉 표준화, 조직화, 인정화라는 다층적 고리들은 발견되지 않는다. 교육의 가치, 방법, 내용, 준거 등이 표준화된 조직 체계로 통일되면서 그 결과가 선발을 위한 교환 가치의 형태로 인정화되는 형태의 교육-

선발 공생 관계는 근대 이전에는 존재하지 않았다. 이들을 연결하는 고리들은 두 가지 다른 방향에서 해석될 수 있는데, 교육의 편에서 보자면 학교에서 가르쳐지는 내용과 방법, 표준 등이 학습 자체의 동력보다는 그 외재적 가치, 즉 노동시장의 요구에 의해 결정되고 있다는 것이며, 노동시장의 입장에서 보자면 노동시장에 입직하는 신규 노동자를 선발하는 데 학교 성취도가 가장 신뢰할 만한 척도가 되고 있다는 것이다.

이제 공생 관계를 매개하는 형식학습 중심의 교육체계를 학교로 칭함으로써 근대 학교는 그 자체가 표준화- 조직화-인정화된 교육체계를 대표하는 사회적 학습 양식으로 자리매김하였다. 이 열쇠들은 교육활동의 내적 가치를 반영하는 방식이 아니라, 노동시장을 위한 인력 양성 및 사회 계층 재생산을 위한 교환 가치를 실현하기 위한 코드로서 학습과 지식의 형식성을 매개로 서로 연결되어 있다. 하지만 이러한 고리는 그리 오래갈 것 같지 않다. 왜냐하면 지식사회로 넘어오면서 이러한 교육-노동 시장의 연결 고리가 서로에게 불편한 약속이 되어 가고 있기 때문이다. 학교의 입장에서는 창의적 능력을 형성하는 데 이러한 표준화-조직화-인정화라는 방식이 걸림돌이 되면서 나름의 교육개혁의 발목을 잡는 요소가 되고 있으며, 노동시장의 입장에서도 학력과 학업성취가 직업 세계에서의 성공을 예측하는 데 이제는 그리 큰 도움이 되지 않는다는 약점이 노출되고 있다.

20여 년 전 출간했던 『평생학습과 학습생태계』에서 나는 학교의 물신성에 관해 비판했는데, 여기에 그대로 옮겨 본다.

> 지식의 물신성, 그 교환 및 분배 체제를 탐지하고 있는 교사, 그리고 그러한 교환 관계를 지지하고 있는 학교 조직은 결국 동일한 현상의 세 가지 다른 측면이라고 할 수 있다. 교과서는 살아 있는 지식을 박제로 만들어 일정한 표준화된 틀 안에 집어넣은 물화된 존재이다. 지식이 물화되었다고 하는 것은 바로 교환될 수 있다고 하는 것인데, 학생들은 상품으로서의 지식을 소유하게 되고 그것을 졸업장 및 점수라는 지식화폐적 형태로 바꾸게 된다. 이렇게 취득된 지식화폐는 노동시장에서 자신의 미래 지위를 구매하는 데 사용된다. 노동자가 상품을 생산하는 것과 마찬가지로 교사가 지식을 생산하는 존재라고 한다면—사실, 여기에서의 생산이란 표준화된 국가교육과정의 공정에 맞추어 양산되는 기성품에 다름 아니지만—상품의 물신성이 결국 노동자의 소외에서 비롯된다고 하는 마르크스의 분석이 시사하는 바 그대로 교사들은 철저하게 학교 안에서 고립되고 있고 소외된 노동을 경험한다. 또한 학교 조직은 교사들의 지식 노동자로서의 유기적 연대와 대항 헤게모니를 담지한 지식 생산을 가로막는 비유기적·기계적 조직 구조를 유지한다. 이러한 세 가지 차원의 한계가 함께 어우러져 정체성을 가지면서도 철저하게 사회 재생산의 도구로 존재하는 학교생태계의 특성을 구성하고 있다(한숭희, 2001, pp. 169-170).

학습의 형식화(혹은 형식학습화)는 교육의 조직화 및 표준화와 연동하면서 그 안에서의 학습 과정을 물신화하게 되는데, 이때 '물신화(reification)'는 마르크스가 말한 자본주의사회에서 인간과 상품의 전도 현상, 즉 자본이 인간을 지배하는 거꾸로 선 역전 관계를 그대로 드러낸다. 물론 이러한 설명이 자칫 마르크스의 하부 구조(infrastructure)와 상부 구조(superstructure)의 일방적 관계로 해석되는 것에 대해서는 주의가 필요하다. 즉, 이러한 물신성을 매개로 하는 학교의 물화된 학습활동이 궁극적으로 자본주의 상품 생산 활동이라는 하부 구조에 의해 일방적으로 결정되고 투사된다고 보는 방식이나 혹은 교육체계가 경제 생산 체계에 의해 결정된다고 보는 경제적 결정론 혹은 그 유사 형태로서의 문화적 결정론 등이 가지는 일방적 결정주의는 결코 사태를 올바로 보는 방식이 아니다. 여기에서 말하는 '물신화' 현상은 외부의 체계에 의해 일방적으로 투사된 물신화 현상이라기보다는 제3장 초반에 예시했던 모종의 공생적 관계가 만들어 내는 평평한 존재론(flat ontology)적 연동 현상으로 볼 수 있다. 이럴 경우, 학교 체계의 물신화 현상은 그 연동 관계를 해체하거나 우회함으로써 해소될 수 있는 가능성을 가진다.

사실, 학습의 조직화는 모든 사회 체계에서 나타나는 자연스러운 과정이다. 조직화는 단지 우연적이고 무형식적으로 일어나는 학습들이 교육적 개입을 통하여 안정적이고 주기적인 학습활동으로 압축되는 과정일 뿐이다. 예컨대, 고대 그리스의 리케이온은 아리스토텔레스가 세운 학교인데, 그 안에는 어떠한 형태의 물신성도 존재하지 않는다. 그런데 이렇게 조직화된 학습활동이 그 외부 체계와 연동하기 시작하면서 표준화 및 인정화라는 현상이 나타난다. 의무교육의 탄생 이후 교육과정과 방법, 교사로서의 전문성, 학생의 자격 등에 관한 표준이 만들어지면서 초등학교들은 하나의 큰 범주로서의 '초등교육'이라는 국가표준을 만족시켜야 하는 기관이 되었다. 이런 표준화 현상은 최초로 국가 단위 보통교육의 형성이라고 하는 초등 의무교육에서 출발하였지만, 이후에는 초등교육과 중등교육, 그리고 중등교육과 고등교육을 연결하는 방식의 표준화를 통하여 더욱 정교화된다. 예컨대, 미국에서 대학 입학을 위한 고등학교 이수 요건을 결정한 카네기 유닛(Carnegie Unit)의 형성이 그 좋은 예이다.

이러한 표준화된 학습 과정을 이수하고 필요 학습 성취도를 달성했을 때 그 증표로 학점, 학위, 졸업장 등을 수여하는 것을 인정화(recognition)라고 부른다. 인정화는 두 가지 차원이 결합된 것인데, 하나는 어떤 학습활동 자체의 과정이나 결과를 인정하는 내적 인정화이고, 다른 하나는 그러한 단위를 넘어서는 확장된 표준화 체계 안에서 다른 활동 체계들과의 연계를 보장하는 형태의 외적 인정화이다. 오늘날 인정화의 권한은 대부분 국가에 있지만 일부 국가들, 예컨대 미국 등의 경우는 교육체계 전체를 포괄하는 수준별 단체들에게 있다.

우리가 말하는 학습의 '형식성'이란 바로 이런 조직화, 표준화, 인정화라는 세 가지 특성을 만족시키는 학습활동의 구조라고 할 수 있다. 학교는 학습을 형식학습의 차원에서 관리하는 교육기관이며, 그것을 우리는 형식교육기관이라고 부른다. 인정화 기능이 필요하지 않은 교육기관을 흔히 학원, 교습소 등 비형식교육기관으로 분류한다. 그리고 조직화조차 없는 학습활동을 무형식학습활동으로 분류한다. 우리는 공교육을 흔히 형식교육이라고 말한다. 이때 형식교육이란 '형식학습'을 실천하는 기관이라는 의미이다. 형식학습은 학교교육의 한 가지 특성이면서 동시에 근대 학교교육체계를 구성하는 핵심 원리가 된다. 학교는 고·중세에도 있었고, 탈근대사회에도 존재한다. 다만, 형식학습을 중심으로 교육체계 전체가 연결망으로 묶이는 형태의 학교 체계는 근대사회 이후의 산물이다. 그리고 이 형태의 학교 체계가 앞으로도 영원히 지속될는지는 아무도 알 수 없다.

형식학습은 학습이 표준화된 수업이라는 과정에 의해 수행되며 그 학습 결과가 인증되어 노동시장 진입과 사회 계층 결정의 가장 중요한 지표로 활용되도록 디자인된 지배적 학습 양식이다. 형식학습은 교육체계가 본래적인 교육기능 이외에 교환 가치를 부여받은 사회 선발기능을 통해 사회 체계와 공생적 관계를 유지할 수 있도록 하는 가장 핵심적인 코드이다. 평생학습은 이러한 형식성을 비판하면서 나타났다. 학교가 독점하고 있던 형식학습을 유연화하는 한편, 교육의 범주를 비형식학습 및 무형식학습으로까지 확장하는 방식으로 교육제도의 개혁을 시도하였다.

형식학습의 물신성

당연한 말이지만, 학습에 대한 형식성이 부여되면서 그 반대편에서는 그러한 형식성을 가지지 못한 학습의 형태들이 피동적으로 규정되게 된다. 우리가 흔히 말하는 무형식학습과 비형식학습 등은 형식학습에 대한 상대적 위치를 표현한 말에 불과하다. 단적으로, 이런 구분들은 학습이라는 상호 작용이 일어나는 데에 수반되는 '조직화'와 '인정화' 양상을 표현한다.

먼저, 무형식학습이란 학습활동이 일어나되 그것이 조직화되어 있지도 않고 인정화되지도 않는 활동들을 말한다. 그렇게 우연적이거나 임의적으로 일어나는 학습활동들은 우리 주변에 무수히 많다. 마음에 드는 책을 골라 읽거나 잠시 본 유튜브에서 기타 스킬을 배우고 연습하는 등의 활동은 어쩌면 우리들의 학습 생활의 대부분을 차지하게 된다. 누군가로부터 어떤 것을 배울 경우에도 그 활동이 안정적으로 조직화되어 있지 않은 임의적인 경우라면 무형식에 해당한다고 할 수 있다. 무형식학습활동의 특징은 학습에 간여하는 소통 관계가 상호 작용(interaction)을 하는 동안에만 한정되어 존재하는 체계라는 것이다. 그 활동이 끝나는 순간 상호 작용은 종결되고, 따라서 임시적으로 존재하던 학습활동의 체계성도 사라진다.

반면, 상호 작용으로서의 가르치고 배우는 과정이 모종의 조직화를 통해 안정화된 반복과 규칙성을 가지게 된다면, 그런 학습활동을 비형식학습이라고 부를 수 있다. 예컨대, 학원이나 교습소, 강습소, 문화센터 등은 매주 한 번씩 만나는 등의 반복성과 함께 그 과정에서 학습할 내용의 계열성이 존재한다. 즉, 무형식학습 수준에서 한 단계 더 나아가 조직화된 형태의 교육활동을 만들어 내는 것이다. 예컨대, 법적으로 학원이란 최소한 30일 이상 학습자들을 가르치는 조직이며, 이때 조직은 가르치고 배우는 상호 작용을 보다 포괄적 차원에서 안정화한다.

이와 다르게, 상호 작용 및 조직화의 차원을 넘어 '인정화(recognition)'까지 포함하는 학습활동을 '형식학습'이라고 부를 수 있다. 대부분 국가에 의해 관리되는 체계이며, 여기에는 표준화라는 새로운 특성이 덧붙여진다. 예컨대, 내가 대학생이라는 뜻은 단지 대학교라는 교육기관에서 수업을 받는다는 것을 넘어, 그 결과가 국가 공인의 인정 결과를 동반한다는 것(인정화)과 함께 '대학교'란 최소한 내가 다니는 특정 대학과 유사한 모종의 표준화 형식을 만족시켜야 한다는 것, 그래서 한 대학에서 획득한 학점이 다른 대학에서 학점 호환이 가능하다는 등의 의미를 동시에 포함하게 된다. 이런 학교 체계에서 이루어지는 학습활동을 형식학습이라고 말하며, 이때 학습은 '형식성을 갖는다'고 할 수 있다. 다시 반복하면, 사회 체계로서의 교육체계가 가지는 '인정화' 기능, 즉 학력을 부여할 수 있는 독점권한을 가진 방식으로 이루어지는 학습을 우리는 '형식학습'이라고 부른다. 형식학습이 가정하는 '형식성', 곧 '인정성'은 학습의 결과가 사회경제적으로 교환 가치를 갖는 방식으로 인정된다는 뜻이다.

이때 중요한 것은 형식학습의 형식성이 결코 학습 과정의 내부에서 부여되는 것이 아니라는 것이다. 그것은 교육체계가 사회 선발체계와 공생하는 과정에서 형성된 외부 참조성에 의해 부여된 권능이다. 그럴 경우 교육의 활동과 가치는 불가피하게 외부 참조성에 의해 조건화 혹은 제한될 수밖에 없다. 학습은 더 이상 학습자와 교수자의 상호 합의에 의해서만 구성될 수 있지 않으며, 그 교환 가치는 외부 가치에 대한 가치 조율을 통해 부여된다. 이것이 '형식성'의 가장 큰 특징이다.

반드시 일치하는 것은 아니지만, 여기에서 외부 참조성 혹은 형식성은 자본주의경제에서 상품이 생산되는 방식과 유사하다. 마르크스가 그의 『자본론』에서 상세히 설명했던 것처럼, 상품의 사용 가치 혹은 내재적 가치는 그것이 상품 생산이라는 조건 안에서 생산되는 한에 있어서 무한정 보장되지 않는다. 상품에 대한 사회적 수요 및 그로 인해 탄생하는 교환 가치에 의해 제한되며, 이 과정에서 나타나는 물신성(reification)은 늘 상품과 자본의 근본 모순으로 따라 붙는다. 마찬가지로, 사회 체계로서의 '학교' 안에서 수행되는 학습이 형식학습의 조건을 만족시키기 위해서는 늘 표준화되고, 평가되고, 서열화되며, 노동시장에서의 선발을 대리하는 방식으로 교육과 선발이 학교 안에서 공생적 연동성을 발휘해야 한다.

이런 상황에서 무엇을 가르치고, 어떻게 가르치며, 그 가치가 무엇인지 등에 관한 의사 결정은 개별 학습자들의 요구를 넘어 교육체계의 거시적 자기참조성에 의해 구성되고 집행되며 변화한다. 공공재로서의 교육의 목적과 방법은 그 공적 과정에 의해 결정되고 공유된다. 사유재로서의 교육의 목적과 방법은 사유재적 가치가 실현되는 노동시장, 지식경제 등에 의해 결정된다. 결코 '잘 가르친다'는 의미가 교사 한 사람의 변화를 통해 실현되지는 않는다.

반복하자면, 근대 형식교육은 '형식학습'이라는 형식성이 탄생하면서 교육이 이 학습 양식을 생산하는 데 초점을 맞추어 재구조화되면서 탄생한 것이다. 우리에게 익숙한 교과, 수업, 시간 편성, 공간 구조화, 학생 편제와 배치, 승급, 입학과 졸업, 학점, 학위, 학제 등은 모두 학습을 형식학습의 조건에 맞추어 생산하기 위해 탄생한 발명품들이다. 근대교육의 형식성은 학습의 교환 가치를 표준화하는 것을 전제로 하는 것이며, 불가피하게 학습활동의 단위를 표준화하고 초등교육부터 고등교육에 이르는 학제를 선형적으로 묶는 방식으로 구성되었다. 여기에 근대 산업사회의 공장제 관리 방식이 적용되기 시작하면서 학교는 거대한 표준화 체계로 자리 잡게 되었다. 이렇게 교육과 선발이 표준화된 인증 체계에 의해 연동하는 체계 속에서 학습의 상당 부분은 형식학습으로 환원되었고, 모든 학습의 상호 작용 과정은 이 형식성에 의해 지배되었다.

우리가 흔히 말하는 '학교'는 근대 이전까지만 해도 아카데미, 학원, 교습소 등처럼 일정한 정도로 조직화된 교육활동 체계를 의미하는 것이었다. 지금으로 말하면 조직화된 비형식학습활동을 근간으로 하는 교육기관들이었다. 하지만 근대사회로 들어오면서 학교는 사회 체계로서의 복잡성과 함께 그 안에서 학습의 형식성을 지배적인 학습 양식으로 재생산하는 교육형태로서 독점적인 위치를 획득하게 되었다. 학교는 형식학습이라는 형식성을 통해서 학습을 표준화된 수업이라는 독특한 작동 체계 안에 포섭했고, 학습 결과가 인증되어 사회 계층 결정과 노동시장 진입의 가장 중요한 지표로 활용되도록 디자인하였다. 이런 형식화된 학습 양식을 매개로 교육과 사회 선발은—마치 표준화된 화폐와 자본을 매개로 노동시장과 상품생산이 맞물려 작동하는 것처럼—서로 공생적 진화 체계를 구축하게 되었다. 그리고 이 둘을 매개한 것이 바로 '능력자지배주의'라는 사회 이념이며, 능력자지배주의와 결합되면서 학습은 사회적 지위 결정의 핵심이 되었다.

형식학습(formal learning)은 '공인된 학습'을 말한다. 이때 공인되었다는 뜻은 학습의 결과로 얻어지는 지식이나 능력이 원래 기준에 맞게 획득되었는지를 검증하고 인정하는 과정이 동반된다는 것을 말한다. 말하자면, 무엇을 배우되 배우도록 예정되어 있는 내용대로 배우고, 그 결과를 시험을 통해 증명해 내야 하는 것이다. 그렇게 공인된 학습 혹은 형식화된 학습은 한 사회가 설정한 능력 표준을 만족시킨 것으로 인정된다. 이렇게 형식성을 갖는 지식을 공유하고 그 학습 결과를 검증하는 과정을 거치기 위해서는 그 학습의 과정과 결과를 어떤 표준화된 틀에 의해 검증(verification)하고 그 결과를 학위 등으로 인정(recognition)하는 절차와 방법을 필요로 한다.

그러기 위해서는 필연적으로 학습의 과정들이 경우에 따라 혹은 장소에 따라 들쑥날쑥해서는 안 된다. 형식학습은 필연적으로 표준화된 교육과정과 방법을 동원한다. 학습해야 할 내용과 목표가 절대적으로 규정되어 있고, 그렇게 학습한 내용 속에서 이미 결정되어 있는 세계의 고정된 모습이 학습자들에게 투영된다. 형식학습은 열린 학습이 아니다. 형식학습은 공인된 지식을 공유하는 과정이며, 그 내용 안에서 세계는 모종의 결정된 것, 혹은 주어진 것으로서의 절대적 실재성을 전제로 하게 된다. 학습은 그렇게 기결정된 절대성에 순응하며 적응하는 활동이 된다. 정답은 공인된 지식(official knowledge) 안에서 이미 결정되어 있으며, 학습활동은 이미 결정된 정답을 찾는 과정이 된다.

형식학습은 근대사회가 형성해 낸 새로운 신(神)이다. 종교적 신이 해체되고, 과학과 기술에 의해 인격적 신의 이미지가 분해되면서 근대사회에서 인간의 정체성은 새로운 동일성의 격식으로 재포장되어야 했다. 근대사회가 형성해 낸 국가, 민족, 자본, 발전, 성장, 풍요 등의 개념은 근대 학교교육의 교육과정 속에서 근대 국가의 시민과 자본주의 노동자의 이미지로 재탄생되었고, 학교의 교육과정은 견고한 형태의 지식 체계를 통해서 근대사회의 인간상을 새롭게 구성해 내었다. 요컨대, 학습의 형식성은 근대사회가 구성해 낸 새로운 신의 모습, 즉 국가와 시장이라는 형태 안에 투영된 개체들의 집합적 형상을 정밀하게 직조해 내기 위한 사회적 장치였던 셈이다.

평생학습이 형식학습의 경계를 부수고 비형식학습 혹은 무형식학습의 가치를 추구하면서 던진 교육의 탈제도화와 탈형식화라는 메시지는 이러한 학습의 형식성을 해체하는 것을 통해서 학교가 가지고 있던 근대성, 즉 근대적 신의 모습을 탈환영화하려는 시도였다. 단지 형식학습의 결과물로서의 학력, 학위 등의 사회적 교환 가치를 사회 전반에 확대하려는 것으로만 보아서는 안 된다.

형식성은 어디에서 오는가?

사회 체계를 상호 작용 수준, 조직 수준 그리고 체계 수준으로 나누어 볼 수 있는 것처럼(Luhmann, 1984/2007), 교육활동 안에서의 학습도 이런 각각의 수순으로 조직화되고 체계화되는 양상을 보일 수 있다. 이러한 조직화 혹은 제도화의 수순은 학습활동의 개체 발생적 차원에서도 관찰될 수 있지만 또한 그 계통 발생적 차원에서도 거시적으로 관찰된다.

우선 짧은 시간 동안 일어나는 지식의 공유 과정, 즉 가르치고 배우는 활동으로서의 학습활동들은 '상호 작용' 차원에서 일어날 수 있다. 그것은 그 지식 공유의 목적이 끝나면 해체되지만, 여하튼 그것이 수행되는 기간 동안은 매우 느슨하고 암묵적 체계의 형태로 존재한다. 또한 이런 상호 작용을 주기적으로 묶고 안정화하고 반복하도록 하는 조직의 차원에서 학습활동들이 서로 묶일 수 있다. 물론 학습자는 여기에 참여하는 동안 그 활동 체계의 한 사람일 수 있지만, 그가 그 조직을 탈퇴하면 더 이상 구성원이 아니다. 하지만 더 나아가 국가 등의 사회 체계 안에서 법과 제도를 통해 영속적인 지위를 가진 학교와 같은 학습활동들이 나타날 경우, 모든 국민은 의무적으로 이 활동에 참여하도록 강제된다.

루만의 사회 체계 이론에서 학습체계란 학습활동이 자기참조적 의식을 가지면서 스스로를 타자와 구분하고 지속하는 활동이 반복적으로 일어날 때 그 조직체를 지칭한다. 교육이란 한 사회 안에 존재하는 이러한 자생적 혹은 인위적 학습체계들에 대해 영향력을 행사하며 그것들을 선택적으로 제도화하기 위해 고안한 한 가지 특화된 사회 체계라고 할 수 있다. 예컨대, 문자는 한 사회가 소유한 가장 소중한 공공재이고 개인에게 맡겨 놓을 수 없을 만큼 소중하며, 의무교육은 그래서 누구나 의무적으로 받아야 하고 비용도 무상으로 한다. 교육은 학습의 공유 지식적 측면을 선택적으로(혹은 제한적으로) 제도화하기 위해 공적 자원과 전문성을 투여하는 장치로서 진화해 왔다.

교육체계가 확장될수록 형식학습(formal learning)은 일종의 지배적인 학습 양식으로 학교교육 전반을 지배하게 된다. 이때 형식학습은 학습의 목적과 내용이 그 과정을 조직하고 결과를 인정하는 특이한 방식에 의해 지배되도록 하는 독특한 양상의 학습 양식이 된다.

학교, 학교 체계 그리고 학교사회는 사실 세밀하게 정의되고 구분되어야 할 개념들이다. 많은 사람이 학교를 가르치고 배우는 일이 일어나는 기관 혹은 장소로 이해하고, 그런 학교들이 모인 사회 기능 체계를 학교 체계로 이해한다. 흔히 말하는 학제는 바로 학교 체계를 일컫는 말이다. 그리고 학교사회는 그런 학교가 일반화된 사회적 질서, 조직, 및 재생산 방식을 뜻하는 것으로 알려져 있다. 하지만 여기에서 몇 가지 주의를 기울여야 한다.

첫째, 우리가 '교육활동'이라고 말할 때 가장 먼저 머리에 떠올리는 것은 교실 수업 장면이다. 교실은 한편에서 학교 공간의 일부이며 동시에 학교의 제도적 규율을 받는 공간이다. 교실은 교육활동이 일어나는 가장 직접적인 공간이다. 흔히 교육을 어떻게 바꿀 것인가를 생각할 때 가장 먼저 떠올리는 것이 교실 활동을 어떻게 재구조화할 것인가의 문제이다. 교실의 모습은 매우 다양하다. 조선 후기 서당이나 일본 에도 시대 학당을 보면 대개 다양한 연령층의 아동들이 개별적으로 학습하는 모습을 떠올린다. 반면, 표준화된 교실에서의 활동은 질서가 잡히고 일사분란하며 교사가 전권을 가지고 통제하는 구조를 가지고 있다.

둘째, 교육활동의 복합체로 구성되는 학교는 그 활동 형식에 따른다. 초기의 학교는 말 그대로 단칸방 학교였고, 교실이 곧 학교였다. 그러나 복수의 멀티학급과 멀티학년으로 구성된 학교가 형성되면서 교실과 학교는 구분되기 시작한다. 플라톤(Plato)이 고대 아테네에 세웠던 아카데메이아, 고구려 소수림왕 때 설립된 태학(太學), 중세 대성당학교(cathedral schools), 그리고 현대 공교육체계 아래 작동하는 초등학교 혹은 중등학교 등은 서로 유사점만큼이나 차이점을 함께 가지고 있다. 반면, 근대사회로 넘어오면서 학교는 단독으로서의 의미를 넘어 전체 학제 속에 연결된 하나의 단위가 되며 초등교육, 중등교육 혹은 고등교육 등의 의미는 각 학교들이 총체적인 학교 체계 안에 편입되어 들어가 맺게 되는 내부적 질서를 각각 표현한 개념이다. 초등교육 혹은 중등교육 혹은 고등교육 등의 개념은 근대사회 이전에는 존재하지 않았다. 단지 전체가 연결된 학제로서의 메타 개념으로서의 교육체계가 탄생한 이후 상대적으로 각각 붙여진 이름일 뿐이다. 우리가 고대 아카데메이아나 태학 등을 '대학' 혹은 '고등교육'으로 부르는 이유는 단지 그 학문 수준에 비추어 비유적으로 표현한 것에 불과할 뿐이다. 당시 초등교육 혹은 중등교육은 체계로 존재하지 않았고, 아카데메이아에서 무엇을 어떻게 가르칠 것인가의 문제는 오직 학교 자체의 문제일 뿐이었다.

셋째, 이렇게 보면 학습의 형식성은 각각의 수업 단위 혹은 학교 단위에서 붙여진 특성이 아니다. 오히려 총체적인 교육체계의 배치 방식을 유지하고 재생산하기 위해 탄생한 개념이라고 보아야 한다. 학교를 포괄하는 교육체계는 그런 학교들의 단순한 집합 이상의 의미를 가지며 학습의 '형식성', 즉 '형식학습'의 성격은 이 집합적 체제에서 부여된다. 적어도 학교 체계 아래에서 집합적으로 작동하는 학교들은 교육체계 전반의 원리를 반영한다. 마치 각자 자유를 가진 개인들이 모여서 군대라고 하는 집합체를 형성했지만 그 체계가 성립한 이후 개인들은 더 이상 이전의 자유로운 개인들이 아닌 것과 같다. 마찬가지로, 단독체로서의 학교에 부여한 우리의 희망과 꿈들, 예컨대 인간화 교육, 자유롭고 평등한 학습 등등의 이념은 학교 체계 아래 종속되기 시작하면서 더 이상 개별적으로 적용되기 어렵게 된다. 또한 학교 체계는 학교사회, 즉 학교에 의해 작동하는 사회적 질서를 형성하고 구성해 가는 힘이기도 하지만, 반대로 학교사회의 작동 메커니즘 아래 종속되는 이중구속의 위치로 전락한다.

넷째, 여기에서 핵심은 바로 학교에서의 가르치고 배우는 일의 성질로서의 '형식성'이 이런 체계적 중층성에서 부여되는 것이라는 점이다. 즉, 학교사회–학교 체계–학교의 상호 규정성을 결정하는 가장 큰 힘은 외부의 권력이나 자본이 아니라 바로 그 안에서 핵심적으로 작동하는 '가르치고 배우는 활동 체계'의 성격이며, 바로 그 활동 체계의 성격을 규정함으로써 학교는 물론이고 사회 체계 전체의 보수적 질서와 재생산 방식이 유지되는 셈이다.

공교육이라는 학교 체계 아래 들어오면서 비로소 하급 학교와 상급 학교의 관계가 설정되며, 한 학교 안에서도 표준화된 교육단계가 설정된다. 즉, 학년, 학점, 졸업, 상급 학교와 하급 학교 등의 개념이 출현하게 된다. 공교육체계 아래 들어오게 되면 이제 모든 학교는 학교 신분으로 스스로를 위치화하게 되며, 무엇을 어떻게 가르칠 것인가의 문제는 결국 상급 학교(혹은 하급 학교)와의 상대적 위계를 통해 결정된다.

이러한 맥락에서 학교, 학교 체계 그리고 학교사회 안에 나타나는 상호 규정적 특징들을 몇 가지 떠올려 보면 다음과 같다. 먼저, 대중교육이 일반화됨으로써 초·중등 교육이 국가공교육체계 안으로 편입되었다. 학교 체계가 교육의 대표자로 자리매김되면서 국가는 전업학습 기관으로서 학교에 사회적 자원을 집중적으로 투입하였다. 학교를 중심으로 한 사회의 교육체계가 급속히 구축되었고, 그 영역 밖에 있는 교육(혹은 그 방법에 의하지 않는 교육)은 교육의 경계에서 축출되었다. 이 과정에서 산업혁명의 흐름을 좌우하던 공장제 대량 생산 관리 체계가 학교 제도화 안으로 편입되어 들어왔다. 학급 구성, 학년 구성, 교육과정 구성, 교사 훈련 및 배치, 학습성과 평가 등은 모두 산업혁명 이후의 매니지먼트 방식에 의해 주도되었고, 그 안에서 정상성, 표준화, 획일적 생산 양식 등의 특성이 자리 잡게 되었다.

다음 절에서 설명할 학교사회(혹은 학교화된 사회)는 이 맥락의 연장선상에서 구축된다. 즉, 학교 체계가 노동 훈련 체계, 아동복지 체계, 혹은 지식 생산 체계 등 각종 사회 기능 체계들과 연동(coupling)하는 과정에서 탄생한다. 한 사회는 사회 체계로서의 교육체계가 무엇인지를 규정하며, 다른 한편에서 교육체계는 한 사회에서의 차세대 양성 및 사회적 배치 방식을 규정하면서 공생 진화(symbiotic evolution)한다. 사회적으로는 이와 병행하여 학교는 능력자지배주의(meritocracy)를 지원하는 최적의 사회 제도가 되었다. 시민혁명 이후 나타난 중산층(middle class)이 학교를 통해 지배 계급으로 부상했고, 이후 학교는 노동자 계급의 자녀들까지도 포함하게 됨으로써 학교를 통한 사회 선발과 배치 논리가 완성되게 되었다.

이 과정에서 국가-학교가 생산하는 학력 혹은 학위의 위상을 정당화해 주는 학력주의사회(credential society)가 나타난다. 학력이 사회 계급 형성 및 그 재생산을 결정하는 핵심 징표가 됨으로써 사회는 학교에 의해 결정되는 사회(=학교화된 사회)가 되었고, 동시에 학교는 그 교육기능보다 선발기능에 의해 작동하는 체계로 재편되었다. 이때 사회적 선발기능을 책임지는 개념이 바로 '표준화'였다. 공장적 매니지먼트와 표준화, 그리고 학교의 선발기능을 위한 효율성 등이 서로 맞물리면서 이와 관련된 여러 가치와 개념들이 학교정책의 중심을 차지하게 되었다.

학교화되어 가는 사회

사회공학적 장치들은 때로는 그 사회의 삶의 양태를 획기적으로 변화시키는 역할을 하기도 하는데, 이런 사례들은 얼마든지 찾을 수 있다. 인터넷은 인간의 소통 문화를 획기적으로 바꾸어 놓았고, 아파트라는 주거 방식은 도시 문화를 대표하는 인간의 거주와 지역 공동체 양상으로 자리 잡았다. 스마트폰은 인간이 자신의 기억을 저장하고 활용하는 방식을 송두리째 바꾸어 놓았다.

마찬가지로, 학교라는 교육장치는 우리가 가르치고 배우는 방식에 대해 특정한 유형을 각인해 왔다. 지식을 가르치고 배우는 대부분의 장면에 학교 모델이 도입되고, 도제식 교수 방법은 급속하게 교실로 전환된다. 수많은 강의실이 만들어지고, 수업이라는 프로토타입이 종교, 예술, 정치, 문화 전반에 퍼져 가게 된다. 사회가 '학교를 닮아 가는' 양태가 나타나게 된다. 『The Schooled Society』의 저자 베이커(D. Baker)는 다음과 같이 말한다.

> 오랜 기간 동안의 서구 대학 발달로부터 시작되고, 초등교육과 중등교육의 대중화를 거쳐, 이제 고등교육에까지 이르는 대중화가 완성되는 단계에 이르는 가운데, 교육혁명은 개인, 사회 제도 그리고 인간사회 전반을 변혁시켜 왔다. 지금까지 연구된 명백한 증거들이 말해 주는 것처럼, 학교교육은 그에 영향을 주었던 다른 사회기제들에게 끌려가기보다 오히려 그 사회에 대해 독립적 영향력을 발휘하는 하나의 주요 기제로 성장해 왔다. 교육이 생산해 왔던 강력하고 폭넓은 이데올로기 혹은 학교 문화는 대부분 하나의 사회 체계로 잘 자리 잡아 온 그 자신의 성과물이었다(Baker, 2014, p. 275).

교육이 생산해 왔던 강력하고 폭넓은 학교 문화는 사회로 하여금 학교가 생산한 바로 그 패턴에 익숙하도록 만든다. 최소한 중등교육

이상 받은 개인들이 사회 전반에 편재함으로써, 익숙한 전통적 권위에 대해 질문을 던지고 그 전제들을 해체할 수 있는 개인들의 합리성 및 그 창발적 결합체들이 새로운 질서를 만드는 힘으로 전면화된다. 또한 학교가 보편화됨에 따라 학교 안에서 배웠던 유사한 지식 체계를 학습한 인구층이 사회 전반에 동질성을 부여한다. 점차 출신 학교와 그 공동 경험이 가지는 문화적 힘이 강력해지며, 학교는 일종의 '세속 종교(secular religion)'가 되어 간다. 즉, 교육은 자신의 미래를 결정할 신으로 인지되고, 그런 교육의 기회가 닫혀 있는 것 자체가 일종의 인권의 문제로 부각되기 시작한다. 교육권(right to education)은 가장 중요한 인권이 된다. 이제 학교는 단순한 사회 재생산자를 넘어 적극적인 사회 구성자로서의 역할을 부여받게 된다.

되돌아보면, '가르치는 일'이 처음부터 교육의 전담 영역이 된 것은 아니었다. 오히려 교육이라는 실체가 없었을 때부터 가르치는 일은 배우는 일과 함께 인간 생활의 일상이었고 호흡이었다. 가르치는 일은 소통의 한 부분이었고, 여러 가지 방식의 의사소통의 한 가지 종류에 불과했다. '가르치다'의 개념과 관련된 단어들이 수없이 존재하는 것처럼, 예컨대 가리키다, 인도하다, 이끌다, 형성하다, 생각나게 하다, 시범 보이다 등, 다양한 단어가 '가르치다'라는 단어와 병행해서 사용되는 것을 보더라도 가르치는 일은 학습을 돕고 관리하는 다양하고 중층적인 일상적 활동의 한 가지 형태이거나 혹은 그것을 대표하는 추상어에 불과했을 것이다.

그러나 교육의 경계가 뚜렷해지고 학교로 대표되는 사회적 장치가 일상화되어 가면서, '가르치다'라는 일은 교육의 이미지를 통해 재탄생하게 된다. 학교의 이미지는 여기에 두꺼운 교재, 엄격한 교사, 평가와 시험 등의 개념을 얹어 놓는다. 더 많이 아는 사람이 그렇지 않은 사람을 가르친다는 점에서 필연적으로 지식과 권력 간의 상호 승인 방식을 고착화한다. 말하자면, 더 많이 아는 사람이 더 많은 힘을 갖는 사람이며, 동시에 더 많은 힘을 가진 사람이 더 많이 아는 사람이라는 도식이 사회적으로 승인된다. 또한 집단을 집합적으로 묶는 집합적 비대칭성의 원리는 연령서열주의와 함께 묶이면서 학년이 곧 동일 연령 집단이라는 편의적 방식을 도입한다. 이렇게 집단화된 학습자들을 동일 공간 구성과 시간 구성, 즉 교실과 시간표라는 특화된 제한성으로 묶어 낸 것이 바로 수업이 되며, 수업은 다시 학교가 내장하고 있는 교육활동의 가장 근본적이면서도 기본적인 작동 단위이자 원리가 된다. 이런 현상이 일반화되면서 이제 누구나 교육을 말하면서 교실과 수업을 떠올리며, 다시 그런 모양새를 확대 재생산한 다양한 교육장면들이 학교 밖에서도 복사된다. 수업의 결과는 다시 학업성취 형태로 평가되며, 그 결과는 그대로 선발의 전형으로 자리 잡게 된다. 수업과 평가라는 전형으로 학습 결과를 서열화하는 행위는 아주 자연스러운 상식이 되었고, 그렇게 탄생한 서열에 대해 사회가 보상을 하는 일, 혹은 그 서열에 따라 차등의 보상이 주어지는 일 역시 상식으로 자리 잡았다. 학교가 없었다면 교육에 의한 지식의 보상적 서열화는 존재하지 않았을지 모른다.

오늘날 '교육현상'으로 각인된 각종 상황들, 예컨대 교육열, 입시문화, 연령주의 문화, 능력패권주의 등은 바로 '형식학습'이라는 학습의 사회적 양식이 만들어 낸 부산물이며, 교육이 만들어 낸 사회 일반 현상이 되었다. 만 6세 이후 거의 10여 년을 전일제 학생으로 살아가는 과정에서 학교생활의 시간 패턴과 공간 구분 방식, 학습 패턴과 방식, 지식 관리 방식, 가치 선택과 적응 방식 등 일상을 규정 짓는 다양한 생활 패턴은 물론이고, 사회, 국가, 군대, 직장 등의 생활 공동체들에 스며든 학교 공동체 이미지는 학교가 단지 사회 전반과 구별되고 고립된 공간임을 넘어 하나의 근본적 행동 패턴과 관점을 규정하는 틀거리가 되었다는 점을 시사해 준다. 결국, 학교가 없었다면 존재하지 않았을 만한 새로운 관습들이 알게 모르게 사회 안에 장착되기 시작한 것이다.

학교와 학문 간의 관계는 학교가 종교 기관으로부터 분리되는 순간부터 그 외생적 형질이 되었다. 학교가 학문과 결합되는 과정에서 자연스럽게 학술적 능력이 뛰어난 개인은 그 집단 내에서 우월한 지위를 부여받게 된다. 즉, 학교는 기술적 지식보다 학술적 지식에 대해 지위를 부여하는 장치를 가지게 되고, 그렇게 우월한 지위를 획득한 개인들은 그 사회 지배 집단의 지위와 학술적 능력을 연결할 수 있게 된다. 또한 이렇게 새롭게 형성된 능력과 지위 간의 관계는 학교 안에서의 '자아' 형성 규칙을 형성한다. 학교는 자아개념을 형성하고, 성공감과 실패감을 나누며, 세계와 자신의 관계를 규정하는 권능을 갖는다. 이런 자신감 아래 학교에서의 학업 수행은 가장 대표적인 인간 능력으로 자리 잡게 된다.

학업성취는 이제 '학업 지능(academic intelligence)'으로 개념화되면서 일종의 일반 능력으로서 인간의 능력에 대한 대표성을 획득한다. 이제 학교를 통해 형성된 인지적 능력이 모든 종류의 직업과 사회적 역할을 통틀어 가장 중요한 인간 능력으로 받아들여지기 시작했고, 사회적으로 성공적인 인간이 누구인가를 설명하는 기준이 되었다. 또한 그 능력은 사회 계층을 규정하는 유일하고도 타당한 요인으로 대접받기 시작했다. 이제 인간의 능력은 학교라는 경계 안에서 규정되고, 길러지며 또한 인증되는 것이 되었다. 학교가 형성한 선악 개념, 서열 개념, 경계와 차별화 개념, 인정과 보상 개념들이 사회 전반에 파급되었다. 점차 학교의 확장은 학교가 생산하는 인간상과 능력자지배주의의 보편화를 낳게 되고, 결국 노동시장에서의 직업능력을 예측하는 권능까지도 획득하게 되었다. 이에 따라 학교와 노동시장의 관계가 강화되고, 이 사이를 연결하는 졸업장의 화폐적 가치가 상승하게 되었다.

요컨대, 근대 형식의 학교는 학습의 형식화라는 코드를 매개로 교육과 선발이라는 서로 다른 기능성을 결합하는 방식으로 구축되었고, 그런 방식의 학습은 사회 전반으로 스며들어 갔다. 그것이 '사회의 학교화', 즉 '학교화된 사회'를 낳았다. 이제 학교가 생산한 형식학습의 코드는 학교 안에만 존재하지 않는다. 구분된 건물과 교육방법을 가진 별도의 사회 기능체로 존재하기보다 오히려 지식, 소통, 학습, 교수 테크놀로지 등을 매개로 사회 전체의 구조와 기능성 안에 내장되어 버렸다.

이런 맥락에서 학교는 변화에 저항할 수 있는 강력한 보수적 권력과 자원 그리고 자율성을 확보할 수 있게 되었다. 그 힘에 도전해 왔던 지금까지의 교육개혁들이 맥을 못 추고 실패할 수밖에 없었던 이유는 바로 그 중핵에 자리 잡고 있는 형식학습의 코드에 정면으로 도전할 수 없는 구조적 한계 때문인지 모른다. 이 점 때문이었는지 2010년 OECD는 어느 보고서에서 다음과 같이 실토한다.

> 교육개혁은 이제 한계에 도달했다는 느낌이다. 어쩌면 이제 **교육**

> **이 아닌 학습 자체에 새롭게 초점을 맞추려는 변화**가 필요할지 모른다. 대부분의 OECD 국가에서 교육개혁은 그동안 지겨울 만큼 반복되어 왔고, 많은 사람은 이제 학습과 교수의 인터페이스에 대해 직접적인 영향을 줄 수 있는 새로운 방식이 개발되어야 할지 모른다고 생각하게 되었다(OECD, 2010, p. 13).

내가 볼 때, 거의 세계 모든 국가에서 교육개혁이 실패하고 있는 이유는 바로 학교교육을 결정하고 있는 이러한 형식학습의 코드를 해체하고 변형하는 데 실패하고 있기 때문이다. 이 코드는 학교 안의 교육방식을 결정하면서 동시에 교육의 성과를 외부에 표현하는 유일한 성취도를 생산한다. 테드 딘터스미스(T. Dintersmith)는 그의 책『What school could be』에서 이 모든 것이 표준획일화교육의 유산 때문에 생긴 문제라고 본다(Dintersmith, 2018/2019). 1890년대부터 공장형으로 디자인된 학교 모형을 통해 동일 연령의 학생들에게 같은 과목을 같은 방식으로 가르치며 오류나 창의적 편차 없는 학업성취를 만들어 내려는 시도가 지금까지 영향력을 발휘하고 있는 것이다. 그는 이러한 근본적 한계를 넘어서기 위해 노력하는 수많은 학교를 조사했다. 그리고 그의 책에는 "바람직한 학교상은 어떤 모습인가, 대학 입학인가 삶의 준비인가, 대학에 혁신의 바람이 불고 있는가, 부모의 간섭이 아이의 행복을 앗아 가는가, 모두가 공평하게 교육받고 있는가." 등의 문제를 순차적으로 제기한다. 그 뒤를 이어 아이들의 잠재력을 키워 줄 수 있는 학교는 어떤 모습이어야 하며, 왜 최선의 교육제도가 실행되지 못하는지 등에 대하여 검토한다. 혁신적 교육자가 해야 할 일은 무엇이며, 지역사회는 아이들을 위해 무엇을 해 줄 수 있는지 등에 관해 다양한 사례를 제공한다. 그가 보기에 'No Child Left Behind' 이후 지금까지 미국의 교육은 전반적으로 표준획일화교육모형으로부터 벗어나기는커녕 오히려 더 표준화 모형을 강화하는 방향으로 나아가고 있다. 그리고 1992년 2월 6일 『뉴욕타임스』는 처음으로 미국의 국제시험성적(PISA) 순위를 발표했고, "결국 미국도 표준화 시험 경주에 단호한 의지로 뛰어들게 됐다"(Dintersmith, 2018/2019, p. 48).

형식교육 장면에서 모든 교육과정은 표준화 시험을 목표로 달리는 말과 같다. 의미 있는 것이라고 해서 모두 계산할 수 있는 것은 아니며, 계산할 수 있다고 모두 의미 있는 것도 아니라고 한 아인슈타인의 말과 달리, 학교는 그야말로 계산할 수 있고 증거로 제시될 수 있는 학습 결과만을 향해 달리고 있다. 학생들의 자발성을 극대화하는 수업, 기업가 정신을 키우는 실용적 프로그램들, 창업 경진대회 등이 교육적 효과를 높일 수 있다는 걸 알지만 여전히 학교는 표준화된 시험에 의존한다.

> 수십 년 동안 미국의 교육계는 괜한 걱정으로 교육의 성과를 평가하는 일에 기를 써 왔다. 이는 평가해야 할 대상을 혼동한 탓이 크다. 새로운 커리큘럼이나 시험 제도, 책임 지우기 조치에 집착하다가 명령 및 통제식 대책을 대거 내놓고, 그로 인해 또 다시 모든 학생에게 '표준화된 교재'를 '표준화된 방식'으로 가르치며 새로운 '표준화 시험'에 대비시켜 왔다. 그런 시도가 수십 년간 이어진 결과가 무엇인가? 바로 우리가 평가해 온 모든 대상이 실패의 수준에 있다는 것이다(Dintersmith, 2018/2019, p. 275).

이런 현상은 사실 어제오늘의 일이 아니다. 『포르 보고서』가 나온 1972년도 예외가 아니었다. 사실, 학교의 이런 특성은 근대 학교가 형성되면서 그 안에 내장되어 있던 알려진 비밀이었으며, 1960년대 말과 70년대 초의 각종 대안교육운동이나 탈학교운동들은 이런 학교의 형식학습이 가진 특성을 다각도로 비판하면서 나타났다. 그 가운데 『포르 보고서』는 '평생교육'과 '학습사회'라는 이름으로 이러한 학교의 근본적 한계와 문제점을 본격적으로 공격하면서 등장한 것이었다. 특히 평생학습운동은 학교가 가진 형식학습의 배타성을 유연화하면서 학교 이외의 교육기능들이 학교 체계 안으로 편입되거나 학교 체계 밖에 제3의 교육영토가 구축될 수 있는 당위성을 형성해 내려고 하였다.

『포르 보고서』가 사용했던 '평생교육(lifelong education)'이라는 개념은 영국의 『1919 보고서』에서 출발하였다는 견해가 지배적이다. 당시 영국 재건성 성인교육위원회는 이 보고서를 통해서 성인교육의 공적 진흥과 체계화에 대한 필요성을 건의했다. 비록 연이은 세계대전과 세계대공황 등으로 인해서 실제로 실현되지는 못했지만, 이 아이디어는 처음으로 교육의 기간을 아동 · 청소년에서부터 성인으로 확장하고 비형식교육기관들을 성인교육의 핵심 기관으로 지목하는 등, 평생교육 아이디어를 교육과 학습의 핵심 철학으로 정당화하고 있다. 이 보고서 작성에는 최초로 평생교육이라는 개념을 사용했던 엑슬리(B. Yeaxlee)와 함께 영국 성인교육의 태두라고 할 수 있는 토니(R. Tawney)가 함께 참여했다. 이때 평생교육은 학교교육체계 위에 성인교육체계를 더하는 동시에, 교육의 주체를 형식학습 중심의 학교로부터 비형식교육기관으로까지 확장하는 것을 핵심으로 하였다.

『포르 보고서』는 이 아이디어를 새로운 차원에서 부활시킨다. 그로 인해 오늘날 『포르 보고서』는 평생교육체계 디자인의 본격적인 '마스터 콘셉트'라는 찬사를 받고 있다. 이 보고서의 핵심은 단순히 아동교육의 성인교육 차원으로의 시간적 확장에 머물지 않았다. 오히려 그 안에서 '평생교육'은 분명히 학교교육에 도전하고 있었고, 학교의 핵심 원리를 재구성하려는 야심을 품고 있었다. 학교 학습의 형식성에 대한 비판적 해체와 더불어 형식·비형식·무형식 학습 간의 '경계 넘기'가 그 안에서 시도되고 있었다. 지금까지 학교가 전제하였던 '학습의 형식성'이 학교를 관료화하고 불필요하게 운영비용을 높이며 교육을 비효율화하는 물신화의 원인이라는 점을 분명하게 지목하고 있다. 이에 따라 평생교육과 학습사회라는 개념을 통해 교육의 형식성을 상대적으로 완화하고, 학교를 탈형식화, 탈관료화, 탈제도화하는 길을 열도록 요청한다.

제4장

탈영토화의 시간: 평생교육의 초형식성과 탈경계화

본격적으로 평생학습의 탄생과 제도화가 가지는 특성들을 탐색하였다. 평생교육과 학습사회라는 개념이 바로 이 형식학습 중심의 학교교육의 경계를 허무는 일, 즉 포스트-형식화 혹은 탈영토화의 작동 방식이었다고 보았다. 특히 유네스코의 『포르 보고서』의 내용을 분석하면서 그 안에 선언적으로 담긴 평생학습/평생교육의 비판적 맹아를 드러내었다.

평생교육개념의 탄생

평생학습이라는 개념은 진공 상태에서 갑자기 탄생한 것이 아니다. 모든 것이 그렇듯이 평생학습도 나름의 계기와 맥락을 가진다. 우선 첫 단계는 학교 체계의 핵심 조직 원리인 형식학습(formal learning) 중심의 교육체계가 교육의 효과성 차원에서 그리 신뢰할 만한 것이 아닐 뿐 아니라, 그것이 결국 학력사회를 형성해 내는 주된 원인이 된다는 점을 강하게 비판한다. 말하자면, 교육이 끝나는 시점에서 능력이 아닌 학력만 남게 되는 원인이 다름 아닌 학교가 그 학습을 '형식학습'으로 관리하는 방식에서의 표준화, 조직화, 인정화로 인한 결과라고 보았다.

이를 위해서는 그러한 학습의 조직 원리를 학교라는 시공간으로부터 해방시켜 전생애 및 전사회적 차원에서 형식 간 경계를 넘나드는 초-형식적(trans-formal) 차원에서 변형할 수 있는 아이디어가 필요했다. 그러기 위해서는 우선 학습을 '학교'라고 하는 인위적 시공간으로부터 '삶'의 지평으로 끌어내는 것이 필요했다. 혹자는 평생학습이라는 아이디어의 출발점이 학교를 졸업한 이후의 노동력 재교육 필요성 때문이었다고 주장하기도 하지만, 사실 이 생각이 처음 등장한 1960년대 말의 가장 큰 쟁점은 학교가 지나치게 권위적이었고, 학력주의에 사로잡혀 있었으며, 당시 제3세계의 경우 급증하는 교육수요에 비해 공급할 수 있는 여력이 턱없이 부족하다는 것 등이었다는 점에서 평생학습의 아이디어를 무턱대고 태생적으로 노동시장의 재교육 혹은 계속교육적 필요성과 연결시켜서는 안 된다.

처음부터 평생학습이라는 아이디어가 교육체계의 개혁과 변형하는 것, 다시 말해서 비서구적이고 전통적인 교육방식과 자원을 학교교육에 동원하고, 원격교육 등을 통해 학교의 시공간적 한계를 넘어서며, 교육의 혜택을 받지 못한 성인들에 대한 보충교육을 수행하는 것 등을 포함한 일종의 시대적 교육대개혁에 맞추어져 있었던 만큼, 평생학습은 직접적으로 교육체계의 유연화 및 확장이라는 키워드 안에서 구상되었다. 즉, 평생교육이라는 아이디어는 평생학습 현상을 담지한 교육체계를 구축하기 위한 실천적 고민 혹은 평생학습을 관리하는 교육체계의 새로운 변형으로서 출발하였다. 그 때문에 평생학습이 시사하는 '삶' 자체에 주목하기보다 오히려 그것을 어떻게 체계화하고 조직화할 것인가라는 일종의 '거꾸로 된 질문에' 중점이 두어질 수밖에 없었다. 1970년대의 평생학습에 대한 사유는 늘 교육체계라는 테두리 안에서 이루어졌고, 평생학습은 학습이라는 표상을 통해 논의되기보다는 오히려 '평생학습을 교육의 틀 안에서 실현하는 관리 형태'인 평생교육이라는 이중 개념을 통해 논의되고 실천되었다. 이러한 현상은 1990년대 이후 교육체계와 차별화되면서 새로운 평생학습체계(lifelong learning systems)를 형성해 내는 후기 현상과 대비된다.

이러한 시도는 초기에 주로 유네스코를 중심으로 이루어졌다. 랭그랑을 비롯한 여러 걸출한 사상가가 유네스코교육연구원(UNESCO Institute of Education)을 거쳐 가면서 여러 차원에서 평생교육의 개념 지형을 구축했지만, 그 가운데 특별히 평생학습의 이론적 기반을 놓았던 사람은 다베(Dave)였다.

그는 평생교육의 개념을 삶(life)과 학습(learning)의 관계에서 찾았다. 삶이 무엇인가를 이해하는 것이 우선 과제며, 평생(lifelong)이란 그러한 삶이 생명을 유지하는 모든 시간과 공간 영역을 말하는 것이었다. 다베는 과거에 평생교육이 주로 특별히 선택된 교양과 전문적 지식을 중점적으로 다루는 배타적 활동으로 인식되었던 것을 부정하고, 생활 속에서 모든 종류의 의식 발전을 교육활동 안으로 끌어들였다. 또한 이러한 교육목적과 가치의 변화를 이루어 내기 위해서 평생교육제도를 인생을 관통하는 씨줄과 사회 전반의 교육자원을 관통하는 날줄을 이용하여 교육이라는 직물을 새로이 직조해 낼 수 있는 새로운 시스템으로 구상하였다. 이렇게 종적(lifelong) 및 횡적(lifewide)으로의 연계가 만들어 내는 교육의 씨줄과 날줄은 지속적으로 계속성과 접합성을 추구하면서 인생의 모든 단계에서 통합성을 추구하는 것으로 구상되었다(Dave, 1973, pp. 13-27). 요컨대, 학교교육이 학교라는 제한된 제도성 안에 한정된 '학교 안에서의 학습'을 담고 있었다면, 평생교육담론은 학습을 '삶'이라는 원래 위치로 복원하면서 그것을 '삶 안에서의 학습' 혹은 '삶을 관통하는 학습'으로 재위치시키려는 의도에서 출발했다고 할 수 있다.

이러한 변화는 매우 의미심장한 것이었는데, 우리가 학교라는 맥락을 떠나 '평생'이라는 시공간을 말하는 순간 이미 우리 앞에 펼쳐진 학습의 세계는 예전과는 전혀 다른 모습으로 다가온다. 여기에서 '평생'은 '생(生, life)'의 포괄적 지평을 암시한다. 이때 '생'은 결코 개체의 삶만을 의미하지 않는다. 생은 생명의 원초성으로서의 살아 있음, 생존함 그리고 생명의 집단성으로서의 공생과 진화라는 의미를 포괄적으로 담고 있다. '생'은 가장 미시적 차원에서부터 시작해서 가장 거시적 차원까지 중층적인 생명 체계를 겹겹이 포함한다. 그것은 한편에서 생명을 지탱하고 재생산하는 유전자, 세포 조직, 몸 등의 생성을 의미하기도 하며, 그 최소한의 유지로서의 생존(生存)을 말하기도 한다. 또한 그 일상성으로서의 사회적 차원의 생활(生活)을 말하는 것이면서, 동시에 그 연장선상에서의 생활 세계(lifeworld)라는 공동체적이고 복잡 체계적인 차원을 의미하기도 한다. 최근 포스트 휴머니즘의 영향 아래 '생'은 인간과 비인간을 연결하는 복잡 체계까지 포괄한다. 『포르 보고서』 이후 세계교육의 목표는 '삶의 좋은-존재성(well-being)'으로 수렴되고 있다.

생명의 확장이라는 의미에서 차용된 개념인 '평생'은 이런 여러 차원의 '생'의 확장과 공진화를 투영하고 있었다. 혹은 그러한 '생명성'의 전체 스펙트럼, 즉 처음부터 끝까지, 이쪽에서 저쪽까지, 아래에서 위까지 등의 전체 범위를 모두 포괄하는 의미로서의 '평(平)'이라는 의미를 동시에 포함하는 것이었다. 그래서 평생이란 모든 삶, 모든 삶의 요소들, 모든 삶의 지평들, 살아 있음의 일반성 등을 모두 포괄하는 말로 해석되었다. 그 안에서 학교 안에서 형식화된 학습들—이것을 형식학습(formal learning)이라고 한다—뿐만 아니라 학교 밖의 조직적 학습들의 연결망으로서의 비형식적으로 조직화된 학습들—이것을 비형식학습(non-formal learning)이라고 한다—그리고 경험학습 등에 잠재해 있는 무형식학습(informal learning) 등의 경계를 넘나드는 학습의 초형식성(trans-formality)을 전제로 하지 않을 수 없는 것이었다.

이렇게 본다면, 평생학습을 단지 한 아이가 커서 성인이 되고, 나이를 먹어 늙어 가며, 결국 죽을 때까지 학습과 교육을 확장하고 지속해야 한다는 식의 일종의 계속교육 혹은 평생노동시장 훈련의 개념, 인적자원 개발 등의 개념으로만 이해하는 것은 그 개념이 원래 가지고 있던 확장 가능성을 지나치게 단순화시키거나 제한하는 것이 된다. 오히려 그 개념이 가지는 개념적 파생성, 즉 한 가닥이 다른 가닥을 만나고 또 다른 가닥들이 엮이면서 사회 전체의 그물망으로 확장되는 집합 차원에서 이해할 필요가 있다. 그 생명성이 연결되어 있는 관계, 연대, 공감, 토대, 도구, 기술, 맥락, 통치성, 사회, 집합 등을 모두 아우르는 것으로 읽혀야 한다. 이러한 시도는 『포르 보고서』의 21가지 실천 방안에 그대로 드러난다.

어쩌면, 원래 의도였는지는 확인할 길이 없지만, 유네스코의 두 번째 핵심 교육개혁 보고서였던 『들로르 보고서』가 평생학습의 4가지 기둥 가운데 '공존의 삶 학습(learn to live together)'을 가장 최우선에 두고 그 아래 지식학습(learn to know), 역량학습(learn to do) 그리고 개인 발달학습(learn to be)을 위치시킨 것도 이런 의미의 연장선상에서 이해되어야 할지 모른다. 이 보고서가 '공존의 삶 학습'을 평생학습의 최상위가치로 설정한 이유는 학습이 개인 차원 학습들의 시간적 연장에만 국한되어서는 안 되며, 생(life)의 문제는 지구 공동체의 집단 생명, 공동 생존, 공동 번영이라는 집합적 문제로 재해석되어야 한다는 것을 말해 준다.

평생학습을 '삶' 속에서 새롭게 규정하고 활성화하려는 시도는 어쩌면 오늘날 지속가능발전목표(SDG)에서도 그대로 살아 있다고 말할 수 있다. 그것은 하나의 정지된 고정된 개념이 아니라 행위자들의 활동 체계 안에서 계속해서 진화하고 변화하며, 해체되고 재구조화되는 개념이다. 그 진화에는 그것을 실천하는 경험들, 그 경험들을 관찰하고 기술하는 연구들, 그리고 그 연구들을 성찰하고 이론화하는 철학적 시도들이 모두 간여된다.

『포르 보고서』의 위상

에드가르 포르(E. Faure)가 의장을 맡았던 유네스코의 국제교육발전위원회(International Commission on the Development of Education)는 1972년 5월 18일 당시 유네스코 총장이었던 르네 마외(Rene Maheu)에게 『포르 보고서』로 알려진 『존재하기 위한 학습(Learning to Be)』을 제출한다.[2] 이 보고서는 근대교육 성립 이후 지속적인 형식화, 제도화, 양적 팽창 등을 지향해 온 세계의 학교교육의 존재와 의미 그리고 미래 방향성에 대해 의미심장한 비판과 개혁을 촉구한 세기적 선언문이었다. 형식학습 위주로 제도화되었던 당시의 교육체계를 개혁하기 위해서는 학습의 무형식성 혹은 탈형식성을 적극 고려해야 한다고 주장하였고, 그 해결책으로 학교교육의 미래적 지향점으로서 평생교육(lifelong education)과 학습사회(learning society)라는 두 가지 키워드를 전면에 등장시켰다. 여러 교육개혁

2) 2022년 유네스코한국위원회는 『포르 보고서』 발간 50주년을 기념하기 위해서 1972년에 발간되었던 『포르 보고서』를 한국어로 재번역하기로 결정하였고, 그 결과물을 『존재하기 위한 학습: 교육 세계의 오늘과 내일』이라는 제목으로 출간하였다. 당시 유네스코한국위원회는 나에게 번역 감수와 함께 이 문서에 대한 해제를 쓰도록 부탁하였다. 해제의 목적은 『포르 보고서』가 형식학습을 독점하는 근대 학교 모형에 도전하고 그 형식성을 해체하는 데 어떤 역할을 했는지를 보이는 것이었다. 제3장에서 기술된 내용은 그 해제를 활용하여 수정 보완한 것이다[한숭희(2021). 포르보고서를 어떻게 읽을 것인가. 유네스코(편). 존재하기 위한 학습: 교육 세계의 오늘과 내일. 유네스코한국위원회].

관련 보고서들이 출간되었지만, 『포르 보고서』는 지금까지 유네스코가 교육과 관련하여 출간한 어느 보고서보다도 가장 의미 있고 혁신적인 선언문이라고 할 수 있다.

지금까지 유네스코 스스로 판단하기에 가장 의미심장했던 교육 관련 보고서는 다섯 번 정도 있었다. 연대기 순서로 나열해 보면 다음과 같다.

- 존재를 위한 학습(learning to be, 1972)
- 학습, 그 안의 보물(learning, the treasure within, 1996)
- 미래 교육을 위한 일곱 가지 복잡 교훈
  (Seven complex lessons in education for the future, 1999)
- 교육의 재고찰, 글로벌 공유재를 향하여
  (Rethinking education: towards a global common good, 2015)
- 함께 그려 보는 교육의 미래: 교육을 위한 새로운 사회 계약
  (Reimaging our future together: a new social contract for education, 2021)

세 번째와 네 번째 보고서는 유네스코가 기관 차원에서 발간 배포한 약식 보고서이며, 이를 제외하고 나름의 특별위원회 활동을 통해 자율권을 부여하여 본격적으로 탄생한 기념비적 보고서들은 『존재를 위한 학습』(1972), 『학습, 그 안의 보물』(1996), 그리고 최근 선보인 『함께 그려 보는 교육의 미래』(2021) 세 가지이다. 이 세 가지 보고서들이 출간된 시기는 각각 1970년대, 1990년대 그리고 2020년대로서, 독특한 시대별 맥락을 반영하면서도 동시에 이전부터 축적되

어 왔던 교육적 모순의 핵심을 누적적으로 담고 있다고 할 수 있다.

우선 1970년대 초에 발표된 『존재를 위한 학습』(1972)은 당시 68혁명과 진보적 사회 변혁의 흐름 속에서 관료화된 학교교육의 탈제도화 및 평생교육체제로의 확장을 주장했다. 이 보고서를 이끈 에드가르 포르는 태생적으로 정치인이었고, 68혁명 이후 프랑스 교육부 장관으로서 대학 개혁을 이끌었던 인물이다. 반면, 태생부터 경제인이자 오랫동안 유럽 공동체 의장을 역임한 쟈크 들로르가 이끌었던 보고서 『학습, 그 안의 보물』(1996)은 1990년대 유럽의 경제 위기 및 지식경제로의 전환이라는 맥락 속에 탄생한 것이었고, 앞의 보고서와 달리 교육으로부터 학습을 탈영토화하면서 학습을 교육체계로부터 분리된 자율적 체계, 즉 평생학습체계로 구축하려는 의도를 담고 있었다. 그리고 2020년대에 발표된 『함께 그려 보는 교육의 미래』(2021)는 특징적인 리더십이 두드러지지는 않았지만 에티오피아 대통령을 위원장으로 하는 특별위원회 활동을 통해서 지나친 교육의 사유화 및 양극화 등에 대해 강하게 문제를 제기하였고, 지속가능발전을 위한 사회적 연대와 새로운 협약, 그리고 교육의 공동재(common good)적 가치의 부활 등을 요청하였다.

이렇게 비교했을 때, 교육과 학교 체계의 문제를 본격적이면서도 집중적으로 해부하고, 그 모순의 해결책을 제시했던 보고서는 『존재를 위한 학습』(1972)이 유일하다고 할 수 있다. 그리고 이때 이 보고서가 주목했던 학교의 핵심적인 모순은 바로 그 형식성이 가져온 물신적 현상과 제도화/관료화의 문제였던 것이다. 그리고 평생학습과 학습사회라는 아이디어는 기존의 학교가 형식성과 제도성이라는 족쇄를 풀 수 있는 새로운 장치 체계였다. 이하에서는 이 보고서를 약칭하여『포르 보고서』라고 부르겠다.

『포르 보고서』의 가장 큰 핵심은 두 가지로 정리할 수 있다. 하나는 1960년대까지의 근대 학교교육체계는 거의 한계에 봉착했고, 뭔가 근본적이고 대규모의 혁신이 필요한 시점에 와 있다는 위기의식이었다. 다른 하나는, 이러한 근본적이고도 대규모인 혁신은 지금까지의 학교교육에 대한 절차적이고 부분적인 개선으로는 달성할 수 없다는 것이다. 이 지점에서 중요한 두 가지 키워드로서 '평생교육'과 '학습사회'가 제안된다. 이 보고서는 기존의 학교교육은 평생교육으로 대체되어야 하며, 이 과정에서 전사회는 더 이상 학교사회가 아닌 학습사회로 변화되어야 한다고 선포한다.

발간 시기로 볼 때 이 보고서가 출간된 지 벌써 50년이 되었으니 이미 낡은 문헌으로 치부할 수도 있겠지만, 사회 변화는 기술 변화나 과학 변화와 달리 그 변화 속도가 느리며, 최소한 한두 세대가 지나지 않고서는 제대로 된 사회 개혁이 이루어지지 않는다는 점에 비추어 생각하면 50년이라는 시간을 그리 오래전이라고 하기도 어렵다. 예컨대, 석유가 발견된 이후에도 거의 한두 세대가 지나서야 비로소 석유가 석탄을 대체하고 새로운 에너지 체계의 중심이 되었던 것처럼 모든 사회 변화에는 나름의 시간이 필요하며, 이것을 슘페터는 '경제의 학습 기간'이라고 불렀다. 사회 제도 변화는 기술 변화보다 훨씬 긴 혁신의 시간을 필요로 한다. 특히 교육은 훨씬 더 긴 '학습 시간'을 통해 변화한다.

『포르 보고서』는 이제 겨우 두 세대를 경과한 사고 틀이다. 그동안 평생교육과 평생학습의 실천 과정에서 상당 부분이 이미 교육 혁신을 위한 사고 모형으로 활용되었다. 예컨대, 학교 시공간의 해체, 원격교육 등 교육공학의 활용, 비형식교육의 전면화, 계속교육과 평생학습의 일상화, 고등교육의 보편화 등 다양한 측면에서 『포르 보고서』가 전망한 변화들은 이미 현실 속으로 다가와 있다. 그런 점에서 볼 때, 『포르 보고서』는 결코 일종의 '한물간 보고서'가 아니다. 오히려 이제야 비로소 제대로 된 힘을 받을 만한 시대를 만난 '현재 진행형의 보고서'라고 할 수 있다. 이 보고서가 제안한 원리들 가운데 가장 핵심적인 개혁이 우리를 기다리고 있다. 즉, 학습 양식(mode of learning)과 교육체계(educational system) 개혁이 실현될 기회를 노리고 있다.

교육의 목적과 발전의 의미 재규정

『포르 보고서』는 매우 특이한 문건이다. 보고서 전반부의 상당히 많은 부분을 할애해서 교육이라는 문명사적 활동이 어떻게 제도적으로 장착되어 왔으며 그것이 근대 학교교육의 형태로 응집되었는지를 밝히는 대서사적인 기술을 담고 있다. 또한 학교교육의 현 실태를 정치, 사회, 경제, 기술적으로 분석하는 매우 치밀한 분석의 장을 포함하고 있다. 또한 교육의 본질과 사명에 관한 철학적 분석을 가미한다. 요컨대, 이 보고서는 우리가 흔히 볼 수 있는 어떤 정책 보고서가 아니다. 또한 규범적이고 당위론적인 문구로 뒤덮인 개혁 리스트도 아니다. 당시에 가능했을 법한 전방위적 · 철학적 · 인류학적 · 사회학적 · 심리학적 · 인지과학적 · 기술공학적 · 행재정적 분석들을 두루 망라하여 담고 있다. '평생교육'과 '학습사회'라는 솔루션은 그런 전방위적 분석을 통해 제시할 수 있었던 최선의 산물이었다.

전체 내용 가운데 포르의 실명으로 작성된 서문은 특별히 이 보고서 전체의 내용을 가늠할 수 있게 하는 가장 중요하고 핵심적인 장이다. 포르는 이 서문에서 현재 우리에게 필요한 교육개혁은 '작은 개선'이 아니라 '크고 근본적인 개혁'이라는 점을 분명히 한다. 특히 식민지를 경험하면서 몸에 맞지 않는 제도를 이식당한 과거 식민지 국가들의 경우 교육과 사회 현실 사이에 엄청난 괴리가 존재하며, 이와 동시에 그런 제도를 이식했던 선진국들에서조차 교육은 제대로 효과적으로 작동하지 않고 있다고 비판한다. 우선 교육은 과학기술혁명의 성과를 제대로 수용하지 못했으며, 민주주의 확장에 기여하지도 못했고, 경제와 고용 증진을 위한 역할에도 소홀했다고 주장한다.

포르는 교육의 궁극적 가치와 지향점을 민주주의사회라는 질서 안에서 인간 본연의 가치를 실현하는 일이라고 전제한다. 이 과정에서 기술과 과학의 발전을 매우 긍정적으로 수용한다. 일부에서 주장되고 있는 맬서스적 세계관, 즉 인류 발전이란 어떤 수준에서 근본적 한계를 가지고 있으며, 그런 한계 안에 생존하기 위해 인류는 어쩌면 인권, 가치, 민주성 등의 일부를 희생하거나 사회 계층화를 정당화하는 사회기제를 수용해야 할지 모른다는 가정을 적극적으로 반박한다. 또한 이런 전제에 따라오는 교육에 대한 가정들, 예컨대 생존을 위해 교육은 경제의 수단이 되거나 계층을 선별하는 기능을 수행하는 것이 당연하다는 주장들에 대해서도 강하게 비판한다. 다음 인용문은 어쩌면 『포르 보고서』의 출발점을 제대로 담고 있다고 볼 수 있다.

> 교육의 목적은 인간을 그 자신의 '존재성을 실현하도록(being himself)'하는 것이며, 직업교육과 경제 성장을 위해 인간을 어떤 특정 지식에 평생토록 얽매이도록 훈련하기보다는 오히려 여러 전문직 간의 이동이 활발히 일어날 수 있도록 하면서 스스로 평생에 걸쳐 학습하고 자기훈련하는 과정을 장려해야 한다. 간략히 말해서, 교육의 팽창을 포기하지 않으면서 동시에 교육의 목표, 방법, 구조를 완전히 재검토해야 한다(UNESCO, 1972, p. xxxi).

이 보고서는 매우 치밀한 철학적 · 역사적 · 사회학적 · 과학적 분석에 토대를 둔 결과물이었다. 이 보고서는 교육미래의 항로를 바꿀 요소로서 여러 사회적 변화들, 예컨대 실업과 사회 격차, 생태계적 위기 등을 제시하며, 그와 함께 뇌 연구, 학습심리학, 정보와 인공지능, 교육학의 확장(특히 초기교육에서 계속교육으로의 이동), 새로운 교수법과 해방으로서의 교육, 평생교육개념의 발전, 다양한 새로운 학교 개념과 실험 등을 제시하면서, 교육변화의 궤적을 조망할 때 궁극적으로 '교육을 이해하는 프레임' 자체에 심대한 변화가 일어날 수밖에 없다는 점을 강조한다. 이를 토대로 교육의 목적을 새롭게 재정의하고, 그 목적을 실천해 갈 수 있는 교육체계의 범주를 새롭게 설정한다.

> 이제부터 교육은 더 이상 동화(assimilated)되어야 할 교과목으로만 규정되어서는 안 되며, 오히려 인간 안에서 일어나는 하나의 과정(process)으로서, 즉 다양한 경험을 통해 점진적 자기를 실현할 수 있도록 세계와 소통하고 질문하는 스스로의 존재를 형성해 갈 수

있는 학습의 과정으로 이해되어야 한다(p. 224).

이런 인식의 변화를 계기로 교육은 '과학적 인본주의(scientific humanism)'로 다시 태어나야 한다고 본다. 즉, 지식 축적을 위한 단순학습에 머무르지 않고 과학적 사유와 방법을 통한 '과학적 마음'을 길러 내는 일이 되어야 한다고 본다. 교육은 창조하는 과정으로 재의미화되며, 동시에 사회적 참여와 민주주의 실현을 위한 책무성을 강하게 가진다. 학교는 결코 정치적으로 중립적이 아니며, 참여하는 시민성의 인큐베이터가 된다. 궁극적으로 이 보고서는 '완전한 인간'이라는 상징적 이미지를 교육의 역할 전면에 내세운다. 이른바 '새로운 세계를 위한 새로운 인간(A new man for a new world)!'을 선언한다. 이 보고서가 상정하는 교육의 궁극적 정의와 지향점은 "신체적 · 인지적 · 감성적 · 윤리적 통합을 통해서 완전한 인간으로 나갈 수 있도록 하는" 것이다(p. 156). 물론 그런 인간은 어느 한 지점에서 완성되는 것이 아니라 "끊임없는 학습의 연속선 위에 있는 것"이다(p. 157). 이를 위해 다음과 같은 능력들이 필요하다고 본다.

> 관찰하고 실험하며 경험과 정보를 분류할 수 있는 능력, 대화를 통해 자신을 표현하고 타인을 경청할 수 있는 능력, 체계적 의구심을 가질 수 있는 능력, 읽고 끊임없이 연습할 수 있는 능력, 마음속에서 과학적 감수성과 시적 감수성을 연결함으로써 세계에 대해 질문을 던질 수 있는 능력 등이다(UNESCO, 1972, p. 155).

포르가 볼 때, 교육발전이란 "교육의 지속적 확장을 포기하지 않으면서도 동시에 교육의 목표와 방법, 구조를 전면적으로 재검토하는"(p. xxxii) 것을 통해서 이루어질 수 있다고 본다. 이를 위해 그가 찾은 해답이 바로 '평생교육'과 '학습사회'라는 두 가지 키워드였다. 현재의 형식교육, 즉 학교교육이 가지고 있는 근본적 한계를 넘어서기 위해서 교육은 궁극적으로 평생교육이 되어야 하며, 사회는 그런 평생교육을 품어 안는 학습사회로 변화되어야 한다고 주장한다. 이런 주장이 단순한 상상에서 나온 것은 아니었다. 오히려 위원회가 보기에 이미 당시에도 "학교 재학 기간이 최적의 나이까지 점차적으로 길어지는 것과 동시에 순전히 평생교육만을 담당하는 기관들이 새롭게 생겨나는"(p. xxxvi) 현상이 관찰되고 있었던 것이다.

> 이러한 이유로 본 위원회는 무엇보다도 두 가지 근본적인 개념에 강조점을 두고자 한다. 즉, 평생교육과 학습사회이다. 공부란 더 이상 지적 능력과 연령을 막론하고 성인기 이전의 어린 학생들에게 내주고 거둬들이는 과제 정도로 끝날 문제가 아니며, 따라서 교육시스템은 본 위원회가 구상한 개념들로 그 전부가 완전히 새롭게 구상되어야 한다. 학습해야 하는 모든 것이 지속적으로 재고안되고 새로워져야 한다면, 교수활동은 그 좁은 범위를 넘어 넓은 의미의 교육이 되어야 하고, 다시 더 넓은 의미의 학습으로 확장되어야 한다. 학습에 삶의 모든 면이 전생애에 걸쳐 그리고 다양한 측면에서 포괄된다면, 또 사회의 모든 면이 사회적·경제적 자원과 아울러 교육의 자원면에서도 포괄된다면, 이제 우리는 학습사회를 실현하는 그날까지 '교육시스템'을 정비하는 일을 멈춰서는 안 된다. 왜냐하면 이것이 미래의 교육이 맞게 될 진짜 도전의 모습이기 때문이다. 우리가 맞

게 될 경제적 · 정치적 저항에 비해 문화의 본질을 보존하는 일이 더 쉬울지 어떨지는 결코 확신하기 어렵다. 하지만 투자보다 수익이 크다는 걸 안다면 왜 그 싸움을 거부할 필요가 있을까. 그리고 그 싸움을 위한 무기를 우리가 가지고 있다면 말이다(UNESCO, 1972, pp. xxxiii-xxxiv).

『포르 보고서』는 모두 3부로 나뉘어 있다. 이 가운데 제1부는 교육의 본질에 대한 근본적인 질문 및 그 기원에서 시작하여 현재까지 이르는 과정에서 나타난 철학적 · 문화적 · 사회적 차원을 들여다보는 가운데, 특히 학교라는 제도를 중심으로 이어진 교육의 팽창이 갖는 의미와 효과성에 의문을 던진다. 이런 조망은 결국 교육팽창을 학교팽창으로만 제한적으로 이해하는 방식의 한계를 묻고 그 대안을 탐색하는 것으로 마감한다. 구체적으로 제1장 과거로부터의 유산, 제2장 진보를 위한 의지와 장애, 그리고 제3장 교육의 사회적 기능과 민주사회를 향한 발걸음 등을 다룬다. 요컨대, 지금까지 학교라는 이름으로 교육이 제도화되어 온 과정에 대해 살펴보고, 그 안에 내재한 근본적 한계에 대한 질문을 던진다.

제2부는 미래교육을 위해 우리에게 가용한 과학기술 및 새로운 실천 방안을 탐색하는 데 할애된다. 즉, 당시로서 새롭게 조명되기 시작하던 뇌과학, 유전자학, 인지과학 등의 생물-심리학적 발전이 새로운 교육발전에 줄 수 있는 가능성을 점검하는 한편, 데이터 사이언스와 컴퓨터 기반 교수 방법의 혁신적 실험들이 가진 새로운 기반을 탐색하며, 이런 흐름 속에서 교육의 장을 학교로부터 사회 전반으로 확장하는 아이디어를 제안하면서 이것을 '학습사회'로 명명

하고, 그런 사회적 맥락에서 이루어지는 교육을 평생교육이라고 개념화한다. 구체적으로 제4장 미래를 향한 도전, 제5장 과학과 연구를 통한 교육의 새 가능성 탐색, 제6장 미래의 교육 가치와 목적 등에 대해 서술한다.

제3부는 학습사회와 평생교육을 실현해 나가기 위한 21개의 원리와 제언 그리고 그에 맞는 교육개혁을 예시하는 데 할애된다. 여기에서 제안된 21개의 새로운 교육원리는 넓게는 교육의 시공간, 주체와 목적, 과정과 원리 등을 혁신하는 것으로서, 한마디로 '폐쇄적 교육체계'를 '개방적 교육체계'로 확장해야 하는 것이다. 이를 위해서는 엄격하게 초등 · 중등 · 고등 교육체계를 구분해 왔던 체계 구성 방식의 경계, 혹은 일반계와 전문계를 구분해 왔던 중등교육 트랙의 경계, 그리고 학력과 비학력을 구분해 왔던 형식학습과 무형식학습의 경계 등을 모두 허물어 버림으로써, 이른바 평생교육의 통합적이고 개방적인 새로운 교육체계를 건설해야 한다는 개념을 제안한다. 마지막으로, 이러한 제안이 당시로서는 너무나도 급진적이어서 각 국가의 교육정책에서 현실성 있게 다루어지기 어려울지 모른다는 우려까지 담아낸다. 그럼에도 불구하고 이 보고서는 "교육은 이 세계의 산물(product)임과 동시에 이 세계를 구성해 가는 구성자(producer)"라는 전제를 강하게 제안함으로써 새로운 지구 공동체의 교육체계를 완전히 새롭게 구성해 나가는 일은 결코 불가능하지 않을 뿐더러 향후 지속 가능한 미래를 위해 반드시 필요한 프로젝트임을 강조한다. 구체적으로 제7장에서는 새로운 교육의 역할과 기능에 대해서, 제8장에서는 이를 위해 교육개혁을 추구할 구체적 전략 21가지를 하나씩 조목조목 제안한다. 마지막으로, 제9장에서는 이

러한 변화를 유네스코를 중심으로 하는 국제적 연대를 통해 어떻게 실천해 나갈 것인가에 대해 논의한다.

탈체계화, 초형식주의, 학습사회

1960년대 시민사회운동과 진보주의운동 진영의 흐름은 주로 주류 문화에 대한 대항 문화(counter-culture)의 형성과 함께 기존 권력 구조를 떠받치고 있던 제도와 체계를 '탈제도화'하는 쪽으로 전개되었다. 당시 이반 일리치 혹은 에버레트 라이머(E. Reimer) 등의 탈학교운동 혹은 탈제도화된 학교에 대한 주장들은 이런 흐름과 맞물려 있었다. 이런 흐름은 사회 전반에서 나타났는데, 한 가지 에피소드로서 들뢰즈와 함께 활동했던 가타리가 1955년 장 우리(J. Oury)가 세운 라 보르드(La Borde) 급진적 정신 클리닉에서 수련의로 임상 활동을 하게 되는데, 이 시설은 "제도를 탈-제도화시킨" 전혀 새로운 형식의 의료 · 돌봄 시설이었다(Thompson, 2020, p. 6). 당시 68혁명 이후 급진적 사회인식은 탈제도화, 해방, 교육혁명, 새로운 시민연대 등의 개념으로 확산되면서 기존의 권력 구조의 배치 방식을 새롭게 전환할 수 있는 새로운 사회적 기능체를 구성하는 방향을 탐색하고 있었다.

『포르 보고서』의 의도 역시 이러한 흐름 안에서 함께 읽힐 수 있다. 이 보고서는 제1부에서 근대교육이 걸어온 길을 분석하면서 '교육이란 무엇인가?' 혹은 '학교란 무엇인가?'라는 근본적 질문을 제기한다. 이 보고서는 학교의 가장 큰 문제를 체계화(systematization)에서 찾는다. 자발적 학습 행위들이 제도화되면서 모종의 규정성의 틀 속에 갇히게 되고, 학교라는 울타리가 기획의 독점이라는 성벽으로 강화되면서 학교는 더 이상 학습을 본질로 하는 장소가 아니라 사회적 선택과 배제를 좌우하는 권력이 되었다고 보았다. 이런 구조 위에 대중교육에 대한 수요가 폭발적으로 증가하면서 학교의 기득권에 대한 가수요는 더욱 상승하였고, 그로 인한 배제와 차별화는 사회 양극화를 더욱 악화시키는 힘으로 작용했다. 이런 상황을 해소하기 위해서는 더 많은 학교를 짓고 확장하는 것보다 오히려 학교의 형식화된 기득권적 담장을 허무는 것이 필요하다고 주장했다. 즉, "필요한 것은 교육의 시스템이 아니라 탈시스템(un-system)"이라고 본 것이다(p. 161).

이 보고서가 주목한 부분은 근대 학교교육의 성립 이후 주로 변화되었던 전통교육의 내용과 방식이었다. 근대 학교교육이 형성되기 이전의 고대와 중세의 교육을 오래된 고리타분한 형식으로 보지 않고 오히려 지금의 근대교육의 한계를 넘어설 수 있는 지혜의 샘으로 이해했다. 예컨대, "지금도 자연적이며 제도화되지 않은 학습 양식이 사라지기는커녕 여전히 세계 여러 지역에서 유일한 교육형식으로 작동하고 있고, 수백만 명이 이런 방식으로 자기교육하고 있다." (p. 3)라고 말하는가 하면, "이런 생각, 혹은 교수법이라고 하기에는 오래되고 애매한 방식, 학문적 교수법 등이 바로 이 보고서가 말하고자 하는 의식적 학습사회(consciously learning society)를 보여 주는 핵심 요소들"로 이해하였다(p. 3). 즉, 현재 학교의 학습 양식을 화석화하고 미래사회에 맞는 교육으로 탈바꿈하지 못하게 하는 요소가 바로 학교가 학습의 본질에 집중하지 않고 '체계화된 교육양식을 가진 학교'의 특성에 묶여 있기 때문이라고 주장했다. 그리고 이러한 학교의 모습은 그 자체가 해체의 대상으로 그려진다.

이쯤 오게 되면 이 보고서는 이러한 '불가능해 보이는' 이상을 실현시켜 줄 수 있는 구체적 방법과 전략을 찾게 되는데, 바로 이때 등장하는 것이 학습사회 개념이다(UNESCO, 1972, p. 160). 이들에게 학습사회는 학교를 탈체계화할 수 있는 유일한 대안으로 비친다. 학습사회는 학교 담장을 넘어 평생교육을 실현할 수 있는 맥락임과 동시에 그 구체적 실현 수단 방법이기도 하다. 학습사회가 먼저 도래했기 때문에 평생교육이 필요한 것이 아니라, 그 반대로 학교교육이 평생교육으로 확장된다는 것 자체가 논리적으로 사회의 학습사회화를 필요조건으로 한다고 본다.

학습사회는 학습 혹은 학습자의 본질을 재의미화하는 데에서 시작한다. 즉, "미래교육을 통해 교육받는 사람은 이제 스스로를 교육하는 사람이 되어야 한다. 타자를 교육하는 환경은 이제 주체를 교육하는 환경으로 변해야 한다"(p. 161). 또한 같은 쪽에서 훨씬 강경한 어조로 다음과 같이 말한다.

> 교육은 비록 가장 최근의 과학적 자료에서 얻은 세계에 대한 객관적 지식에 기반하지만, 더 이상 학습자나 어떤 개인, 그 밖의 어떤 것에 대한 것이 아닌 게 되어 버렸다. 교육은 반드시 학습자로부터 나아가야 한다(p. 161).

새로운 개념의 학습 및 학습자를 설정하면서 자연스럽게 교육은 형식교육의 체계화 양상을 넘어 탈체계화되는 한편, 무형식교육의 장이었던 사회 일반에 대한 교육체계화를 시작한다. 이렇게 학교와 사회의 교육기능이 서로 하이브리드되는 과정에서 기존의 '학교교육'은 더 이상 독점성을 유지할 수 없게 되며, 이에 따라서 다음과 같이 평생교육과 관련된 가장 일반적인 명제가 등장한다.

> 더 이상 한 사회 내에서의 교육기능이 일종의 특권적 영역으로 구획 지어져야 할 필요성은 점점 더 줄어들게 된다. 모든 영역, 즉 공공행정, 산업, 언론과 통신, 교통 등 모든 영역이 교육활성화에 참여해야 한다(UNESCO, 1972, p. 162).

예컨대, 고대 아테네에서 교육은 특정한 시기에 특정한 사람들이 특정한 장소에서 받는 활동이 아니었다. 교육은 도시의 핵심 임무였고, 도시는 시민을 교육했다. 그런 교육의 총체적 문화를 아테네에서는 파이데이아(paideia)라고 불렀다. 이 말은 이후 페다고지(pedagogy)라는 말과 같은 어원을 가진다.

도시 전체가 가르친다는 말은 교육의 기능이 지금의 '사회적 기능'으로서 전문화되고 특화된 상황을 넘어서 일종의 탈제도화로 나가는 가운데 모든 사회적 기능들이 일부의 교육기능을 담당하게 된다는 것을 전제로 한다. 말하자면, 은행도 교육하고, 공원도 교육하며, 예술도 교육하는 식이다. 이런 변화를 촉발하기 위해 해당 사회의 교육체계는 '근본적 개혁'을 시도할 필요성을 느끼게 된다. 학교의 장벽을 허물고 사회 전체에 '파이데이아'적 교육기능을 부여한다는 것은 아무리 생각해도 작은 변화로 보이지 않는다. 따라서 『포르보고서』는 다음과 같이 격정적인 어조로 총체적인 교육개혁의 필요성을 선포한다.

> 오늘날, 교육의 과정의 목적과 양식의 '총체성'이라는 개념 없이 교육개혁을 찔끔찔끔 하는 방식은 더 이상 결코 바람직하지 않다. 각 부문을 어떻게 재구성해야 할지 알기 위해서는 우선 전체에 대한 비전이 필요하다(UNESCO, 1972, p. 175).

학교교육에서 평생교육으로

『포르 보고서』는 결코 교육이 사회 발전의 도구라고 말하지 않는다. 혹은 그런 식으로 작동하지도 않는다고 본다. 교육과 사회 발전 사이에는 무시할 수 없는 차이와 비동기성이 존재하며, 교육은 단지 사회가 원한다고 해서 그렇게 변하는 수동적 존재가 아니라고 보았다. 오히려 교육은 미래사회를 변화시킬 수 있는 적극적 힘을 가졌으며, 사회 체계와 교육체계 사이에는 물리적으로 연결하기 어려운 상대적 자율성이 존재한다고 보았다. 교육은 사회가 낳은 산물이면서 동시에 사회를 생산하는 생산자이다. 이러한 관계 때문에 오히려 교육을 일방적으로 사회 발전에 맞게 개혁하는 일이 더 어렵다고 말한다. 그렇다면 과연 『포르 보고서』는 '교육'을 '사회'에 대해 어떻게 위치 짓고 있는가?

> 교육은 역사와 사회의 산물이지만, 그것들의 수동적 놀잇감은 아니다. 교육은 미래를 형성하는 데 본질적인 요소이며, 지금 시점에

서 특히 그렇다(UNESCO, 1972, p. 104).

> 교육은 사회의 생산물이자 동시에 사회의 생산자라는 것, 사회-경제적 환경의 변화와 교육의 구조 및 방안들 사이에 밀접한 상호 관련이 있는 것이다(UNESCO, 1972, p. 256).

이 보고서가 보기에 교육은 그 자체가 하나의 생명체이며, "교육도 모든 인간사의 법칙을 따르며, 낡아 가고, 죽은 가지가 쌓인다" (UNESCO, 1972, p. 79). 다시 말해서, 교육체계 자체도 하나의 자기 생명의 사이클을 가지고 있는 유기체와 같고, 따라서 어떤 일시적 필요에 터해서 급조하거나 갑자기 개혁할 수 있는 대상이 아니라고 본다.

교육 스스로가 가지고 있는 자기조직화적 특성은 간혹 외부의 필요에 대해 즉시적으로 반응하며 조절해 나가는 능력이 없는 고정성의 존재 혹은 시대에 뒤떨어진 낡은 체계로 이해되기도 하지만, 역설적으로 이것 자체가 사회 체계의 불가피한 특성임과 동시에 우리가 교육체계에 대해 다른 어떤 사회경제적 힘에도 흔들리지 않고 오직 완전한 인간을 형성하는 궁극적 사명을 부여할 수 있는 기초를 제공하기도 한다는 점을 기억해야 한다. 교육은 사회가 원하는 '완전한 인간'을 형성하는 하나의 자율적인 사회기제이며, 다양한 정치적 · 경제적 · 사회적 여건 변화에도 불구하고 인간성의 근본을 지키고 보호해 나갈 수 있는 방호막의 역할을 수행한다.

> 교육은 스스로 재생산하고(reproduce) 스스로 개선해 나가지만

> (renew), 그 고정성으로 인해서 흔히 비난받는다. 교육만 그런 비난의 대상이 되는 유일한 제도인 것은 분명 아니다. 사실, 교육의 본질적 기능의 하나는 반복의 기능으로, 앞 세대가 조상으로부터 물려받은 지식을 다음 세대에 반복 전수하는 것이다. 따라서 교육시스템에 과거와 같이 전통적 가치를 전수하는 업무가 주어지는 것은 당연한 것이다. 이것이 교육시스템들이 시간과 공간 면에서 폐쇄적인 형태가 되는 이유이고, 대체로 그런 방식의 존속과 성과에 주로 관심을 두는 까닭이다(UNESCO, 1972, p. 57).

그럼에도 불구하고 교육이 사회적 변화의 축과 의미 있는 상호 작용을 할 수 없다면 자연히 그 기능은 퇴화하게 마련이다. 마치 중세 대학이 지녔던 스콜라 철학적 기조가 근대사회로 이어져 오면서 근대과학과 인문학의 출현을 가로막았으며, 이후 훔볼트 대학 등의 새로운 대학 혁신의 기조를 통해 대학의 기조가 근본적으로 변화되었던 것처럼, 오늘날 학교 체계 안에 갇혀 버린 교육체계도 일정한 변화를 통해 그 근본 기능성을 회복해야 한다.

이 보고서는 교육의 현재적 기능과 사회적 요구가 서로 맞물리지 못하는 간극을 해소하기 위해서는 교육의 범위를 학교로부터 사회 전체로 확장시켜야 한다고 주장한다. 사회 전반으로 확장된 교육을 평생교육이라고 개념화했고, 그렇게 교육이 사회 전반에 편재된 사회를 학습사회라고 불렀다. 이러한 변화의 출발점은 바로 계속교육 개념의 탄생이다. 즉, "초기교육의 아이디어로부터 계속교육의 아이디어로 전환되는 것 자체가 현대교육학의 대표적 상징성이라고 할 수 있다"(p. 117).

『포르 보고서』는 이런 변화가 오직 현대교육학의 전유물이라고 보지는 않는다. 오히려 이 아이디어는 '교육이란 무엇인가?'라는 가장 근본적 인식에 대한 답을 구하는 과정에서 획득되어야 할 교육의 항상적 특성이라고 본다.

> 평생교육이란 개념은 지난 10년 동안 크게 강화되었다. 그렇지만 평생교육을 우리 시대만의 고유한 발견으로 여기는 것은 착각이다. 교육발전이 지속되는 데에서 새로운 것이 전혀 없다. 의식을 하든 안 하든, 인간은 평생에 걸쳐 계속해서 스스로 학습하고 훈련한다. 이는 무엇보다도 주변 환경의 영향을 통해서, 그리고 그들의 행동과 삶에 대한 개념 및 지식의 내용을 형성하는 경험들을 통해서 이루어진다. 하지만 오늘날까지 이러한 자연스러운 역동이 우연을 넘어 짜임새 있는 프로젝트가 되도록 지원할 수 있는 구조가 거의 없었다. 특히 공부에 대한 선입견, 즉 공부는 젊은이들을 위해 학교에서 이루어진다는 생각들이 있어서, 사람들이 평생교육을 교육의 정상적인 용어로 인식하지 못하게 막았다. 하지만 지난 몇 년 동안에 명백한 사실이 세상 한쪽 끝에서 다른 쪽까지 똑같이 사람들에게 다가오게 되었다(UNESCO, 1972, p. 142).

교육은 결코 주어진 교과 과정을 그대로 학습하는 좁은 범위의 기능으로만 규정될 수 없다. 교육은 근본적으로 '인간 존재의 과정'이라는 확장된 맥락에서 이해되어야 하며, 그로써 사람들은 자신을 표현하거나 세상과 소통하고 질문하는 것을 배우게 되고, 이는 다양한 경험을 통해서 그리고 점점 더 생애 전 시기 동안 자신의 완성을 통해서 이루어진다.

그 연장선상에서 볼 때, 평생교육을 필요로 하게 되는 것이 반드시 경제 성장을 위한 역량 개발 혹은 노령화로 인한 사회 구조 변화 등의 이유에서만 찾아질 수는 없다. 오히려 평생교육은 "인간이 미완성의 존재이며 끊임없는 학습을 통해서만 자신을 완성할 수 있다는 근거"(p.143)를 실현시키는 일이며, 기존의 여러 심리학 연구는 이런 측면을 강하게 증거하고 있다고 본다. 그럴 경우, 교육은 필연적으로 평생에 걸친 모든 연령대에서, 그리고 존재의 모든 상황과 환경 속에서 이루어져야 하는 것이 된다. "이는 교육이 전체적이고 평생 동안 이루어진다는 그 진정한 본질로 돌아가는 것이며, 수백 년 동안 내려온 교육기관, 프로그램, 방법의 한계를 넘어서는 것이다"(p.143).

21개의 구체적 정책 개혁안

이러한 교육체계의 개혁은 이 보고서 제8장에서 21가지 혁신안으로 드러난다. 각 혁신안은 우선 원칙 및 그 논리적 근거가 설명되고, 그에 따른 구체적 제안 및 사례가 따르는 형태로 기술되고 있다. 여기에서 각 항목의 원칙과 제안만을 제시하면 다음과 같다(UNESCO, 1972).

1. **교육정책**: 모든 사람은 평생에 걸쳐 평생학습을 지속할 수 있어야 한다. 평생교육개념은 학습사회의 주춧돌이다. 우리는 선진국이나 개발도상국 모두에 평생교육을 미래교육정책의 핵심 개념으로 제안한다.

2. **전망**: 교수활동을 시간적·공간적으로 재분배함으로써 교육에서 살아 있는 경험의 차원이 다시 회복되어야 한다. 교육기관과 교육수단이 늘어나야 하고, 접근이 쉬워야 하며, 개인에게 훨씬 더 다양한 선택을 제공해야 한다. 교육은 진정한 대중운동에 걸맞은 역할을 맡아야 한다.

3. **형식주의 완화**: 교육은 다양한 수단을 통해 분배되고 또 획득되어야 한다. 중요한 것은 개인이 따라가야 할 경로가 아니라, 개인이 실제로 무엇을 학습하고 획득했는지에 대한 것이다. 개인은 교육경로를 보다 자유롭게, 보다 유연한 틀 안에서 선택할 수 있어야 하며, 설령 교육시스템을 떠난다 하더라도 교육서비스의 이용을 평생 동안 포기하도록 강제되어서는 안 된다.

4. **이동과 선택**: 전반적으로 개방적 교육시스템은 학습자들이 그 안에서 수평적·수직적으로 움직일 수 있도록 지원함으로써 이용할 수 있는 선택의 폭을 넓혀 준다. 서로 다른 교과학문이나 과정 및 수준 사이, 그리고 형식적·비형식적 교육 사이에 있는 인위적으로 시대에 뒤떨어진 장벽은 철폐되어야 한다. 순환교육을 점진적으로 도입하고, 이를 경제활동인구 중 특정 범주의 집단부터 우선적으로 이용하도록 해야 한다.

5. **학령 전 교육**: 학령 전 아동교육은 모든 교육적·문화적 정책의 필수적인 선결 조건이다. 학령 전 아동을 위한 교육의 발전은 1970년대 교육전략의 주요 목표 중 하나가 되어야 한다.

6. **기초교육**: 모든 아동에게 가능하면 전일제로 혹은 필요하다면 다른 방식으로라도 기초교육을 받을 수 있는 실제적 가능성이 보장되어야 한다. 가능성과

필요에 따라 다양한 형태로 실시되는 보편적 기초교육에 1970년대 교육정책의 최고 우선순위를 두어야 한다.

7. 일반교육의 확대: 일반교육의 개념은 대폭 확대되어야 하며, 그 안에 일반 사회적·경제적 지식과 기술적·실용적 지식을 반드시 포함해야 한다. 여러 형태의 교육활동, 즉 일반교육, 과학교육, 기술전문교육 등의 활동 간 엄격한 구분은 폐지되어야 하며, 초등 및 중등 수준에서의 교육은 이론적이고 기술적임과 동시에 실천적이면서도 수작업적인 요소를 포함해야 한다.

8. 직업 이동의 최대화: 직업과 적극적 경제생활 준비를 위한 교육적 활동은 청소년이 기존의 직업과 전문 분야를 그대로 답습해서 실습하도록 해서는 결코 안 된다. 그보다는 이들을 다양한 직업에 적응하도록 준비시키고 그 능력을 지속적으로 발전시키는 데 목표를 둠으로써 계속 발전되는 생산 방식과 작업 조건을 따라갈 수 있게 해야 한다. 교육활동은 고용 활동에서 이동성을 증진할 수 있도록 하며, 한 직업에서 다른 직업으로 혹은 한 직업 내 하위 분야 간 이동을 촉진하도록 지원해야 한다.

9. 상업과 산업계의 교육적 역할: 평생교육은 완전한 의미에서 상업, 제조업, 농업 등 각 분야의 기업에서 교육적 기능이 확대됨을 의미한다. 교육기관과 민간 및 공공 소유 기업체 사이에 여전히 큰 격차를 메우기 위한 노력이 필요하다. 기업은 전체 교육시스템에서 핵심적인 요소이다. 기업의 역할은 노동자 훈련에 국한되어서는 안 되며, 가능한 한 기술자 및 연구자 훈련까지 확대되어야 한다.

10. 고등교육의 다양화: 고등교육의 확대는 보다 많은 교육기관이 점점 더 높아지는 개인 및 지역사회의 요구를 충족할 수 있도록 폭넓게 발전할 수 있는 방향으로 나아가야 한다. 중등 후 교육시스템 전반에 걸쳐서 구조, 교과목, 학생의 범주 구분 측면에서 아주 넓은 다양화가 이루어져야 한다.

11. 선발 기준: 여러 형태의 교육기회를 얻는 것 혹은 전문직에 취업하는 것

은 오직 개인의 지식과 역량, 적성에 따른 것이어야 하며, 결코 학교에서 획득한 지식을 일을 하면서 혹은 스스로 학습한 경험보다 높게 보거나 혹은 낮게 보는 등의 등급화를 한 결과여서는 안 된다. 교육시스템은 더욱 다양화되어야 한다. 입학, 수료, 재입학의 가능성이 증대됨에 따라, 대학교 학위 및 졸업장 획득이 미리 결정된 학업 과정을 이수하는 것과 연관되는 것은 점점 더 줄어들어야 한다. 시험은 본질적으로 서로 출신 배경이 다른 개인들이 다양한 조건 속에서 획득한 기술을 비교하는 수단이자 결론이 아니라 출발점의 표시로 작용해야 하며, 각자가 자기학습 방법의 효과성을 측정하는 데 도움이 돼야 한다. 평가 절차는 학습자가 외부적으로 설정된 기준을 충족하는 것만큼이나 자신의 발전을 측정하는 것이어야 한다.

12. **성인교육**: 교육의 과정에서 정상적인 정점(normal culmination)은 성인교육이다. 앞으로 10년 동안 교육전략의 우선 목표의 하나로 학교 및 학교 밖에서 성인교육이 급속히 발전해야 한다.

13. **문해**: 문해 훈련은 성인교육의 한 가지 중요한 계기 혹은 요소이다. 비문해가 널리 퍼져 있는 모든 지역에서는 성인을 위해 기획되는 프로그램에 강력한 문해 캠페인을 포함해야 한다. 문해 활동은 다음 두 가지 방식으로 이루어져야 한다. 우선 노동 인구 중에 가장 강력한 동기를 지닌 집단의 문해교육은 우선적으로 기능 문해를 목적으로 해야 한다. 둘째로는 조건이 적절할 때, 특히 정치적·경제적·문화적인 사회의 발전 조건에서 사람들이 대규모로 적극적으로 문해 활동에 참여하기에 적합할 때는 대중 문해를 목표로 한다.

14. **자기학습**: 이 시대의 새로운 교육정신은 개인이 자신의 문화적 발전의 주인이자 창조자가 되게 하는 것이다. 자기학습(self-learning), 특히 지원을 받는 자기학습은 어떤 교육시스템에서도 대체할 수 없는 귀한 가치를 지닌다. 사람들이 스스로 배우는 과정을 지원하는 새로운 유형의 교육기관과 교육서비스, 즉

언어 실습실, 기술 훈련 실습실, 정보센터, 도서관 및 관련 서비스, 데이터뱅크, 프로그램화되고 개별화된 교수 보조 기구, 시청각 기구 등은 모든 교육시스템에 통합되어 활용되어야 한다.

15. 교육공학: 복제와 통신의 새로운 기법의 효과가 가속화되고 커지면서, 이는 대부분의 교육혁신 방안 도입에 기초가 되고 있다. 교육시스템을 개념화하고 종합 계획을 수립하는 과정에서 새로운 기술을 활용할 수 있도록 해야 하며, 가용 수단과 자원의 효과적 활용을 목표로 하는 통합된 과정을 발전시켜야 한다. 또한 교육시스템이 기술적 지원을 활용할 경우, 그 구체적 전략은 경제 발전 수준의 차이에 따라 서로 다른 방식으로 마련되어야 한다.

16. 새로운 기법의 적용: 교육에서 새로운 기술을 광범위하고 효율적으로 이용하는 것은 교육시스템 자체 내에서 충분한 변화가 일어날 때만 가능하다. 교사들이 새로운 기술의 도입에 따라 달라지는 역할과 기능에 잘 대처할 수 있도록 교사 훈련 프로그램을 수정할 필요가 있다. 또한 교육예산 증가액의 일부를 고정분으로 확보해 고급 기술을 개발할 수 있도록 배정해야 한다.

17. 교사의 지위: 교사라는 직업이 현대적 교육시스템에 좀 더 잘 들어맞는 구조로 구성되지 않고 스스로 발전하지도 못한다면, 미래에는 그 역할을 제대로 할 수 없을 것이다. 법제적인 활동, 전문직 활동, 노동조합, 그리고 사회적 행동을 통해 지금까지 아무런 타당한 근거 없이 다양한 범주의 교사들 사이에 유지돼 온 위계적 구분은 점진적으로 축소되거나 궁극적으로는 폐지돼야 한다.

18. 교사 훈련: 오늘날 교육자를 위한 가장 본질적인 과제 중 하나는 모든 직업에 내재하는 마음가짐과 자격 인정 체계를 바꾸는 것이다. 따라서 교육자들은 우선 교직의 기준과 기본 상황을 다시 생각하고 이를 바꿀 수 있어야 한다. 오늘날 교직은 단순히 수업을 하는 일을 넘어 학생을 교육시키고 자극하는 일로 꾸준히 변하고 있다. 교사들이 훈련받는 여건에서 중대한 변화가 생겨야 하며, 이

를 통해 근본적으로 교사들은 미리 설정된 교육과정을 전수하는 전문가이기보다는 한 사람의 교육자가 돼야 한다. 이를 위해 처음에 집중적인 훈련 단계를 거치고, 이어서 주기적인 현직 훈련을 실시하는 원칙이 채택돼야 한다.

19. **전통적 · 비전통적 교육자**: 교육은 꾸준히 발전하여 이제 사회 전체에 대한 하나의 독립적인 기능이 되는 지점까지 이르렀다. 따라서 전체 인구에서 더욱 많은 사람이 교육에 참여하도록 해야 한다. 보다 많은 여러 직업 분야의 지원 인력과 전문가(노동자, 기술자, 전문직 및 경영직 임원)가 전통적인 전문 교사들과 함께 일할 수 있게 돼야 한다. 또한 학생들이 상호 협력을 통해 다른 아이들을 가르치는 과정에서 스스로 학습할 수 있게 할 수도 있으며, 이를 통해서 '지적 자본'의 획득이 결국 다른 사람들과 그것을 나눌 의무를 가지면서 지적 소유권을 갖는 일이라는 생각을 갖게 할 수 있다.

20. **학교에서 학습자의 위치**: 전통적인 생각이나 관행과는 반대로, 교수활동은 학습자에 맞춰져야 한다. 가르치기 위해 미리 설정된 규칙들에 학습자가 반드시 순응해야 할 필요는 없다. 원칙으로 삼아야 하는 것은 학습자를 중심에 두고 교육활동을 하는 것, 학습자에게 성숙한 인간으로서 더욱 큰 자유를 허용하는 것, 그리고 학습자 스스로 어디서, 어떻게, 무엇을 학습하기를 원하며 훈련을 시작할지를 결정하게 하는 것이다. 학습자는 교과목이나 학습 방법에 관련된 몇 가지 교육학적 의무와 사회 문화적 의무를 준수해야 하지만, 그러한 것들도 지금까지보다 더 많은 자유 선택과 학습자들의 심리적 성향 및 동력에 의해 규정되어야 한다.

21. **학습자의 책임**: 수동적인 교육을 제공하는 교육시스템 혹은 대다수 학습자의 적극적이고 자발적인 참여를 유발하지 못하는 교육개혁은 기껏해야 주변적인 성과밖에는 얻을 수 없다. 모든 학습자는 젊은이든 성인이든, 그들 자신의 교육에 대해서만이 아니라 전체 교육에 있어서 책임 있는 역할을 할 수 있어야 한다.

앞에서 제시한 21개 개혁안의 특징들을 요약하면 다음과 같다(UNESCO, 1972, p. 233). 첫째, '학교'라고 하는 틀을 규정짓는 학령기라는 시간제한과 학교 건물이라는 공간제한으로 규정된 교육의 개념을 폐기하고, 그 범주를 시공간이 아닌 총체적 교육활동의 요소로 재규정한다. 여기에서 '전체 교육활동' 안에는 제도화된 형식교육과 학교 밖 비형식/무형식 교육이 모두 포함된다. 교육활동은 탈-형식화를 통해서 유연하고 다양한 방식으로 바뀌어야 할 필요가 있으며, 계속교육의 확대를 통해 초기교육을 지속적으로 보완할 수 있는 전생애적 학습이 가능해야 한다. 간단히 말해서, 교육은 인생만큼 길게 가는 실존적 연속체가 될 필요가 있다.

둘째, '폐쇄형' 교육시스템을 '개방형'으로 바꾸어야 한다. 초등교육, 중등교육, 중등 후 교육에 대한 엄격한 구분을 점차 폐기할 수 있으며, 교육경로에서 횡적·종적 흐름의 교차가 가능할 수 있도록 하는 체계를 디자인할 필요가 있다. 학령기 초기에 지나치게 교육경로를 세분하거나 고등교육으로 진출할 수 있는 자격을 제한하는 방식, 혹은 직업교육의 경우 직업 종류별 경로를 지나치게 일찍부터 구분하는 등의 차별화는 지양할 필요가 있다.

셋째, 학령 전 아동교육을 강화함과 동시에 특별히 주의를 기울이면서, 이 일에 가족과 지역사회가 협력할 수 있는 가장 긍정적인 형태를 선정하고 육성해야 한다. 전통적이고 비전통적인 모든 가능한 수단이 기초교육의 발전에 적용되어야 한다. 동시에 중등학교 이후에도 더욱 다양한 고등교육의 기회가 열려 있어야 한다. 대학교는 또한 성인교육의 장으로 동시에 활용될 수 있도록 하는 다목적 기관이 되어야 하며, 대학의 연구 기능뿐만 아니라 계속교육기능 및 직업 역량 증진 기능도 활성화되어야 한다.

넷째, 중등교육에서 일반계 교육과 직업계 기술 훈련은 서로 협력적이어야 한다. 인성교육과 지식교육은 서로 조화를 이루어야 하며, 교양교육과 직업교육도 긴밀히 관련되어야 한다. 직업기술교육은 학교교육에서 늘 일정한 위치를 차지하고 있어야 하며, 학교가 감당하기에 지나치게 비용이 많이 드는 기술교육은 학교 밖 직업훈련으로 보완될 수 있도록 연결되어야 한다. 선택의 폭이 좁고 너무 이른 나이에 전문성을 선택하도록 하는 것은 사라져야 한다.

다섯째, 교육은 최대한 개별화·개성화되어야 하며, 자기학습을 계속해 나갈 수 있도록 구성되어야 한다. 수업과 학습의 과정은 그것이 학습자와 지역사회의 공동 관심이라면 어디서나 가속화되어야 한다. 교육자료들을 복제하고 소통하는 새로운 기법들은 예상되는 혁신에 대단히 잘 맞는 것들로 보다 빠른 속도로 도입되어야 한다.

여섯째, 교육을 위한 기술들은 일반적으로 새로운 교육학적 방법의 원천으로(장비 비용이 과다하지 않은 곳에서), 그리고 교육활동을 더욱 민주적으로 만드는 수단으로 간주되어야 한다. 일곱째, 교육의 운영은 민주화되어야 하며, 일반 대중은 교육에 영향을 미치는 모든 결정 과정에서 좀 더 큰 역할을 해야 한다.

보고서의 의의

이 보고서가 1970년대를 겨냥해서 강조한 라디오의 활용, 원격교육방법 등의 테크놀로지들이 현재 시점에서 이미 낡은 것이 되었다는 점을 제외하고는 여전히 현장감과 적합성을 가지는 분석이라는 점에서 그저 놀라울 따름이다. 특히 대부분의 국가에서 흔히 나타나는 현상처럼, 교육개혁을 단순히 교과 과정의 개편과 교육공학적 요소들의 도입 그리고 약간의 정책과 제도의 변화를 통해 이루려는 시도를 넘어, 교육개혁의 총체성과 전환적 개념의 도입 그리고 당장의 실현 가능성보다는 먼 미래를 내다본 장기적 변혁의 인내와 지속성을 염두에 둔 깊은 혜안은 이후에 이루어질 우리 교육개혁 혹은 글로벌 차원에서의 세계교육개혁이 반드시 참고해야 할 부분이라고 할 수 있다.

『포르 보고서』는 출간 후 약 10여 년 동안 나름의 영향력을 발휘했다고 말할 수 있다. 이 기간 동안 '평생교육(lifelong education)'이라는 개념이 출현하여 확산되었고, 학교의 한계를 넘어서려는 여러 시도들, 예컨대 원격교육, 대안교육 등이 활발하게 시도되었다.

하지만 잘 알려져 있는 것처럼 1980년대 글로벌 보수주의, 즉 레이건(R. Reagan)과 대처(M. Thatcher)를 잇는 세계 정치와 경제의 보수화에 이은 1990년대의 글로벌 지식경제의 출현은 이렇게 무모하리만치 거대한 교육변혁의 동력을 끊어 놓았고, 오히려 그것을 직업교육과 훈련 방식의 개혁으로 축소시키는 결과를 가져오게 되었다. 이 과정에서 애초에 『포르 보고서』가 제안했던 평생교육, 즉 '교육에 대한 근본적 개혁'은 정책 논의에서 잊혀 갔고, 그 대신 직업 계속 훈련이라는 차원에서 평생학습(lifelong learning)이라는 개념으로 대체되었다.

2000년대 중반이 되면서 세계에서는 『포르 보고서』가 제안한 학습사회라는 것이 결국 글로벌학습경제 아래 예속되었다는 점을 지적하면서 그 한계를 넘어설 수 있을지에 대한 논의가 재점화되었지만, 적어도 유럽에서 평생교육이라는 단어는 학술지의 이름으로만 남아 있게 되었다. 즉, 이미 작고한 피터 자비스 교수가 『국제평생교육학연구(International Journal of Lifelong Education)』를 창간하여 그 명칭에 '평생교육'을 사용했을 때만 해도 분명히 『포르 보고서』의 정신을 이어받는다는 뜻이 있었겠지만, 이후 이 개념이 '평생학습'으로 변화되면서 수많은 오해와 혼란이 그 원래 자리를 대체하기 시작했음은 의심의 여지가 없다. 자비스 교수 자신도 많은 사람이 이 학술지에 투고하면서도 그 명칭을 자연스럽게 『International Journal of Lifelong Learning』이라고 알고 있거나 그렇게 표기하는 경우를 자주 보게 되었다고 회고했다. 그래서인지 모르지만 2006년 『학습사회를 넘어서(Beyond the learning society)』라는 제목을 단 특집호를 출간하면서, 『포르 보고서』가 제안한 평생교육과 학습사회가 여전히 유효한 개념과 비전인지에 대해 진지한 논의가 진행되었다. 그를 비롯한 유럽 학자들이 보기에, 적어도 서구 사회에서 평생교육과 학습사회는 더 이상 교육개혁으로서의 실천적 가치를 상실한 것이었다.

반면, 한국의 맥락은 이 점과 관련해서 매우 독특하거나 혹은 기이하다. 유럽과 달리 평생교육이라는 개념이 여전히 전면화되어 있으며, 제도 혹은 법령의 명칭도 평생교육으로 규정되어 있다. 학자들은 물론이고 일반인들의 관점에서 보더라도 평생교육은 '교육활동'의 일부이며 직업능력 개발과 차별적이다. 최근 진보적 교육개혁의 일환으로 학교교육 전체를 평생교육의 축으로 확장하고 개방하며, 그에 따라 고등교육의 성격을 평생교육 차원에서 개혁하려는 시도들도 나타나고 있다. 또한 평생교육의 주된 리더십은 고용노동부가 아니라 교육부가 맡고 있다. 여기에 참여하는 학자군도 대부분 교육학자들이며, 연구물이 발표되는 공간도 교육학 학문계 안에 치중되어 있다. 말하자면, 한국에서의 평생교육은 『포르 보고서』가 제안했던 방향과 매우 근접한 형태로 진행되고 있으며, 이 점에서 한국은 적어도 평생교육의 차원에서는 희귀한 세계교육개혁의 실험실이 되고 있다. 가장 강력하고 구체적인 평생교육제도를 가지고 있고, 그 제도가 학교교육의 전생애적 혹은 전사회적 확장이라는 차원과 맞물려 있다. 적어도 고등교육 보편화 현상에 편승하면서 이런 흐름은 더욱 힘을 받고 있다.

어쩌면, 한국의 교육실천 및 교육이론은 『포르 보고서』가 가정했던 교육개혁, 즉 평생교육과 학습사회라는 축을 통해 교육의 체계적 근본을 바꾸고자 했던 시도에 가장 가까이 다가와 있는지 모른다. 혹은 적어도 가장 분명한 조건과 목적성을 갖는다고 할 수 있다. 이 점에서 세계는 한국의 평생교육 및 그것이 동반하는 교육개혁의 실험 과정에 주목할 필요가 있다.

돌이켜 보면, 한국의 근대 학교교육은 서구 열강 세력 혹은 직접적인 식민 지배자였던 일본에 비해 늦게 출발할 수밖에 없었다. 그러나 해방과 독립 이후 어느 누구도 따라잡을 수 없는 압축적인 성장을 경험했고, 급속한 고등교육팽창을 이루어 내었다. 이러한 교육성장의 경험은 늘 글로벌 비교교육에서 모범적 사례로 부각되곤 한다. 이제 그 안에 어쩌면 또 하나의 질적 도약이 준비되고 있는지 모른다. 학교교육이 평생교육으로 재구조화되고, 사회 전체가 교육기능을 분담하는 학습사회의 구조가 완성되는 과정에서 한국의 교육은 세계 어느 나라도 시도해 보지 못한 새로운 구조와 체계를 갖추게 될지 모른다. 적어도 현재 상황에서 보자면 한국은 세계 어느 나라보다 그 지점에 가장 가깝게 다가서 있다고 할 수 있다. 그 이유는 두 가지이다. 첫째, 한국의 평생교육은 다른 국가들에 비해 가장 교육개혁을 주도할 수 있는 실용적 제도와 장치들을 가지고 있기 때문이다. 둘째, 한국교육문제의 심각성과 그 갈급함으로 인해서 그러한 교육개혁이 현실적으로 작동할 수 있는 가능성이 훨씬 높을 수 있기 때문이다. 요컨대, 『포르 보고서』가 제안한 '총체적 개혁' 말고 다른 어떤 방식으로 현재의 한국교육문제의 난망함을 치유할 수 있을까?

제5장

재영토화의 시간: 평생학습의 체계화와 이형성

1990년대 이후 평생교육이 '삶 전체의 학습(learning throughout life)'이라는 프레임으로 『들로르 보고서』에 등장한 이후 학습체계로서의 평생학습 장치들이 기능적으로 발화하기 시작하는 장면들을 설명하였다. 여기에서, 특히 점차 형성되어 나오는 학습체계의 융합체로서의 평생학습체계가 보여 주는 이형화/다양화 현상에 주목하였다. 유럽의 평생학습 전개 방식과 동아시아의 평생학습 발화 방식을 서로 비교하면서, 평생학습체계가 학교의 동형성과 다른 방식으로 확산되고 있다는 점을 보였다. 이를 통해서 평생학습체계는 어떤 본질적이고 내재적인 가치로 연역될 수 있는 현상이 아니라 학습이 다층적이고 기능적으로 작동하면서 만들어 내는 학습의 생명화 현상이며, 그 우연성과 임의성 안에서 다양한 형태의 학습체계의 진화가 나타난다고 보았다.

신자유주의가 지나간 자리

『포르 보고서』가 발표된 지 10여 년이 지나면서 그 혁신적 주장들은 사람들의 기억 속에서 사라지기 시작했다. 사실 이 보고서가 주목한 '교육개혁'을 통한 평생학습의 확장이라는 방식은 그리 만만한 것이 아니었다. 어느 나라도 교육체계를 『포르 보고서』 차원에서 변화/확장하려고 하지 않았고, 여전히 계속교육이나 성인교육은 제한적으로만 이루어졌다. 국민 모두에게 교육의 기회를 획기적으로 확장하고, 성인에게도 공교육의 기회를 부여하고, 이를 위해 학교의 담장을 헐고 경계를 약화시키겠다는 생각은 비록 타당하고 필요한 주장이기는 했지만, 당시까지 학교교육에 익숙했던 사람들에게 설득력을 가지기 어려웠다. 교육에 투여되는 자원은 제한되어 있었고, 그 혜택을 독점하던 기득권층의 담장은 높았다.

처음부터 이러한 이론화 작업들은 모두 국가교육체계의 적극적 개입과 강도 높은 개혁을 전제로 하는 것이어서 1980년대 이후 글로벌 신자유주의와 세계 정치의 보수화 흐름 속에서는 제대로 주목받지 못하였다. 특히 이 아이디어를 확산시켰던 유럽은 단지 경제공동체였을 뿐, 유럽 단위의 초국가적 교육개혁 정책을 힘 있게 밀어붙일 정도의 힘을 가지고 있지는 않았다. 그 대신 여기에서 제안된 아이디어들은 1990년대 이후 학교의 견고한 성을 우회하며 교육의 영토 밖에서 새로운 방식으로 뿌리를 내리기 시작했다. 우리가 흔히 말하는 '평생학습체계'라는 개념은 이 맥락에서 서서히 결정화되기 시작했다.

평생학습의 제도화가 활발하게 전개되기 시작하던 당시의 주류적인 토양은 신자유주의였다. 국가가 보장하던 복지 체계가 무너지고 해고가 일상화되며, 각종 국영사업들이 민영화되었다. 이 흐름 속에서 대학의 공적 존재로서의 절대적 위치가 흔들렸고, 많은 국가에서 등록금이 하늘 높은 줄 모르고 치솟았다. 교육의 책무성(accountability)이라는 개념을 매개로 교육의 결과는 국가표준 학업성취도를 만족시키면서 동시에 취업률과 연결되기 시작했다. 교육의 효과성은 노동시장에서 그 가치가 판가름되는 것으로 여겨지기 시작했다. 미국의 경우, 주립대학의 등록금 의존율은 치솟았고, 영국 대학들도 수익 구조를 개선하는 방향으로 거버넌스가 변화하였다. 등록금을 공공재정으로 부담하는 많은 유럽 대륙의 학교들도 노동시장으로 연결되는 교육책무성의 담론에서 자유로울 수 없었다.

이런 흐름 속에서 평생학습이라는 담론이 강화되었다는 점 때문에 혹자는 평생학습이 신자유주의적 산물이라는 인과적 등식을 내세우기도 하지만, 사실 이 둘 사이의 관계를 인과 관계로 규정하는 것에 대해서는 상당히 주의를 기울여 해석해야 한다. 평생학습 담론과 실천이 신자유주의라는 흐름 속에서 활성화된 측면이 있는 것은 사실이지만 평생학습의 활성화가 단지 글로벌경제라는 요인에만 기대고 있는 것은 아닐뿐더러, 오히려 평생학습 현상은 신자유주의 진영 반대편에서도 지역 공동체주의 혹은 급진적 시민성운동의 흐름을 타며 확산되기도 했기 때문이다. 넓게 보면 평생학습은 수많은, 크고 작은, 서로 충돌하며 이질적인 활동 체계들이 공통으로 표상화한 개념적 표현이며, 그 안에는 서로 동질적이지 않은 다양성과 이형성이 숨어 있다. 오늘날 기업에서 수행되는 학습활동들뿐만 아니라 지자체 문화센터에서 이루어지는 학습활동들도 모두 '평생학습'으로 불린다. 혹은 세계경제포럼(World Economic Forum)의 『미래직업보고서(Future of Jobs Report)』에 등장하는 평생학습과 UNESCO 세계학습도시(Global Network of Learning Cities)가 말하는 평생학습이 서로 다른 특성을 가지고 있지만 이들을 통틀어 평생학습이라고 부른다. 세계 곳곳에서 펼쳐지고 있는 수많은 크고 작은 학습활동들을 '평생학습'이라는 이름으로 묶어 부를 수 있는 통일성은 어디에서 나오는가? 평생학습활동이 제도화된다는 것은 어떤 것인가? 그 제도와 체계는 어떤 특성을 갖는 것일까? 그렇게 형성된 평생학습체계의 본질은 무엇인가? 그 생성과 변형의 운동성 안에서 어떤 법칙성을 발견할 수 있을까? 학습체계의 생명성 안에서 나타나는 동일성과 변화, 이형성, 생성의 논리를 어떻게 설명할 수 있는가?

유럽에서의 평생학습 담론이 상당 부분 신자유주의경제와 맥을 같이하며 성장한 점을 부정하기는 어렵다. 영국의 교육학자이며 평생학습의 세계적 전도사였던 피터 자비스는 평생학습이 전지구적 자본주의의 등장이라는 새로운 생산 방식에 조응해서 탄생한 학습 양식이라고 말한다(Jarvis, 2000). 그는 우선 전통적인 마르크스적 관점에 서서 교육을 토대로서의 산업화 과정에 의해 규정되는 상부 구조의 일부로 전제하였는데, 그런 맥락에서 평생학습(lifelong learning) 및 학습사회(learning society) 담론을 1980년대 이후 등장한 전지구화(globalization) 현상 및 지식 노동자(knowledge workers)의 출현이 만들어 낸 상부 구조적 현상으로 조명하였다. 특히 1990년대 말 영국의 경우, 당시 집권당이었던 노동당의 교육정책 안에 지식경제와 평생학습을 연결시키려는 노력이 다수 발견된다. 고등교육에 대한 수요를 확장하여 노동시장에 공급하려는 노력들은 연이은 고등교육개혁 보고서들(디어링 리포트, 케네디 리포트, 프라이어 리포트 등)을 탄생시켰고, 계속교육대학(further education college)과 학습계좌 제도(learning accounts system) 등에 전폭적인 지원을 시작했다. 이러한 변화를 정당화하는 가장 핵심적인 논리가 바로 평생학습이었다. 평생학습은 유럽경제 혁신을 위해 교육훈련 체제를 혁신할 가장 적합한 체제로 주목받았다.

한편, 이런 변화로 인해서 전통적 진보 성향을 가지고 있었던 성인교육(adult education)의 실천적 지형들은 점차 자리를 잃어 갔다. 전통적으로 영국에서의 성인교육은 우리가 흔히 말하는 성인이 받는 모든 종류의 교육을 말하는 것이 아니다. 그 안에는 직업교육은 처음부터 배제되는 것이며, 주로 자유교양인을 기르는 교육의 혜택을 성인 노동자 계급과 공유한다는 정신을 가지고 있었다. 그런 가치를 가진 만큼, 교육의 가치도 대체로 비판적이고 진보적인 성향을 띠고 있었다. 하지만 1990년대 중반 평생학습정책이 활성화되면서 이러한 전통적인 '성인교육'은 점차 정부 정책 지원의 주변부로 밀려나기 시작했고, 그 대신 경제적 가치를 담은 평생학습이 '성인들을 위한 교육(education for adults)'이라는 포괄적 개념을 통해 성인교육(adult education)의 자리를 침식해 들어갔다.

이와 관련해서 흥미로운 에피소드가 있다. 캐나다의 진보적 성인교육학자 버드 헐(B. Hall)은 오랫동안 세계성인교육협회(International Council for Adult Education)의 사무총장을 지냈고 동시에 토론토 대학교 온타리오 교육학 대학원(OISE/UT) 교수를 역임했다. 그는 영국의 '평생학습의 세기 20주년(The Learning Age 20 years on)' 기념행사에 초대받아 다녀온 소감을 진솔하게 술회하고 있다.

당시 이 행사는 알란 터켓(A. Tuckett) 경이 주관했는데,[3] 행사의 개막 연설을 맡았던 존 필드(J. Field) 교수는 평생학습에 대해 매우 비판적이었다. 그는 '학습의 세기'가 정말로 의미 있는 차이를 만들어 내었는지에 대해 의문점들을 나열했고, 평생학습 예산들이 대부분 원래 의도했던 목적을 제대로 달성하지 못하고 낭비되어 버렸다고 신랄하게 비판했다. 그가 볼 때 영국에서 평생학습 개념의 등장은 결코 축복만은 아니었다. 이 개념으로 인해서 과거 진보적 사회교육을 대표하던 성인교육(adult education) 담론은 역사 속으로 사라져 버렸고, 오직 시장과 직업 역량에만 초점을 맞춘 성인학습(adult learning)들이 평생학습이라는 이름으로 대부분의 정책 어젠다를 점유해 버렸다고 주장했다. 또한 이런 환경에서 영국의 성인교육은 제도화되고 전문화되어 가면서 이전 50~60년대의 역동성과 진보적 혁신 가능성을 대부분 잃어버렸다고 말했다. 버드 헐 교수가 이 행사에서 본 것은 결국 그가 지금까지 몸담아 왔던 성인교육의 진보주의적 존재감이 통째로 사라져 버리고, 그 대신 신자유주의로 치장한 평생학습이 그 자리를 대신해 버린 현상뿐이었다. 그는 이렇게 물었다.

> 도대체 인종주의에 저항했던 진보운동은 어디로 사라진 것일까? 혁명적 목적으로 예술과 문화를 동원하던 페미니스트교육가들은 어

3) 이 부분은 버드 헐 교수의 『PIMA newsletter』에 실린 글을 편집한 것이다. 나는 PIMA의 요청을 받아 이 글에 대한 토론문을 같은 newsletter에 게재하였다.

디로 간 것일까? 민중교육가들의 목소리는 모두 어디로 사라진 것일까?(PIMA Bulletin 17, April, 2018).

하지만 과연 버드 헐 교수가 목격했던 '진보적 성인교육의 실종' 사건이 단순히 평생학습의 등장 때문이었는지에 대해서는 한번 제대로 따져 볼 필요가 있다. 오히려 1980년대 이후 세계를 휩쓸기 시작한 신자유주의 글로벌경제의 탄생이라는 맥락 및 그 여파로 1990년대 유럽 전반을 뒤흔든 경제 위기 현상으로 인해서 진보적 성인교육의 존재감과 실천력이 급격히 떨어졌으며, 이런 현상은 교육영역을 넘어 사회운동과 진보담론 영역에서 전반적으로 나타나고 있었다. 당시 부각되었던 평생학습이라는 흐름은 신자유주의라는 우파적 이념 덕분이었다기보다는 당시 지식경제가 요구했던 교육개혁에 대해 학교 체제가 제대로 반응하지 않은 결과로 인한 파생 현상이었을 가능성이 높다. 왜냐하면 당시의 학교교육체제는 비단 신자유주의가 아니었다고 할지라도 어쨌든 개혁될 목전에 놓여 있었기 때문이다. 만일 자비스가 주장한 대로 평생학습의 부상이 글로벌경제의 탄생 때문이었다고 한다면, 글로벌 개방무역 체제가 해체되고 세계질서가 다시 국가 단위 혹은 지역주의로 회귀할 경우 평생학습정책의 흐름은 약화될 것인지 되물어 보아야 한다. 내가 볼 때 이 현상을 단순하게 파악하여 평생학습 담론이 신자유주의와 인적자원 개발을 등에 업고 진보적 성인교육의 지형을 침투해 들어왔다고 말하는 것은 지나친 논리적 비약이다. 평생학습의 부상과 관련해서 특정 정치이념이나 경제적 흐름은 일종의 환경적 변화에 불과하다. 오히려 그 구체적 내용과 형식은 제2장 이후 줄곧 설명해 온 학교의 형식학습 중심 교육체계에 대한 반동으로 읽히는 편이 훨씬 설득력이 있다.

어쨌거나 1990년대는 지식경제와 평생학습의 결속이 가속화되던 시기였다. 세계 경제 위기 속에서 유럽연합은 지식경제를 기조로 하는 유럽경제 체제 혁신을 선언하였고, 평생학습은 그 인적 혁신을 위한 파트너로 부상하였다. 물론 학교를 배제하는 개념은 아니었는데, 유럽에서의 평생학습(lifelong learning)은 성인을 위한 교육의 범주를 넘어 초·중등 학교교육, 고등교육, 중등 후 기술 훈련, 시민성교육 등을 포함하는 포괄적 교육개념을 칭하는 것이었다. 과거 인간자본주의(human capitalism) 시대에는 학교교육이 인적 자본 개발을 대표하였지만 지식경제 시대에는 학교와 대학의 경계를 확장하여 비대학 기술 훈련 체제, 성인 역량 개발, 시민성 발달 등을 통해서, ① 개인 역량 개발, ② 고용 증진, ③ 사회 통합의 세 가지를 달성하는 것을 목표로 하였다. 특히 유럽연합의 경우 유럽 지역의 초국가적 정치기구 및 경제 단위 통합이라는 목표 아래 통합된 유럽 시민성 개발, 다문화 감수성 학습, 노동 인구 이동과 통합을 위한 시민성교육의 중요성을 일찍부터 강조하였다. 요컨대, 과거에는 '학교교육이 경제부흥을 이끈다'고 생각했었지만, 이제는 '(학교를 포함한) 평생학습이 경제를 이끈다'는 생각으로 전환되었다. 이러한 맥락에서 1996년 유럽은 '유럽 평생학습의 해(European Year of Lifelong Learning)'를 선언하였고, 다음 여섯 가지를 핵심 의제로 설정했다.

- 일반교육의 전반적 질을 제고한다.
- 모든 젊은이를 위한 직업훈련과 자격 체계를 구축한다.
- 교육과 훈련에 참여할 동기를 높인다.

- 교육훈련 기관들과 경제 세계의 연대를 촉진한다.
- 사회적 파트너들와 학부모들의 참여 의식을 높인다.
- 유럽연합 차원에서의 초기교육과 계속교육훈련 시스템을 발전시킨다.

이 시기에 몇 가지 큰 변화들이 일어났다.

우선, 세계적으로 대학 입학자 수가 급속히 늘어났고, 대학도 상아탑 이미지에서 벗어나서 공학전문대학, 폴리테크닉, 개방대학 등 새로운 방식으로 기업의 기술 발전에 필요한 지식을 개발하는 고등교육형태들이 속속 등장하기 시작했다. 예컨대, 영국의 Further Education College, 호주의 Technical and Further Education Colleges, 핀란드의 University of Applied Sciences, 독일의 Fachhochschule, 프랑스의 기술계 바칼로레아 및 경험학습 인증 시스템 등이 여기에 해당한다.

이런 흐름 속에서 평생학습은 학교 경계를 넘어 확장된 모든 형태의 인간학습 범주들을 포괄하는 보편적 개념이 되었다. 출발점인 아동과 청소년의 입장에서 본다면 평생학습은 그의 진로를 개척하고 평생 살아갈 역량지도를 탐색하는 관점에서 이해되었다. 대학의 입장에서는 보다 많은 사람이 고등교육을 받게 함으로써 산업 부문과의 연결점이 공고화되었다. 취업한 노동자들의 입장에서는 급속한 지식 변화 속에서 새로운 지식을 수혈하는 통로가 새롭게 만들어진 셈이다. 은퇴한 사람들에게는 제2의 인생을 설계하는 지식 자원을 공급받을 수 있는 플랫폼이었다.

복지 비용이 늘어가면서 국가는 단순 복지로부터 학습 복지로 전환하기 위한 장치들을 마련하게 되는데, 현금을 지급하는 방식이 아닌 기술과 직업훈련을 통해 다시 노동시장으로 돌아갈 수 있는 장치를 마련하는 슬로건으로서 평생학습이 활용되었다. 덴마크의 골든 트라이앵글(golden triangle), 즉, 평생학습과 복지 그리고 노동을 결합한 모형이나 예전부터 스칸디나비아 국가들의 보편적 정책이었던 '적극적 노동시장교육정책(active labour market education policy)' 등 학습 복지 형태의 정책들이 평생학습의 관점에서 주목을 끌었다.

이러한 흐름 속에서 OECD 등 경제기구들은 노동 인구 전체의 질과 국가경쟁력을 등치시키면서 국가 간 비교와 경쟁을 유도하기 시작했다. 국가 전체의 노동 역량 차원에서 볼 때, 평생학습은 한 국가의 노동력의 질을 판가름하는 기준이 되었다. PIAAC 조사를 통해 국가들의 성인 노동 인력의 기본 역량을 비교한 연구들은 이런 문제를 가감 없이 드러냈다.

요컨대, 유럽의 평생학습체제는 유럽의 정치, 사회, 경제 시스템을 포괄적으로 개혁하기 위한 새로운 학습의 추진체로 새롭게 존재감을 형성해 나갔다. 다른 대륙의 국가들도 이런 변화를 예의 주시하였는데, 아직 문해교육이 대세인 저개발 국가들조차도 현재의 학교교육으로 충분한 교육훈련이 공급되고 있다고 느끼는 곳은 아무데도 없었다. 특히 STEM 등 수학과 과학기술 중심 교육이 학교교육의 새로운 핵심이 되고, 성인 노동 인구에서도 자국어와 공식어(식민지를 경험하면서 식민 지배 국가의 언어가 공식어가 된 사례는 넘쳐 난다.)의 이중갈등 속에 비의도적으로 비문해자로 전락하는 사람이 많았다. 어떤 이유에서든지 간에 '인간은 평생에 걸쳐 학습하고 능력을 개발해야 한다'는 생각은 이제 더 이상 별종들의 유토피아가 아니게 되었다.

반면, 학교는 여전히 선발된 제한된 학생층에 대해 비실용적 지식을 가르치는 배타적 영토로 남아 있었고, 이 체제를 개혁하는 데 성공한 국가는 21세기까지도 거의 존재하지 않았다. 평생학습의 빠른 제도화는 이런 상황에 대한 반동으로 따라온 것이라고 볼 수 있다. 실제로 2009년 『Global Report on Adult Learning and Education(GRALE) 첫번째 보고서』가 조사한 바에 따르면 당시 교육 관련법 이외에 성인교육 혹은 평생학습 관련 법이나 제도가 별도로 제정된 국가가 10여 개국 이하였던 데 반해서, 2022년 발표된 『GRALE 5』에 따르면 그 숫자가 전체 국가의 절반을 상회하는 것으로 나타났다.

『들로르 보고서』와 '평생에 걸친 학습' 담론

유네스코는 대개 매 25년마다 유네스코 차원의 교육개혁 보고서를 발간하였는데, 『존재하기 위한 학습』(1972), 『학습, 그 안의 보물』(1996), 『교육의 미래』(2021)가 그것이다. 앞의 『포르 보고서』가 그랬던 것처럼, 여기에서 두 번째 보고서 역시 애칭으로 『들로르 보고서』라고 부른다. 이 두 번째 보고서에서 평생학습을 표현하는 말로서의 learning throughout life는 우리가 흔히 사용하는 lifelong learning에 비해서 오히려 더욱 그 의미를 잘 드러내고 있다고 보인다.

『들로르 보고서』는 『포르 보고서』와 달리 교육의 근본적이고 전면적인 개혁을 주문하지 않는다. 학교교육을 삶의 전반에서의 학습(learning throughout life)을 실현하기 위한 기초적 플랫폼으로 설정하고 있지만, 학교에 대한 급진적 변혁은 다루지 않는다. 교육개혁에서의 국가의 적극적 개입을 강조하기보다는 기업 등 민간의 참여와 지역 단위에서의 미시적 개선 등에 초점을 맞춘다. 기존 학교 체계를 유지하면서 부분적으로 새로운 기능을 첨가하는 방식의 개선을 요구한다. 예컨대, 고등교육에서의 과학기술을 더 많이 강조하고, 직업 자격과 연계된 교육과정을 주문하며, 그 안에서 성인 고등교육의 기회를 더 많이 제공하는 것 등이 요청되고 있다.

『들로르 보고서』의 백미는 아무래도 '학습의 네 기둥'이라는 이미지를 통해 학습을 학교와 교육으로부터 분리해 낸 것이라고 할 수 있다. 이 보고서는 삶 전반에서의 학습이 지향해야 할 가장 중요한 학습을 '공동의 삶 학습(learning to live together)'에서 찾았다. 전쟁과 갈등, 사회 양극화 등에서 연대하고 통합하는 방식의 삶을 배울 필요성과 연계되어 있기도 하지만, 다른 한편에서 유럽연합이라는 초국가적 틀 안에서 새롭게 함께 살아가는 법을 배워야 하는 유럽인들에게 꼭 필요한 요소였다고 볼 수 있다. 이를 지원하기 위한 세 가지 학습을 각각 지식학습(learning to know), 역량학습(learning to do), 그리고 존재학습(learning to be)으로 보았다. '특히 「들로르 보고서」에서 'learning to be'라는 개념은 이전의 『포르 보고서』보다 그 존재감이 축소 해석되었고, 일의 세계에서 필요한 개인 기본 소양들, 예컨대 독립성, 책무감, 기억, 사고력, 상상력, 몸 활동 능력, 미적 감각, 소통 능력, 리더십 등을 의미하는 것으로 약화되었다.

요컨대, 『들로르 보고서』는 ① 전통적 학교 체계를 그대로 인정하면서 동시에 가능한 만큼의 다양화 및 확장을 요구하고, ② 평생에 걸친 학습의 네 가지 축이라는 개념을 통해 인간학습의 특성을 새로운 세계 환경과 일터의 변화에 맞추어 갈 필요성을 강조하며, ③ 지식정보사회와 일 역량이라는 차원에서 평생학습과 학습사회를 재해석하였고, ④ 이를 위해서 국가가 선도하는 대규모 복합적 개혁은 지양하고 오히려 지역 단위 혹은 민간 기업에서의 학습 기회 확대에 초점을 맞추었다.

그 영향인지 몰라도, 1990년대 이후 평생학습은 전통적이고 개별 국가적 교육체제를 건드리지 않으면서 주로 미래 노동자 집단의 역량 개발과 관련된 제도적 장치들을 구축해 나가기 시작했다. OECD의 Recurrent Education 개념, PISA 혹은 PIAAC 및 competencies/skill development 담론, World Bank의 평생학습 지원 정책, WEF(world economic forum)가 강조한 산업 4.0과 재교육 등에서 나타나는 평생학습 담론은 모두 이런 맥락에 기초한 것이었다.

이 과정에서 『들로르 보고서』는 학교가 지탱하고 있었던 '학습의 형식성'과 배타적 경계에 대하여 도전하지 않았다. 학교교육의 물신성의 원인이자 『포르 보고서』가 그토록 해체하고자 했던 형식학습 중심의 학교 체계는 『들로르 보고서』에서 결코 주요 공격 대상이 아니었다. 평생학습이라는 이름으로 뿌려진 '학습'의 의미가 신자유주의 글로벌경제의 맥락 안에서 재해석되는 와중에 교육체계에 대한 개혁 요구는 오히려 잠잠해졌다. 한 논문에서 나는 이 상황을 다음과 같이 기술하였다.

> 전통적 학교 체계의 저항은 완강하였고, 1980년대 말 즈음이 되면서 더 이상 누구도 유럽에서 평생교육(lifelong education)을 언급하지 않게 되었다. 평생교육이 전제로 했던 교육체계의 탈제도화가

가능하지 않았던 이유는 물론 여러 가지로 해석될 수 있지만, 한 가지 분명한 것은 이러한 저항의 중심에는 학교교육체계의 강력한 자기방어적 보수성이 자리하고 있었다는 것이다(한숭희, 2021, p. 20).

유럽의 평생학습 컨센서스[4)]

『들로르 보고서』에 담긴 내용은 이후 유럽연합의 평생학습정책으로 스며든다. 그 보고서 자체가 유럽연합 집행위원장이었던 들로르의 생각, 즉 유럽의 초국가적 경제통합, 즉 '유럽화(Europeanisation)'와 '지식경제(knowledge economy)'라는 밑그림 위에 평생학습의 이념을 올려놓으려 했던 것이며, 특히 1990년대와 2000년대 동안 유럽위원회(European commission)의 강력한 초국가적 정책 집행을 통해 평생학습은 유럽 전역에서 새로운 학습생태계로 형성되어 나가기 시작했다. 존 필드의 말처럼 평생학습은 일종의 '글로벌 정책 컨센서스'가 되었는데(Field, 2002, p. 3), 평생학습이라는 이름의 '학습이 주도하는 스페이스'는 모종의 정책적이고 제도적인 실체를 가진 것으로서 전통적인 학교 체계로부터 스스로를 구분하는 정당성의 영토를 확보하게 된 셈이다. 이제 학습은 학교처럼 단일 체계로 통합

4) 나는 2021년에 「평생학습 제도화 현상의 이론적 기반과 글로벌 전개 과정」이라는 논문을 『평생교육학연구』에 게재했다[한숭희(2021). 평생학습 제도화 현상의 이론적 기반과 글로벌 전개 과정: 유럽과 동아시아 현상 비교. 평생교육학연구, 27, 1-42]. 여기에서 유럽과 동아시아의 평생학습이 제도화되어 가는 양상을 연대기적으로 분석하였다. 1990년대 이후 세계 평생학습의 제도화가 만들어 내는 특징과 양상을 이해하는 데 유용할 수 있어서 그 내용을 그대로 싣는다.

되지는 않았지만 수많은 작고 산발적인 학습활동 체계들이 연동하고 표류하는 느슨한 탈중심화 네트워크(decentralized network) 형태로서의 학습생태계 형태로 구성되기 시작하였다. 이제 새로운 학습체계는 포스트-근대라는 프레임을 통해 견고한 학교 체계를 비판하면서 그 사이에 균열과 틈새들을 만들 수 있는 정당성을 창출하였고, 그 틈새를 통해 평생학습이라는 새로운 종류의 지식-학습 생산의 양상을 일상화하기 시작했다. 이제 평생학습체계는 학교교육체계 밖에서 다양한 형태로 작동하는 복수의 학습 구조들의 표류와 연동 양상을 관찰하는 가운데 포착되는 느슨한 개념망이며, 이렇게 포착된 평생학습체계는 기존 교육체계의 연장선상에 있음과 동시에 그 변형을 주도하는 일종의 대안적 교수·학습 체계로서 효과성을 드러내기 시작하였다. 또한 수시로 기존 학교 체계에 대해 비판, 도전, 경계 넘기, 융합을 시도하는 존재로 부각되기 시작했다. 달리 표현하면, 다양한 강도와 응집성을 보이면서 새로운 제도적 학습 영토의 공간을 창출해 가고 있다고도 표현할 수도 있다. 평생학습의 이러한 자기영토화 현상을 사회 체계 이론의 관점에서 본다면, 한 사회에서 학습의 목적 선정, 학습의 과정 조직, 학습의 환경 제공 및 학습의 결과 평가 등과 관련된 일련의 '학습의 사회 체계'가 교육체계와 별도로 생성되고 있음을 보여 준다.

과거 교육기관 중심의 학습 관리 기제에서부터 학습활동 중심의 학습 관리 체제로 전환되고 있으며, 그 가운데 핵심 역량(key competence)과 능력 인증 체제(qualification framework)를 연결하는 축이 과거 학교중심사회의 학습 관리 체제를 대표하던 교과

> (subject)와 학력(academic credential)의 연결 축을 대체해 나가게 될 것으로 보인다. 특히 핵심 역량과 능력 인증 체제는 그 안에 학력뿐만 아니라 직업 자격을 통합하는 것으로서, 산업사회의 학교 의존형 학습 관리 방식과 분명한 차별성을 선언한 것이다. 이러한 변화는 최근 학교교육의 성취도를 평가하는 PISA 조사 및 성인의 성취도를 평가할 목적으로 현재 개발되고 있는 PIACC의 결합을 통해 완성됨과 동시에, 그것을 기점으로 하여 본격적인 '평생학습 기반 학습 관리 체제'의 작동을 선포하게 될 것으로 보인다(한숭희, 2006b, p. 189).

요컨대, 평생학습체계의 형성 과정은 결국 과거와 차별적인 방식으로 학습의 가치와 양식을 규정하는 사회적 학습체계가 형성되어 가는 과정으로 이해될 수 있다. 평생학습체계는 새로운 영토 안에 지식과 학습이 연결되는 방식, 학습이 선택적으로 조직되는 방식, 학습 결과에 대한 선택적 보상 및 인정 방식 등과 관련된 새로운 조합 방식을 진화시킴으로써 한 사회의 지식, 학습, 자격 등을 선택적으로 촉진하고 재생산하는 대안적 교수·학습 장치를 형성해 내는 과정에서 나타나게 된다.

이러한 과정은 글로벌 차원에서 분산적으로 나타나고 있지만, 그 양상은 매우 다양하다. 돌이켜 보면, 뉴밀레니엄 이후 학습의 탈주는 개념 프레임으로서뿐만 아니라 학습 중심의 제도적 장치들을 통해 글로벌 차원에서 다양한 방식으로 나타나기 시작했다. 그 출발부터 유네스코 등 초국가기구들이 주도했을 뿐만 아니라, 세계 각지에서의 경험들은 지역적으로 고립된 각자 생태계에 고립된 경험들의 층위를 넘어서는 창발성을 발휘하였다. 다양한 경험이 지역의 경계를 넘나들며 공유되고 교차 실험되며, 이를 통해 새로운 구조를 만들어 내었다. 예를 들어, 평생학습도시 정책은 초기 유럽에서 시작되었지만 1990년대 후반 동아시아에서 활성화되었으며, 다시 UNESCO Institute for Lifelong Learning(UIL)에 의해 국제네트워크로 수렴되는 과정을 통해서 또 다른 차원의 확산 계기를 갖게 되었다. 물론 그렇다고 해서 세계 모든 국가가 이 흐름에 한꺼번에 참여하는 것은 아니다. 보다 강한 수축과 이완의 운동성을 보이는 지역이 있는 반면, 그 강도가 미미한 지역도 있다. 예컨대, 토레스가 주장한 것처럼 여전히 "북반구에서는 평생학습, 남반구에서는 문해"라는 경계가 분명하다(Torres, 2002).

당연한 사실이지만 유럽연합(European Union)은 유럽경제공동체(European Economic Community)의 후손이며, 교육은 그 핵심 정책이 아니었다. 또한 교육은 개별 국가들의 시민성, 정체성, 역사성 등을 가장 강하게 반영하고 있는 분야이기 때문에 초국가기구로서의 유럽연합이 학교교육개혁의 드라이브를 강하게 걸기에는 부담이 클 수밖에 없었다. 왜냐하면 일일이 개별 국가들과의 협상 과정에서 국내 정치의 반발을 피하기 어려웠기 때문이다. 따라서 학습 중심의 스킬 형성 체계를 구축하되 기존의 학교교육체계를 건드리지 않는 방식이 필요했고, 이런 점에서 유럽연합이나 OECD가 평생학습의 제도화를 선도하기에 유리한 환경이 만들어졌다. 이에 관해 홀포드(J. Holford) 등은 다음과 같이 말한다.

> 1970년대까지 유럽의 초국가 수준에서 교육은 일종의 '터부'시되는 주제였다. 그러나 1970년대 초반, 유럽경제공동체는 약간의

> 교육 관련 쟁점들을 논의하기 시작했다. 그 결과는 미미했다. 즉, 1971년 모임에서 교육장관들은 모든 유럽인이 일반교육 및 직업훈련과 평생학습의 기회를 충분히 보장받도록 노력한다고 하는 내용의 비쟁점적이며 느슨한 형태의 결의문에 서명했으며, 1974년에는 주요 분야에 대한 협력을 강화하되, 각 국가의 교육전통의 고유성을 보존한다는 원칙에 합의했다(Holford & Mleczko, 2013, p. 29).

유럽연합의 이런 경향성은 이후에도 지속되면서 각 국가의 전통적인 학교교육체계의 다양성을 유지한 채 부가적으로 필요한 스킬 형성을 위한 대안적 전략들을 공동으로 채택해 갔다. 평생학습의 독자적 공간은 이 흐름에서 시작된 것이었고, 적어도 각 국가의 교육체계가 점령한 경계를 침범하지 않는 선에서 새롭게 구축된 체계였다.

제도화의 진전과 관련해서 볼 때, 1990년대 초기만 해도 평생학습은 단지 '새로운 수사어'일 뿐이었다. 여전히 정해진 방향은 없었고, 투여된 자원은 미미했다. 앤디 그린(A. Green)이 말한 것처럼 "선진국 사이에서 새로운 정책적 수사학들이 난무했지만 뭔가 합의된 것은 없었고, 평생학습과 학습사회에 대한 비전은 그 목적과 수단 모두에서 제각기였다"(Green, 2000, p. 35).

하지만 이러한 수사학들은 이와 병진해서 구축되어 가고 있던 평생학습의 제도화 과정과 연동하면서 실질적 변화들을 만들어 내기 시작했다. 우선 직업교육훈련 분야에서 그 구체적 성과들이 나타났다. 코펜하겐 프로세스를 계기로 유럽연합은 시장 주도로 노동시장과 학습산업을 결합하면서 새로운 노동 수요에 대응하였다. 주로 '중등 후 교육(post-secondary education)'에 대한 참여율을 높이고 공급을 확대하려는 노력들이 평생학습 담론을 통해 제도적 기반을 획득했다(Edwards et al., 2002). 대부분의 새로운 성인학습의 수요는 고등교육 수준의 교육훈련에 집중되었고, 과거에는 중시하지 않았던 폴리테크닉 등이 응용과학대학(university of applied science)이라는 형태로 자리 잡거나 혹은 기술학교나 전문대학들이 정식 대학으로 대거 승격되는 경우들도 있었다. 하지만 이러한 변화가 기존의 전통적인 대학들에 대해서도 의미 있는 영향을 주었다고 보기는 어렵다.

요컨대, 유럽의 스킬 형성 정책은 유럽연합의 새로운 노동 조건 및 평생학습이라는 새로운 정책 수단의 두 가지 요인에 의해 추진되었다고 할 수 있다. 우선 국가 단위가 아닌 초국가 단위에서 고등교육의 개혁을 촉진하기 위한 다양한 대학정책들이 개발되었고(예컨대, 볼로냐 프로세스), 이런 포괄적 직업교육훈련과 노동시장을 연결하는 연결 고리로서 평생학습정책들(예컨대, 코펜하겐 프로세스) 등이 합의되었다. 이제 유럽집행위원회는 고등교육과 평생학습을 통해 기존의 개별 국가 단위로 구축되었던 전통적 교육정책을 직접 건드리지 않고도 유럽 교육정책 전반을 장악하고 통제할 수 있게 되었다(Milana & Holford, 2014).

유럽에서의 평생학습 제도화의 흐름을 연대기 순서로 보자면 다음과 같다. 우선, 리스본 프로세스(Lisbon Process) 이후 유럽은 학습경제(learning economy)를 전면에 표방하기 시작하였다. 평생학습은 그 위에 얹힌 인간 역량 강화 프로그램이었다. 또한 2000년의 'Memorandum on lifelong learning'과 2001년의 'Making a European area of lifelong learning a reality'는 새롭게 설계되는 평생학습 스페이스를 실제 공간 안으로 가지고 들어오기 위한 구체적 공정이었다. 기존 학교교육체계의 근대주의적 한계를 넘어서기 위해 새롭게 구축된 '평생학습체계'를 유아에서부터 초·중등, 고등, 성인 교육을 통칭하는 상위 개념으로 설정하였다(Rasmussen, 2014). 이렇게 구축되어 가는 평생학습체계는, ① 기존 학교와는 다른 방식으로 작동하고, ② 국가 단위가 아니라 유럽연합 프로젝트를 통해 확산되며, ③ 학교를 우회하여 학습과 노동시장이 직접 만날 수 있는 보다 더 효과적인 공간이 되었다. 볼로냐 프로세스와 코펜하겐 프로세스 등은 그 위에 얹힌 개념이었다. 2005년이 되면서 유럽연합은 이런 평생학습 스페이스 위에 유럽 자격 프레임(European Qualification Framework)이라는 구조물을 건설하게 되는데, 이 구조를 통해 바야흐로 전통적 교육체계 기능을 대체할 새로운 스페이스의 골격이 완성되었다(Spolar & Holford, 2014).

그렇다고 해서 유럽의 평생학습체계에서 각국의 차이가 드러나지 않은 것은 아니다. 예컨대, 그린은 평생학습의 체계화 과정에서 나타나는 각 국가들의 특징이 가장 직접적으로 그 국가의 경제·사회 모형의 특징과 서로 연동하고 있다고 주장했다. 특히 2006년 발표된 'Models of lifelong learning and the knowledge society'는 이런 '연동 현상'을 잘 설명하고 있다(Green, 2006, p. 321). 그가 보기에, 영국의 경우 평생학습과 관련된 정책과 제도들이 학교교육이 생산해 낸 계층 격차를 무마할 쿨링 효과로 작동하고 있으며, 결국 평생학습은 기존 학교교육을 보완하기는 하지만 여전히 그 구조를 건드리지 않는 방식으로 공존하고 있다고 주장한다. 반면, 평등사회를 지향하는 노르딕 국가들의 경우 높은 수준의 기술을 공급함으로써 사회적 임금 격차를 줄이는 한편, 총체적인 노동 생산성도 향상시키는 효과를 나타낸다고 본다. 성인교육에 대한 높은 참여율은 그대로 전반적인 높은 고용률 및 높은 생산성으로 이어지며, 당연히 사회적 통합 효과도 높을 수밖에 없다고 결론짓는다. 요컨대, 비록 평생학습의 실천과 정책이 범유럽적으로 전개되고 구축되고 있지만, 그럼에도 불구하고 그 내부 효과는 국가들 각각의 사회경제적 특징 및 그와 연동하여 작동하는 학교 체계와 사회 선발 체계의 특징으로부터 자유롭지 못하다. 왜냐하면 평생학습의 기회와 효과도 여전히 학교 체계의 기회와 효과와 구조적으로 연동(structurally coupling)하고 있기 때문이다. 결국 이러한 국가별 격차는 그대로 평생학습체계의 기능과 효과성의 차이로 드러났다.

또한 자연스럽게 평생학습체계가 학교 체계 안으로 융합되어 들어가면서 또 다른 차원의 대안적 형식교육을 형성하기도 하였는데, 예컨대 '학교 모형(school model)'을 사용하는 미국, 캐나다, 일본 등에 비해서 '듀얼 모델(dual model)'에 기초한 독일, 오스트리아, 스위스 등 및 '복합 모형(mixed model)'을 채택하는 영국 등의 국가에서 평생학습은 보다 활발하게 학교교육을 보완할 수 있는 대안적 통로로 활용되었다(Saar & Ure, 2013).

요약하면, ① 유럽에서의 평생학습은 초국가적 기구에 의해 촉발된 새로운 컨센서스로서, 특히 지식경제에서의 중등 후 교육-고등교육-성인직업교육의 연결선을 확보하려고 하였고, ② 이를 위해서 학교처럼 고립된 배타적 영역을 확보하는 방식으로가 아니라, 오히려 느슨한 형태의 복합적이고 탈중심화된 새로운 배치 형태를 구축하고 동시에 그와 연동하는 기존 학교 체계의 주변적 변화를 이끌어 내는 방식으로 작동하였으며, ③ 평생학습이라는 프레임 안에서 직업 체계와 학교 체계를 호환적으로 연결하는 다양한 구조와 제도들을 생산해 내었다. 연구자가 볼 때 각 요소들, 예컨대 새로운 학습 기회, 새로운 교육공급 체계, 새로운 학습 결과 인정 장치, 새로운 거버넌스 및 재정 프레임, 새로운 질 관리 및 모니터링 장치 등이 이미 생성되고 작동되는 양상을 본다면 평생학습체계는 충분히 하나의 '체계'로 작동하고 있다고 말할 수 있다. 하지만 여전히 그 역사는 짧고, 그 안정성 및 회복력(resilience), 재생산력 등을 관찰할 수 있을 만큼 현상에 대한 관찰 기간은 충분하지 않다. 또한 이 체계와 기존의 학교 체계, 그리고 노동시장과 지식경제 등 외부 환경들과의 연동 방식을 세밀하게 관찰할 여유도 없었다.

여기에서 제기될 수 있는 두 가지 질문이 있다. 첫째, 이러한 해석에도 불구하고 여전히 평생학습체계를 하나의 실제적인 사회 체계—스스로에게 맡겨진 복잡한 과제와 문제들을 해결하면서 지속적으로 자신의 체계를 복제/재생산하는 복잡 체계—로 이해할 수 있는가? 둘째, 이 구조 안에서 여전히 평생학습의 양상은 경제적 노동수요와 연동하는 것이 명백한데, 그럼에도 불구하고 평생학습체계의 배치 혹은 조직화 양상이 경제적 하부 구조/교육적 상부 구조라는 이중 구조에 의해 '결정'되는 것이 아니라 스스로의 분산적이고 미시적인 마이크로폴리틱을 통해 작동한다는 단일론(monism) 혹은 평평한 존재론(flat ontology)에 근거하여 해석할 수 있는 근거를 찾을 수 있는가? 혹은 그 과정에서 체계화, 자기조직화 혹은 재귀적 자기참조성을 통해 스스로를 재생산해 간다고 볼 만한 증거가 있는가? 이 질문들에 대한 답을 내리기에 우리들이 지금까지 쌓아 온 연구들은 턱없이 부족하다. 하지만 포기하기에 너무도 매력적인 질문임에 분명하다.

동아시아 국가–시민사회의 재편과 평생학습

평생학습 현상은 물론 유럽에서만 나타났던 것은 아니다. 그렇다고 해서 세계 곳곳에서 동시다발적으로 일어난 것도 아니다. 평생학습 개념은 마치 바이러스가 퍼지는 것처럼 시차를 두고 지역 허브들을 통해 점진적으로 확산되어 갔다. 그리고 그 중심에는 초국가적 차원에서 작동하는 국제기구들이 있었다.

동아시아에 평생교육/학습의 프레임을 전파한 장본인은 유네스코였지만, 동아시아의 평생학습 흐름은 유네스코 혹은 유럽의 기류와는 매우 다른 방향으로 흘러갔다. 유럽이 1990년대 경제 위기를 지식경제와 평생학습이라는 쌍두마차를 통해 극복하려고 시도했던 것처럼 지구 반대편의 동아시아에서도 이런 흐름이 있었다. 다만, 이 지역의 평생학습은 개별 국가 단위에서 추진되었는데, 그럼에도 불구하고 한국과 일본 그리고 중국권 국가들(본토, 대만, 홍콩 등)은 누가 허브라고 하기 어려울 정도로 각각의 경험들을 교류하며 비슷한 양상으로 평생학습의 정책들을 구축해 나갔다.

유럽과 비교할 때, 동아시아의 경우에도 평생학습의 제도화는 전통적 교육법체계와의 연동 속에서 발생하였지만 그 맥락과 양상은 유럽과 매우 달랐다. 유럽에서 '국가–국가 시민권–학교교육체계–사회 선발'이라는 중심선을 우회할 수 있는 '초국가기구–유럽 시민성–평생학습 컨센서스–스킬 형성'이라는 프레임이 형성되었던 것과 달리, 동아시아에서는 개별 국가의 영역 안에서 고정된 학교 체계를 우회하여 변화의 공간을 확보해야만 했다. 이 과정에서 지역 정치사회화 공간 안에서의 새로운 시민성 형성과 평생학습을 연결하는 새로운 연결선을 찾게 된다. 지역, 지방자치단체, 시민 참여, 마을 공동체, 학습도시 등의 키워드는 이런 맥락에서 동아시아 평생학습의 새로운 인큐베이터로 작동하기 시작했다.

우선, 구체적 양상에 있어서 동아시아 세 나라의 접근법은 다소 상이했다. 한국의 경우 「사회교육법」이 「평생교육법」으로 전환되는 것을 통해 '평생교육'이라는 형태의 독립적인 경계를 획득함으로써, 학습의 개념은 여전히 교육프레임 안에 위치해 있었다. 그 안에서 평생교육은 교육행정 체계, 지자체 행정 체계, 문화 체계, 직업능력 개발 체계 등과 연동하는 포괄적 작동 범위를 확보하게 되었다. 반면, 일본의 경우 평생학습은 사회교육과의 차별적 정체성을 확보하는 데에는 성공하였지만, 그로 인해서 학교교육 및 사회교육이 이전부터 구축해 온 대립적인 병렬 구조로 인해 스스로의 독자적 경계 구조와 배타적 기능성을 확보하지 못하였다(「생애학습진흥법」은 평생학습 실천을 위한 배타적 경계와 구조를 확보하도록 해 주지 못하기 때문이다). 중국의 경우, 평생학습과 관련된 중앙정부 단위의 법이 존재하지는 않지만 비공식적 선언 혹은 권고 등을 통해 직업훈련 영역에서의 과거 성인교육의 역할을 대체 혹은 지원하는 양상을 보인다.

동아시아에서 평생학습이 가장 활발하게 제도화되었던 1990년대 이후는 아시아 경제 위기와 노동시장의 불안정화, 사회 양극화 등이 가장 빠르게 진행되던 시기였다(Han, 2001/2009). 하지만 지식경제와 교육체계의 관계에 있어서 스킬 형성이라는 문제는 여전히 동아시아 평생학습 제도화의 중심 쟁점을 비켜나 있었다. 오히려 그 중심은 주로 정치사회적 맥락에서의 시민성학습과 관련된 것이었다. 유럽의 평생학습이 지식경제의 흐름을 타고 핵심 논리와 구조를 구축하였던 데 반해서, 동아시아의 평생학습은 글로벌경제 위기 이후 나타난 지역 붕괴와 사회 양극화의 흐름 안에서 연동하는 새로운 맥락 안에서 자라고 있었다. 지역과 자치, 연대, 시민, 공동체 등의 단어들 속에 과거에 부각되지 않았던 학습의 새로운 양상이 주조되기 시작했다(Han, 2017).

돌이켜 보면 1990년대는 동아시아 국가들에서 공통적으로 국가 권위주의가 눈에 띄게 후퇴하고, 그 틈새를 통해 지방자치, 시민사회 형성, 그리고 사회 통합의 아이디어가 핵심 의제로 등장하던 시기였다. 글로벌경제의 침습으로 인해 이전의 국가 권력의 독점성이 흔들리게 되었고, 이를 계기로 다양한 방식의 시민사회와 시장의 주도성이 고개를 들기 시작했다. 당시 아시아 경제 위기는 국가의 전지전능한 위상을 상대적으로 약화시켰으며, 일본과 한국의 경우 지난 50년 이상 유지되어 오던 내부 노동시장 중심의 스킬 형성 체계가 붕괴되고 외부 노동시장이 상대적으로 발달하면서, 이전에는 기업이 담당하던 스킬 형성의 책무성이 사회 차원으로 떠넘겨지는 변화가 나타났다. 중국의 경우도 1990년대로 들어오면서 사유재산이 헌법으로 인정되고 취업이 국가의 책무로부터 개인으로 전환되는 변화 속에서 기존의 고용 관행이 무너지고 사회 양극화가 심화되었다.

이 과정에서 동아시아 평생학습은 사회 통합과 지역자치 그리고 시민사회 활성화라는 흐름을 타고 나름의 독특한 작동적 폐쇄성을 구성해 내었다. 이 구조가 이후 재귀적으로 평생학습 관련 거버넌스, 정책, 질 관리 구조 등을 제도로 구축하는 데 핵심적인 프랙털 패턴이 된다. 이 과정에서 평생학습의 논리는 주로 시민사회 형성 및 주민자치라는 정치사회적 지형 재편의 맥락에서 특화되었다. 동아시아 국가들은 평생학습의 제도화를 통해 중앙정부가 단독으로 수행해 왔던 사회정책의 일부 기능을 지방정부 및 시민사회의 책무성으로 전환하면서, 동시에 주민자치를 중심으로 하는 민주적 시민사회 기능을 활성화하는 전략을 취하게 되었다. 이 과정에서 학습도시, 마을 만들기, 지자체 중심의 공공평생학습관 등이 활성화된다.

사실, 일본의 평생학습 개념은 그 역사에 비해 뒤늦게 제도화되었다고 할 수 있다. 이미 패전 후 제국주의적 틀을 해체하고 민주화를 지향하기 위해 1940년대 말부터 각 시정촌마다 공민관을 중심으로 사회교육이 제도화되어 실천되고 있었기 때문에, 평생학습 개념이 이와 차별적으로 자기만의 독자적인 경계를 구축하기 어려웠다. 하지만 이런 흐름은 1990년대 글로벌경제 위기와 연동하는 버블 붕괴 이후 대대적 변화를 경험하게 된다(Makino, 2013). 1980년 말을 기점으로 일본의 고도 산업 성장의 신화가 무너지고, 이른바 잃어버린 30년이 시작되는 시점에서 중앙정부는 연금, 복지 등 중앙정부가 담당하던 책무를 더 이상 수행하기 어렵게 되었고, 이를 지방정부로 이양하되 고령화 사회 및 지방 소멸이라는 문제를 동시에 해결하기 위해 대대적인 행정 통합정책을 실시했다. 이 과정에서 마을의 자립성을 회복하고 주민자치의 새로운 기반을 마련하기 위한 매개로서 평생학습 모델을 광역 단위에서 적극적으로 도입하기 시작했다(김득영, 1995). 사회교육이 시정촌의 가장 작은 단위를 기점으로 뿌리를 내린 것과 달리 평생학습은 행정 통합이 이루어지는 보다 광범위한 광역 단위를 기반으로 적용되었다. 또한 사회교육이 민주주의와 진보적 성향을 띠었던 것과 달리 평생학습은 태생적으로 현재적 문제를 해결하고 보완하기 위한 장치였고, 그 안에 산업–지역–직업 스킬–주민자치 등 이질성을 관통하는 복합 개념으로 정체성을 형성해 나갔다.

한편, 한국에서 평생학습은 일본과 달리 기존의 사회교육을 적극적으로 통합·흡수하면서 보다 발 빠르게 제도화되는 양상을 보였다. 한국에서도 사회교육이라는 개념이 자생적으로 존재하고 있었지만 학력 경쟁이 강화되면서 학교와 대학의 팽창에 모든 자원을 투입하게 되면서 자연히 사회교육은 그 존재성에 대해 충분한 주목을 받지 못했고, 일본과 달리 체계적 기반과 제도적 지원을 거의 받지 못하였다. 그러던 가운데 1993년 문민정부의 출범은 사회, 정치, 경제 전반에서 민주화와 개방화 그리고 자율화의 바람을 몰고 왔다. 이 정부의 교육개혁 슬로건이 '열린교육사회 평생학습사회'였던 것을 보면 민주화와 개방화의 흐름이 교육부문에도 의미 있는 영향을 미쳤다는 것을 짐작할 수 있다. 이 흐름 가운데에는 물론 신자유주의라는 시대적 흐름도 피할 수 없는 것이었다.

민주화의 흐름 속에서 차기 정부는 교육법의 기본 구조를 개선하는 「교육기본법」을 완성했고, 사회교육법을 대체하는 「평생교육법」을 제정함으로써 「초·중등교육법」 및 「고등교육법」 등과 함께 교육4법의 근간을 마련했다. 특히 1998년 제정된 「평생교육법」 안에 지방정부의 평생학습 기능이 명시되었고, 지자체들은 학습도시 조례를 통해 평생학습정책을 선언하고, 평생학습관을 설치하여 성인교육프로그램을 공급할 수 있는 기반이 마련되었다.

중국의 경우, 평생학습에 대한 인식은 2000년대 초반부터 시작된다. 당시 국가 주석이었던 장저민은 공식적으로 평생학습의 중요성을 역설하였고, 2002년부터 주석직을 승계한 후진타오 정부는 중국 사회의 양극화 문제를 치유하기 위해 제안된 '조화로운 사회' 개념과 평생학습정책을 연동하는 방식으로 평생학습의 제도화를 추진하였다(Sun & Chang, 2019). 당시 중국은 사회재산권을 헌법에 규정하고 도시들이 사유재산과 관련된 새로운 편제를 시작하였는데, 이 단계에서 주민자치의 개념으로 등장한 '사구(社區, shequ)'—구보다 작은 일종의 자치행정 단위—는 이후 지역 평생학습의 핵심 기반이 되었다. 2004년에는 사유재산권 보호를 명기한 헌법 개정안이 전국인민대표회에서 채택되었으며, 2007년 전국인민대표회의에서는 사유재산의 보호를 명기한 「물권법」, 국내 기업과 외자 기업의 소득세율의 격차를 시정하는 「기업소득세법」 등이 인준되었다(Sun, 2009). 이 과정에서 각 지역마다 설치된 사구는 사유재산을 중심으로 거주한 주민들의 자치의 중심이 되었고, 또한 평생학습 및 학습도시의 기본 단위가 되었다.

평생학습이 기본적으로 개인의 학습권 실현에 초점이 맞추어지는 특성을 고려할 때, 그것이 중앙정부의 강한 제도화보다는 지방정부의 약한 제도화의 골을 따라 발달했다는 점은 동아시아 평생학습 제도화의 한 가지 특징으로 기억될 만하다. 1990년대 당시 아시아 경제 위기와 국가 주도성의 약화 그리고 시민사회의 급속한 발전 양상 속에서 평생학습의 핵심이 중앙정부가 아닌 지방정부의 자치주의, 그리고 그와 협력하는 민 · 관 협력(Public-Private Partnership: PPP)을 실현하는 시민사회 논리와 연동하며 성장하기 시작했다. 그 결과로 한국과 일본의 경우 공통적으로 평생학습과 지방도시 개발, 주민자치와 지역 개발 주체 형성 전략 등이 연결되었다. 중국의 경우도 경제 성장과 화해사회의 필요성을 역설하는 가운데 거대 지방정부들(예컨대, 베이징, 상하이 등)이 먼저 나서서 평생학습정책을 추진한다.

생성적 이형성에서 탈중심화적 체계화로: '평생학습체계'의 등장

돌아보면 『포르 보고서』에서 『들로르 보고서』까지, 그리고 유럽 체제에서 동아시아 체제까지, 평생학습의 제도화 혹은 체계화 과정은 여러 방면에서 일종의 야누스적 얼굴을 가진 다면성을 드러내는 것이었다. 처음에는 학교 개혁 담론의 성격을 띤 탈권위주의와 탈구조주의적 특징을 띠고 있었지만, 그 이후 나타난 신자유주의적 흐름 속에서 인간 본질 혹은 세계 위기 등의 규범이나 원리보다는 지식자본주의를 지원하는 일종의 작동적 기능성으로서 학습을 체계화하게 된다. 하지만 이러한 특성은 동일한 신자유주의 흐름 아래에서도 유럽과 동아시아라는 각각 다른 문화정치적 맥락에서 서로 다른 형태로 진화하는 양상을 보였다.

이러한 차이를 가장 단순화시켜 본다면 바로 직업능력 개발과 사회 통합이라는 두 가지 차이로 요약될 수 있다. 1990년대 이후 평생학습의 사회적 목표는 주로 개인 발달(personal development), 직업 능력 개발(employability), 그리고 사회 통합(social inclusion)이라는 세 꼭짓점으로 요약되었다. 말하자면, 인간이 평생에 걸쳐 학습해야 하는 이유를, ① 모든 인간이 자신의 삶의 이유와 방식에 관해 자각하고 계발하는 '존재학습', ② 사회적으로 노동과 학습의 순환을 통해 경제 구조와 노동시장의 급속한 변화에 적응하는 '일터학습', 그리고 ③ 갈수록 높아지는 사회 양극화와 차별의 사회를 넘어설 수 있는 인권 등 시민성의 과제를 수행하기 위한 '삶터학습'에 대한 필요성으로 설명하고 있었다. 이 가운데 유럽의 평생학습이 직업 능력 개발을 중심으로 작동하였던 반면, 동아시아에서의 평생학습은 사회 통합성을 우선적으로 강조하는 모형으로 발달하였다(Han & Makino, 2013). 또한 유럽의 경우 유럽연합이라는 초국가 단위의 제도화 질서 안에 새로운 평생학습정책 공간이 마련되고 확장되어 갔던 데 반해서, 동아시아에서는 오히려 지역 단위에서의 마을과 도시를 새로운 학습 제도화의 주체들로 형성해 내었다.

물론 이 말이 결코 유럽에서는 사회 통합형 평생학습이 없었다거나 혹은 동아시아에서는 평생 직업능력 개발을 지향하는 방향으로 작동하지 않았다는 말로 단순 해석되어서는 안 된다. 혹은 더 나아가 이 차이가 단순히 서양의 물질주의 대 동양의 유교주의 등으로 지나치게 확대 해석되어서도 안 된다. 오히려 여기에서의 핵심은 평생학습 개념이 서로 다른 맥락에서 어떤 방식으로 초기 조직화를 구성해 내었는가에 따라 이후의 주도적 향방이 갈라졌다는 것이다.

앞에서 이미 설명한 것처럼, 동일한 유럽 내에서도 평생학습체계화 과정이 드러내는 다양성은 분명하게 나타나고 있었다. 비록 유럽연합이라는 초국가 체계에 의해 주도되었고 대부분의 정책과 제도화가 고용 노동시장 및 직업능력 개발에 집중되어 있었지만, 그 실제 양상과 결과가 국가마다 매우 다르게 나타났다는 점은 우리가 평생학습의 제도화 과정이 가지는 기본적 성격을 어떻게 이해할 것인가의 문제를 고민할 때 매우 중요하게 고려해야 할 지점이다. 그린(Green, 2006)이 지적한 것처럼, 글로벌 자본주의와 학습경제 그리고 새로운 노동 역량 공급정책이 연결된 20세기 후반, 유럽 평생학습정책들은 국가마다 다양한 형태로 나타났다. 한편에서 프랑스처럼 국가 주도로 강하게 드라이브를 건 경우도 있는 반면, 독일이나 북유럽처럼 사회적 합의 모형을 통해 실현하기도 하였고, 영국처럼 철저히 시장 주도의 유연한 노동시장 모형으로 전개한 경우도 있었다. 또한 이들 간의 비교들도 활발히 이루어졌는데(Rubenson, 2006), 유럽의 경우 어떤 한 가지 모형이 전 대륙을 휩쓰는 경우는 없었다.

각각의 경우를 들여다보면 마치 백 가지 사태 속에서 백 가지 모습이 나타나는 듯 보이지만, 사실상 이러한 균열과 재배치 현상의 가장 중심에 위치한 핵심적 현상이 있다면 그것은 바로 개념으로만 존재하던 평생학습이 일종의 '체계' 형태로 모습을 드러냈다는 것이다. 그리고 여러 가지 차이에도 불구하고 평생학습체계는 기존 교육체계를 보완 혹은 대체하면서도 스스로 자신의 독자적 존재감을 드러내고 있었는데, 한마디로 말하자면 교육(education)으로부터 학습(learning)으로 중심축이 전환되어 가면서 학습체계가 기존의 학교 체계와 구분된 새로운 질서를 만들어 내고 있었다고 할 수 있다. 이런 현상에 대해서 유네스코 산하 교육전문연구소인 유네스코평생학습원(UNESCO Institute for Lifelong Learning)은 2022년 『제5차

GRALE 보고서』에서 다음과 같이 선언한다.

> 비형식·무형식 학습이 국가 학력에 대한 인정, 검증, 학점화 등의 메커니즘과 결합하면서 기존의 교육체계(education systems)가 평생학습체계(lifelong learning system)로 전환되고 있는 시대적 흐름이 나타나고 있다. 그 안에서 성인교육과 비형식교육에 대한 정책적 관심이 지속적으로 증가하고 있다(UIL, 2022, p. 18).

여기에서 GRALE은 세계 성인교육과 평생학습의 제도화 과정을 모니터링하는 보고서이며, 정식 명칭은 『Global Report on Adult Learning and Education』이다. 이 보고서는 처음에는 2009년 브라질의 벨렘(Belem)에서 열렸던 제6차 세계성인교육대회(CONFINTEA VI)에 제출된 보고서였고, 이후 매 3년마다 글로벌 성인교육의 발달상을 모니터링하기 위해 유네스코평생학습원이 출간하고 있다. 2022년 발간된 『5차 GRALE』은 2022년 모로코의 마라케시(Marrakech)에서 열린 제7회 성인교육대회를 위해 특별히 준비된 것이었다.

이 인용문이 말해 주듯이, 학습의 세기를 열어 가는 첫 단추가 바로 평생학습체계의 등장에서 시작한다는 점은 오늘날 평생학습을 연구하는 우리들에게 의미하는 바가 크다. 물론 평생학습체계의 등장은 학습의 세기의 완성이 아니라 시작점일 뿐이다. 평생학습 연구는 그 시작점을 교육학적으로 설명하려는 한 가지 시도라고 할 수 있다.

지난 1990년대 이후 글로벌 차원에서 평생학습이라는 이름의 다양한 논의와 장치들 그리고 제도들이 나타나기 시작했다. 개별 국가들에서의 평생학습 관련 정책과 제도들이 등장하기 시작했고, 평생학습도시를 표방하는 도시들의 연합체도 탄생했다. 유럽연합에서는 평생학습을 초국가적 교육정책의 상위 개념으로 올려놓았고, 유네스코는 교육연구원(Institute of Education: IOE)을 유네스코 평생학습원(UNESCO Institute for Lifelong Learning: UIL)으로 개편하면서 글로벌 차원에서의 평생학습체계 발전의 리더로 자임하기 시작했다. 이렇게 등장하고 있는 평생학습체계는 예전에 학교가 전유했던 형식학습 중심의 독점적 교육체계를 주변에서 포위해 들어가며, 때로는 그것과 연대하고 융합하기도 하면서 전체 교육체계의 판세를 바꾸어 가고 있다.

잠시 여기에서 내가 말하는 '평생학습체계'의 의미를 짚고 넘어갈 필요가 있다. 우선, 일터 혹은 삶터에서 일어나는 인간학습은 늘 인간 활동의 후경에서 작동하는 것이어서, 무엇인가 학습되었을 경우라고 하더라도 그것이 명시적으로 '어떻게 학습되었는지'는 겉으로 드러나지 않는다. 예를 들면, 농사짓는 아버지를 따라서 씨를 뿌리고 밭을 갈고 김을 매는 '활동'을 함께하면서 자신도 농사법을 배웠지만, 이때 그것을 명시적으로 '배우기 위해서' 어떤 활동을 특별히 하는 것은 아니다. 단지 함께 일하면서 익힐 뿐이다. 말을 배우는 과정도 마찬가지이다. 어릴 때부터 부모 등과 이야기하고 노는 과정에서 배우게 되지만, 이를 위해서 일부러 공부하는 시간이나 구분된 공간을 따로 마련하지는 않는다. 말하자면, 생활 속에서, 사회화 속에서, 상황과 맥락 속에서 학습은 늘 '배경 화면 속에서' 일어나고 있을 뿐이다. 하지만 학습이 항시 일어나고 있다는 점은 부정할 수 없다.

반면, 글을 배우는 일은 이와 다르다. 글을 배우기 위해서는 별도의 시간과 공간, 교재와 방법, 노력과 평가가 따라야 한다. 이를 위해서는 기존의 일터 혹은 삶터와 구별되는 배움터가 필요했다. 학교는 바로 이렇게 구분된 배움터를 말하는 것이었다. 어느 시점까지는 그렇게 구분된 배움터에서 일어나는 일을 교육이라고 불렀고, 그런 곳에 학교, 학원, 아카데미, 대학 등의 명칭을 붙였다. 근대사회로 넘어오면서 학교는 모든 시민이 참여하는 필수 코스가 되었다.

이때까지만 해도 학습이라는 개념은 주로 배움터 안에 갇혀 있었다. 왜냐하면 앞에서 말한 것처럼 후경에서 수행되는 학습의 존재성이 여전히 사람들의 인식 수면 아래 묻혀 있었던 반면, 배움터에서 이루어지는 학습은 스스로를 전경화하면서 그 존재감을 부각시켰기 때문이다. 따라서 학습은 배움터를 장악한 교육의 보호 아래 작동하는 제도적 활동이라는 제한된 활동으로 인식되었다.

평생학습의 출발점은 바로 이렇게 '전경화된' 학습이 기존의 배움터의 경계를 넘어 성인기에도 그 일터와 삶터에서 지속되어야 한다는 사상이었다. 그럴 경우, 학습을 제1차 목적으로 하는 사회 장치들이 필요하게 되고, 또한 그런 활동을 본업으로 하는 학습체계들이 탄생하게 되었다. 그렇게 발달하는 새로운 종류의 배움터들은 기존의 학교와 차별적으로 성인교육기관, 지역사회교육기관, 직업훈련원, 학원 등 다양한 이름으로 불리기 시작했다. 말하자면, 학교 밖에서 학습을 전경화하는 학습체계들이 다양한 방식으로 탄생하고 제도화되며 크고 작은 체계들을 형성하기 시작한 것이다. 나는 이러한 다양한 비-학교 체계들이 형성해 내는 불연속적이고 탈중심화된 체계들의 총체를 '평생학습체계'라고 이름 붙인다. 전경화된 학습이란 곧 '제도화된 학습'을 말하며, 학습을 선택적으로 조직화하고 수행하며 결과를 평가하는 다양한 제도적 방식들이 서로 묶인 체계를 우리는 평생학습체계라고 부를 수 있다. 이 체계는 초기에는 '분절된 체계'로 시작하지만 시간이 지남에 따라 점차 서로 연결 고리를 확보하면서 학교 체계와 유사한 방식으로 진화해 간다.

요컨대, 평생학습체계는 우리가 관찰할 수 있는 가장 최근의, 가장 활발하게 전개되고 있는, 그리고 교육체계의 양상을 복합적으로 담고 있는 하나의 의미 있는 사회 체계 혹은 구조이며, 그 역동성을 관찰하는 가운데 우리는 지식–학습–교육–사회의 연동 양상을 직간접적으로 관찰할 기회를 얻게 된다. 이때 평생학습의 제도화는 어떤 거대 담론에 의해 일방적으로 설명되거나 혹은 어떤 외부의 힘에 의해 '결정'되는 것이라기보다는 그 반대로 작은 단위에서의 개별 요소와 관계, 그리고 맥락적 배치성이 어떠했는가를 통해 다면적으로 살펴져야 할 것으로 보인다.

이 과정에서 기존 성인교육 혹은 직업훈련 영역들과의 크고 작은 충돌들도 있었다. 평생학습 개념은 원래 인간학습이 학교가 끝나는 지점에서 중단되지 않고 지속되어 나갈 것을 강조하는 것이었기 때문에 그 제도화 과정에서는 자연스럽게 기존의 성인교육, 사회교육, 혹은 비형식교육활동들을 자신의 개념 안으로 끌어들일 수밖에 없었고, 불가피하게 이전에 존재했던 학교교육 외곽에서의 이전 제도들과 경쟁 관계에 놓이게 될 수밖에 없었다. 이때 이전 제도란, 예컨대 서구 영어권에서의 성인교육(adult education), 북유럽권에서의 민중교육(volkbildung 혹은 folksbildning) 그리고 동아시아권에서의 사회교육 등을 말하는 것이다. 이 과정에서 평생학습을 표방하는 활동과 제도들은 학교교육체계와의 대치 국면은 물론이거니와, 또한 이러한 전통적 비형식교육개념들과도 불가피하게 마찰하며 영토 투쟁을 벌여야 했다.

현재 나타나고 있는 평생학습체계는 기존 교육체계의 보완에서 출발하기는 했지만 그와 차별적인 여러 가지 특징들을 품고 있다. 가장 먼저 '학습'을 이해하고 해석하는 방식에서 새로운 접근을 담아내고 있으며, 그런 학습체계들로서 구성된 평생학습체계는 기존의 교육체계와 다른 새로운 양상으로 전개되고 있다. 그 연장선상에서 평생학습의 의미와 체계는 교육체계처럼 하나의 자기완결적 사회체계—대개 학교 체계라고 말하는—안에서 고립적으로 작동하기보다 오히려 일터와 삶터의 각 영역 안으로 침투하여 들어가면서 전반적으로 평생학습이 일상화되는 사회 체계, 즉 학습사회 체계를 구성해 나가고 있다. 평생학습체계는 교육이라는 매개를 경유하지 않고 학습활동 자체가 독자적인 형태의 사회 체계로 등장하는 현상이다. 그 안에 수많은 사회적 가치의 충돌, 갈등, 권력과 지배, 정체성의 왜곡, 새로운 비전의 탄생 등이 교차한다.

이렇게 나타나는 다양한 평생학습체계에는 처음부터 어떤 태생적 본질 같은 것은 존재하지 않는다. 말하자면, 그것이 '평생학습체계'로 불리기 때문에 애초부터 만족시켜야 하는 어떤 윤리적 가치나 기능적 전제들은 존재하지 않는다. 다만, 그 안에서 학습이 여러 기이한 방식으로 작동하면서 하나의 새로운 사회적 기능체를 형성해 내고 있다는 사실만이 존재한다. 이것은 분명히 '동형화'에 대항하는 '이형화'의 모습이다. 20세기 학교교육이 제도화되는 과정에서 서로 간의 동질성이 높아지는 동형화가 진행되었던 것과 달리, 평생학습의 제도화 과정은 오히려 다양성과 차별성을 통해 빈 공간을 찾아 들어가는 양상을 보였다. 마치 비가 내리면 골이 깊은 곳부터 물이 들어차는 것처럼 평생학습의 이미지는 학교교육의 영토가 배제한 골을 따라 흐르는 모습으로 나타났다. 나는 이것을 평생학습 현상의 한 가지 특징으로서 이형화라고 부르겠다.

어쩌면 평생학습 패턴 발생의 이런 이형화적 다양성은 '학습'이라는 핵심 활동이 가지는 고유한 특성일지 모른다. 『포르 보고서』에서 시작된 평생학습의 제도화 과정은 『들로르 보고서』에 이르면서 '학습의 네 가지 기둥'을 계기로 하는 '학습을 중심으로 재편된 제도적 구조와 공간'이라는 정당성을 창출한다. 또한 포스트-근대 담론들은 기존의 교육체계 안에 갇혀 있던 학습을 탈주시켜 '학교 밖에서 다양한 형태로 표류하는 복수의 분리된 학습 공간들'을 창출하도록 만든다. 평생학습이 형성하는 체계는 정치 체계나 생산 체계와 달리 학습을 중심으로 하는 학습체계이며, 그것은 체계가 환경에 대하여 스스로를 작동적 폐쇄성에 의해 조직하는 과정에서 학습이 작동하는 기제와 방식에 의해 그 성격이 결정된다. 예컨대, 유럽의 평생학습체계는 그 연장선상에서 직업능력 개발을 목표로 하면서 동시에 전통적 학교 체계를 우회하는 초국가적 평생학습정책 컨센서스를 만들어 냈던 반면, 동아시아에서는 그 반대편에서 사회 통합을 목표로 하면서 동시에 지역의 사회교육 전통과 연동하는 주민자치 학습도시들을 만들어 냈다. 이런 차이는 각 맥락에서의 학습의 맥락과 기능성이 무엇인지에 따라 갈리는 것일 뿐, 처음부터 '평생학습'이 조직화되는 방식이 어떤 이념이나 본질에 의해 결정되어 있는 것은 아니다.

이미 돌처럼 견고하게 굳어진 학교교육체계와 달리 평생학습체계는 새로운 '생성적 이형성'을 드러내고 있다. 마치 확장하는 생태계에서 다양한 종들이 바다에서, 땅에서, 하늘에서 새로운 생명을 탄생시키고 있는 것처럼, 학교 밖 광야의 곳곳에서 뿌리를 내리고 학습의 상호 작용을 반복하면서 조금씩 조직화되고, 그 조직들이 연결되면서 제도와 체계들을 만들어 간다. 마치 비가 내리지 않는 사막에도 아침이면 맺히는 이슬로 생명들이 뿌리내리는 것처럼, 메마른 환경에서도 자원과 전문성을 찾아내면서 작은 학습활동들이 조금씩 터를 잡아 간다. 이렇게 일터에서, 인터넷에서, 지역사회에서, 시민사회단체에서, 영리학원에서 벌어지는 학습체계들은 서로 비슷하면서도 차이 나는 이형성을 특징으로 한다. 때로 이들 간의 이종접합 현상이 나타나면서 새로운 혼종적 학습 장면들이 탄생하기도 한다.

흥미롭게도 '학습이 일어나고 있다'는 것을 제외하면 어떤 공통점도 발견하기 어려운 양상들이 펼쳐지고 있음에도 불구하고, 이러한 다종적인 학습활동들을 "평생학습"이라는 일반화된 프레임 안에 묶으려는 개념적이고 정책적인 시도들이 20세기 말부터 지속적으로 관찰되어 왔다. "요람에서 무덤까지"라는 지나치게 넓고 불분명한 개념 범주를 다종다양한 학습활동들에 적용하여 '평생학습'으로 재개념화하려는 시도들 속에서, 일종의 평생학습생태계가 점진적으로 생성되고 있는 모습을 관찰할 수 있다. 평생학습생태계는 매우 느슨한 형태의 공생성을 특징으로 한다. 일터와 삶터에서의 학습이 제도화된 형태는 그 자체가 하나의 복잡 체계적 특성을 가지며, 선형적 인과론의 단순한 적용과 해석으로 그 운동성을 이해할 수는 없다. 실제 현장 속에서 다양한 뿌리를 가진 학습 수요가 발생하고, 이에 대해 국가, 시장 그리고 시민사회의 서로 다른 교육공급이 연결되면서, 이들이 만드는 학습체계들은 탈중심화된 학습생태계를 구성해 간다. 각종 정책과 제도, 법률과 규정, 재정과 기금, 전문성과 기대 효과성 등이 이 과정에 투입되지만, 이러한 제도들도 여러 결의 서로 구분되고 차이가 나는 특성을 갖는다. 결코 학교처럼 교육부, 교육재정, 교사 전문성 등의 한 가지 출처로 치환되지 않는다. 비유컨대, 탈중심화된 학습체계들의 네트워크가 형성되어 나간다. 이것을 '평생학습의 탈중심적 체계화 현상'이라고 이름 붙일 수 있다.

평생학습의 탈중심적 체계화 현상은 어떤 분명한 이념적 지향성의 수혜를 받거나 어떤 특정한 이론적 특성을 반영한 개념이 아니다. 오히려 일종의 '개념적 불확정성'을 통해 성장하는 사회 체계라고 잠정적으로 말해 둘 수 있을 뿐이다. 이런 개념적 불확정성을 피터 자비스는 '사회적 다의성(social ambiguity)'이라는 말로 표현했다. 그가 보기에 평생학습은 처음부터 다양한 조각 현상을 일컫는 집합소이며, 그 성격의 명료함이나 전체를 유기적으로 묶어 낼 통일성을 그 내부에 내장하고 있는 것이 아니다. 평생학습은 하나의 단일한 현상을 말하는 것이 아니며, 그 안에 다양한 형질이 각자 자신의 영토를 선언하고 있을 뿐이다. 평생학습은 지식자본주의의 글로벌 전개 과정에서 노동 상품성을 높이는 인적자원 개발의 한 방편이기도 하지만, 다른 한편에서는 그러한 자본이 주도하는 발전주의가 낳는 다양한 지구적 문제와 사회 불평등을 넘어서기 위한 사회 개혁의 주된 방법론으로 자리매김하고 있는 다중성을 보여 준다(Jarvis, 2009, pp. 10-16).

또한 평생학습의 정체성은 시대마다 다르게 나타났다. 먼저, 1960~70년대에서 출발한 평생학습의 첫 번째 경향성은 『포르 보고서』가 보여 주는 것처럼 학교교육체계를 유연화하고 새롭게 재구성하기 위한 새로운 복합적인 교육·학습 체계를 형성하려는 것이었다. 유네스코는 교육연구소를 중심으로 'éducation permanente'라는 새로운 프레임을 만들었고, 이 개념은 『포르 보고서』 등을 통해 전지구적으로 전파되었는데, 이 과정에서 학교교육에 가려서 존재감을 갖지 못했던 성인교육 혹은 비형식교육의 존재감을 높이는 계기를 만들었다.

물론 이 효과는 선진국과 개발도상국 사이에서 다른 방향으로 나타났다. 선진국의 경우, 초·중등 교육이 이미 보편화되어 있었기 때문에 평생학습의 개념은 고등교육 취학률 확대 및 비학위 성인교육의 역할에 초점이 맞추어졌다. 특히 급속한 고령화로 인해서 사회문제의 중심에 놓인 노인 문제를 평생학습적 차원에서 풀어 나갈 수 있다는 제안들이 설득력을 얻기 시작했다. 반면, 개발도상국의 경우 상시적 부족에 허덕이던 학교교육공급을 보조하고 지원하는 한편, 학교교육 기회를 놓친 성인 인구에 대한 문해교육을 활성화하는 데 평생교육개념이 주로 수용되었다. 이 과정에서 학교의 관료적이고 제도적인 장벽과 한계를 유연화할 필요에 대한 공감대가 형성되었는데, 원격교육, 대안교육 등의 움직임이 평생학습의 프레임을 등에 업고 적극적으로 나타나게 되었다.

이러한 흐름은 1990년대 이후 신자유주의와 글로벌 지식경제 안에서 기능성을 획득하면서 전혀 다른 양상을 띠게 되었다. 교육의 영토를 건드리지 않으면서 새로운 '학습의 공간들'로서의 제3의 공간을 창조하는 것에 모아졌다. 주로 유럽연합, 경제협력개발기구(OECD), World Bank 등의 경제 담론을 통해 새로운 형태로 나타났다. 혹자는 이것을 '평생교육철학의 오염 혹은 훼손'으로 이해하기도 하지만, 그보다는 평생교육의 개념이 교육의 터를 넘어 '평생학습'이라는 새로운 글로벌 컨센서스를 구축하는 것을 통해 새롭게 자기존재감을 구축해 나가는 것으로 이해하는 것이 오히려 타당하다. 요컨대, 평생학습은 사회적으로 발명된 개념이며, 지속적으로 반복적인 실천을 통해 새로운 의미 지형을 창조해 간다.

여기에서 우리는 학습이 가지는 본질적 특성 한 가지를 발견할 수 있다. 학습은 단지 주어진 제한된 지식과 능력을 학습하면서 기존 질서에 순종하는 일이 아니다. 오히려 학습은 현실을 적극적으로 구성해 간다. 과감하게 말하자면, 인간에게 부여된 현실을 구성해 가는 유일한 방법은 바로 학습이다. 다른 사회기제와 달리 학습이라는 기제는 생성과 변화를 추동하는 동력을 내적으로 제공한다. 이런 점에서 볼 때, 이러한 학습활동들이 만들어 가는 새로운 체계, 즉 평생학습체계는 현실을 구성해 가는 다양한 학습활동들에 대해 존재감과 효과성을 부여하는 창발적 플랫폼일지 모른다.

하지만 아쉽게도 지난 50년간의 평생학습 관련 연구들은 이러한 거대 판세의 변화의 의미를 정확하게 포착하지 못했다. 말하자면, 이런 변화를 프레임 전환의 차원에서 이해하기보다 기존 학교 체제를 보조할 수 있는 성인교육체제의 등장 정도로 이해해 왔던 것이 사실이다. 이런 제한된 관점 안에서 평생학습에 관한 지난 반세기 동안의 관심은 주로 개인학습자들의 학습 기회를 제공하고, 교육 프로그램을 공급하며, 학습 결과를 활용하는 데 도움이 되는 정책을 개발하고 재원을 지원하는 등의 활동에 초점이 맞춰졌다. 학교를 졸업한 후에도 평생에 걸쳐 학습할 기회가 필요하다고 보았고, 그런 기회를 제공할 수 있는 기관이 학교나 대학에만 한정되어서는 안 된다고 믿었다. 이런 사이에 학교 밖 음지에 존재하던 각종 성인교육기관들이나 비형식교육기관들이 양지로 모습을 드러내게 되었고, 인터넷과 원격교육의 발달을 통해서 무형식학습의 존재감도 강화되었다. 요컨대, 개인의 학습 기회로서 평생학습의 다양한 장치와 제도들이 여러 곳에서 우후죽순처럼 나타나게 되었다. 그리고 이들을 '평생학습'이라는 개념적 실체로 명명하기 시작했다.

제6장
평생학습체계의 존재론

평생학습체계의 진화양태를 이론적으로 고찰하였다. 먼저, 학습체계를 규정해 왔던 고전적 결정론 혹은 이원론적인 존재론적 틀을 넘어설 수 있는 이론 체계로서 학습생태계적 접근을 선택했다. 여기에서는 특별히 니클라스 루만의 사회체계 이론으로서의 교육체계에 대한 설명을 차용하였다. 또한 이 이론의 한계와 문제점을 개선하는 형태로서 신유물론적 접근법을 활용하였다. 이 질문들을 통해서 평생학습이 형성해 가는 일종의 학습체계를 구성하고 변형시켜 나가는 힘은 어디에서 오는지를 물었다.

평생학습체계-학습의 탈주

평생학습을 구성하는 성인학습, 노인학습, 학교 밖 청소년학습, 문해학습, 기술 훈련 및 자기계발 등의 대부분은 아직 우연적이고 비체계화된 '학습활동'의 형태를 띠고 있는지 모른다. 학교가 처음부터 끝까지 견고한 체계화를 통해 확실한 자기재생산 시스템을 갖추고 있는 것과 달리 학교 밖의 상황은 그와 같지 않다. 그 가운데 일부만이 제도화의 경로를 통해 안정적이고 조직화된 활동 체계의 형태를 갖추게 된다. 이렇게 제도화된 학습활동을 나는 '활동 체계'라고 부른다. 또한 다양한 층위와 종류의 학습활동-학습체계들의 느슨한 연결망을 평생학습체계라고 말한다.

이제 조금은 근본적인 질문을 던질 시간이다. 평생학습체계라는 범주는 실재하는가? 실재한다면 어떻게 형성되어 가고 있는가? 이 형성 과정에 영향을 미치는 힘은 무엇인가? 어떤 코드와 목적성이 이 모양새를 결정짓는가? 한 번 형성된 어떤 체계가 변형되기 위해서는 어떤 논리와 힘이 필요한가? 우리가 근대 학교 체계에 대해서 이러한 시스템적 질문을 던졌던 것과 마찬가지로, 새로 형성되고 있는 평생학습체계에 대해서도 유사한 질문들을 던질 필요가 있다. 이 체계의 존재를 어떤 방식으로 이해할 것인가? 그 변형의 메커니즘을 어떻게 포착할 것인가? 도대체 왜 교육체계를 넘어 평생학습체계라는 것이 형성되고 있으며, 이러한 전반적인 흐름을 가능하게 하는 시대적 흐름은 무엇인가? 너무나도 많은 질문이 기다리고 있다.

학교 체계가 여전히 지식을 근대 정초주의적 맥락에서 규정하며,

학교의 지식-학습-교수의 구조가 여전히 근대 프레임 안에 머물고 있는 동안, 1990년대 이후 그 체계 밖에서는 지식과 학습의 새로운 연결 방식이 '평생학습'이라는 새로운 옷을 입으면서 급속히 팽창하게 되었다. 그리고 평생학습이 하나의 통합적으로 연계된 학습체계들의 네트워크로 탄생되는 과정, 예컨대 제5장에서 말한 것처럼 유럽연합이 하나의 평생학습 컨센서스를 교육영토 밖에 구축하거나 동아시아에서 평생학습제도가 체계화하는 배경에는 포스트-근대적 지식관 및 그에 근거한 새로운 학습 양식의 출현이 자리하고 있었다고 볼 만한 충분한 이유가 있다(Peters, 1997; Usher et al., 1997; Wain, 2004).

교육으로부터 학습의 탈주라는 개념은 이 과정을 설명하는 데 매우 유용하다. '학습의 탈주'라는 것은 포스트-근대주의적 맥락에서 탄생한 것이다. 전통적 교육학 개념 안에서 학습은 교수활동에 종속된 것이었고—이것은 형식교육 및 비형식교육 모두에서 마찬가지였다—따라서 평생학습 개념이 제도화되기 위해서는 우선 학습을 교육으로부터 분리하여 전면에 배치하는 인식론의 전환이 필요했다. 거꾸로 표현하자면 학습이 교육프레임으로부터 탈주하는 과정에서 그 실천적 체화의 결과로서 평생학습의 체계가 형성되었다고 말할 수도 있다. 학습이 중심이 되고 다른 활동들—교수활동을 포함해서—이 보조적 위치로 전환되는 방식의 새로운 작동적 구조(혹은 작동적 폐쇄성)가 뉴밀레니엄을 전후로 뚜렷이 나타나기 시작했다. 유네스코는 성인교육을 성인학습과 교육(adult learning and education)으로 재표현하기 시작했고, OECD-유네스코-유럽연합 통계 체계는 비형식 혹은 무형식 모두에 대해서 학습이라는 개념을 일괄적으로 사용하기 시작했다. 이를 통하여 1990년대 세계를 휩쓸었던 '지식혁명'의 결과들을 '채굴하는' 방식들로서 학습 조직, 지식경영, 경험학습, 일터학습 등의 개념들이 교육학 연구 전면에 등장할 수 있게 되었다.

투쉴링 등(Tuschling & Engemann, 2006)이 주장한 것처럼 평생학습은 "폐쇄적인 교육체계에 갇혀 있던 학습을 '학습 사건의 총체성(totality of learning events)'으로 해방시키면서, 이런 새로운 맥락에서 개개인들을 자기조직화하는 학습자로 전환시켰다."라고 할 수 있다. 즉, "형식학습과 무형식학습의 차이와 관련해서, 평생학습은 그 학습의 영역을 폐쇄적 환경으로부터 학습 사건의 총체라는 통합된 환경으로 바꾸는 한편, 동시에 개개인들을 자기조직자로서의 학습자로 변혁하려고 시도하였다"(Tuschling & Engemann, 2006, p. 460).

이 책에서 나는 학습체계 혹은 평생학습체계라는 단어를 자주 사용했는데, 이쯤 해서 아마도 이 말의 의미를 좀 더 구체적으로 설명하는 것이 필요해 보인다. 학습체계란, ① 후경화되어 있던 무형식 학습활동들 가운데 일부가 전경화되면서 활동의 목적으로 전환되고 이를 위한 전담 시공간과 자원, 전문성이 배분되면서 등장하는 활동체계 및 그 제도화 현상이라고 할 수 있으며, ② 학교 체계의 배타적 경계화로 인해 그 밖에 위치한 성인교육, 직업훈련, 학교 밖 청소년 교육 등이 자체 영역화를 통해 개별적인 교육활동 체계로 형성되어 왔다. 이것이 19~20세기의 비형식교육의 진화 과정이라고 할 수 있다. ③ 20세기 말부터 21세기 초반에 이르면서 평생교육 혹은 평생학습의 등장으로 인해서 기존 비형식교육을 구성하던 개별 학습체계들이 평생학습체계 안으로 통합 흡수되거나 혹은 서로 대치하고 갈등하면서 국가 단위에서 법제화되는 양상이 나타났다. ④ 평생학습체계는 하나의 단일 체계가 아니라 그 안에 여러 층위와 단위들이 복합된 복합-중층적 학습체계들의 탈중심화된 네트워크의 형태를 띤다. 이 장에서는 제1장에서 설명한 나의 두 번째 관점, 즉 '큰 글자'로서의 평생학습체계가 어떻게 자기복제와 생성을 통해 분화되고 확장되면서 더욱 복잡한 (전경화된) 학습체계들의 네트워크를 구축해 가는지에 관해 살펴본 후, 이러한 체계의 형성사와 운동성을 어떻게 이해해야 할 것인가에 관한 보다 근본적인 질문을 던진다.

특히 평생학습의 복합 체계들을 형성하고 확장해 가는 힘이 어디에서 오는지에 관해 집중적인 질문을 던진다. 흔히 신자유주의적 관점을 선호하는 학자들의 경우, 별 고민 없이 이러한 변화의 배후에 지식자본주의의 외재적 힘이 작동한다고 믿는다. 따라서 이 체제는 그 향방에 따라서 쉽게 변형되고 해체될 수 있다고 본다. 이러한 관점은 교육에 관한 전반적인 외재적 결정주의의 흐름을 그대로 따르는 것이다. 예컨대, 마르크스주의에 근거해 보면 교육은 일종의 문화적 구성체이며, 그것은 필연적으로 물질적 형성사, 예컨대 경제와 생산이라는 보다 근본적인 사회 층위에 의해 '결정'되는 것으로 이해된다. 물론 이러한 경직된 결정주의는 점차 연성화되는 측면이 있기는 하지만 여전히 경제적 결정주의가 문화적 결정주의 등으로 이어지면서 학교 등 교육체계들은 늘 권력과 자본의 요구에 수동적으로 결정되는 것으로 비친다. 그 연장선상에서 평생학습체계도 사회적 생산 양식이나 자본 재생산의 요구, 그리고 그것을 전방위적으로 조종하는 국가 권력 구조에 의해 형성되기도 하고 폐기되기도 하는 것으로 이해된다. 그러나 문제가 그렇게 간단하지는 않다. 학교 체계는 20세기 초 냉전 시대의 자본주의와 사회주의의 양자에서 거의 유사한 형태로 그 형식과 내용이 유지되어 왔으며, 냉전이 해체되고 지식자본주의가 탄생한 이후 교육개혁의 필요성이 끊임없이 등장하는 과정에서도 별다른 큰 변화 없이 100년 전의 모습을 유지해 오고 있다. 이러한 '교육의 초안정적 체계성'이 이제 겨우 50년의 짧은 역사를 통해 형성되어 오고 있는 평생학습체계의 경우에도 해당될지는 아직 알 수 없다. 하지만 근거 없이 이 체계를 정치와 경제에 결정되는 도구적이고 기능적인 것으로 쉽게 규정짓기에는 아직 우리는 이 체계의 존재를 잘 모른다.

결정론과 환원주의 극복

지난 세기 동안 교육학은 지나칠 정도로 본질주의적이거나 혹은 결정론적인 학문 풍토의 영향을 받았다. 교육철학은 늘 플라톤의 동굴의 비유를 들이대면서 교육이 다루어야 할 진리의 절대성을 선언해 왔다. 고·중세 교육은 늘 그노시스적 지식—예컨대 신화, 종교, 윤리 등—에 기대어 왔고, 이러한 경향은 과학적 사실주의 혹은 실용주의를 동반하는 에피스테메적 지식을 다루기 시작하면서도 크게 달라지지 않았다. 교육은 늘 정해진 어떤 지식의 태양 주변을 돌면서 그 궤도가 결정된 어떤 활동으로 비쳤다. 이러한 경향은 근대 단선적 인식론이 붕괴되기 시작하면서도 좀처럼 해체되지 않았는데, 예컨대 구조주의적 경향성을 가진 사회과학은 교육이 공전하는 중심에 신화적 지식 대신 사회의 기성 권력 구조를 재위치시켰다. 어쨌든 무엇을 가르친다는 것은 교육자 혹은 교육체계가 자생적으로 생성해 낼 수 없는 어떤 신비롭거나 근본적인 것으로 인식되었고, 따라서 교육체계는 늘 그런 결정을 따르는 수동적 위치로 규정되었다.

이런 맥락에서 학교는 자본주의 시장의 논리를 반영하며 움직이는 좀비처럼 비쳤고, 교육은 계급 재생산이 춤추는 놀이터가 되었다. 물론 그러한 현상이 상당 부분 사실이기는 하지만, 여기에서 핵심은 이 무대에서 학교에게는 그런 상황을 개선할 자격이 없는 무기력한 배역만이 주어졌고, 사회 변혁을 위해 학교가 할 수 있는 일은 없거나 혹은 감추어졌다는 것이다. 학교는 한 사회를 유지하는 가장 보수적인 사회기제로 표상화되었다. 학교의 교육목표는 시장과 국가에 의해 결정되는 듯 보였고, 학교는 주어진 목표를 충실히 이행함으로써 순종적인 시민과 노동자를 형성하는 기관으로 비치었다.

그러나 가만히 들여다보면 이 관점은 틀렸을 뿐더러 이런 관점을 퍼뜨리는 존재들 자체가 바로 학교를 통제하고자 하는 시장과 국가였다. 각국의 교육개혁이 실패하는 원인을 살펴보면 결국 그 원인은 국가와 시장이 학교를 제대로 통제하고 있지 못하는 데에서 오는 것이고, 이것은 바꾸어 말하면 학교는 지금까지 알게 모르게 그만큼의 자기결정권을 가지고 교육과정을 운영해 왔다는 점을 드러낸다. 지난 수십 년간의 교육개혁을 통해서 국가와 시장은 결코 학교교육과정의 극히 일부도 바꾸어 내지 못했다. 학교는 여전히 국어, 외국어, 수학, 과학, 사회, 예술, 체육 등의 주요 교과목을 가르친다. 여기에 약간의 선택과목 혹은 약간의 비교과 과정이 덧대어졌을 뿐이다. 그만큼 학교는 완강하며, 그 작동 체계를 바꾸는 일은 쉽지 않다.

평생학습을 탐구하는 연구자들이 보는 세계도 이런 착각으로부터 자유롭지 않다. 대부분 평생학습의 제도화가 그 현상 자체의 내적 동력과 힘에 의해 구성되어 왔다고 보려 하지 않았다. 내적 동력에 의존하기보다 오히려 경제적 하부 구조 혹은 국가 생산 체계 등의 '보다 근본적인' 외적 동력에 의해 결정된다고 보는 경제결정론이 지배적이었다. 말하자면, 평생학습이라는 활동 체계는 신자유주의의 흐름을 탄 생산 체계와 시장의 요구에 부응하기 위해 나타난 실행 도구라고 보는 것이다. 하지만 제5장에서 검토한 것처럼, 이런 주장은 일부는 맞지만 일부는 틀리다. 평생학습이라는 활동이 형성해내는 체계들은 어떤 단일종으로 환원되기 어려울 정도의 이종성과 혼종성을 가진 것으로 나타난다. 우리는 평생학습의 태생을 어떻게 바라봐야 할까? 그것을 가능하게 하는 힘의 구조를 어떻게 이해해야 할까?

흔히 우리가 빠지기 쉬운 존재론적 함정 가운데 하나는 세계를 몇 개의 서로 상이한 층위로 규정한 후, 이 가운데에는 다른 층위에 영향을 미치는 보다 근본적인 차원이 있는가 하면 다른 층위에 의해 결정되는 덜 근본적인 차원이 있다고 보는 방식에 휘둘리는 것이다. 이런 비대칭적 중층 구조 아래에서 평생학습, 즉 인간의 지식과 학습의 과정을 전적으로 외부의 구조나 장치에 의해 결정되는 종속적인 것으로 이해하는 경향이 있었다. 그 연장선상에서 평생학습이란 신자유주의적 경제 체제의 필요에 복속하기 위해 창조된 경제의 부속 현상이며, 언제까지나 이런 종속성은 사라지지 않고 지속될 것이라는 생각이 이어져 왔다.

이들의 주장을 검토해 보면, 이들은 결국 동일한 인식-존재론적 지평을 공유하고 있었다는 것을 포착하게 된다. 모두가 평생학습을 이해하는 기본적인 지평을 대부분 평생학습의 색깔과 특성이 신자유주의라는 보다 근본적인 힘에 의해 결정되는 것으로 보았다는 점에서 경제결정주의로부터 자유롭지 않다. 그 안에서 평생학습은 자기결정적으로 자신의 영역을 개척해 가는 힘을 가지기보다, 단순히 학습경제라는 힘에 의해 동원되고 그 필요성에 맞게 주조되는 수동적 결정체였던 셈이다. 이 점은 평생학습을 신자유주의적 차원에서 지지했던 집단이나 혹은 그를 비판했던 집단 모두에게 공통적으로 나타나고 있었다. 정말로 평생학습과 신자유주의의 관계는 근본적이고 필연적이며 불변적이고 불가분의 관계였던 것일까?

이러한 판단은 이들이 인간의 학습체계를 이해하는 방식이 일종의 이원론적 존재론에 기초하여 사고하고 있었기 때문에 나타난 것으로 보인다. 이들은 평생학습체계가 수행하고 있다고 믿어지는 지식자본주의적 도구성 혹은 존 필드가 언급한 것처럼 그 안에 존재할지도 모르는 서로 간의 대치되는 양가적 가치 등은 사실상 '더 근본적인 어떤 층위'에 의해 일방적으로 결정된 것으로 보고, 그 형성 과정에서 경험하게 될지도 모르는 마이크로폴리틱(micropolitics)의 가능성을 처음부터 배제하고 있었던 셈이다. 평생학습이라는 학습 양식 혹은 그 제도화적 형태가 처음부터 어떤 외부 힘에 의해 디자인되어 장착된 '필연적 결과'로 보는 것은, 이 현상을 탐구하는 입장에서는 사태를 지나치게 암울하게 만들거나 평생학습을 궁극적으로 도구화시키려는 음모 안에 스스로를 종속시키는 일종의 패배주의일지 모른다. 과연 평생학습체계는 처음부터 거대이론에 의해 그 성격이 규정되어야 할 종속적 존재로 인식되어야만 할까? 혹은 스스로의 디테일을 형성해 가는 힘을 내부에 가지고 있다고 볼 수 있는 근거는 없는가?

이제 우리의 질문은 평생학습의 정체성 혹은 그 제도화를 통해 나타나는 평생학습체계의 내부 구조 및 그 외부를 구성하는 환경과의 연동성을 숙명론적으로 규정하는 방식에서 탈피하는 '가능성의 언어'를 개발하는 것에서 시작되어야 한다. 즉, ① '평생학습체계의 내적 형태와 특성을 규정하는 힘'은 무엇이며 어떠한 방식으로 형성되었는지에 관한 질문에 답할 수 있는 이론적 모형을 구성할 필요가 있다. ② 또한 그 초기에 구조화된 형태가 환경 변화와 어떠한 방식으로 연동하며 스스로를 변형시켜 가는지에 대해 물어야 한다. ③ 그 내적 구조가 가지는 경계가 무엇이며 어떻게 외적 환경에 대해서 탈경계화와 재경계화를 반복하는지를 물어야 한다. ④ 그럼으로써 이 과정에서 나타나는 평생학습체계의 생성, 성장, 변화 과정을 어떤 외적 힘에 의해 수동적으로 결정된다고 보는 방식, 즉 대응이론적 재생산론의 관점을 극복하는 한편, 이런 체계의 형성 과정을 신자유주의나 국가발전주의 등의 외적 동력에 대한 수동적 대응 양상으로 폄하하는 방식의 단순 논리의 편협성을 넘어설 수 있어야 한다.

그러한 평생학습체계론이 가능하기 위해서는 이 개념 안에 붙박혀 있는 '체계'의 새로운 특성과 잠재력에 주목할 필요가 있다. 다음 절에서 논의할 체계는 죽어 있는 체계가 아니라 생명성을 담보한 살아 있는 체계이며, 스스로의 운명을 결정할 수 있는 체계이다. 체계는 그 자체가 활동하며 학습하는 학습체계로서의 속성을 가진다. 학습체계는 결코 수동적일 수 없으며 외부의 힘에 의해 물리적으로 규정될 수 있는 존재도 아니다. 개인 차원의 인간이 결코 수동적일 수 없는 것처럼, 그 집합적 차원에서 사회적 기능체로서의 평생학습체계도 인간의 생명성을 그대로 담보한다.

나에게 있어서 이 문제에 대한 힌트를 준 것은 의외로 마투라나(H. Maturana) 등의 생물학적 구성주의 및 그 사회학적 적용으로서의 니클라스 루만의 사회 체계 이론이었다. 2019년 『교육이 창조한 세계』를 쓰면서 나는 교육체계를 작동적 폐쇄성(operational closedness)에서 시작한 자기조직화(self-organization) 과정으로 이해했고, 이 과정에서 복잡 체계 이론(complex systems theory) 혹은 사회 체계 이론(social systems theory) 등의 이른바 체계 이론이 나의 생각을 지지하는 플랫폼을 형성해 주었다.

체계 이론의 이론적 갈래는 여러 가지로 나뉠 수 있지만, 그 가운데 사회 체계 이론은 주로 마투라나의 자기생성(autopoiesis) 개념을 그대로 가져와서 사회학적 소통의 과정에 접목한 것이었다. 여기에서 사회 체계의 운동성 가운데 상당 부분은 생물학적 운동성의 연장선상에서 이해되었다. 생물적 재생산이 자신에게 주어진 참조 체계를 정확히 준수하는 것처럼, 루만에게 있어서 사회 체계 역시 자신이 초기에 획득한 작동적 폐쇄성을 지속적으로 반복 재생산하는 양상으로 묘사되었다. 결국 이런 논리 체계 안에서라면 교육체계는 국가와 자본에 의해 강요된 다양한 변화의 강압에도 불구하고, 자신이 포함한 교육이라는 작동적 폐쇄성을 유지하는 자기참조 체계에 의존하여 체계 재생산을 해 나가는 존재가 되는 셈이다. 당시 내가 가지고 있었던 관심은 주로 근대사회 이후 형성된 교육체계의 동형화 현상, 즉 시간이 지날수록 근대 학교 체계가 유사화/표준화되는 한편, 그렇게 재생산되는 교육체계가 글로벌경제 체계가 요구하는 교육의 양상과 스스로를 차별화하는 기이한 현상을 설명하려는 데 있었다. 그런 점에서 루만의 사회 체계 이론은 나름의 강점을 가지고 있었다.

무엇이 체계를 재생산하게 하는가

루만의 사회 체계 이론은 사회 안에서 각각의 개인들이 수행하는 주관적 학습 행위 혹은 교육활동의 향방을 설명하기 위해 등장한 이론이 아니다. 그에게 있어서 개인의 활동 체계, 즉 심리 체계는 관심 밖의 일이다. 물론 학습과 교육이 심리 체계와 사회 체계가 서로 연동하는 현상이라는 점에서 이 부분을 제외할 수는 없지만, 그의 궁극적인 관심은 개개인들의 학습·교육 활동을 통으로 포함하는 하나의 사회 체계로서의 교육체계가 어떻게 작동하고 변동하는지를 설명하는 것이었다. 처음에 구조 접속 현상이 일어난 이후, 사회 체계는 자신의 모습을 거울에 비추듯 자기지시적으로 작동한다.

사회 체계 이론이 보는 교육체계는 심리 체계들이 참여하는 기능적 하위 사회 체계이다. 여기에서 심리 체계는 인지하는 존재이며, 사회 체계는 소통하는 존재이다. 체계는 작동과 활동을 통해서 세계를 인식하며, 의식이 관찰하는 차이들로 구성된다. 세계는 그 안에 있는 체계들이 관찰하는 것을 통해 형성된다.

그런데 이 이론에서의 핵심은 사회 체계를 구성하고 변용하는 주체는 바로 사회 체계 자신이며, 결코 그 사회를 구성하는 개인들 혹은 심리 체계들이 아니라는 것이다. 예컨대, 교육체계라는 하나의 사회 체계 내부에는 그 체계의 소통만이 존재하며, 여기에서 피와

살을 지닌 생명체로서의 개인들, 혹은 그들의 심리 체계는 오히려 그 체계의 외부에 존재한다는 것이다. 말하자면, 평생학습체계가 형성되고 작동하는 방식을 어떤 지도자의 의도나 의회의 결정이나 목적 혹은 심리적 욕심 등으로 해석해서는 안 된다.

루만은 사회 체계가 인간으로 구성되지 않으며 오히려 인간의 행위로서의 소통 행위로 구성된다고 본다. 다시 반복하지만, 여기에서 중요한 점은 바로 소통하는 주체는 인간이 아니라 '체계'라는 것이다. 즉, 사회적 체계만이 소통한다. 사회 체계를 변화시키는 힘은 오직 사회 체계 안에서만 설명되어야 하며, 어떤 한 지도자의 의지나 음모 혹은 개인적 차원의 목적성으로 설명될 수 없다. 인간이라는 심리 체계는 이 과정에 참여하기는 하지만 사회적 관계의 주관자는 아니다.

이런 관점을 재진술한다면, 교육체계는 그 체계를 구성하는 인간들의 활동이라는 차원을 넘어 교육체계 자체의 활동으로 포착해야 한다. 개별적으로 학습하는 주체는 분명히 개인들로서의 심리 체계들이지만, '학습'이라는 의미를 생산하고 부여하는 것은 결코 심리 체계들 자신이 아니다. 오히려 사회 체계 차원에서 부여된다. 말하자면, 인간은 학습을 하기는 하지만 그 학습을 온전히 통제하지 못한다. 개인의 학습은 사회적 학습체계의 운동성에 의해 제한되거나 허용된다.

> 심리적 체계에서 그 요소들은 생각이며, 사회적 체계에서 그 요소는 소통이다. 의식 과정은 생각의 의미적 자기생산 과정이며, 사회적 과정은 소통의 의미적 자기생산 과정이다(Kneer & Nassehi, 2000/2008a, p. 17).

사회 체계 이론에서 루만은 세계를 생물 체계, 심리 체계, 사회 체계의 세 가지 차원의 세계로 나누고, 그 가운데 사회 체계를 구성하는 방식을 임시적인 차원에서 영속적인 차원으로 나열하면서, ① 상호 작용 체계, ② 조직 체계, ③ 사회 체계로 세분화한다. 상호 작용 체계는 잠시 만나 회의를 한 후 헤어지는 사례에서 보는 것처럼 상호 작용이 일어나는 상황에서만 유지된다. 마치 잠시 만나 어떤 교수·학습 작용이 일어난 후 바로 헤어지는 것과 같다. 반면, 조직 체계는 대학교처럼 모종의 조직에 속하게 되는 것이다. 물론 속할 수 있지만 자유롭게 탈퇴도 가능하다는 점에서 영속적이지 않다. 한편, 사회 체계는 자유롭게 탈퇴할 수 없는 조직이며, 사회 체계 안에는 상호 작용 체계들이나 조직 체계들로부터는 나올 수 없는 수많은 행위가 함께 포함된다. 사회는 모든 상호 작용 체계들이나 조직 체계들을 합한 것 이상의 복잡성을 가진다(Kneer & Nassehi, 2000/2008a, p. 72).

이 명제를 활용할 경우, 평생학습체계를 하나의 사회 체계로 이해한다면 그것은 잠시 만나 무엇인가를 배우다가 저녁이 되면 기약 없이 헤어지는 그런 차원의 상호 작용들의 복합체로 이해해서는 안 된다. 사회 체계란 상호 작용 혹은 조직적 차원의 체계를 넘어서는 안정성을 가지는 것이며, 평생학습체계도 예외가 될 수 없다.

루만이 보기에 근대사회의 각 체계는 나름의 가부간의 차이를 생성하는 '이원 코드'를 가지고 있는데, 예컨대 정치는 권력을 잡고 있는가의 문제, 경제는 지불할 것인가 지불하지 않을 것인가, 법은 합법인가 불법인가 등의 차원에서 자신의 체계를 재귀적으로 확대해 간다. 교육체계, 특히 학교 체계의 경우에도 이런 이원적 코드를 재인하고 준거적으로 활용하게 되는데, 루만은 교육이 "인생 이력에서의 기회들과 관련해서 어떤 것을 배웠는가."라는 코드에 의해 재단되고 있다고 본다. 즉, 근대사회교육체계는 무엇이 가치로운 학습인가라는 점보다는 학습한 것이 직업 지위 등의 기회와 관련된 것이라고 보는 것이다. 물론 나는 루만의 이러한 논조에 그대로 공감하지는 않는다. 교육이 스스로를 교육으로 자인하고 자기준거로 삼는 코드를 반드시 이것으로 규정지을 필요는 없다. 하지만 그럼에도 불구하고 하나의 사회 체계로서 자인하는 교육체계를 타 체계와 구분 짓는 핵심 코드는 분명히 존재하며, 그것이 무엇인지에 관한 보다 세밀한 탐색이 필요하다.

이 문제와 별도로 교육체계와 평생학습체계의 관계를 상상해 볼 때 우리는 몇 가지 전제를 설정하지 않으면 안 되는데, 여기에서의 질문은 '만일 평생학습체계를 하나의 독립적인 사회 체계로 자기조직화해 나가는 것이라고 가정한다면 그것을 타 체계들, 즉 교육체계를 포함한 다른 사회적 하위 체계들과 스스로 구분 짓는 코드는 무엇인가?'가 될 것이다. 이때 평생학습체계는 여전히 교육체계의 일부로서 그 구조를 그대로 따라가는 것으로 해석되어야 할까? 아니면 이와 차별화된 새로운 코드로 자신의 존재성을 새롭게 생산해 가는 어떤 새로운 체계로 해석되어야 할까? 평생학습체계는 무엇을 기본적 이원 코드로 하면서 자기준거적 재생산을 수행해 나가는 것일까? 그리고 그러한 체계는 어떤 방식으로 자신을 확대 재생산해 가고 있는가?

니클라스 루만의 사회 체계 이론은 생물학적 체계론을 사회이론에 확대 적용한 것이다. 그는 세계를 물리계, 생명계, 심리계, 사회계 등으로 구분한 후, 마투라나 등의 생물학적 이론을 사회 체계에 적용함으로써 사회 체계가 진화하고 생성되는 과정을 설명한다. 그에 의하면 인간은 반복되는 소통 참여의 결과물이며, 소통이 반복되면서 인간은 자신의 정체성과 개성을 획득해 나간다. 소통의 반복을 통해 형성되는 자신만의 차이를 구축해 가는 과정은 곧 학습의 과정이라고 말할 수 있다. 모종의 소통이 체계화되었다는 것은 그 방식이 안정화되어 자기폐쇄적 루프, 즉 '구조'를 형성했다는 뜻이다(Luhmann, 2002/2015, p. 37). 앞에서 말한 평생학습이라는 경계의 형성은 바로 자신의 작동 체계의 특징을 기준으로 체계의 내부와 외부가 구분되는 분기점이 형성되었다는 뜻이며, 이를 경계로 평생학습이라는 '체계'와 그 밖의 모든 것들로서의 '환경'이 구분된다. 이렇게 형성되는 평생학습의 제도적 장치들은 단지 분산되고 개별적인 활동 체계들의 집합을 넘어 '평생학습'이라고 불리는 일종의 교육체계의 한 가지 변형적 체계로 형성된다.

무엇인가가 하나의 체계가 되었다는 뜻은 곧 체계가 환경과 스스로를 구분하면서 자신을 지속적으로 스스로 생산해 낼 준비가 되었다는 것을 뜻한다. 우리가 '평생학습체계'를 '제도화와 체계'적 관점에서 탐구할 때 평생학습은 과거의 다른 체계들과 '차이'를 가지면서 스스로를 반복해서 생성해 내는 모종의 새로운 작동 체계를 가질 수 있게 된다는 것을 전제한다.

평생학습 제도화의 동력을 이해하는 데 루만의 사회 체계 이론(Luhmann, 1984/1995)은 다양한 도움을 준다. 이 이론은 사회 여기저기에서 피어오르는 학습의 활동 체계들이 서로 새로운 구조적 연동(structual coupling)을 통해 사회적으로 배타적인 기능성을 획득함으로써 하나의 독립적인 복잡 체계를 구축해 가는 과정을 잘 설명해 준다. 또한 그 안에서 스스로 교육의 정체성을 규정하는 자기참조적 논리 체계가 창발되어 나오는 현상을 잘 보여 준다. 루만은 물론 근대사회에서의 교육기능이 학교라는 하나의 독립적인 사회 체계로 진화해 온 과정을 설명하는 데 이 이론을 사용하였지만, 이때 활용된 개념들은 평생학습체계화에도 적용될 수 있다.

신유물론적 관점과 마찬가지로 사회 체계 이론 역시 평생학습이라는 하나의 체계가 타자의 힘에 의하기보다 자신의 구조와 기능을 재귀적으로 규정하며, 이 과정에서 외부 환경과 구조적으로 연동하면서 자신을 재생산한다는 점을 부각시킴으로써 앞에서 지적했던 하부 구조/상부 구조의 이중 구조 논리를 넘어설 수 있게 해 준다.

평생학습체계는 처음부터 하나의 통일된 위계 체계를 형성하는 것은 아니다. 그것은 오히려 탈중심화되고 산발적으로 분산되어 있지만 서로 연결되고 연동하는 군집들의 중층적 구조를 이룬다. 사실, 사회 체계는 통일된 단일 체계라기보다 오히려 중층적이며 세포, 기관, 개체, 군집, 생태계 등으로 이어지는 중첩된 위계성을 특징으로 한다. 이 복잡성 속에서 하나의 체계는 스스로를 다른 체계와 구분할 수 있는 지표들을 끊임없이 산출하면서 독립적으로 분화해 간다. 평생학습은 한 가지 인간학습활동의 양식이 전면화되면서 다른 작동 체계와 구분되는 방식으로 제도화되어 가는 과정을 포착하고, 그 체계가 다른 체계들과 연합함으로써 더 큰 차원의 체계로 진화하는 과정을 관찰할 수 있도록 해 준다.

여기에서 첫 번째 핵심 개념은 바로 '작동적 폐쇄성(operationally closedness)' 현상을 이해하는 것이다. 학습이 제도화되면 '체계'가 형성되고, 따라서 그 안에서 '작동적 폐쇄' 현상이 일어난다. 즉, 사회적 차원의 닫힌 작동 방식이 형성된다. 이 단계에서 체계는 오직 그 체계가 규정하는 방식 및 그것이 구조적으로 표류하는 방식으로만 작동하게 된다. 루만은 다음과 같이 말한다.

> 자기생산적 체계의 구조들은 오로지 체계 고유의 작동을 통해서만 구축되고 해체되며 망각될 수 있다 …… 요소들의 유입도 없지만 구조의 유입은 더더욱 불가능하기 때문이다(Luhmann, 2002/2015, p. 29).

둘째, 작동적 폐쇄성을 획득했다는 것은 곧 체계의 기본 특성 혹은 핵심 구조를 형성했다는 것을 뜻한다. 이 과정에서 '평생학습'은 타자들과의 구분을 통해 스스로를 차별화하는 자기조직화 과정을 수행하게 된다.

셋째, 이런 작동적 폐쇄성은 곧 다른 작동성들과 연동함으로써 그 양과 질을 확장해 나가게 된다. 이때 사용되는 개념이 구조적 연동(structural coupling)이다. 구조적 연동이란 구조 접속으로 번역되기도 했던 개념인데, 예컨대 작은 단위의 활동들이 그와 유사한 단위들과 연합하여 작동하면서 보다 복잡화의 차원을 높여 나가는 과정을 말한다.

넷째, 작동상 닫힌 체계들이 변화하는 방식은 그 구조에 대한 인위적 변형이 아니라 각 연동 구조들의 차이가 만들어 내는 다양성 속에서 일정한 단위들이 선택되고 생존하는 현상으로서의 '구조적 표류(structural drift)'에 의한다. 여기에서 구조적 표류란 다양한 차원에서의 활동 단위들 가운데 적합성이 높은 단위들이 살아남아 선택되는 것, 즉 일종의 사회적 다위니즘을 지칭한다. 제도의 변화는 이런 구조적 표류를 통해 일어날 수 있다.

다섯째, 일정한 학습활동 소통 체계의 작동적 폐쇄성이라는 재귀성이 형성되고, 이것이 자기경계를 가지며 스스로를 평생학습으로 표현하는 양상이 발생한다고 할 때, 그런 학습활동들이 스스로를 타자와 구분 지으면서 재귀적으로 조직화하는 과정을 설명하기 위해 두 가지 핵심 개념이 등장한다. 자기참조 체계(self-referential system) 및 자기조직화(self-organization)이다. 작동적 폐쇄성이 지속적인 반복을 통하여 자신의 고유한 체계를 생성해 내는 과정은 루만이 볼 때 곧 자기조직화(self-organization) 과정으로 포착된다. 자기조직화는 다른 말로 구조의 자기생산(self-production of structures)이라고 할 수 있다. 이를 위해 시스템이 활용하는 기준은 다른 어떤 것도 아닌 오직 자신의 작동을 가능하게 하는 방식일 뿐이다. 이 작동 방식이 곧 구조를 만든다. 이때 자신의 작동 방식에 충실하게 구조를 재생산하는 과정을 자기참조적 과정이라고 말한다. "즉, 자신이 하는 활동이 곧 구조를 만드는 유일한 재료이자 방법인 셈이며, 결국 자기조직화는 '작동적 폐쇄성(operational closedness)'의 다른 이름일 뿐이다. 작동이 폐쇄되어 있고, 그것이 구조를 구성한다" (Baraldi & Corsi, 2017, p. 17). 체계는 구조를 재생산할 때 타자참조적이 아닌 자기참조적으로 구성한다.

그런데 이 과정에서 자기참조성이라는 것이 단순히 자신의 내적 특성을 무조건적으로 복제하는 것으로 잘못 이해되어서는 안 된다. 실제로 이 과정에서 재생산되는 것은 물질적 차원이 아니라 그 기능적 차원이며, 이 점에서 '자신의 기능을 스스로 무엇으로 규정하고 재생산하는가?'라는 차원에서 체계의 재생산 자체가 곧 자기참조성의 재생산이 된다. 다시 말해서, 교육체계가 갖는 자기참조성이란 바로 '교육이란 무엇이며 어떻게 기능하는 것인가?'에 대한 끊임없는 성찰과 판단이며, 이 점에서 교육체계는 타 체계들과 구분된다. 아무리 교육체계가 한 사회의 시민성과 노동 역량을 기르는 역할을 수행하도록 '강요'되더라도 교육체계는, 예컨대 '무엇이 교육이고 무엇이 사회화인가?'의 '차이'를 끊임없이 구분함으로써 그 기능성의 중심을 잡으려고 노력한다. 이때 교육활동이 체계화되는 과정에서 획득되는 차이는 다소간의 희석에도 불구하고 계속 유지되려는 경향성을 가진다. 이것을 루만은 '기능적 차별화(functional differentiation)'라고 부른다(Kolenc, 2012; Vanderstraeten, 2004).

루만의 사회 체계 이론의 관점을 적용할 경우, 우리가 가정하고 있는 평생학습체계 역시 여러 가지 다양한 사회적 기능 체계 가운데 특별히 구분된 하나의 독자적 체계이다. 이때 기능성은 앞에서 말한 것처럼 어떤 물질적 토대(예컨대, 건물, 시설 등) 혹은 인적 구성(교사 혹은 학생) 등이 아니라 그 기능성 자체, 즉 무엇을 지향하는 활동인가에 대한 분명한 '차이'를 획득한 것이며, 제도화 혹은 체계화 과정을 통해 그 차이를 지속적으로 반복해 낼 수 있는 안정성을 확보한다. 이때 그 기능성의 '차이' 혹은 '차별성'은 그 기능을 구성하고 있는 세밀하게 고도화되어 있는 내부 장치들이 다른 기능들과 갖는 차별성을 의미한다. 평생학습체계의 경우에도 그것을 구성하고 있는 지식의 구성 방식, 그 지식을 관리하고 유지하는 방식, 그것을 학습하고 평가하는 방식, 그 과정에 개입하는 교수활동의 지배적 절차들, 학습 결과를 총체적으로 누적하는 학력 체계, 참여자들의 활동을 규정하는 법적 제도적 장치들이 서로 상응하면서 서로의 작동 방식을 유지하고 재생산하도록 한다. 이 전체는 총체적 복잡성을 재생산함과 동시에 그 복잡성은 곧바로 평생학습체계 자체를 유지하는 자기참조성으로서의 '기능적 차별성'이 된다(Jackson, 2007; Seidl, 2004). 물론 마투라나 자신이 정식으로 반박한 것처럼 생물학적 자기참조성 개념을 그대로 사회 체계에 적용하는 것이 온당한지에 대한 쟁론의 여지는 여전히 남아 있지만, 그럼에도 불구하고 사회 체계 이론가들의 입장에서 볼 때 이들 간의 '생물학적 차원에서의 연속성', 즉 그 대상이 생물 조직에서 사회 조직으로 확장된 것을 제외하고는 모든 것이 살아 있는 생명체들의 1차, 2차, 3차 접속의 산물이라는 점에 대해서는 의심의 여지가 없다.

물론 루만의 이론 체계 안에는 이보다 훨씬 더 복잡한 논의들이 기다리고 있지만, 평생학습체계가 학교 체계에 대한 대안적 학습생태계로 형성되어 나오는 과정을 설명하는 데는 이 정도로 충분하다. 그가 보기에 교육은 사회화로서 부족한 심리 체계 변화를 보충하거나 혹은 그것을 교정하는 방식으로 심리 체계의 작동적 폐쇄성 형성 및 구조 접속에 간여한다. 근대사회를 통해서 교육이라는 체계는 사회화(socialization)라는 학습 양식과 스스로를 분리하면서 새로운 방식의 학교학습 양식을 생산해 내었다. 복잡성이 증가한 복잡 체계로서의 사회에서는 교육체계가 필연적으로 사회화로부터 분화되어 나올 수밖에 없었다. 활동으로서의 교육이 고대 사회에도 있었지만, 사회 체계로서의 교육체계는 근대에 기능적으로 분화되는 사회가 탄생하기를 기다려야 하는 것이었다. 이제 평생학습의 제도화는 여기에 제3지대를 창발시킨다. 학교교육의 사회적 학습 양식과 차별적이면서도 동시에 결코 사회화로 퇴화하지 않는 새로운 학습 제도화의 영역이 탄생하고 지속된다. 이렇게 생성된 평생학습체계 역시 한 시대적 맥락이 뿜어내는 학습의 기능적 특이성을 작동적 폐쇄성을 통해 재생산하면서 탄생한다. 처음부터 어떤 본질적 목적론을 가지고 탄생한 것이 아니며, 그 변이 과정에서도 처음부터 운명 지어진 변형의 길은 없다.

무엇이 체계를 변형의 길로 이끄는가

앞 절에서처럼 루만의 사회 체계 이론을 적용하면 평생학습체계는 스스로 관찰한 체계와 환경의 경계를 복제하고 재생산하면서 끊임없이 '평생학습이란 무엇인가?'라는 준거를 재생산하고 자기확장에 적용하는 체계라고 할 수 있다. 이 '경계'가 곧 평생학습이란 무엇인가라는 질문에 대한 답을 제공하는 준거가 되는데, 여기에서의 핵심은 이 경계가 결코 어떤 선험적이고 원초적인 본질에 의해 시간적으로 선행하여 규정되는 것이 아니라는 것이다. 말하자면, '태초에 평생학습이란 무엇인지에 관한 본질이 존재한다'는 식의 명제는 애초부터 존재하지 않으며, 개념의 경계는 상황과 맥락 속에서 그 외부적 관계들을 통해 결정되고 재생산된다고 하는 일종의 발생학적 과정을 따르는 것으로 이해된다.

그런데 사회 체계 이론의 가장 큰 약점은 작동적 폐쇄성을 통하여 자기준거적으로 재생산되는 어떤 체계의 변화는 바로 그 자기준거 체계라는 점에 의해 늘 제한된다고 본다는 점이다. 말하자면, 처음부터 어떤 이념이나 논리에 의해 결정된 것은 아니지만, 일단 형성 초기에 나타난 패턴은 스스로를 자기라고 인식하면서 지속적으로 피드백되고 재생산된다는 한계를 가진다. 이 점에서 사회 체계 이론에 의해 조망되는 체계는 당연히 변화와 지속적 생성보다는 자기보존의 특성이 더 잘 부각될 수밖에 없다. 그럼에도 불구하고 한편에서 사회 체계의 자기지속적 속성이 있다는 것이 곧 다른 한편에서 그 자체의 변화를 설명할 수 없다는 것은 아니다. 루만의 사회 체계 이론은 생물학적 모형에서 출발한 것이며, 마투라나는 생물학적 모형이 결코 사회학적 모형에 그대로 적용될 수 없다는 점을 분명히 했다. 이 점을 고려해 본다면, 우리가 다루고 있는 '사회 체계'로서의 교육체계가 가지는 기본 속성, 즉 물리생물학적 교환을 통한 체계 재생산이 아닌 소통과 의미 체계의 교환을 통한 체계 재생산이라는 특성은 분명히 생물학적 체계론이 설명하지 못하는 또 다른 차원의 특성 혹은 가능성을 포함하고 있다고 말해야 할 것이다.

하지만 생물학적 생명체조차도 헤일즈(N. K. Hayles)나 마굴리스(L. Margulis) 등이 말하는 것처럼 하나의 체계가 어떤 선험적 필연성에 의해 창조된 것은 아니라는 판단을 공유한다. 어떤 사회 체계가 가지는 '작동적 폐쇄성'이라고 하는 것이 모종의 선험적 필연성에 따라 구성되는 것이 아니라고 한다면, 우리는 이미 이 비판에 대해 답을 가지고 있는 셈이다. 의도치 않게 사회 체계에 대한 이해를 생물적 유기체적 특성의 연장선상에서 이해하게 되면서, 자칫하면 생물학 근본주의의 프레임에 갇혀 버리게 될 수 있다. 게다가 대개 유기체적 사회론을 주장했던 사회학자들, 예컨대 스펜서나 파슨즈의 이론들이 그랬던 것처럼 사회 변화와 역동의 가능성을 최소화시켜 버리는 함정에 빠지게 될 수 있었다. 또한 이런 이론들이 주는 체계적 변화 혹은 변용이 논리적으로 너무 느리고 보수적일 수밖에 없다는 비판은 어쨌든 수용해야 할 듯하다. 이러한 논리가 극히 보수적으로 변화하는 근대 학교교육체계를 설명하는 데에는 유용하지만, 그 뒤를 잇는 평생학습체계를 설명하기에는 너무 답답해 보인다.

사실, 루만의 생각은 수많은 기존 사유를 조합한 것이었고—예를 들면 마투라나, 스펜서, 파슨즈 등—이 점에서 루만의 사유를 어느 한쪽으로만 해석하기 어려운 다의성이 그 안에 잠자고 있다. 특히 그의 이론은 개체라는 생명 체계가 화학적 생물학적 물질 교환을 통해 체계를 재생산한다는 것과 달리 소통과 의미 체계를 통해 재생산되는 사회 체계를 다룬다. 그가 보기에 체계의 안정성을 확보하는 키워드는 사회의 부분 체계를 규정하는 '이원적 코드'이며, 이 '이원적 코드'가 바로 그 기능체로서의 사회 체계의 특성을 규정하게 되고, 이것이 바로 부분 체계의 작동적 폐쇄성을 유발한다. 즉, 이러한 이원적 코드들로 인해서 여러 사회 체계들 사이의 경계가 구성되고, 그것이 반복적으로 서로 간의 차이를 만들면서 안정화되어 간다고 보는 것이다.

> 정치에 결정적인 것은 공직과 결정 권력을 잡고 있는가 아닌가, 경제에서는 지불하는가 지불하지 않는가, 법에서는 어떤 것이 합법으로 간주되는가 불법으로 간주되는가, 학문에서는 어떤 진술이 진리인가 아닌가, 종교에서는 어떤 것이 구원이나 도덕적 표준에 기여하는가 아닌가, 교육에서는 인생 이력에서의 기회들과 관련해 어떤 것을 배웠는가 아닌가이다(Kneer & Nassehi, 2000/2008, p. 173).

학교 체계의 변화는 바로 이원적 코드, 즉 학습의 결과와 인생 경력 기회들의 연결 고리를 해체할 수 있는가 아닌가에 달린 것으로 본다. 바로 이러한 교육의 이원적 코드는 현재 한국사회의 교육 문제가 안고 있는 문제를 가장 적나라하게 보여 주는 지표라고 할 수 있다. 그리고 그것을 지키고 재생산해 가는 것이 바로 학교 체계인 것이다.

학교의 초안정성 및 개혁에 대한 저항적 회복 가능성(resilience)으로 보자면 전적으로 루만의 생각이 옳다고 볼 수도 있겠다. 하지만 지금 여기에서 보고자 하는 것은 학교가 아닌 '평생학습체계'이다. 적어도 이 체계는 학교와 동일한 코드를 공유하고 있지 않다. 분명한 점은 평생학습체계가 어떤 코드에 의해서 스스로를 차별화하면서 재생산해 가고 있는지에 대한 사유를 아직 시작하기 전이기 때문에 그 특성을 여기에서 설명하기는 이르지만, 제5장에서 논의한 바에 의하면 평생학습체계의 '생성적 이형성'은 그 자체가 이미 원초적인 변화의 공간에서 작동하고 있다는 점을 암시한다.

체계의 변화와 관련해서 현재 사유되고 있는 신유물론(new materialism)적 이론들, 특히 들뢰즈적 '차이와 반복'을 기저의 공유된 존재론으로 하는 여러 이론들로서의 라뚜르(Latour, 1991/2009), 데란다(DeLanda, 2002/2009), 브라이언트(Bryant, 2011/2021) 등의 생각은 사회 체계로서의 교육체계의 변화 양상을 설명하는 데 유용한 이론적 도구가 될 수 있다. 이 이론들은 평생학습의 어떤 본원적 특성, 원래의 의미, 혹은 내재적 속성 등에 대해 묻지 않으며, 평생학습체계는 그것이 하나의 사회 체계인 한에 있어서 끊임없이 자신의 존재를 외부적 관계를 통해 재생산해 내는 존재로 설명된다. 앞에서 말한 루만 이론의 출발은 "차이에서 시작하는 이론"이었고, 평생학습이라는 체계는 그 차이를 관찰하며 스스로를 규정하고 재생산하는 것으로서의 사회 체계로 해석될 수 있다. 이 차이가 통일성 혹은 본질적 선험성을 부정하는 것이었다는 점에서 그의 생각은 부지불식간에 신유물론자들이 근거로 삼는 들뢰즈적 사유, 즉 『차이와 반복』과 연결된다.

다행히도 최근 등장한 신유물론은 체계의 변형과 탈영토화라는 측면에서 조금 더 적극적인 답을 제공한다. 이미 제5장에서 검토해 본 것처럼, 평생학습이라는 체계는 마치 지구의 초기 생성 단계에서처럼, 그리고 학교 체계의 초기 단계 형성에서 보여 준 것처럼 일종의 다의성과 이형성 그리고 생성적 역동성을 특징으로 한다. 마치 화산의 마그마가 끓어오르듯 그 지형은 살아 변형하는 과정 안에 놓여 있다. 평생학습체계는 우리가 걱정할 필요가 없을 만큼 생성적 단계를 경험하고 있다. 신유물론은 이들의 존재론적 본질을 부정하며, 사회 체계란 결코 처음부터 그 형질이 DNA처럼 부여되거나 그 형이상학적 본질을 가지고 태어난 것이 아니라는 점을 강조한다. 단지 기능성과 연결망, 배치와 생성이라는 관점에서 자신의 활동 체계를 확장해 갈 뿐이며, 이 과정에서 이형화와 탈영토화, 바이러스 같은 증식 방식, 기능성이 보장된 어느 곳이든 들러붙어서 몸집을 키우는 리좀과 같은 학습체계들의 생태계가 존재할 뿐이라고 본다.

앞 절에서 우리는 평생학습 연구자들이 주로 존재론적 듀얼리즘 등에 의거하여 평생학습을 지식자본주의 혹은 신자유주의 등의 경제 체계에 대응하는 학습 양식 및 그 실체화로 이해하고 있다는 점을 지적하였다. 사실 이러한 세계관은 세계를 자연과 문화, 몸과 마음, 하부 구조와 상부 구조 등으로 나누는 한편, 이 가운데 물질에 가까운 체계(예컨대, 자연, 몸, 하부 구조 등)가 그 밖의 체계(예컨대, 문화, 마음, 상부 구조 등)를 결정한다고 보는 전제에 터하고 있는 것이었다.

반면, 최근의 신유물론의 입장에서 보자면 이러한 전제는 전혀 다르게 읽힌다. 신유물론—혹은 신물질주의—이란 일원론적(monist)이고 평평한(flat) 존재론에 의거하며 주로 들뢰즈·가타리적 철학의 영향을 강하게 받은 사유 형태로서, 예컨대 구유물론으로서의 마르크스주의 등이 품고 있던 이원론을 거부한다. 구유물론은 인간중심주의가 만든 데카르트(R. Descartes) 식의 몸과 마음의 이원론을 뒤집은 것으로서, 인간을 대표하는 정신의 세계가 세계의 중심이 아니라 오히려 물질세계에 종속된 것임으로 보이려는 시도였다. 이에 반해서 신유물론은 이 전제 자체를 거부하며 인간과 세계, 정신과 물질, 상부 구조와 하부 구조는 결코 분리된 것이 아니며 단지 평평하고 단일한 존재적 파편들일 뿐이라고 본다. 또한 기존의 구조주의가 주장하던 사회 체계의 위계, 체계, 구조 등을 부정한다. 따라서 그 구조를 더 '근본적'으로 규정하는 층위가 따로 존재하지도 않으며, 생각이 반드시 물질에 의해 규정되는 것도 아니다. 왜냐하면 생각 자체가 동일한 물질의 연장선상에 있기 때문이다.

> 신유물론적 존재론에는 구조도, 체계도, 메커니즘도 별개로 작동하지 않는다. 그 대신 '사건들(events)'만 존재할 따름이다. 끝없이 이어지는 사건들의 연속성 속에서 자연과 문화를 동시에 포괄하는 물질적 효과들이 나타나며, 이것들이 결국 모두 함께 세계와 인간의 역사를 생산해 낸다 …… 모든 것은 관계적이며 맥락적이다. 처

음부터 본질적이며 절대적인 것은 존재하지 않는다(Fox & Alldred, 2017, pp. 7-8).

신유물론은 '인간 중심의 반지속 가능성'을 혁파하기 위해서 사회 체계가 '인간'을 관찰하는 방식을 변화시킨다. 이들의 주장은 '인간은 존재하지 않는 허상'이라는 것이다. 인간은 우선 분자적 · 세포적 · 신경 조직적 · 심리적 · 사회적 · 생태적 층위들의 결합이며, 이 결합체는 하나의 단위로 포착되지 않는다. 인간은 그를 구성하고 있는 살과 피가 아니라 그의 '작동', 즉 활동을 통해 그가 누구인지를 드러내기 때문이다. 또한 인간은 도구와 함께 인간-비인간의 연대로서 활동한다. 따라서 인간만 따로 떼어 놓을 수 없다. 또한 인간은 타자들과의 관계를 통해 살아간다. 인간에 대한 이러한 인식의 전환은 결국 '인간을 규정하는 방식'을 바꾸어 놓게 되고, 체계가 자기를 재생산하는 자기준거성의 척도를 변화시킨다.

이러한 신유물론적 흐름에 동참하는 사회 이론들로는, 예컨대 행위자-네트워크이론(actor-network theory), 인공지능이론, 생물철학(biophilsophy), 진화이론, 페미니즘, 푸코 계보학, 뇌과학, 비표상이론, 포스트 휴먼주의, 퀴어 이론, 양자물리학, 스피노자 단일론 등 광범위한 이론 체계들이 있다. 사회 체계에 대한 신유물론적 접근은, 예컨대 부뤼노 라뚜르의 사회 재배치론(re-assembling the social), 들뢰즈와 가타리의 사회 생산의 마이크로피직스(the mycrophysics of social production), 카렌 바라드(K. Barad)의 유물론적 존재-인식론(materialist onto-epistemology), 로지 브라이도티(R. Braidotti)의 포스트 휴먼(post-human) 등이 준 영감을 공유하고 있다.

한편, 폭스와 알드레드(Fox & Alldred, 2017, pp. 15-22)는 『Sociology and the New Materialism』에서 신유물론적 관점이 이해하는 사회현상을 다음 다섯 가지 특징으로 요약하였다.

첫째, 모든 사태에서 중심은 물질에 초점을 맞추는 것이다.

둘째, 물질이 무엇인지가 아니라 그것이 무엇을 '하는지'를 탐색해야 한다.

셋째, 인간은 이 맥락에서 결코 특별한 존재가 아니다.

넷째, 생각, 기억, 욕망, 감정 등은 모두 물질적 효과를 나타낸다.

다섯째, 모든 힘의 작용은 거대이론적 위계성이 아닌 미시적 맥락 안에서의 배치 양상에 의해 작동된다.

따라서 이 맥락에서는, ① 미시적 사태들이 핵심적 변화를 야기하고, ② 구조나 체계라고 하는 것도 사실상 그리 견고한 것이 아니며, ③ 들뢰즈적 표현을 빈다면 그 배치(assemblage) 양상이 달라짐에 의해 얼마든지 새로운 생성으로 변화될 수 있고, ④ (학습이라는 행위를 포함한) 인간의 행위는 그를 둘러싸고 있는 인간-비인간-자연-세계를 포함한 전체 체계의 배치 양상이 변화되는 것과 연동하여 변형될 수 있다고 본다.

이 흐름 속에서 가장 주목해 볼 만한 부분은 물질이 수동적인 비활성의 상태에 있는 것이 아니라 스스로 무엇인가를 '하는(doing)' 능동적 존재라는 것이다. 이들이 보기에 물질은 근본적으로 활동적(active), 자기창조적(self-creative), 생산적(productive), 비예측성(unpredictable)의 특성을 가지며, 이를 통해서 복잡계적 자기변형성(self-transformation) 혹은 자기조직화(self-organization)적 특성을 갖게 된다고 전제한다. 이런 관점에서 볼 때, 인간을 포함한 살아 있는 생명체는 이러한 물적 능동성의 일부분일 뿐이다(Coole & Frost, 2010, pp. 9-10).

이 흐름의 논의가 대부분 공유하고 있는 학자가 바로 들뢰즈이다. 그는 앞 절의 사회 체계 이론에서 말한 것처럼 어떤 정해진 동일성 혹은 초월성을 탐색하는 실재론자가 아니며 어떤 본질의 존재를 부정한다. 데란다(DeLanda, 2002/2009)가 보기에 들뢰즈는 존재들의 '역동성'에 초점을 맞춘다는 점에서 '과정존재론(process ontology)'에 주목한다. 신유물론의 전제를 받아들인다고 할 때 그의 핵심 질문은 바로 어떤 존재—예컨대, 평생학습체계—의 본질이 처음부터 존재하지 않는다고 한다면 그것을 대체할 수 있는 어떤 것, 예컨대 그것이 '평생학습'이라는 것을 알 수 있는 것이 어떻게 형성되는지에 관해 설명할 수 있는지에 관한 것이다. 그 답은 바로 차이와 반복인데, 들뢰즈가 보기에 '차이'란 유사성의 결핍으로서 부정적인 것으로 이해되기보다는 오히려 외적 관계 속에 존재하는 역동적인 힘의 반복이 만들어 내는 어떤 존재성을 타자들과 구분시켜 주는 중요한 개념 끌개이다. 그에게 차이를 만드는 일은 생산적인 생성 과정이며, 그 차이를 관찰함으로써 그 존재성을 인정하게 되는 것이다.

여기에서 배치(assemblage)는 이 관점을 반영하는 가장 대표적인 개념이다. 배치란 들뢰즈와 가타리가 전개한 핵심 개념으로서 일종의 사건들의 연속선 혹은 그 사건들이 구성되고 조합된 방식을 가리킨다. 이것은 하나의 단위(a unity)의 존재 방식을 규정하는 완전히 새로운 개념인데, 이때 배치에 의해 구성되는 단위는 마치 물리적 기계 부품처럼 자유롭게 조합과 분리가 가능하며, 유기체의 조직이 전체에서 분리되면 생존할 수 없는 것과 달리 배치에 의한 전체는 자유롭게 부분으로 분절될 수 있고 또한 그로 인해서 새로운 배치를 형성할 수 있다. 이 과정을 탈주, 영토화, 탈영토화 혹은 재영토화 등의 개념으로 표현한다. 들뢰즈가 동의하든 말든 일견에서 들뢰즈의 개념들을 '마이크로피직스'라는 물리주의적 차원에서 이해하려고 하는 것도 그 이유 때문이다. 이미 배치라는 개념은 데란다(M. DeLanda), 캐더린 헤일즈(K. Halyes), 라뚜르 등 다양한 사회과학자를 통해 사회 구성체를 이해하는 기본 개념으로 자리 잡아가고 있다(Hayles, 1999; Latour, 1991/2009).

들뢰즈의 철학은 한마디로 '사건 생성의 철학'이라고 할 수 있다. 그가 구조와 체계를 중시하지 않는 것은 아니지만 그보다는 생성과 역동성을 중시한다. "들뢰즈의 사건 생성 철학은 사건, 시간, 우연, 욕망 등과 인간을 둘러싼 법칙성, 구조 등을 함께 사유하며 …… 구조를 역동으로 이해하는 논리적 사유이다"(최근정, 2019, p. 57). 그의 철학은 생성과 더불어 그런 양태를 '노마드(nomad)'라는 모습으로 조망한다. 그가 보기에 모든 사태 혹은 사건은 노마드적 성격을 가지고 있다.

> 모든 노마드는 유목적 삶을 살다가 정착하고 또 탈주한다. 노마드가 정주하는 단계를 '영토화', 반대로 탈주하는 것을 '탈영토화'되었다고 한다. 영토화되었다는 것은 영토적 차원으로 안정된 배치가 만들어지는 일이다. 노마드의 배치가 일정한 반복성과 방향성을 띠며 안정되었을 때 '영토화'되었다고 할 수 있다. 노마드는 스스로 새로운 배치를 창조하는 존재로 영토화와 탈영토화 그리고 재영토화 과정을 반복하며 자신을 이전과 다른 배치로 끊임없이 옮겨 놓는다.

> 탈영토화되어 노마드적 주체로 거듭나는 과정이 바로 창조적 삶의 생성이며 '-되기(devenir; becoming)'이다. 모든 노마드는 끊임없이 이전과 다른 차이들을 만들어 내며 견고해지는 '-되기'의 존재들이다(최근정, 2019, p. 59).

또한 들뢰즈가 사용하는 구조라는 개념은 "체계적이고 닫힌 구조가 아닌 계열들이 얼기설기 모여 만들어진 구조, 즉 열린 구조"를 의미한다. 어떤 구조든 그 구조를 역동적으로 만드는 사건을 내포하고 있으며, 이러한 사건 하나하나가 그 구조에게 또 다른 의미를 부여하는 특이점(singularity)으로 작용한다(최근정, 2019, p. 69). 사회 체계를 이런 노마드적 생성철학적 관점에서 이해할 수 있다면, 우리가 설명하고자 하는 학교 밖 학습체계들의 변화 양상을 보다 쉽게 이해할 수 있다.

이런 관점에서 본다면, 평생학습의 제도화란 학습이 '평생학습'이라는 배치에 따라 연결되고 조직화되는 사건들의 연속성을 구성하는 과정으로 이해될 수 있다. 학습도 하나의 물질대사이며, 이를 둘러싼 사회적 장치와 제도들도 그 물질운동의 배치에 다름 아니다. 개별 학습들은 이런 배치를 떠난다고 해도 결코 해체되거나 사라지는 것이 아니고 또한 평생학습의 배치를 위해 기존의 개념들, 예컨대 원격교육체계, 선행학습 인정제도 등이 접속하여 활용되고 있으며, 기존 고등교육체계는 대학 체계의 탈주와 재영토화를 통해 변형되어 작동할 수 있는 것으로 이해된다. 또한 이러한 평생학습이라는 배치 양상이 해체되더라도 이러한 평생학습 관련 제도의 부품들은 새로운 맥락에서의 배치들을 형성해 가면서 계속 작동한다고 본다.

이 과정에서 평생학습의 성격은 오직 그 차이와 배치에 의해 결정된다. 그 양상이 물론 외부의 자본과 권력 그리고 학습 욕망이라는 수요로부터 영향을 받겠지만, 배치는 결코 고정된 어떤 것이 아니며 지속적으로 탈영토화와 재영토화의 과정 속에 놓이게 된다. 평생학습체계 안에는 오히려 기존의 학교교육체계가 감당하기 어려운 지식의 출현 및 그것을 학습하도록 요구하는 환경에 조응하여 진화한 일종의 새로운 사건들이 배치되는 방식들이 존재한다. 이것들은 학습이라는 사태 혹은 사건들이 그 관련된 부품들과 조응하면서 형성해 낸 일종의 선들이며, 이 선들은 얼마든지 미시적 배치 양상을 달리함으로써 새로운 양상들을 형성해 갈 수 있다고 본다.

들뢰즈의 '차이와 반복'이라는 개념(Williams, 2013)을 잠시 빌려 표현해 본다면, 평생학습 실천의 역사는 학교교육과는 차별적인 새로운 종류의 교수·학습 활동 체계들이 하나씩 생성되고 추적되며 연결되어 드러나게 되는 지속적이고 반복적인 누적의 과정이었다고 말할 수 있다. 예컨대, 인상파 화가 모네(C. Monet)가 그린 루앙 대성당의 연작 그림이나 혹은 앤디 워홀(A. Warhol)이 그린 마릴린 먼로의 팝아트 등에서 느낄 수 있는 실험적 체취는 그대로 평생학습의 실천과 이론의 자기규정성을 설명하는 예시가 될 수 있다. 사실 모네가 그린 것은 루앙 대성당의 모습이 아니라 그것을 비치는 빛의 다채로움이 보여 주는 경계였다. 워홀의 그림 속에서도 표적은 마릴린 먼로의 얼굴이 아니라 그 얼굴을 표현하는 색 차이들의 집합이었다. 마찬가지로 평생학습이라는 이름으로 포착하고자 했던 수많은 차이와 반복의 역사는 단지 무형식학습 혹은 비형식학습이라는 윤곽을 넘어 그 시간적 파노라마가 펼쳐 나가는 학습의 새로운 활동 방식, 경계, 그리고 그 안에서 지속되는 자기참조적 규정성의 형성 과정이었다. 평생학습과 포스트 모던을 연결 지으려 했던 아이디어들은 이런 지점을 표현하고자 했을 것이다.

요컨대, 지금까지 평생학습의 역사는 마치 '평생학습'이라는 언설이 일종의 인정된 개념으로 받아들여지기까지, 마치 늑대가 자신의 경계를 파악하기 위해서 지속적으로 자신의 분비물을 표시하듯, 초기에는 의미 전달이 되든지 말든지 학교 밖 교육활동 대부분에 대해서 평생학습이라는 이름을 붙이기 시작했고, 그런 활동들을 무던히 지속해 왔던 시간들이었을지 모른다. 이렇게 지난 50년간의 지구적 실험 속에서, 그 다양한 시간과 맥락 속에서, 평생교육 혹은 평생학습이라는 이름으로 전개되고 확보된 작지만 의미 있는 '차이'들—적어도 학교교육과 차별적이면서 동시에 그 자체가 또 하나의 교수·학습 활동 체계로 포착될 만한 작지만 의미 있는 차이들—이 축적되어 왔고, 그 작은 차이들이 선을 만들고 면을 만들고 공간을 만들면서 하나의 경계를 형성하기 시작했다고 할 수 있다.

평생학습은 우선 분산적이고 산만한 학습활동들이 만드는 사건들, 즉 학습 사건들의 중복성에서 출발한다. 평생학습이라는 개념은 그러한 분산적이면서도 산만한 학습활동들에 대해 붙여진 하나의 임의적 개념일 뿐이며, 어떤 경우에도 고도의 개념적이며 이념적인 선험성을 전제로 하는 것은 아니다. 오히려 개념이나 이념은 이러한 반복적 실천이 다 지나간 후 비로소 붙여질 수 있다(Deleuze & Guattari, 1991; Williams, 2013). 따라서 여기에서의 '평생'이라는 개념은 그것이 담아내는 학습 양식의 모든 것을 대표할 수 있는 성질의 것도 아니다. 우리가 평생학습의 특성을 전생애적 차원뿐만 아니라 전사회적 특성까지 고려하면서 그 제도화와 관련된 쟁점들을 학습 참여와 학습 불평등, 교육프로그램 공급 방식, 재정과 정책 및 거버넌스 문제, 학습의 질 문제의 프리즘으로 바라보고자 하는 것은 이러한 누적의 결과일 뿐이며, 결코 '평생학습'이라는 개념이 그것들을 미리 전제해서 붙여진 이름인 것은 아니다. 오늘날 '평생학습'이라는 이름 위에 너무나도 무겁고 다양한 짐들을 지우고 있는 모습은 어찌 보면 애처로울 정도이다. 지난 50년 동안 축적되어 온 '차이들'의 의미화를 표상하는 데 '평생학습'이라는 말은 너무도 가볍고 너무 진부하다. 어쩌면 이제는 '평생'이라는 단어를 내려놓고 보다 더 적합한 개념으로 대체해야 하지 않을까 하는 안쓰러운 느낌이 든다.

라뚜르의 언어를 빌려 온다면, 하나의 사회 체계는 일종의 집합체(collective)로서 인간과 비인간의 연결망들을 포함한 입체적 사태들을 포함한다. 그가 제시한 행위자연결망이론(Actor-Network Theory)에서 사회 체계는 하나의 연결망인데 그것은 체계, 구조 혹은 복잡계 등의 개념을 모두 포함한 것이다. 그가 말하길 연결망이란 "체계(system)라는 관념보다는 더 유연하며, 구조(structure)보다는 더 역사적이고, 복잡계(complexity)보다는 더 경험적이다. 연결망이라는 생각은 이와 같이 한데 엮여 있는 이야기들의 아리아드네의 실이다"(Latour, 1991/2009, p. 23). 이런 사고를 적용해 본다면, 평생학습체계는 하나의 활동하고 기능하는 체계 혹은 연결망인데, 이 안에서 인간과 비인간, 문화와 자연, 혹은 생명과 비생명 등이 서로 연결되고 함께 기능한다고 말할 수 있다. 인간의 의식과 물질은 서로 떨어져 있는 것이 아니며, 이들을 모두 합쳐서 그는 컬렉티브(collective)라고 부른다.

평생학습체계의 존재론

이러한 논의들은 인간의 지식·학습 활동이 결코 보다 근본적인 어떤 외적 층위 혹은 힘에 의해 일방적으로 결정되는 것이 아닐 수 있다는 일말의 가능성을 열어 준다. 신유물론적 관점은 평생학습체계 형성의 미시적 우연성과 배치를 통한 생성 과정의 문을 열어 준다. 또한 사회 체계 이론은 이중 우연성을 통해 초기 장착된 구조가 이후의 전개를 통해 자기참조적으로 자신의 체계를 재생산하는 동력을 가지게 된다고 본다. 두 경우 모두 평생학습체계의 특징과 변화를 이해하기 위해서는 우선적으로 그 내부의 동력과 그 안에 담긴 내적 요인들, 그리고 그 요인들의 '미시적이고 국지적인 사건'들의 흐름을 읽어 내야 한다는 점을 선포한다. 이들은 거대이론에 의지해서 그 미래를 어떤 외부의 거부할 수 없는 힘(예컨대, 신자유주의 혹은 지식경제 등)의 탓으로 몰아가려는 성향을 경계한다.

신유물론적 입장에서 볼 때 교육을 비롯한 사회 체계는 결코 어떤 사회적 물적 구조에 의해 결정되는 이념적 실체가 아니다. 사회 체계 자체도 하나의 물질 체계이다. 그 자체가 하나의 궁극적 물질체이며 다른 어떤 체계에 종속되어 작동하지도 않는다. 오직 반복적으로 차이를 생성해 냄으로써 스스로를 생성해 내는 마이크로폴리틱의 결과로 이해한다. 우리가 말하는 사회 체계는 어떤 이유나 목적 때문이건 일정한 활동들이 지속성과 반복성을 가지게 되며, 그 활동의 차이를 지속적으로 재생산한 결과물이다. 흔히 제도화란 구조적 체계를 갖는 활동의 지속화 과정이라고 말하지만(Bidwell, 2006, p.

34), 이들이 보기에 구조란 크게 의미 없는 것이며 언제라도 맥락이 달라질 경우 전혀 다른 형태로 변형될 수 있는 것이다. 이 관점에 터해 볼 때, 구조 혹은 체계 등이 함의하는 안정성은 처음부터 존재하지 않는다. 또한 어떤 활동이나 체계의 본질이 모종의 본유적인 외적 존재로부터 규정되는 것이 아니라 그 체계의 발생사 안에서 형성되고 결정되며, 그들이 형성한 차이가 지속적인 반복과 강도를 통해 실체로 드러난다고 본다.

반면, 사회 체계 이론에서 볼 때에도 교육체계는 구조 혹은 체계라는 내적 안정성과 항상성을 갖는 것으로 이해되며, 어떤 이유에서건 일단 제도화될 경우 그것이 형성하는 체계는 일종의 내적 구조를 획득한다. (여기에서 핵심은 이때의 내적 안정성과 체계는 외부에서 부여하는 것이 아니라 그 체계의 고유한 기능성을 담보로 하는 자기참조적 체계라는 것이다.) 따라서 일단 형성된 체계는 외적 환경의 변화에도 불구하고 끊임없이 자신의 내적 기능성과 구조를 재귀적으로 충실히 재생산하는 것으로 이해된다.

어느 경우가 되었든 간에 이들 관점들이 공유하는 것은 바로 체계의 운명을 체계 스스로가 정해 간다는 것인데, 이 과정에서 부각되어야 할 점이 바로 그 '복잡성'이다. 즉, 체계가 탄력적으로 환경에 적응해 갈 수 있는 힘은 그 복잡성에서 나온다. 복잡성이란 외부에서 그 체계를 기획적으로 관리하고 통제하는 것이 불가능하며, 체계는 늘 새로운 방향으로 스스로의 미래를 창발해 간다는 가능성을 가진다. 이때의 복잡성은 단지 더 많은 요소가 관여하며 문제의 층위가 늘어나고 이해 당사자들이 더 다양화되는 등의 '다양성의 상승'이라는 차원을 넘어서는 새로운 차원의 문제이다. 복잡성은 그 복잡성 안에서 무엇인가 외부에서는 알아채기 어려운 내부적이고 필연적인 변화 생성 현상이 나타나고 있다는 점을 시사한다.

사회 체계 이론이 이야기하는 오토포이에시스(autopoiesis)는 사회 체계로서의 평생학습체계를 이해하는 데 많은 도움을 준다. 사회 체계 이론에서의 복잡성은 사회가 체계를 통해 자기정체성을 획득하면서 스스로 자기조직화해 나가는 동력을 제공하며, 이 과정에서 체계의 학습을 통해 사회 조직이 지속적으로 진화해 나갈 수 있게 된다. '오토포이에시스'라는 개념은 초기에 생물학에서 시작했지만, 사회 조직과 체계 안으로 은유되어 들어오면서 사회 체계의 자기조직화를 추동하는 힘으로 이해되기 시작했다. 이때 오토포이에시스는 타자가 아닌 자기만을 참조하는 체계 복제성을 갖는다는 차원에서 '자기참조적 재생산(self-referential reproduction)'을 이끌어 낸다. 이렇게 자기참조적 재생산을 통해 자기조직화해 가는 체계를 '복잡체계'라고 부른다(Baets, 2006; Capra, 1998; Miller & Page, 2007).

앞으로 다룰 제7~9장에 이르는 내용에서 평생학습이 생산하는 학습활동 체계들의 연합은 일종의 중층적이고 탈중심화된 복잡 체계이면서 동시에 자기준거적 생명 조직체일 수 있다는 점을 설명할 기회가 있을 것이다. 평생학습체계는 그 자신의 경계를 개념적·담론적으로 획득한다. 학교 밖 비형식 혹은 무형식학습활동과 제도, 프로그램 등 학교가 아닌 모든 활동 체계가 잠재적으로 평생학습체계의 경계 안으로 들어갈 자격을 갖는다. 이들 가운데 실천과 실험을 통해 조금씩 평생학습이라는 개념이 붙게 된다. 또한 평생학습체계는 하나의 살아 있는 자기조직 체계이다. 살아 있다는 것은 그것이 적어도 평생학습이라는 자기참조 체계를 가지고 있고, 그것이 생성과 변형의 기준이 된다는 것을 의미한다. 살아 있다는 것은 지속적으로 자기재생산을 수행하며, 동시에 자신과 체계를 구분하는 과정에서 타자참조가 아니라 자기참조성을 유지한다는 뜻이다. 여기에서 생물학자 린 마굴리스가 우리에게 던진 말을 떠올려 본다.

> 마치 성인의 인간성이 오래전 유아기에 이미 형성되는 것처럼 인간의 특성은 과거 단세포 시대에 이미 확립되었다고 할 수 있다. 따라서 진화 역사 속에서 인류의 위치를 이해하기 위해서는 과거를 뒤돌아볼 필요가 있겠다. 식물과 동물은 유핵 세포로 구성된다. 비록 우리 몸속의 유핵 세포들은 미생물우주의 공생적 박테리아에서 기원한 것이기는 하지만, 어느덧 거대 생물우주를 구성하는 생물로 우뚝 섰다. 미래의 지구 생물은 다른 행성들 또는 심지어 다른 태양계의 행성들에서도 생존할 수 있도록 진화할 것이다(Margulis & Sagan, 1997/2011, p. 326).

태초에 인간이 산소를 호흡하고 이산화탄소를 배출하는 메커니즘은 어쩌면 우연의 결과였을지 모른다. 예컨대, 우리 세포 안의 미토콘드리아가 결합되지 않았다면, 예컨대 그것 대신에 질소를 호흡하며 에너지로 바꾸는 세포가 대신 들어와 함께 진화했다면 인류의 문명은 지금과는 완전히 다를 수도 있었을 것이다. 미토콘드리아는 언제부턴가 생명체 안에 내장되어 에너지 신진대사를 산소 중심으로 바꾸어 놓았다. 그런 세포 형태를 가진 유핵 생물체들은 산소에 기반한 에너지 신진대사를 일상화하는 방식으로 생존해야 했고, 이것을 위한 호흡계와 혈관계를 가지는 형태로 진화하지 않으면 안 되었다. 순간의 선택이 수만 년의 진화를 이런 방향으로 결정지었다고 볼 때, 어쩌면 필연이란 존재하지 않을지 모른다. 모든 것은 선택과 우연 그리고 변화의 산물이다.

인간이 산소를 호흡하고 유기물질을 기반으로 몸이 형성된 것은 단지 지구라는 환경 속에서 적합하게 생존하기 위해서였고, 그 자체는 어떤 필연도 아니다. 만일 다른 행성에서 새로 진화사가 시작된다면 인간은 어쩌면 쇠로 된 몸을 가지고 이산화탄소를 호흡하며 생존하고 있을지도 모른다. 지금 볼 때 결코 해체되거나 변화할 수 없어 보이는 체계들도 사실 그 진화사를 들여다보면 얼마든지 다른 형태의 체계로 진화되었을 수 있는 가능성을 가진다. 어떤 것도 처음부터 결정된 것은 없다.

지금은 굳건해 보이지만 우리가 경험하는 자본주의의 역사도 그리 안정적으로만 보이지는 않는다. 자본주의가 작동하는 양상도 이와 마찬가지이다. 토지와 자산을 사유화하는 방식에 대해 모든 가능성이 열려 있는 것은 아니다. 중세처럼 영주가 있고 그가 소유한 토지에 사는 주민들이 준노예 상태인 경제 양식이 있는 반면, 지금의 모습은 그와 전혀 다른 사회 양식을 전제로 한다. 모든 사회는 재화가 생산되고 축적되며 분배되는 방식에 관해 모종의 사회적 양식을 가지고 있다. 이것은 일종의 약속이면서 동시에 '상식'이다. 이 상식을 우리는 '제도'라고 말한다.

우리의 인지와 학습활동도 마찬가지이다. 인간이 세상을 인지하고 학습하는 방식을 전적으로 생물학적이고 심리학적인 차원에서만 이해해서는 안 된다. 물론 그런 측면이 없지 않겠지만, 이보다 훨씬 더 많은 부분의 인지와 학습은 사회적 양상에 의해 조립된다. 특히

'소통(communication)'에 기초하는 인지와 학습은 더더욱 한 사회가 가정한 방식과 구조에 의해 결정된다. 우리는 어떤 방식으로 세상을 보는가? 혹은 어떤 방식으로 보도록 교육되는가? 모든 사회는 그러한 인지와 학습의 양상을 상식적으로 결정하는 구조를 가지고 있다. 이것을 '인지와 학습의 사회적 양식(social mode)'이라고 부를 수 있다. 앎과 삶이 연결되는 방식이 달라지면 그것을 학습하고 변화하는 방식 자체가 달라져야 하고, 그런 학습을 조직화하는 교육도 다른 형태를 가져야 한다.

지금까지의 논의를 통해서 평생학습은 하나의 본질(essence) 혹은 통일성(unity)을 선험적으로 가지고 있는 체계가 아니며, 수많은 학습체계들의 기능과 연결 그리고 작동을 통해 얼마든지 새로운 부분적 배치와 변형 혹은 완전히 새로운 종의 탄생을 기대할 수 있음을 드러내고자 했다. 또한 그 배경이 되는 경제적 요구나 정치적 이념 등의 '외부적' 힘이 작용하기는 하지만, 여전히 그것은 '체계의 밖에 존재하는 환경'으로 읽혀야 한다는 점 역시 강조했다. 사회 체계 이론에 의하면 체계의 재생산은 핵심적으로 그 체계의 자기준거성에 의존한다. 그러나 환경이 체계의 코드에 영향을 미칠 수 있는 여러 루트와 기점들이 열려 있다는 것까지 부정하기는 어렵다. 또한 처음부터 어떤 설계도에 의해 구성된 것은 아니지만, 일단 형성된 어떤 기능성은 이후 지속해서 자신의 생명력에 의해 그 기능성을 내부적으로 재생산하며, 동시에 새로운 기능성과 연동하는 관계가 발생할 경우 그에 따른 새로운 부분이 생성된다. 학습체계들은 끊임없이 움직이고 역동적으로 변화하는 작동 체계들이며, 외부의 맥락적 변화에 대해 수동적으로 반응하는 기계가 아니다. 마치 운동이 격하면

심장이 세게 뛰는 것처럼, 체계가 환경의 영향을 받지만 그 영향은 여전히 체계가 자기폐쇄적으로 생명성을 유지하는 반응 과정에서 제한적으로 나타난다. 이 과정에서 자신과 환경의 '차이'를 지속적으로 생성하고 반복함으로써 그 안에서 새로운 방식의 배치 구도를 찾아낸다. 이렇게 형성된 자기참조 체계 혹은 배치의 구도는 그대로 평생학습이라는 정체성 혹은 개념 범주를 설정하는 기준이 된다. 결국 한 사회가 '평생학습이란 무엇인가?'라는 질문에 대해 답하는 방법은 바로 다양한 학습체계가 평생학습이라는 작동적 폐쇄성을 어떻게 구축해 가는지를 관찰하면서 행해져야 한다. 그리고 이 과정은 수많은 활동과 사건들의 누적 속에서 이루어진다는 점에서, 학습체계들이 규정되는 배치 양상이 어떻게 변화하는지를 관찰할 수 있다면 그것이 형성하는 평생학습이라는 개념적 차이가 어떻게 재생산되는지도 이해할 수 있게 된다. 개인들은 그런 학습의 사회적 양식이 그려 주는 템플릿을 활용하여 학습활동의 그림을 그린다.

제7장
팽창하는 학습생태계와 산업 5.0

복잡 체계적 차원에서 평생학습의 층위를 개체를 중심으로 하는 개체 주체성 차원으로부터 객체 지향 평생학습 존재론 및 중층적 복잡 체계 차원으로 전환해야 하는 이유를 설명하였다. 이를 위해서 포스트 휴머니즘적 사고가 앞으로의 인간의 학습을 이해하는 데 주는 영향과 의미를 이해하면서, 그와 동시에 인공지능이 다루어 가는 비인간 체계의 학습을 인간 체계의 학습과 어떻게 병행할 수 있는지에 대한 물음을 던졌다. 또한 산업 5.0 시대와 인공지능, 포스트 휴먼의 플랫폼 안에서 평생학습체계가 진화해 나가는 맥락을 설명하였다.

팽창하는 평생학습생태계의 양상

학교 경계 밖에서 벌어지는 학습체계의 생성과 제도화 현상은 이제 더 이상 특별한 일이 아니다. 우리는 그 현상을 평생학습 현상이라고 부르며, 이 현상은 한 국가 혹은 지역을 넘어서 글로벌한 현상이 되어 가고 있다. 루만이 말한 근대교육체계의 자기준거적 사회체계의 차원에서 보자면 이 현상은 그 체계 경계의 '밖'에서 벌어지는 또 다른 유사한 과정이라고 할 수 있겠지만, 동일한 학습과 교육활동들을 통해 수시로 학교 체계 경계와 중첩되어 가며 때로는 경쟁자로 혹은 때로는 협력자로 기능한다. 평생학습이라는 개념은 수평적으로는 학교교육의 배타적 경계를 넘어 그 밖에서 생성되어 오던 사회교육이라는 학습 양식적 경계 혹은 수직적으로는 성인교육 혹은 노인교육이라는 대상별 경계를 포함하는 보다 확장된 교육활동과 체계의 자기경계가 되어 가고 있다. 말하자면, 학교 체계의 확장을 통해 새로운 범주의 교육 · 학습 · 훈련 체계의 경계를 새롭게 만들어 가고 있고, 우리가 말하는 '교육체계'는 학교의 범주를 넘어서는 새로운 경계선을 획득하게 되었다고 말할 수 있다.

이 현상을 다시 조망하기 위해서 제3장 이후 이 책의 흐름을 다시 정리해 보자. 나는 제3장에서 근대 학교교육체계의 형성이 전근대 사회 교육활동들의 '형식화' 과정이라고 보았고, 이 과정에서 형식학습이 학습활동의 지배종으로 자리 잡게 되었다고 했다. 또한 형식학습을 재생산하기 위해 정교하게 고안된 학교 체계가 발달하게 되었다고 보았다. 제4장에서는 『포르 보고서』를 기점으로 이에 대한 탈영토화의 시도들이 교육체계 내부에서 나타나기 시작했다고 보았다. 『포르 보고서』는 여러 장치들을 개발하였지만, 그중에서도 특히 교육의 시공간성을 재규정했고 학제의 위계적 일방성을 유연화하도록 요청했다. 지난 50여 년 동안 실제로 학교교육체계는 그러한 방향의 진화를 거듭해 왔다. 원격교육이 일상화되었고 시간제학습자 수가 크게 늘어났다. 진학과 취업을 가르는 교육단계들의 닫힌 벽이 무너졌고, 성인교육의 비중이 확대되면서 계속교육이 초기교육만큼의 중요성을 획득하기 시작했다. 즉, 학교교육체계가 평생교육체계로 진화하는 의미 있는 변화가 시작되었다. 나는 이것을 '평생학습 1.0'이라고 이름 붙이려고 한다.

한편, 앞 장에서 나는 평생학습정책과 실천이 일종의 생성적 이형성을 특징으로 하여 다양한 맥락에서 새로운 학습생태계를 구축해 가고 있는 차원을 설명하면서, 이것이 크게 보면 학교 체계 경계 밖에서 생성되어 나오는 새로운 방식의 거대학습체계, 즉 평생학습체계의 모습이라고 말했다. 자세한 검증이 필요한 부분이겠지만, 이들 평생학습체계들은 각자 탈중심화된 네트워크의 형태로 서로 묶여 가면서 동시에 서로 연결되고 확장되는 활동 체계들의 조합으로 자신의 모습을 드러낸다. 이러한 양상은 지금까지는 적어도 성인교육활동 혹은 학교 밖 비형식학습활동들을 중심으로 전개되었고, 이러한 현상에 대해 '평생학습'이라는 개념적 도구를 활용하여 설명하고자 시도했던 학자들은 성인교육학자들이 거의 대부분이었다. 그리고 이렇게 형성된 평생학습체계를 중심으로 평생학습 담론을 이해하는 방식을 나는 '평생학습 2.0'이라고 부르려고 한다. 넓게 보면 지금의 평생학습은 대개 성인학습과 성인교육의 활동 체계들의 경계를 크게 벗어나지 않으며, 우리 대부분은 평생학습을 평생학습 2.0의 프레임을 통해 이해하고 있는 셈이다.

하지만 지금까지의 과정은 분명한 한계를 가지고 있다. 평생학습 담론과 실천은 지금까지 근대적 발전주의 행태를 공유하면서 학교 체계의 연장선상에서 그 파트너적 역할에 머물고 있기 때문이다. 이런 흐름은 몇 가지 점에서 한계를 가지고 있었다. 가장 큰 문제는 지금까지의 학교 밖 체계가 지속적으로 학교가 기득권으로 가지고 있던 형식학습 양식을 모방해 감으로써, 학습 결과에 대한 인정 혹은 자격과의 호환성 등을 통해서 학교에서의 학습이 유인가를 가지는 방식과 유사하게 그 학습 결과들의 효과성을 획득하려고 했다는 것이다. 예컨대, 학점은행제, 나노 디그리, 각종 자격증 등을 학습의 결과와 연결시키는 방식은 바로 이 점을 말해 준다. 이것은 평생학습의 초형식성(trans-formality), 즉 형식-비형식-무형식학습의 호환성을 양방향이 아닌 한쪽 방향으로만 흐르게 만드는 제한점을 보여 준다. 즉, 무형식학습과 비형식학습이 늘 형식학습의 가치 인정 방식과 호환적인 학습 결과 인정 방식을 취득하려는 경향을 가지게 되면서, 결국 '모든 학습의 형식학습화'를 유발할 뿐이었다. 학습 결과 인정과 직업 가치를 연결시키려는 방식은 결국 '평생학습의 학교화'에 다름 아니었고, 학습의 가치를 대부분 노동시장 가치로 연결하려는 시도를 통해서 평생학습을 '직업 역량 개발(competence development)'로만 몰고 갈 위험성을 가지고 있었다.

직업 역량 개발을 통해 학습 결과를 자격 체계와 연계하는 방식은 초기교육으로서의 학교학습 결과를 학위나 졸업장과 연계하는 방식과 유사하게 계속교육을 수행하는 학습 훈련 체계들의 학습 결과를 전문가 자격 체계로 인증하는 별도의 방식을 만들어 내었고, 평생학습이라는 명칭 혹은 개념은 다음 절에서 설명하게 되겠지만 바로 이 후자를 지칭하는 것으로 사용되는 경향이 생겨났다.

평생학습 개념 생태계의 확장

2020년에 수행한 「평생학습 개념 생태계 연구」(한숭희 외, 2020)는 이런 점을 잘 보여 준다. 이 연구에 따르면 평생학습 개념의 활용 범위는, ① 교육학 전반으로 확장해 가는 한편 사회과학, 생명과학, 공학과 의학, 인문학과 교양학 등 거의 모든 분야로 그 적용 범위를 넓혀 가고 있었고, ② 핵심 연구 주제들, 예컨대 노인 발달과 학습, MOOCs, 전문가 계속교육(의사, 공학자, 건축가 등) 등 주제와 관련된 융합학문적 연구로 발전하고 있었으며, ③ 다른 한편에서 기존의 학교학습으로 표현하기 어려웠던 새로운 학습의 세계를 표상하는 플랫폼 개념으로 자리매김하고 있다는 점을 발견하였다. 특히 인공지능 등의 기계학습 분야에서 평생학습 개념이 활용되는 모습을 관찰하였다. ④ 또한 개념의 활용적 측면에서 주로 기술과학의 적용을 선도하는 의학, 약학, 공학 등의 분야에서 계속교육의 차원에서 활용하고 있었는데, 이 점은 이후 과학과 인문의 경계를 논의한 포스트 휴먼적 관점에서 보다 세심하게 들여다볼 필요가 있다. 요컨대, 이런 양상으로 드러난 평생학습의 개념은 이제 더 이상 50년 전의 그 개념이 아니며, 1990년대 신자유주의적 흐름을 타던 그 모습도 아니었다. 또한 그 학술 개념의 리더십도 더 이상 평생교육연구자 집단(혹은 성인교육연구자 집단)에 있다고 말하기 어렵게 되었다.

전 세계적으로 'lifelong learning' 개념이 어떤 학문 분야로 확산되어 가고 있는지를 분석하기 위해 이 연구는 국제학술지 색인지표인 SCOPUS 데이터베이스를 활용하였다. 이 가운데 2000년부터 2019년까지 총 20년 동안 발표된 "lifelong learning" 개념을 주제어로 포함한 학술 논문들을 추출하였다. SCOPUS는 엘시비어(Elsevier) 출판사가 2004년부터 구축하고 있는 국제학술지 색인이며 생명과학, 사회과학, 물리과학 및 의보건학 등의 다양한 분야를 커버하고 있다. 수작업을 통해서 일부 노이즈(noise) 데이터를 제거한 결과, 분석 가능한 논문은 1,546개 학술지에 게재된 4,248개였다.

이들을 주제 영역별로 분류하는 데에는 몇 가지 원칙이 활용되었다. 우선, 주제 영역의 분류는 일차적으로 SCOPUS 분류 기준인 ASJC journal classification에서 제시하는 학술지 주제 분류를 바탕으로 분류하였다. SCOPUS는 전체 내용을 health sciences, life sciences, social sciences, and physical sciences로 나누고 있으며, 이것은 다시 27개의 대주제 분야 그리고 추가로 300여 개의 소주제 분야로 나뉜다. 주관적인 분류를 최소화하면서, 이상의 27개의 주제는 다시 7가지 영역으로 나누었다.

〈표 7-1〉 SCOPUS에 따른 주제 영역별 추출 논문 수

구분	주제 영역별	논문 수
교육	Education	1,545
의학과 보건	Dentistry	57
	Health professions	110
	Medicine	414

	Nursing	150
	Veterinary	16
	Biochemistry, Genetics and Molecular Biology	29
	Immunology and Microbiology	3
	Pharmacology, Toxicology and Pharmaceutics	30
교양과 인문학	Arts and Humanities	213
경영과 경제	Business, Management and Accounting	300
	Economics, Econometrics and Finance	63
사회과학과 심리학	Decision Sciences	24
	psychology	122
	Social Sciences	345
과학과 공학	chemical engineering	8
	Chemistry	7
	Computer Science	359
	Earth and Planetary Sciences	31
	Energy	14
	Engineering	249
	Environmental Science	40
	Material Science	10
	mathematics	14
	Physics and Astronomy	8
	Agricultural and Biological Science	22
인공지능과 신경과학	Neuroscience	25
	Artificial intelligence & machine learning	38
합계		4,246

각 영역의 연구 테마들을 간략히 요약하면 다음과 같다. 우선, 교육학 영역에서는 230개 분야 내 학술지에서 1,545개의 논문이 추출되었는데, 이들 중에서 10% 정도에 해당하는 167개의 논문이 주로 MOOCs등 원격 온라인 강좌와 관련된 주제를 다루고 있었다. 이 외에도 전문성 개발(continuing professional development), 지속가능발전(sustainable development), 학습도시(learning cities), 창업 및 직업교육 관련(entrepreneurship and competence development) 등이 주된 주제로 다루어지고 있었다. 이런 주제들은 성인교육과 평생교육 연구 분야가 지금까지 다루어 왔던 주제들과 크게 다르지 않은 것이었다.

둘째, 의학, 치의학, 간호학 분야에서도 평생학습 관련 주제가 많이 발견된다. 375개 학술지에서 750개의 논문이 검색되었다. 이 분야는 의학 관련 학문 분야라는 점과 함께 그 자체가 대량의 전문가를 지속적으로 양성해야 하는 임무를 가지고 있다. 게다가 의사 혹은 간호사 등의 면허를 획득하게 하는 형식교육체계 이후에도 면허를 활용하는 전생애 전문 활동 기간 동안 지속적으로 지식과 기술을 향상시켜야 하는 과제를 안고 있다는 점에서 평생학습에 대한 고려는 피할 수 없는 과제라고 할 수 있다. 특히 개업 후 지속적으로 전문지식을 학습할 수 있도록 하기 위한 온라인을 활용한 혁신적 커리큘럼 형성 및 그것을 평가하고 인정하는 체계(self-assessment skills with lifelong learning)로서의 평생학습 프레임에 관한 논의가 활발히 이루어지고 있다. 이 가운데 노인학(gerontology)은 의학뿐만 아니라 다른 여러 분야와의 융합을 통해 형성된 독립적인 학문 분야로서, 평생학습에 관한 관심이 다른 어떤 분야보다 높은 분야라고 할 수 있다. 제3기 성인에 대한 포괄적 공공교육지원 체계의 필요성에 관한 논의를 비롯해서 평생학습을 통해 노인기의 생활 회복력과 유연한 적응력을 기르기 위한 연구들이 진행되고 있다. 성공적인 노화를 위한 평생학습의 역할이나 노인의 심리적 웰빙을 위한 학습프로그램 개발 등이 논의된다.

셋째, 인문학과 문화 교양 분야에서 108개 학술지에 213편의 논문이 검색되었다. 여기에서는 주로 미술, 무용, 음악 등의 문화예술활동 및 종교와 관련된 활동 영역, 그리고 말하기와 글쓰기 등의 언어학습 관련 활동들이 평생학습 개념을 적극적으로 수용하고 있었다. 이들은 역량 개발이라는 차원을 넘어 그것을 형식학습과 호환되는 학습 결과로 평가 인정하는 문제들도 중점적으로 다루고 있었다. 또한 학문 활동 가운데 언어학, 윤리학, 종교학, 정보 문해, 도서관학 등 학문 분야 자체로서 평생학습이 중요한 기제로 작용하는 분야에서의 관련 연구 성과들이 보고되고 있다. 또한 시민사회 혹은 커뮤니티 등도 의미 있는 클러스터를 형성하고 있었다.

넷째, 경영과 경제 분야에서는 총 176개 학술지에서 363편의 논문이 검색되었다. 평생학습 주제와 연관된 연구들은 주로 퇴직교육, 기업의 인력 개발 전략, 성인의 학습 수요, 조직학습, 기업교육 혁신 및 협업 프로젝트 관련 내용 등을 다루고 있었다. 평생학습과 직업 만족도의 관계도 중요한 쟁점 중 하나였다. 또한 노동시장에서의 노동 인력 수급과 교육프로그램을 통한 재진입 등의 연구들도 수행된다.

다섯째, 심리학 및 기타 사회과학 일반에 관한 연구 분야에서는 모두 244개 학술지에서 총 495편의 논문이 검색되었다. 여기에서는 주로 인지, 학습, 동기, 학습 전략, 학습 결과 측정 등 기존의 학습이론 전반에 관한 연구 주제들이 평생학습이라는 맥락에서 수행되고 있으며, 사회학적 차원에서 평생학습과 사회 계층 이동의 관련성도 주요 주제로 다루어지고 있다. 그 외에도 '평생학습자 되기' 혹은 시민의 평생학습을 촉진하기 위한 전략 혹은 방법론에 관한 연구들이 주종을 이루고 있는데, 예컨대 정보 문해 능력 향상을 통해 평생학습 참여를 촉진하는 전략에 관한 연구나 MOOCs가 평생학습을 촉진하는 데 기여하는 측면에 관한 연구 등도 눈에 띈다.

여섯째, 과학과 공학 분야에서도 평생학습 관련 연구들이 활발한데, 348개 학술지에서 모두 769개 논문이 검색되었다. 우선, 다른 전문가 집단과 마찬가지로 공학과 자연과학 분야 자체가 거대한 전문가 집단 양성 및 계속교육을 필요로 한다는 점에서 평생학습 패러다임에 관한 관심은 당연한 것이며, 의학 분야에서의 관련 연구와 마찬가지로 공학 분야에서도 평생학습 패러다임에 기초한 공학교육연구가 활발히 이루어지고 있다. 특히 전체 연구 가운데 절반에 가까운 359개 논문이 컴퓨터사이언스 분야 학술지에서 발견된 것은 특이할 만한 점이다.

일곱째, 이 부분은 매우 흥미로운데, 최근 신경과학과 컴퓨터과학 분야가 결합되어 인간의 뇌신경 체계를 닮은 인공지능을 개발하는 연구가 진행되고 있고, 이때 인공지능의 모형이 기존의 학교학습에서 평생학습으로 전환되어 가고 있다는 점이 새롭게 포착된다. 예컨대, 평생학습 알고리즘, 평생학습 패러다임에서의 인공지능 학습 모형 등의 개념이 나타나고 있다. 모두 63개의 논문이 이 분야에서 발견되는데, 대부분 2010년 이후에 조금씩 선보이기 시작해서 2018년까지 매해 4~7개 정도씩 게재되던 것이 2019년에는 갑자기 24개로

3배 이상 늘어나고 있다. 구성을 보면 컴퓨터사이언스 등 공학 분야에서 30개, 신경과학 및 의학 분야에서 27개 등으로 나타났다.

요약하면, 오늘날 평생학습 개념 생태계는 인문학, 사회과학, 자연과학, 응용과학 등 거의 모든 학문 분야에서 사용되고 있지만 이 중에서 특히 의학, 보건학, 사회복지학, 교육학, 예술과 실천 계열 등 주로 전문직을 대량으로 재교육시켜야 하는 분야에서 더욱 활용되고 있다. 전통 분야들보다는 오히려 보다 첨단 분야들, 예컨대 의학이나 약학, 공학이나 자연과학 그리고 인공지능 등 테크놀로지 발달이 현저한 부문에서 평생학습 개념이 더욱 활발히 사용되고 있다.

그런데 전통적 인문학에 비해서 과학기술과의 접목이 활발한 분야에서 평생학습의 필요성이 높아지는 것은 어쩌면 당연한 현상이라고 할 수 있지만, 사실 여기에 우리가 주목해야 할 새로운 측면들이 숨어 있다. 그것은 바로 이들이 다루고 있는 과학기술이라는 것이 단지 새로운 기계의 사용법 혹은 새로운 치료법의 적용 등에 머무르지 않고 인간과 자연, 문화와 기술, 생명과 비생명 등의 정의를 새롭게 바꾸어 가면서, 그 안에서 인간의 학습이 차지하는 의미를 점진적으로 바꾸어 놓고 있다는 것이다. 인간과 비인간 혹은 문화와 기술 등이 서로 접목되는 부분일수록 인간의 기억과 상상력이 생물학적 경계를 넘어 비유기적 차원과 융합하고, 인간이란 누구인가를 정의하는 방식이 달라지는 가운데 삶(life)의 범주와 존재성이 실재와 가상, 주체와 객체 그리고 개체와 집합의 경계를 넘나들며 인간의 지능이 생물적 지능을 넘어 인공지능을 포용하게 되고, 그렇게 확장된 기억, 지능, 삶의 차원들이 만드는 플랫폼 위에서 인간의 학습이 딥 러닝(deep learning)의 차원으로 전환되는 양상을 보인다. 제4차 산업혁명은 그런 맥락에서 인간과 테크놀로지가 서로 융합하는 가운데 나타나는 생산 양식의 흐름을 잘 보여 준다(한숭희 외, 2020).

이런 현상 속에서 평생학습은 자연스럽게 근대사회의 이념과 맥락으로부터 스스로의 차이를 생성해 가게 된다. 삶(life)에 대한 정의가 달라지고, 그 안에서 학습(learning)의 존재성과 기능성에 변화가 생길 수밖에 없다면, 결국 이 두 가지의 결합으로 탄생한 평생학습(learning throughout life, lifelong learning)의 의미도 이런 맥락 속에서 재규정될 수밖에 없게 된다. 학습과 관련된 핵심 개념들, 즉 지식이란 무엇이며 학습을 어떻게 이해할 것인가 그리고 그런 학습을 관리하고 촉진하는 것으로서의 교육을 어떻게 볼 것인가 등에 관해 근본적으로 새로운 질문들이 촉발된다. 나는 이러한 양상의 평생학습을 '평생학습 3.0'이라고 이름 붙이고자 한다. 그리고 뒤에서 자세히 설명하겠지만, 현재의 2.0 버전으로 읽히는 평생학습 개념과 대비하기 위해서 나는 평생학습 3.0 형태의 개념 구조를 '포스트-평생학습'이라는 개념과 혼용하게 될 것이다.

포스트 휴머니즘적 사고

'포스트' 시대로 전환되고 있다. 근대사회가 만들어 놓은 거의 모든 것에 '포스트(post)'라는 접두어가 붙으면서 시대의 전환을 그런 식으로 표현해 내기 시작했다. 사실 포스트라는 담론이 시작된 것은 이미 오래전이다. 포스트-산업사회 개념은 제조업 중심의 생산 체제가 정보와 서비스 중심으로 전환되면서 등장했다. 포스트-구조주의 개념은 근대사회가 의지하던 플라톤 이후의 단일한 인식론(monolitic epistemology) 및 그에 기반한 본질 기반 인식 체계를 흔들기 시작했다. 포스트-식민주의는 19세기 제국주의의 모순을 성찰하고 우리의 존재 속에 깊이 뿌리내린 식민주의 체제가 지나간 이후에도 여전히 우리 삶에 남아 있는 혼종성과 정체성의 문제에 대한 감수성을 일깨웠다. 그리고 포스트-휴머니즘의 인식은 르네상스 이후 우리가 늘 찬미했던 인간중심주의, 즉 인본주의에 가려진 추악한 진실을 드러내는 데 앞장섰다. 이런 흐름 전체를 '포스트-근대주의'라고 말해도 무방하리라 생각하는데, 여기에서 포스트 모더니즘은 단지 예술이나 건축 등에서의 사조를 지칭하는 것으로 특칭하기보다 오히려 근대성(modernity)이라는 커다란 시대성이 서서히 해체되고 몰락해 가는 경향성을 말해 주는 것으로 이해될 수 있다.

이러한 변화들은 크게 보면 근대사회라는 한 시대가 저물고 있음을 나타내 준다. 인간중심주의와 과학기술의 수단화가 연결되어 나타난 극단적 개발주의가 만들어 낸 황폐해 가는 지구의 모습을 반성적으로 성찰하면서 그러한 개발주의와 차별화된 생태적 감수성이 서서히 등장하고, 대량 표준화를 통한 경제 생산 방식의 문제를 인식하기 시작하며, 단일한 인식론을 넘어선 다층적 인식론이 그 자리를 대신하게 된다. 현재에 집착하는 대량 소비주의 문화를 대신해서 미래의 필연적 디스토피아를 걱정하는 절제된 삶의 가치들이 성찰적으로 등장하기 시작했다. 이러한 변화 속에서 삶을 보는 방식이 달라질 수 있다면 당연히 그와 공조하는 학습의 양상도 달라져야 마땅하다. 일부이기는 하지만, 평생학습이라는 담론을 이러한 변화 안에서 인간의 학습과 변화를 추구하는 삶의 방식과 깊이 밀착하여 작동시키는 관점들이 생겨나고 있다(Walters, 2006/2010).

이런 시대적 전환은 필연적으로 인간의 세계 인식과 지식관 그리고 학습과 교육의 방향이 획기적으로 전환될 수 있는 기반을 제공한다. 생각이 달라지지 않으면 세상은 달라지지 않는다. 그러기 위해서는 우리의 생각을 지금의 프레임 안에 견고히 붙잡고 있는 결박의 틀을 해체하지 않으면 안 된다. 푸코가 담론 혹은 에피스테메 등의 개념을 동원하여 지식 안의 권력 문제를 집요하게 추적한 것이나, 들뢰즈 등이 지식과 앎의 문제를 노마드(nomad)라는 개념과 연결시키려고 했던 것들도 모두 인식의 현재적 구속을 스스로 해체할 수 있는 계기를 찾기 위해서였다. 세기적 전환은 분명히 지식 혁명과 함께 학습 혁명이 동반된다. 교육체계는 그러한 지식·학습 혁명을 통해 변형의 틈새를 포착하게 된다.

평생학습이라는 개념은 이러한 세기적 전환의 한가운데에서 인간의 학습 양식을 변화시키고 생애 전반 그리고 사회 전반의 지식 구성 방식에 의미 있는 변화를 줄 수 있는 중요한 사회 장치가 될 수 있다. 우리가 '포스트' 시대와 평생학습의 연결 구조에 주목하는 이유도 여기에서 찾을 수 있다. 하지만 이러한 가능성에도 불구하고, 우리에게 익숙한 평생학습의 개념과 실천은 여전히 2.0 단계에 만족하고 있다. 또한 그 관성적 운동성 안에 갇혀 정해진 궤도를 도는 일에만 충실하고 있다. 가장 큰 문제는 상상력의 결핍이다. 유럽이나 동아시아 모두의 평생학습이론들이 스스로 신자유주의의 포로를 자처하면서 새로운 이론적 추진력을 확보하지 못하고 있으며, 성인교육의 자기경계로부터 한 발자국도 나아가지 못하고 있다. 이론이 학술이라는 자기굴레적 감옥에 갇혀 있는 동안 실천은 땅속에 깊이 뿌리를 내리지 못하고 작은 시행착오들만 거듭하고 있다.

앞 장 말미에서 언급한 것처럼, 평생학습은 어떤 고정된 본질 혹은 통일성을 가지는 체계가 아니며, 그 구조를 다르게 하는 것을 통해 얼마든지 새로운 형태의 학습체계로 진화할 수 있는 가변성을 가진 것으로 드러난다. 이러한 가변성은 앞 절에서 예시한 "평생학습 개념 생태계"의 확산적 양상에서 잘 드러난다. 평생학습이라는 개념은 처음부터 어떤 불변의 설계도에 의해 구성된 것이 아니며, 기능적 적합성을 통해 전혀 다른 종과 맥락으로도 쉽게 전이되어 나간다. 평생학습의 개념은 유연하며, 다른 종류 나무의 가지에 접붙이기가 용이하고, 형태 변환을 통해 새로운 기관을 형성해 내는 데 무리한 저항을 느끼지 않는다. 일단 시작되면 끊임없이 움직이는 자기역동성을 가진다. 작은 관점의 변화 속에서 자기체계가 가지는 차이를 지속적으로 재생산해 내며, 그 안에서 새로운 방식의 배치의 구도를 찾아낸다.

이렇게 형성된 자기지시 체계 혹은 구도는 결국 한 사회 내에서 '평생학습이란 무엇인가?'라는 질문에 대해 새로운 답을 찾도록 이끈다. 새롭게 재규정된 개념은 그 자체가 자기참조 체계로서 자신이 설정한 방향으로 자기증식을 이끈다. 그런 개념 체계가 그려 주는 템플릿 위에 시민들은 자신의 학습활동 그림을 그려 나간다. 사실, 평생학습은 처음부터 밑그림 없이 자유롭게 그려진 그림이었고 학교교육체계가 고정시킨 '형식학습'이라는 학습 양식 너머에 그려진 겁 없는 터치였다. 그렇게 그려진 초벌 그림들이 조금씩 자기변형을 해 나가면서 모양과 색깔을 갖추게 되고, 지금 우리가 관찰할 수 있는 형태에까지 도달했다. 그것이 우리가 지금 관찰하고 있는 평생학습, 즉 평생학습 2.0 모형이다.

그러나 여기가 종착지는 아니다. 평생학습은 삶(life)과 학습(learning)의 상호 연결체이고, 삶의 변화 속에서 학습하며, 학습을 통해 삶을 직조하는 이중성을 관찰하고 되먹임하는 중층적 활동이다. 평생학습의 의미도 그 안에서 끊임없이 탈영토화되고 재영토화될 수 있다. 학습은 삶의 생태가 작동하는 기본적인 메커니즘이다.

지금까지 근대사회의 학교 프레임 안에서 학습은 늘 인간을 규정하고 제한하는 통제 방식으로 기능해 왔다. 예컨대, 행동주의는 인간을 외부 관찰만이 가능한 존재로 규정했고, 학습도 이런 인간 규정성과 연동하는 방식으로 정의되었다. 인간을 인지하는 존재로 포착하려고 했던 인지주의 관점에서 당연히 학습은 그런 인지 과정의 한가운데 있는 독특한 인간 과정으로 규정되었다. 그 안에서 인간은 늘 혼자였고, 고립된 심리 체계 안에서 벌어지는 신경 작용으로 환원되어 이해되어 왔다. 이것은 어쩌면 근대성이라는 프레임이 강요하는 인식과 학습의 제한적 경계 때문에 생기는 속박이었는지 모른다. 20세기 후반의 맥락이 늘 그랬기 때문에 그동안 학습의 주체를 인간, 특히 생물학적 개인에 고정시키면서 나타났던 문제점들은 그대로 평생학습을 이해하는 방식의 제한성이기도 했다.

이제 인간은 근대성이 규정하는 데카르트적 개인, 즉 '오로지 홀로 사고하고 인지하는 개인'을 단독의 최종심급으로 규정하려는 시도를 넘어 몸의 존재, 물질적 존재, 집단지성적 존재, 혹은 인간-비인간의 복합 관계성에까지 이르는 다차원적 존재가 되었다. 그와 함께 학습의 개념도 서서히 바뀌어 가고 있다. 과거에는 학습을 인간 중심적, 르네상스적, 인지 중심적 차원으로 보려고 했다면, 포스트 휴머니즘에서의 학습은 더 이상 어떤 개인의 심리적 작동, 예컨대 동기, 인지, 기억, 행동 등의 개념으로 수렴될 수 없는, 혹은 그런 개념의 차원을 넘어서는 방식으로 정의되기 시작한다.

이런 관점에서 보자면, 학습의 수행이 사회 체계와 연동하는 과정에서 학습의 '주체'가 누구인가를 따지는 것은 어쩌면 무의미한 일이 될 수도 있다. 학습은 기본적으로 개인의 생애학습을 기본으로 출발하지만 거기에 머물지 않는다. 삶이 혼자 고립된 형태로 존재할 수 없는 것처럼, 학습 역시 복수의 '관계망' 속에서 수행된다. 복수의 인간들이 만드는 '일'과 '관계성' 속에서 만들어진다. 학습이론이 상황학습이나 활동이론 혹은 행위자-연결망 이론 등에 주목하는 이유도 그런 것 때문이다. '나'는 더 이상 학습의 주체이거나 주인이 아닐지 모른다. '나'는 국가교육과정을 학습하고, 유튜브와 가상학습 관리 장치를 따라 간다. 내가 컴퓨터 기반 학습을 하는 동안 기계도 나의 학습 습관과 오류 패턴을 학습한다. 그렇게 모인 학습 데이터들은 빅 데이터로 분석되어 다시 나의 학습에 환류한다. 아이들이 학습하는 동안 그 학습을 모니터링하는 기계들도 학습한다.

모든 문제는 학습을 개체-합리성의 차원에서 이해하려는 관성 때문에 나타난다. 지금까지 대부분의 학습 개념은 눈에 보이는 개체로서의 '인간'이 수행하는 행동의 단위에서 이해되었고, 그 개인의 마음 안에서 나타나는 기억과 태도의 변화로 제한되어 왔다. 즉, 학습은 개인의 마음과 능력의 변화로만 이해되어 왔다. 복잡 체계적 관점에서 보자면 '개인'은 우리가 생각하는 그런 주체적이고 고립적인 존재가 아니다. 또한 그가 '소유'하고 있다고 믿어져 왔던 마음이나 능력도 개인의 몸 안에 갇혀 있는 실체가 아니다. 우리가 집단지성(collective intelligence), 학습 조직(learning organization), 빅 마인드(big mind) 등의 개념에 주목하는 이유도 이와 관련이 있다.

인간의 학습은 결코 생리학적 뇌 안에서 완성되지 않는다. 인간은 수없이 다양한 외부 기억들을 자신의 신경 체계 '외부'로 확장하여 저장하며 활용한다. 즉, 사회 문화적 소통 체계가 몸 안의 신경 체계와 연동하면서 학습을 몸 밖으로 '확장'하게 된다. 학습된 지식은 언어와 문자, 기호와 소통 등을 통하여 공유되며, 그렇게 공유된 지식에 접근하는 개체들은 그것을 통해 새로운 동일성을 획득한다. 또한 우리가 매일같이 활용하는 외장 기억들은 일종의 '사회적 기억/ 공유 장치'라는 차원으로 확장된다. 즉, 학습은 정보, 문화, 기술을 매개로 사회적 단위의 활동이 된다(Hayles, 1999). 기억은 '사회적 공간과 층위'에 저장되고 활용된다. 사회적 기억과 연결된 개체들의 기억은 불가분의 관계로 서로 연동한다. '나'의 학습이란 내 뇌의 기억을 빅 마인드(big mind)와 연결하는 활동이며 또한 그 영향을 받는다. 멀건(G. Mulgan)이 말한 '큰 마음(Big Mind)'은 학습의 기본 플랫폼이 된다(Mulgan, 2018). 어쩌면 개체들의 의식과 기억은 사회적 마음, 혹은 큰 마음과 연결되고 서로 연동하는지 모른다.

이런 맥락에서 포스트 휴먼적 사유는 매우 유용한 통찰을 제공해 준다. 왜냐하면 이렇게 학습하는 '확장된 나'는 나의 생물학적 뇌를 넘어 나를 연결하는 컴퓨터와 데이터베이스 등 물적 관계들과 함께 학습하며, 이때의 학습 주체를 반드시 생물학적 나로 환원시켜 제한할 필요는 없기 때문이다. 또한 이렇게 학습하는 나는 개체로서의 나를 넘어 내가 속한 시민성의 사회, 지구 생태계의 사회, 평화를 염원하는 비정부 단체 등으로 확장된다. 학습이 전제하는 생각과 판단을 주관하는 인간의 마음은 이제 심리적 현상을 넘어 문화적 · 기술적 · 세계적 차원으로까지 '확장'된다(Donald, 2001). 이렇게 확장된 개체들은 불가피하게 서로 연동하며 마치 사회적 소통 체계라는 확장된 신경 체계 안에 위치한 낱낱의 뉴런과 같은 방식으로 자신을 사회 체계에 연결시킨다. 그 안에서 개체들은 서로 연동하며 공존하고 연결망을 공유한다.

이제 인터넷 망을 매개로 서로 연결된 디지털 인간들의 모습은 마치 한 사람의 몸을 구성하는 뼈와 핏줄, 근육과 신경계들처럼 불가분의 관계에 놓인 한 덩어리로 보인다. 서로는 기계로 연결되어 있고, 이들끼리 삶의 목적과 주체성을 공유한다. 더 이상 인간의 단위는 생물학적 개체가 아닐지 모른다. 특히 도구와 인간의 관계는 더욱 치명적인 것이 되었다. 과거에는 수학 문제를 푸는 데 계산기를 쓰는 것이 반칙으로 느껴졌지만, 이제 그것도 인간학습의 일부분으로 흡수된 것과 같다. 대학에서 통계방법론을 배우는 과정에 SPSS 등의 통계 패키지가 자연스럽게 따라붙는다. 인간의 학습이 점차 기계학습과 연결되면서 그 범위와 능력을 확장하게 될 경우 '어디까지가 인간인가?' 혹은 '인간이라는 생물학적 몸과 기계라는 몸은 과연 하나의 통합된 생명체로 이해할 수 있는가?' 등의 질문이 자연스럽게 뒤따른다.

이런 질문들은 결국 '인간의 고유성이 무엇이며 그 범주는 어떻게 설정할 수 있는가?'라는 새로운 질문을 낳게 되었다. 결국 학습에 관한 질문들은 인간 중심적인 관점들을 넘어서는 새로운 관점들, 예컨대 신유물론(new materialism), 포스트 휴먼주의(posthumanism), 복잡체계론(complexity theory) 등을 등에 업고 새롭게 제시되기 시작하였다. 포스트 휴머니즘의 리더 가운데 하나인 헤일즈는 다음과 같이 말한다.

> 포스트 휴먼이란 무엇인가? 다음과 같은 가정들을 기초로 이 문제를 생각해 보자. 첫째, 포스트 휴먼 관점으로 보면 어떤 생명체의 구성에 관한 정보 패턴이 그 구성 물질보다 더 중요하며, 따라서 생명체들이 반드시 지금처럼 생물적 유기체로 구성되어 있어야 할 하등의 필연성은 없다고 본다. 그것은 단지 역사적 경로 속에 나타난 우연적 선택일 뿐이다. 둘째, 포스트 휴먼 관점은 의식이라는 것이 데카르트가 그 자신을 마음 사고로 생각하던 훨씬 이전의 서구적 전통에서부터 일종의 인간 정체성의 바탕으로 간주되었지만, 사실은 단지 일종의 부수적 현상일 뿐으로 해석한다. 즉, 의식이란 진화의 과정에서 벼락같이 나타나서는 실제로는 조연에 지나지 않지만 스스로를 주연으로 착각하는 것이다. 셋째, 포스트 휴먼 관점에서 볼 때 우리가 가지고 태어나서 익숙한 몸도 하나의 인공 대체물과 그리 다르지 않은 것이며, 따라서 우리의 몸을 다른 보정물로 대체하더라도 여전히 탄생 후 지속해 가는 삶의 연장선상에 있는 것으로 이해한다. 넷째, 가장 중요한 점인데, 포스트 휴먼 관점은 인간을 이런 방법으로 구성함으로써 그가 지능을 가진 기계와의 연속선상에 놓인 존재로 본다. 포스트 휴먼의 관점에서 볼 때, 몸을 가진 존재와 컴퓨터 시뮬레이션 사이, 기계와 생물 사이 그리고 로봇의 목적론과 인간의 목적 사이에는 아무런 본질적 차이도 없다(Hayles, 1999, pp. 2-3).

포스트 휴먼 관점에서 인간의 살과 피는 별 의미 없는 우연성일 뿐이다. 또한 인간의 몸, 생각, 의지, 비전 등 인문학적 가치를 가지는 모든 것은 결국 물질로 환원될 수 있다는 신유물론적 존재론을 공유한다. 그 연장선상에서 최근 교육계를 흔들고 있는 인공지능 담론의 핵심은 모든 것을 데이터로 환원한다는 것이다. 산업 4.0 역시 인간을 데이터로 본다. 데이터에 기반한 플랫폼경제 위에서 인간은 숨쉬는 생물적 존재가 아니라 행동으로 드러나는 데이터 집합이며 그를 통한 정보(information)로 읽힌다(Braidotti, 2019). 이런 사유가 인문학을 중심으로 세계를 사유하는 근대주의자들에게는 사고의 퇴행으로 읽힐 수 있겠지만, 인간의 삶과 학습을 확장적으로 사유하려는 우리들에게는 나름의 숨쉴 공간을 제공해 준다. 적어도 학습의 의미를 생리적 심리주의의 한계로부터 해방시켜 세계 물질대사의 한복판으로 끌어낼 수 있는 계기를 만들어 준다.

인간의 문화–기술의 접점이 넓어지면서 기술과 공학은 인간의 본원적 영역 안으로 침투해 들어온다. 인공지능에 의해 인간이 밀려나는 디스토피아 담론들은 하나같이 생물적 인간과 기계적 인공지능을 서로 경쟁하는 존재로 설정하고, 기계에 의해 의사나 교사들이 일자리를 잃고 인간을 배신하는 로봇의 존재를 부각시킨다. 그 가운데 여전히 인간은 목적이고 기계는 수단이라는 이분법적 도식을 유지한다. 그러나 더 이상 이런 이분법적 양자대결 구조는 합리적이지 않다. 인터넷과 휴대전화를 제외한 인간은 더 이상 보편적이지 않으며, 도시와 자동차, 카페를 배제한 생물학적 인간들만의 관계는 더 이상 이 땅에 존재하지 않는다.

'포스트 휴먼'은 '인간(human)'을 특정한 방식으로 재정의하려는 시도를 하며, 따라서 당연한 말이지만 '인간학습의 고유성'을 부정한다. 인간과 문화가 기술과 공학 등과 접목되면서 그들이 기존에 가지고 있던 목적–수단의 분리성 혹은 인간–비인간의 구분 등을 넘어서는 방식으로 '인간'을 재정의한다. 그런 인간의 '의식' '주체' '자아' 등이 결코 인간을 본질로 규정해 주는 힘을 가진 매직 단어가 아니라는 점을 일깨운다. 인간의 의식은 생각만큼 강력하지 않으며, 인간의 주체성은 맥락적으로 볼 때 단지 허상일 경우가 많고, 인간의 자아라고 하는 것도 훈련된 감각일 뿐일지 모른다. 이런 프레임 안에서 인간의 학습은 이제 생물적 인간의 뇌와 신경계 안에서 일어나는 인지 작용이라는 제한적 범주 내에서 규정되고 해석되는 방식을 넘어서야 한다. 머신 러닝, 딥 러닝 등은 적극적으로 휴먼 러닝의 다양한 맥락 안으로 포섭되어야 한다. 평생학습은 이러한 새로운 학습의 맥락과 방식을 이해하는 새로운 실험실이다.

인간–비인간의 결합: 산업 5.0으로

포스트 휴먼적 사유는 산업 5.0을 만나면서 폭발적으로 확장된다. 산업 5.0이란 산업 4.0의 확장판으로서 인간과 인공지능이 함께 동역자로 살아가는 세상을 그린다. 따라서 5.0 단계의 사회 구조는 이전에 논의했던 4.0을 보다 보편화하는 것으로 이해해도 무방하다.

앞에서 우리는 산업 4.0을 논의하면서 그 안에서의 인간학습 혹은 평생학습의 문제가 포스트 휴먼적 사유로 귀결될 수밖에 없다는 점들을 논의하였다(한숭희 외, 2020, pp. 9-12). 이 절에서는 지금까지의 산업 4.0과 평생학습의 관계를 논의한 후, 그것이 최근 등장하고 있는 산업 5.0, 즉 인간이 인공지능과 나란히 협동하는 사회 체계에서의 학습으로 그 논의의 핵심을 연장하려고 한다.

사실, 산업주기적 관점에서 보자면 평생학습은 산업 3.0 시대의 산물이었다. 지식경제와 정보산업이 사회경제 구조의 상당 부분을 차지하게 되었고, 그러한 사회 체계에 적합한 교육 방식으로서 평생학습이 등장하였다. 교육과 훈련이 학교의 경계를 넘어 정보통신망을 타고 확산되었으며, 지식경제를 위한 지속적 재훈련의 필요성은 평생학습이라는 계속교육 방식을 사회 전반에 뿌리내릴 수 있는 환경을 만들었다. 제5장에서 설명한 유럽에서의 평생학습 컨센서스적 전개 방식, 그리고 아시아 등 여러 지역에서의 다양화된 평생학습체계들의 등장 저변에는 분명히 이러한 두 가지 특징, 즉 방법으로서의 정보통신망 및 수요로서의 성인계속학습이 자리하고 있었다. 이제 산업 4.0 혹은 5.0의 사회 속에서 평생학습은 또 한 번의 변형을 요구받고 있으며, 이것을 앞에서 '포스트-평생학습'이라는 개념으로 표현하였다.

비록 평생학습이 산업 4.0 시대를 겨냥해서 탄생한 새로운 학습 배치 방식은 아니었다고 하더라도, 그 자체가 이미 낡아서 폐기해야 하거나 현 단계에서 무의미한 것으로 볼 이유는 없다. 오히려 그 반대편이라고 볼 수 있는데, 결론부터 말하자면 산업 3.0 시대에는 학교교육과 평생학습이 서로 분리된 채 병렬적으로 존재하는 것이 가능했지만—그래서 여전히 학교교육 대 학교 밖 교육 혹은 학교교육 대 성인교육의 구분의 맥락 속에서 평생학습체계가 학교생태계 경계 밖에 존재했지만—산업 4.0 시대에는 더 이상 학교의 형식학습체계와 그 밖의 비형식학습체계를 분리하는 것이 의미 없는 일이다.

돌이켜 보면 산업 1.0과 2.0 단계에서는 생산의 핵심이 대량 생산에 맞추어져 있었고, 교육과 훈련은 인간이 대량 생산 체제 아래에서 기계를 작동시킬 수 있는 방식의 노동을 제공할 수 있도록 학습시키는 데 주안점이 있었다. 반면, 산업 3.0 단계에서 나타난 정보 네트워크 연결망과 지식경제의 양상은 그 이전과 근본적으로 다른 인적·물적 결합 구조를 형성해 내기 시작했다. 산업 2.0이 컨베이어 벨트에 인간을 결합시키는 표준화 모형을 떠올리게 했다면, 3.0 단계에서는 컨베이어 벨트와 인간의 결합 자체를 대체할 자동화 체계가 컴퓨터 통제에 의해 생산을 책임지는 방식으로 인간을 생산 라인에서 밀어냈다. 하지만 여전히 생산 기획과 디자인, 통제 등은 인간에 의해 시동되어야 했으며, 인간은 자동화된 제조 라인에 투여할 인간의 욕망, 수요, 유행, 소비 패턴 등을 준거로 이 시스템을 통제하는 존재가 되었다. 이 과정에서 인간의 노동은 더 이상 제조업이 아닌 지식과 디자인, 제어와 알고리즘 개발 등에 집중된다. 이 단계에서의 교육과 훈련이 전통적 학교 체계를 넘어선 평생학습체계에 의존할 수밖에 없었던 이유는, 수시로 이어지는 탈기술화(de-skilling) 및 재기술화(re-skilling)가 생애 전반에서 나타나게 되면서 청년 전기 이후의 학습을 책임질 교육훈련 장치가 필요해졌기 때문이다. 문해, 고도화된 기술학습, 잦은 이직과 경력 이동, 빨라진 지식 갱신 주기와 계속학습의 필요성 등이 지금 우리에게 익숙한 평생학습체계를 만들어 내었다.

실질적으로 평생학습이 제도화되기 시작한 것이 1990년대 정보사회의 글로벌화가 진행되던 당시와 일치한다는 점은 결코 우연이 아니다. 당시 평생학습은 정보사회 초기에 필요했던 학습의 양식을 담아내고 있었다. 산업 3.0의 특징인 정보화와 인터넷의 등장, 선형적 텍스트를 넘어선 하이퍼텍스트의 등장, 명시적 지식이 아닌 암묵적 지식에 대한 가치 부상 등이 학교학습을 넘어선 평생학습을 요청한 토대적 요인들이었고, 평생학습은 이런 요구에 대한 응답이었다(Kuhn, 2006).

이렇게 산업 3.0 단계에서부터 주목받기 시작한 평생학습이라는 사회적 학습 양식은 산업 4.0 혹은 5.0 단계로 진입하면서 또 한 차례의 새로운 변신을 요구받고 있다. 산업 4.0의 핵심이라고 할 수 있는 '스마트 생산(smart production)'은 인간과 인공지능의 포스트 휴먼적 결합을 전제로 한 개념이다. 생물학적 인간과 인공지능이 결합된 형태로 새로운 사태에 대한 학습을 수행하며, 수행되는 생산 체계 안에 인간의 학습이 포함되는 형태가 된다. 인간-기계가 서로 연동하는 시스템이 작동하며, 인간 노동은 기계를 통제하는 대신 그 일부가 된다는 전제를 실현하는 것으로 이해된다(Buhr, 2015). 이를 '스마트 생산'이라고 하는 이유는 생산 체계가 개별적인 인간 통제 차원을 넘어 인간과 연대하여 소비 패턴에 반응하고, 사물인터넷을 통해 수요를 직접 읽어 데이터화하며, 생산 시스템은 이 빅 데이터를 학습함으로써 수요의 트렌드와 적시성에 적절히 반응하며 연동할 수 있는 학습체계(learning system)적 성격을 갖기 때문이다. 다시 강조한다면, 이 차원에서의 생산 체계(production system)는 그 자체가 바로 학습하는 체계, 즉 학습체계(learning system)가 된다. 지금껏 우리가 말해 온 '평생학습체계', 즉 개개인의 인간을 새로운 체계에 맞추어 재교육하던 방식과는 차별화된 새로운 사회적 학습 양식이 작동해야 할 상황이 구현되기 시작하는 것이다.

이 전환 구도를 이해하기 위해서는 산업 생산 양식에 맞물린 지식 관리 양식, 학습 양식, 교육체계의 형태 등을 서로 연결하여 이해할 수 있어야 한다. 한 사회가 작동하고 기능하는 가운데 재화의 생산 체계와 지식의 창출 및 관리 체계가 서로 연동한다는 점에 초점을 맞출 필요가 있다. 먼저, 산업 1.0으로 불리는 생산 체계는 스팀 엔진과 철도 등 비생명체를 기반으로 하는 동력이 개발되고, 그것이 '인력(manpower)'과 연동하는 방식의 생산 양식을 가지고 있었다. 이러한 사회 환경에서 가치로운 지식이란 기계적 동력과 인간 동력을 연결하여 활용할 수 있는 방식의 지식들로 채워졌고, 따라서 주로 물리학적 지식, 수학 등과 함께 물리학적으로 디자인되고 패턴화된 공장 체계 안에서 제대로 기능하도록 훈련된 인력의 양성 방식으로서의 교육 및 훈련 체계가 작동하기 시작했다. 제2장에서 설명한 것처럼 초기 근대 학교 체계는 대량 생산에 기반한 공장식 매니지먼트 방식을 학교 운영에 적극적으로 적용하는 한편, 인간과 상품을 동시에 표준화 관리 체계로 집중할 수 있도록 하는 교육훈련과 평가 방식을 장착하게 되었다. 그 연장선상에서 전기의 발명을 계기로 시작된 산업 2.0 시대가 되면 생산의 규모는 훨씬 커지고, 생산 라인과 연결된 노동의 핵심은 선형적 순서에 따른 절차를 정밀하게 준수하면서 생산품의 품질을 유지하는 역량에 있었다. 이 과정에서 생산 과정의 표준화 및 오차 감소를 위한 품질 관리 방식은 그대로 학교 교육의 표준획일화 기반 학습 과정을 가속화시키게 된다.

산업 3.0의 등장은 교육체계에 불가피한 큰 변화를 가져왔다. 인터넷이 등장하면서 세상의 지식은 서로 연결되고 복제되었으며, 이 과정에서 수없이 많은 변형과 조합이 가능하게 되었다. 또한 하이퍼텍스트 개념이 가능하게 되면서 모든 지식이 상호 연결망 안에 위치하게 되는 양상을 경험하게 되었다. 또한 명시적 지식을 대체하는 암묵적 지식의 경제적 가치가 상승하기 시작하면서 교실에서의 학습보다는 경험과 실천 과정에서의 학습이 주목받기 시작했다. 과거에 학교가 수행했던 학습 방식은 동일 지식을 개개 학생들에게 복제함으로써 그 중첩성을 통해 사회적 통합과 질서를 구축하는 것을 목적으로 했던 반면, 이제는 그러한 동일성을 복제해 내는 방식의 학교교육에 대한 회의론이 팽배하기 시작했다. 학교학습의 특징이었던 '형식학습'의 재생산 구조가 생산 체계에 적합한 형태의 역량을 기르는 데 오히려 장애가 되었다. 그에 반해서 경험을 통해, 지식을 생산하는 과정을 통해, 협업을 통해 학습하는 과정에서 수행되는 무형식학습 혹은 비형식학습의 유연함을 담아내는 평생학습의 과정들은 기업과 생산 체계의 학습 요구를 적절하게 받아 내기 시작했다. 요컨대, 지식의 존재 방식 혹은 사회적 관리 방식에 질적인 변화가 나타나기 시작하였고, 학교에 익숙했던 선형적 지식에 대한 의미론적 학습과 관리 방식을 대체하는 평생학습체계가 나타나기 시작했다고 요약할 수 있다.

또한 생산에 투여되는 지식들도 주로 과학과 수학 중심의 지식들에 대한 높은 수준의 전문성을 요구하기 시작하면서, 과거에 중등교육으로 충분했던 사회 중간 계층 양성의 기능이 고등교육으로 전이되는 현상이 나타났다. 그에 따라 기존에 대학교육을 받지 않았던 성인층이 대거 대학으로 회귀하는 현상이 나타났고, 1990년대 이후 고등교육에 보수적이었던 유럽에서조차 대학 팽창 현상이 나타났으며, 성인학습자들이 대거 대학으로 몰려드는 현상이 나타났다. 이제 교육과 훈련은 아동과 청년 전기 연령대를 대상으로 하던 데에서 성인학습자 일반을 종합적으로 관리하는 차원, 즉 평생학습의 차원으로 확대되기 시작했다.

반면, 제4차 산업혁명이 도달하고자 하는 생산 체계는 '생각하고 학습하는 생산 체계'이며 '스스로 학습하는 탈중심화된 체계'이다. 그 점에서 전체 생산 체계 자체가 '스마트 학습체계'이며 또한 하나의 '평생학습자'가 된다. 다시 말해서, 이제 평생학습자는 개인의 차원을 넘어 그가 속한 '체계'로까지 확장된다. 우리가 당면하게 되는 산업 4.0의 패러다임은 '모든 것은 연동하며, 그 연동성을 읽고, 이해하며, 패턴으로 분석하고 적응하는' 생산 체계이다. 이러한 일은 인간이 모든 과업을 지시하는 방식의 인간-기계 분업 체계로는 감당하기 어려운 것이 된다. 인간의 지능은 인공지능과 협업할 것을 요구받게 되며, 인간의 학습은 이전처럼 뇌-인지-심리 체계로 이어지는 생물학적 차원에서의 학습의 경계를 넘어 기계학습과 결합된 새로운 포맷에 익숙해지도록 요청받게 된다. 이제 '학습'이라는 개념은 인간-기계의 연동 과정을 통하여 새로운 패턴을 찾아 읽어내고, 가장 효과적인 대응 방식을 찾고, 그것을 적용해 가는 일이 되었다. 이 가운데 인간의 학습은 어떤 방식으로든지 인공지능의 학습과 연동할 수 있는 고리를 찾게 된다.

요컨대, 산업 3.0 시대의 학습이 단순히 형식학습의 테두리를 넘어 하이퍼텍스트, 암묵적 지식, 체험 등의 비교과적 성격의 지식들을 학습하는 등의 지식-학습 연동 체계를 만들고 확장한 것이었다면, 산업 4.0 시대의 학습은 개인 단위를 넘어 생산 체계 전체가 학습의 주체가 되는 방식을 전제로 하는 것으로 이해될 필요가 있다. 혹은 산업 3.0에서 기대되는 학습 양식이 학교의 형식학습으로부터 벗어나 비형식과 무형식학습으로 확장된 비정형의 학습체계를 통하여 개인의 역량을 전생애적으로 개발하는 것이었다면 (이것이 현재 우리가 말하는 평생학습이다), 산업 4.0에서의 핵심은 학습 개념을 스마트생산 체계 자체의 시스템학습(systems learning)으로 '확장'하는 한편, 그 안에 인공지능과 인간지능의 교섭과 협응이 가능한 방식의 프로토콜을 학습체계 안에 담아내는 것이다. 요컨대, 인간 중심으로 탄생한 평생학습이 '포스트-휴먼 시대'의 새로운 경험, 예컨대 인간학습과 기계학습 사이의 초연결이라는 새로운 상황을 기다리고 있다고 할 수 있다(Edwards, 2012).

> 우리에게 필요한 새로운 변화는 평생학습을 넘어 사회 전체가 학습체계로 작동하는 방식으로의 전환이다. 이제, 산업 4.0 시대에서는 평생학습이 한 단계 진화하여 학습사회, 학습경제, 학습체계를 구축하는 방향으로 복잡화된다. 산업 4.0은 소비와 시장을 스스로 읽고 이해하는 생산 체계, 자기조직적으로 학습하는 생산 체계(production system as self-organizing learning system)를 말한다. 초연결을 통한 소비와 생산의 소통, 빅 데이터를 통한 학습, 스마트한 생산 조절, 생산 시스템 자체가 그에 적응하는 학습체계를 생산 체계가 내장하는 것이다. 생산은 기계가, 소비 창출과 마케팅 그리고 새로운 시장의 형성은 인간이 맡게 된다. 새로운 노동은, ① 모바일 초연결 물적 기반 생산, ② 빅 데이터를 통한 생산 시스템 스마트화, ③ 소프트웨어 생산과 새로운 현실의 창조, ④ 새로운 소비

와 창의 영역 창출, ⑤ 끝없는 reskilling and upskilling을 담당할 교육산업 분야 등을 통해 구성된다(한숭희, 2019, p. 145).

'포스트-평생학습'은 산업 4.0(혹은 5.0) 초연결사회에서 인간-기계의 학습이 서로 연계된 형태로 그 형질과 특성이 달라질 것을 요구받는다. 이 차원에서 요구하는 학습 양식은 이미 평생학습의 선형적(예컨대, 전사회적 혹은 전생애적) 확장성과는 다른 차원의 확장성을 요구한다. 이러한 환경적 변화가 과연 평생학습을 다루는 학문적 접근에서 새로운 형태의 '평생학습 융합과학'을 만들어 낼지는 현재로서 단언할 수 없다. 마치 생명공학이나 인지과학처럼 인간 이해를 위한 이합집산이 평생학습 연구 부분에서도 나타나지 말라는 법은 없다. 실제로 뇌과학, 인지과학, 의학, 노화 연구 등에서 이미 인간학습의 상당 부분이 이해되고 있고 인간의 신경과학적 이해를 기반으로 한 인공지능학습이 점차 모습을 드러내고 있는 점을 볼 때, 인간의 사회적 학습 양식은 이제 평생학습 단계를 거쳐 또 다른 신조어를 기다리고 있다.

한 가지 예를 들면, 지금까지 평생학습이 개인의 학습 기회를 늘리고 그 질을 제고하는 방식으로 작동했다면(그래서 여전히 학교학습체계와 유사한 교육조직화 방식을 전용하고 있었다면), 앞으로의 학습은 학습 플랫폼(혹은 전달 체계)을 다양화하는 방식을 연구하는 데 초점이 맞춰지게 된다. 예를 들면, 일종의 플랫폼학습체계를 떠올릴 수 있다. 산업 4.0과 함께 나타난 신조어 가운데 하나가 '플랫폼경제'인데, 이것은 지금까지 단위 공장 혹은 상점별로 생산과 유통이 이루어지는 방식을 넘어 디지털 네트워크를 기반으로 여러 경제 주체들이 다양한 생산과 소비를 교환하는 방식을 말한다. 이런 플랫폼경제는 향후 사회, 정치, 경제 전반에서 상품과 교역, 서비스의 호환성을 넓히는 새로운 방식으로 진화할 수 있으며, 또한 이 '플랫폼' 자체가 학습하며 진화하는 시스템학습의 가능성을 보일 수 있는 점에서 학습 연구에서도 놓칠 수 없는 부분이라고 할 수 있다.

이와 유사한 양상은 교육과 학습 영역에서도 나타나고 있다. 학습의 수요 공급, 조직화, 인정화 등과 관련하여 더 이상 학교처럼 수업 단위, 학점, 교육기관, 입학과 졸업, 학위 등을 기반으로 하는 플랫폼에 의지하지 않는 학습들이 나타나고 있다. 이를 '플랫폼학습체계'라고 부를 수 있다. 플랫폼학습체계 이전에는 모든 학습 플랫폼이 표준화 학교 모형을 닮은 시간과 공간 단위로 고정되어 있었다. 지난 시간 동안 평생학습의 등장으로 말미암아 약간의 변형과 유연성이 발생한 것은 사실이지만, 적어도 교육의 전달 체계와 인증 체계라는 측면에서는 큰 변이를 만들어 내지 못한 것이 사실이다. 그러나 학습은 더 이상 통일되고 획일적인 교육공급 체계에 묶이지 않게 되며, 오히려 일과 삶의 영역과 보다 실용적으로 접합되는 양상을 구축하게 될 것이다.

이미 이반 일리치의 탈학교 사회가 그려 낸 '학습 브로커' 개념을 시스템적 차원으로 전환하면 그 안에서 학습 플랫폼의 그림자를 볼 수 있다. 이미 인터넷의 네이버 밴드 등을 통해 수많은 학습이 공유되고 있으며, 인터넷 기반 오픈 칼리지들이 교육 공급자와 수요자를 연결시키는 플랫폼으로서 각자 역할을 수행하고 있다. 아직까지 학습 분야에서는 아마존이나 페이스북 같은 대단위 플랫폼 사업자들이 나타나지 않고 있지만, 결국 시간 문제라고 볼 수 있다.

학습 플랫폼의 공공 영역으로서의 한 가지 형태가 바로 학습도시이다. 학습도시는 학습사회의 한 가지 예시라고 할 수 있는데, 이런 관점에서 보면 학습도시 역시 하나의 거대한 공공 가상 학습 플랫폼이라고 할 수 있다. 여기에 '스마트 시티' 개념을 접목한다면, 이제 학습도시는 어쩌면 그 안에 인간학습, 기계학습, 시스템학습 등이 한꺼번에 연동하는 거시적 학습체계로서 산업 4.0의 학습 플랫폼 기능을 수행하게 되지 않을까? 평생학습이 그린 '학습사회' 이미지는 이제 포스트-휴먼 사회에서는 '초학습사회'로 전환될 가능성이 있다. 포스트 휴먼 사회에서 인공지능은 인간처럼 개체 단위로 움직이거나 작동하지 않는다. 이세돌과 바둑을 두는 알파고는 결코 그의 앞에 놓여 있는 모니터가 아니다. 그는 수많은 CPU로 이루어져 있고, 그것의 물리적 위치는 의미가 없다. 또한 인공지능의 학습은 개체를 단위로 하는 학습이 아니다. 그는 자체로서 체계이며, 초연결되어 있는 총체이다.

평생학습에서 포스트-평생학습으로

사정이 이렇다면, 이제 우리가 말하는 '평생학습'의 개념도 바뀌어야 하지 않을까? 수백 년간 학교를 지배해 왔던 텍스트 중심, 형식학습 중심, 지식의 권력화 중심의 학습 양식도 의미 있는 변화를 맞이해야 하지 않을까? 이제 인간의 학습은 인간, 특히 개인 단위에서의 고립되고 원자화된 학습의 전생애 혹은 전사회적 확장—이것은 사실 물리적 확장에 다름 아니었다—을 넘어 그 학습 자체의 성질과 성격, 양상과 패턴이 서로 연동하면서 수직적으로는 마이크로코스모스와 매크로코스모스를 연결하고, 수평적으로는 개체와 개체, 사회와 사회, 생태계와 생태계를 연결하는 생성의 논리로 작동하는 모습으로 재인식될 필요가 있다.

이러한 차이에도 불구하고 앞으로 전개될 포괄적 학습 양식을 계속해서 평생학습이라고 부르는 것은 여러 가지 맥락적 혹은 개념적 혼란을 불러일으킬 수 있다. 나는 새롭게 출현하는(혹은 포착되는) 평생학습의 양상을 '포스트-평생학습'이라고 부르기를 제안한다. 포스트-평생학습이란 '평생학습 시대 이후의 평생학습'이라는 뜻이다. 이 개념이 함의하는 바는, 우선 ① 평생학습 연구가 더 이상 교육학이나 특히 성인교육 분야에 한정되지 않고, ② 학습의 과학들(sciences of learnings)의 한 축을 형성하는 초학제적 성격을 가지며, ③ 심리적 현상으로서의 개체학습의 차원을 넘어 인공지능과 제4차 산업혁명 등을 아우르는, 이른바 시스템학습(systems learning)의 차원으로 넘어가고 있다는 것 등이다.

지난 50여 년간의 평생학습 담론 발전 과정은 몇 단계로 나뉠 수 있다. 우선, 1970년대 『포르 보고서』가 교육체계의 경계를 허물고 그 특권을 전체 학습생태계로 확장하려고 했던 것을 평생학습 1.0이라고 할 수 있다. 또한 1990년대 신자유주의의 흐름과 더불어 나타났던 혼란과 모순, 다양성과 이형성으로 특징 지어지는 시기를 평생학습 2.0이라고 할 수 있다. 이제 본격적인 '포스트' 시대적 흐름 속에서 생(life)의 개념과 학습(learning)의 개념을 전복하며 나타나는 평생학습 3.0의 개념이 개발될 필요가 있다. 나는 이것을 포스트-평생학습이라고 이름 붙이고자 한다. 현재 활용되고 있는 평생학습의 개념은 주로 과거 제1세대(교육개혁의 대안적 프로그램으로서의 평생교육) 및 제2세대(신자유주의의 바람을 타고 확산된 인적자원 개발 프로그램 및 학습도시 운동 등) 개념에 의지하고 있다. 최근 『GRALE 5』 보고서 혹은 『SDG 4』에 나타나고 있는 평생학습도 모두 1~2세대, 그중에서도 특히 2세대 평생학습 개념에 근거하고 있다.

그러나 이 흐름은 최근 새로운 변화를 맞이하고 있다. 한마디로, 이제 평생학습은 '포스트 평생학습 시대의 학습을 일컫는 새로운 개념체'로서의 제3세대적 의미가 부여되어야 한다. 이것은 평생학습이 과거의 문해나 직업 역량 계속교육, 혹은 고등교육 차원에서의 평생학습 등을 넘어 제5차 산업혁명, 인공지능 그리고 스마트 생산이라는 맥락에서 '학습의 새로운 의미화'에 도전하고 있는 모습을 투영하는 것이다.

돌이켜 보면 근대사회는 흔히 근대성(modernity) 혹은 모더니즘(modernism)이라고 불리는 공통의 특성을 가지고 있었다. 우선, 근대사회는 공통적인 언어와 전통에 기초를 둔 단일 민족 국가를 기반으로 하는 지정학적 정치 지형도를 만들었다. 둘째, 근대사회는 인간을 이해할 때 감성이나 영성보다 이성을 가장 중시하는 풍토를 만들었다. 셋째, 근대사회는 자연과 문화, 인간의 본성 등을 규명하는데 자연과학적 방법과 사유를 적극 활용하였고, 경험적이고 실증적인 과학을 학문의 중심에 위치시켰다. 넷째, 근대사회는 인간의 인권과 천부적 권리, 특히 자유와 표현 그리고 자기결정에 대한 권리를 인정함으로써 정치적 민주주의의 뿌리를 다졌다. 다섯째, 근대사회는 자유시장경제 제도 아래에서 임금 노동과 도시화 그리고 생산 수단의 개인 소유 등을 적극 장려하였다. 여섯째, 근대사회는 인간의 발전 가능성을 굳게 믿으며 관용 · 동정 · 분별 · 자선 같은 기독교적 휴머니즘에 뿌리를 둔 덕성을 높이 평가하였다(김욱동, 1992, p. 32).

학교는 이러한 근대사회의 산물이다. 특히 서구적 근대성을 몰고 들어온 서구식 학교 체계는 단선적 세계관을 개발주의와 결합하여 도구화한 형태의 학습 양식을 강력하게 재생산하는 DNA를 가지고 있다. 학교는 '진리'로 포장된 단선적 세계관을 재생산하며, 그것을 판단하고 어떤 부분을 배제할 것인가를 결정하는 권력을 가진 기관이 되었다. 학교를 지배하고 있던 근대주의의 유일론적 인식론(monolithic epistemology)에 대하여 킨체로(J. Kincheloe)는 다음과 같이 말한다.

> (근대 세계에서) 세상은 합리적(이성 중심적)이며, 단어는 오직 한 가지 의미만이 있다. 모든 자연적 현상은 우리들이 화약이나 엔진이나 꿈 또는 학습 등 무엇을 공부하더라도 이 같은 단일한 합리성에 의하여 채색될 수 있다. 근대주의자의 지식에 대한 관점인 유일론적 인식론은 서구적 삶의 모든 측면과 모든 제도에 영향을 끼쳤다. 교육 또한 예외가 아니다. 지식은 '바깥 저곳'에서 이미 규정되어진 채 발견되기만을 기다리고 있는데, 깊이 사고하고 해석하기를 가르치는 것이 무슨 소용이 있겠는가? 계몽주의 이후 시대의 학교는 지식의 생산이 아니라, 이미 지식으로 규정된 것을 학습하는 것을 강조하였다. 근대의 유일론적 인식론에서 학생들은 증명된 진리를 단기간 보존하는 것으로만 보상받기 때문에 길들여진 한 마리 당나귀처럼 다루어진다(Kincheloe, 1993, p. 3).

학교 체계가 근대사회의 작품이라면 평생학습체계는 근대 이후의 '포스트' 세대를 위한 변주곡이어야 한다. 말하자면, 평생학습은 학습을 '생활(life)'이라는 포괄적 관점에서 이해하고 구성하려는 접근법이고, 그러기 위해서는 최소한 학교 체계가 전제하고 있는 학습을 보는 방식과는 차별성을 가질 수 있어야 한다. 하지만 지금까지 평생학습에 대한 이해는 적어도 학습의 성질을 이해하는 방식에 있어서 학교 체계의 그것으로부터 멀리 이탈하지 못했다. 물론 학습을 학교의 시공간으로부터 확장했다는 공헌은 있지만, 그렇게 확장된 학습이라는 것 자체가 여전히 유일론적 인식론 안에 갇힌, 정답이 정해져 있는, 바깥 저곳에서 이미 규정된, 그리고 개인의 삶이라는 제한된 품을 떠나지 못한 학습의 개념이었다.

적어도 학교가 근대사회라는 체제에 의해 결정된 방식으로 학습을 주조한 체계였다면, 평생학습은 이제 학습을 통해 새로운 체계를 형성해 가는 생성의 체계여야 한다. 가능성의 세계를 학습해 가면서 새로운 현실을 디자인해 가는 가능성의 학습생태계여야 한다. 지금까지 실천되고 연구된 평생학습이 근대주의-개발주의-자본주의-노동 상품화-역량 개발 등의 틀을 공유하는 가운데 학교교육의 연장선상에서 그 파트너로 기능했던 데 반해서, 이제 우리에게 필요한 세계는 그런 평생학습의 체계들을 넘어서는 새로운 형태의 실천과 이론이다. 이것이 포스트-평생학습의 플랫폼이다.

우리가 평생학습을 '확장된 학습 양식'으로 이해하려고 하는 이유도 이와 관련이 있다. 여기에서 '평생'을 상징하는 '삶(life)'은 개체의 선형적 생애를 넘어 일종의 '확장된 공동체의 마음' 혹은 '인간과 비인간, 생명과 물질의 경계를 넘어서는 지구 생태적 차원으로까지 확대되는 큰 삶(big life)'일 수 있어야 한다. 우리가 말하는 '평생(lifelong)'은 나의 생명이 지구생명성 안에서 안정적으로 지속되는 것, 즉 지속 가능성을 의미하는 것으로 재해석될 수 있다. 평생학습은 그런 확대된 생명성을 위한 '다층적' 학습이라 말할 수 있다.

나는 학습을 일종의 '서로 연동하는 집합적 생명 활동'으로 이해한다. 활동 체계를 구성하고 생존하며 변형하게 만드는 살아 있는 집합적 활동이다. 인간 개개인은 활동의 주체들일지 모르지만 결코 유일한 주인공은 아니다. 작은 활동 체계들이 서로 연동하면서 출렁거림을 만들고, 그들의 연쇄 작용이 학습의 상호 의존적 생태계를 만든다. 지금 내가 무엇을 학습하고 있는가는 결코 나의 독자적인 결정 때문이 아니다. 내가 장자를 공부하게 된 것은 장자학습의 물결이 넘쳐 나에게까지 밀려왔기 때문이다. 내가 그 물결에 흔들렸기 때문이다. 이런 학습생태의 연결망들에 모종의 조직화되고 제도적 장치들이 부가된 것, 즉 각각의 부분 체계들의 창발적 합을 우리는 평생학습체계라고 부를 수 있다.

포스트-평생학습 담론은 포스트 근대/포스트 산업/포스트 휴먼/포스트 식민 등과 동일한 흐름을 타고 있다. 그 속에서 제1기적 인식, 즉 기존의 근대성 인식 및 학교교육의 인식-존재론적 고정성을 비판함과 동시에 개인의 인지학습 중심으로 학습활동을 규정하는 제2기 평생학습의 실천을 넘어서려고 한다. 이제 포스트-평생학습의 담론을 통해서 근대적 시공간, 근대적 지식 재생산 방식, 근대적 학습 관리 체계 등을 해체할 수 있는 맥락과 방법, 목적과 수단 등이 발명되어야 한다. 여전히 식민주의, 자본주의, 근대주의, 인간중심주의, 구조주의 등의 틀 안에 갇혀 있는 현재의 교육체제를 넘어서기 위한 전향적인 교육프레임이 탐색되어야 한다.

학교학습이 '형식학습'을 배타적으로 전유하면서 그 구조적 연결망, 예컨대 학교와 노동시장의 연결망, 성취와 능력자지배주의의 연결망, 정치 엘리트와 학교 성취의 연결망 등을 전면에 배치했던 데 반해서, 평생학습은 그러한 형식학습 중심의 구도를 약화시키는 대신 다양한 지식의 형식과 학습의 양식들을 유연하게 배치하는 방식을 통해 새로운 사회적 학습 양식의 배치도를 구성해 나가기 시작한다. 형식학습이 주로 개념적 · 이론적 지식에 치중한 반면, 학교가 도외시했던 다양한 종류의 경험적이고 실용적인 지식의 가치를 포착하려는 학습활동들이 주목을 받게 되면서 새로운 형태의 지식—예컨대, 암묵지와 실용지들—혹은 비형식학습 혹은 무형식학습의 존재성이 부각되기 시작했다. 마이클 폴라니(M. Polanyi)가 표상화한 암묵지(tacit knowledge)가 지식경제와의 조합을 통해 그 사회적 가치를 높였고, 그러한 암묵지를 학습하는 데 기존의 학교교육체계가 그리 유용하지 않다는 인식이 확산되었다. 이제 학교학습에 포함되지 못하고 튕겨져 나왔던 여러 담론은 이미 평생학습의 다양한 형태들 속에 수용되고 있다. 예컨대, 집합지성(collective intelligence), 몸지식(embodied knowledge), 포스트 휴먼(posthuman), 학습생태계(learning ecosystem), 생명문화이론(bioculturalism), 복잡계적 사유(complexity thinking), 에코휴머니즘(ecohumanism), 지속가능발전(sustainable development), 세계 시민성(global citizenship) 등의 개념들은 현재 형식학습 중심으로 물화된 학교가 담아내기에는 벅찬 주제들이지만, 평생학습 실천 장면들 속에서는 어렵지 않게 발견될 수 있다. 또한 최근 조명을 받고 있는 포스트-휴머니즘에 관한 논의는 이러한 스마트 생산과 기계학습을 통해 인간과 비인간, 생명과 비생명의 경계를 넘는 새로운 담론들을 생산하고 있다. 포스트 휴먼은 하나의 단일한 사유 체계가 아니라 여러 다양한 생각의 다양한 연합체라고 할 수 있다. 예컨대, 우선 유럽 중심의 인본주의 혹은 데카르트적 사유 방식을 넘어서는 것에서 시작해서, 다양한 종류의 '인간–자연–세계' 관계를 새로 정립하려는 노력들이 이 개념 아래에서 서로 연대하고 공존한다. 포스트–평생학습의 플랫폼은 이런 분산적이고 비전통적인 삶의 양식 혹은 사유 양식을 담아낼 수 있는 사회적 학습 양식으로 구축될 필요가 있다.

제8장

'지금'의 평생학습 담론을 넘어서

학습의 주체와 대상이 비단 근대주의적 인간 개인에게 한정되어서는 안 된다는 점을 강조하였고, 지구 생태계 안에 인간이 차지하는 의미를 복잡 체계성의 틀에서 재해석했다. 그 연장선상에서 평생학습을 전생애(lifelong), 혹은 전사회(lifewide)뿐만 아니라 '전층위(lifedeep)' 차원에서 새롭게 조명할 것을 주문하였다. 평생학습은 이제 개체의 전생애적 학습 및 전사회적 학습을 넘어 중층적인 복잡 체계들이 서로 연결된 전층위적 학습을 포괄하는 통합적 학습 연결망으로 이해되어야 한다는 점을 강조하였다.

지구, 인간, 학습

우리는 지구라는 복잡 체계 안에 살고 있다. 지구생명권은 거시적으로 본다면 뜨거운 마그마층을 덮고 있는 얇은 흙의 표층, 그리고 그 위에서 살아 움직이며 끊임없이 호흡하며 연동하는 (그리고 학습하는) 모든 종류의 생명체가 서로 연결된 아주 얇은 띠에 다름 아니다. 그 안에서 인간은 전체 생태적 흐름의 일부분일 뿐이다. 결코 자연과 분리된 특별한 존재가 아니다. 지구 전체를 감싸는 생명권(biosphere)은 인간-생명-물질의 복합 생태계를 구성하며, 그 안에서 인간의 삶과 생존은 다른 생명-비생명 체계들과의 연결과 연동을 통해 보장된다. 자연계에서 인간의 정신, 문화, 주체 등이 자연-비생명계와 구분되는 것은 단지 인간들의 주관적 인식 안에서 가능할 뿐이다. "생명권은 모든 생물의 총합으로 이루어진, 살아 있는 거대한 시스템"이다(Margulis & Sagan, 1997/2011, p. 7). 구태여 '가이아 이론'을 가지고 들어오지 않더라도 단지 위성에서 내려다보는 지구의 모습만 보더라도 이 사실을 부정하기는 어렵다.

지구도 끊임없이 학습한다. 지구라는 행성은 그 자체가 학습하는 하나의 생명 시스템이며, 특히 19세기 산업혁명 이후 인간류들이 만들어 내는 탄소, 오염, 공해, 자연파괴, 인공물 등을 스스로 정화하는 법을 학습하고 있는 중이다. 우리가 흔히 말하는 '지속가능발전(sustainable development)'이란 결국 지구 전체 생태계가 새롭게 숨쉬는 법을 배우고 생명을 순환하는 법을 배워 나가는 총체적 과업이며, 이를 마이크로 수준에서 학습하는 수많은 세포, 개체, 군집, 사회, 생태계 등의 재적응 과정이다. 지속가능발전은 단순히 멋진 차트에 그려진 목표치와 달성치 그래프가 아니며, 사회 수업을 통해 배우는 교과 내용이 아니다. 오히려 지난 수억 년 동안 지구 스스로가 실천해 온 존재의 방식이다. 인간은 이제서야 그 방식에 한 걸음 다가섰을 뿐이다. 지구는 그 태생부터 하나의 전일적 체계로 존재해 왔다. 유기체가 탄생하면서 무기물질들과의 새로운 균형점들을 찾았다. 인간이 표층을 지배하기 시작하면서 다른 동식물들은 새로운 조건 안에서의 생존 방식을 찾고 학습해 왔다. 바이러스와 세균들은 동식물들의 유기체 안에서 공존하는 법을 익혔고, 그 점에서 인간도 예외는 아니었다. 만일 예외가 있었다면 근대 산업사회 형성 이후 나타난 급속한 변화들이 창발시킨 혼란들이었을지 모른다. 예컨대, 1900년대로 넘어오면서 갑작스레 수십 배 증가하기 시작한 인간생명체의 숫자들, 그들이 차지하는 지구 표면들, 배출하는 탄소, 뽑아 쓰는 지하수와 지하자원 등이 새로운 방식으로, 그것도 갑작스럽게 지구 생태계의 균형을 흔들어 놓았다.

근대 학교가 이전 교육체계와 가지는 가장 큰 차별성은 지구생명체가 가지는 인간생명-비인간생명-물질-기술 등의 관계를 무시하고 인간을 어떤 특별하고 예외적인 존재로 설정하기 시작했다는 것이다. 인간을 세계의 중심에 놓고, 예컨대 공리주의 혹은 실용주의가 그랬던 것처럼 인간이 번성하고 누릴 수 있는 모든 것을 '선한 것'으로 위치시키면서, 그들의 욕망에 의해 주도되는 산업 생산 체계가 지구 위의 모든 것을 자원으로 빨아들이는 것을 긍정적으로 가르쳤다. 인구와 식량 사이의 관계에 관한 맬서스(T. Malthus)의 논리를 뒤집으며 무한 성장의 가능성을 인간들에게 심어 준 자본주의,

효율성, 개발주의 등은 최근 그것을 비판하면서 나타난 환경주의 혹은 지속가능발전 등의 논리에도 불구하고 여전히 교육의 대세를 점유하고 있다.

이제 지구 위에서의 삶을 이해하는 근본적 철학과 방식은 바뀌어 가고 있으며, 체계지속성을 모든 생각과 판단의 첫 번째 전제로 삼으면서 인간 중심성을 넘어 지구생명을 중심에 둔 포스트 휴먼 사회에서 우리가 생각하는 법, 살아가는 법 그리고 학습하는 법을 배워야 한다. 이러한 생각, 삶, 학습의 방식들은 근대 산업사회 단계에서 우리에게 익숙했던 개인, 경쟁, 개발, 인지, 역량 등을 품은 학습이나 교육과는 전혀 다른 것이다.

체계지속성교육모형을 수행하기 위한 교육은 더 이상 19세기 공장형 표준화 모델을 투영한 그런 학교일 수 없다. 그런 학교에서의 학습과 수업 모형으로는 복잡 체계적 지구 생태계의 지속 가능성을 담보하는 학습이 가능하지 않다. 근대 학교 교육모형은 기본적으로 인간-비인간, 생명체-물질계, 생물-물리 체계들의 교감과 중층적 연결망으로부터 학습을 단절하고 고립시켜 왔고, 학생들이 위치하는 수업이라는 인위적 시공간 안에서는 그러한 교감 자체가 불가능하다. 생명계 전체가 하나의 체계이며, 이제 학습은 생명 유지를 위해 매 순간 끊임없이 학습해 가는 중층적 체계들의 복합체와 연동하면서 공진화하는 과정으로 이해될 필요가 있다.

하지만 우리의 학습이론들은 이러한 학습의 중층성을 고려하지 않는다. 따라서 학교 안에서 지속가능발전목표(SDGs), 글로벌 시민성교육, 벨렘 선언과 인천 선언, 마라케시 선언 등의 정신은 단지 교과 안에 갇혀 있는 탈맥락화된 지식 덩어리로 존재할 뿐이다. 학교는 애초부터 개인을 환경으로부터 분리하여 이해하며, 그가 환경에 대해 무엇이든 할 수 있는 전지전능자라는 인상을 심어 준다. 현재와 같은 공장형 대량 교육체계에 갇힌 모습으로는 복잡 층화적인 지구생명성과 동행하는 학습을 경험하기 불가능해 보인다.

이 시점에서 평생학습의 적극적인 역할이 필요해 보이는데, 학교교육과 평생학습의 관계를 '보완적 관계'를 넘어서는 '대체적 관계'로 전환할 필요가 있다. 평생학습은 표준획일화된 학교 안에 갇힌 교육이 할 수 없는 어떤 교육을 열어 준다. 평생학습은 초기에 학교교육이 수행해 온 방식의 교육을 그대로 평생에 걸쳐 확장하기 위해 탄생한 것이기는 하지만, 앞으로도 그래야 하는 것은 아니다. 학교가 현재 방식으로는 더 이상 수행이 불가능한 새로운 종류의 학습 방식을 열어야 한다. '학교이기 때문에 확장할 수 없는' 어떤 한계를 넘어서는 역할을 부여받는다.

형식학습 중심 교육학의 틀 깨기

이렇게 확장된 학습체계 현상을 다루기 위해 교육학은 얼마나 준비되어 있을까? 몇 가지 점에서 기존 교육학은 이런 개념들을 담아내기에 부적합해 보인다.

첫째, 교육학 연구자들은 학습을 이해하는 방식에서 지나치게 형식학습을 전제로 하며, 그 한계는 안타깝게도 평생학습이라는 새로운 상상력을 따라잡기에 일종의 한계로 작용한다. 바로 교육학 안에서는 학습이 그 복잡성에 비해서 지나치게 단순하게 읽히거나 적어도 모든 문제를 단순화하는 경향이 있다. 교육학자들은 학습을 복잡성 차원에서 접근하려고 하기보다는 어떤 단순성으로 회귀시키려는 경향이 있다.

둘째, 지금까지 교육학이 주도하는 학습이론은 대부분 인지심리학적 테두리 안에 갇혀 있었으며, 문화, 사회, 집단, 소통, 인공지능 등의 맥락에서는 거의 다루어지지 못한다. 20세기에 들어서 상황학습, 활동이론 등이 등장하기는 했지만 교육학에 깊숙이 자리 잡지는 못했다. 교육학은 생물학적 개체학습을 넘어 문화학습과 사회학습으로까지 그 영역을 확장할 필요가 있다. 성인교육 및 평생학습 연구자들의 경우 그런 경계를 넘어서려는 경향이 있지만, 그럼에도 불구하고 여전히 학습의 개념적 플랫폼은 심리학적 차원의 학습이론의 지배를 받고 있다.

셋째, 학습을 교수의존학습(taught learning)으로 규정하는 전통적 교육학의 방식을 넘어서지 못하고 있다. 특히 학교학습에 경도되어 있는 연구들의 경우 은연중에 학습을 교수의존학습과 동일시하고 있으며, 교육을 교육프로그램 혹은 커리큘럼과 동일시한다. 지금까지 교육학은 교수자의 관점에서, 교육과정의 입장에서, 교수 방법과 시설의 한계 속에서 학습을 다루고 관리하려고 했다. 그래서 교육이란 학습을 관리하고 제도화하는 일이라는 전제가 여전히 유효하다면, 교육이란 제한적인 범위와 목적 아래 놓인 학습만을 다루면 되는 일이었다. 그러나 이 범주를 넘어서는 일은 그리 간단하지 않다. 왜냐하면 어쨌든 교육학은 학습에 대한 교육의 프로그램적 개입과 제도적 관리라는 전제에서 출발하기 때문이다.

이러한 한계를 인지하더라도 학습을 전면에 내세운 새로운 교육적 인식론을 구성하는 일은 그렇게 간단하지 않다. 왜냐하면 앞에서 '제한적으로' 다루었던 학습이, 예컨대 아마존 정글의 표면에 솟아난 작은 나무의 잎사귀 정도에 불과했다면 이제 학습, 그것도 평생학습을 전면화한 교육학이 마주하게 되는 학습 현상은 어쩌면 그 잎사귀를 넘어 나무로 혹은 나무뿌리들끼리 연결된 수풀 전체 그리고 그 수풀을 감싸고 있는 물과 공기, 생태계 전체의 생동감을 제대로 직면해야 할 테니까 말이다. 교육을 학습 관리 활동으로 규정하는 한, 학습이 중심이 되는 교육활동과 체계를 디자인하는 일은 늘 한계에 도달하게 된다. 적어도 전통적 의미에서의 교육학만으로 감당할 수 있는 일이 아닌 만큼, 이를 가능하게 하는 초학제적 접근이 고민되어야 한다.

만일 문제의 맥락을 학교에서 평생학습으로 전환할 경우, 교육학 혹은 교육정책이 다루게 되는 학습 현상은 이전에는 경험해 보지 못했을 만한 새로운 질문들로 가득 차게 된다. 예컨대, 교과라고 하는 제한된 지식 틀로부터 자유로운 지식-학습생태계의 파노라마를 마주하게 된다. 무형식에서부터 형식에 이르는 여러 학습이 서로 만나 중첩되고 경계를 넘는 현상들을 다뤄야 한다. 경험학습과 형식학습의 연결점을 찾아야 한다. 교육 전담 기관과 비전담 기관 사이를 넘나드는 학습들을 함께 다뤄야 한다. 전생애라는 축과 전사회라는 축의 확장 틀 안에서 벌어지는 학습의 다양한 관계와 층위, 교차성과 다양성이 곧 평생학습이라는 개념을 구성한다.

이제 학습과 교수, 삶과 일 그리고 활동과 제도의 경계는 수시로 탈주하고 넘나드는 것이 되었고, 그래서 이를 넘나드는 새로운 방식의 학습 단위와 주체를 구상하지 않으면 안 된다. 라뚜르 혹은 데란다 등의 존재론적 관점은 이와 관련하여 몇 가지 의미 있는 시사점을 제공한다. 평생학습 안에서의 확장된 장면들은 새로운 교육개념, 방법, 목적, 기능, 체계 등을 가로지르는 새로운 방식의 교육구도를 만들어 낸다. 이때 이러한 구도를 생산하는 것은 학습체계들이며, 그런 체계들의 연결망을 통해 교육적 개입의 경계와 방식 그리고 효과성이 결정된다고 볼 수도 있다. 이때 새로운 학습체계들의 연결 구조는 기존의 학교 체계를 어떻게 변용하고 탈영토화시키는가? 그런 상황 속에서 학습의 주체는 누구인가? 혹은 교육의 주체는 누구인가? 고립된 시공간으로서의 교실 수업이라는 방식은 여전히 유지되는가? 혹은 다른 방식의 시공간 활동 단위로 대체되는가? 학생은 교사로부터 배워야 한다는 상식은 여전히 유효한가? 학교의 구조와 체계는 여전히 유지되는가? 이런 맥락에서 교육을 개혁한다는 것은 무엇을 말하는가?

동일성의 복제를 넘어서

물은 온도와 압력에 따라 세 가지 형태로 존재하지만 모두 동일한 물이다. 그 세 가지 형태는 물 분자의 모습이 온도와 압력에 의해 확보되는 분자 간 거리의 상대적 차이를 보여 준다. 얼음은 고체 상태이며 입자들의 간격이 가깝다. 반면, 수증기는 기체 상태인데 입자들의 거리는 상대적으로 멀다. 수증기인 상태에서 물 입자들은 얼음 상태일 때의 물 입자보다 훨씬 운동과 변화를 많이 경험한다.

학습도 이와 같다. 우리가 처한 어떤 상황적 배치가 고체 상태처럼 입자 간 관계가 견고할 수도 있고, 또 그 반대일 수도 있다. 어떤 상황은 학습과 변화가 활발하게 이루어질 수 있도록 입자들의 간격이 넓은 경우도 있고, 또 어떤 상황은 학습과 변화가 제한될 수밖에 없도록 갇힌 형태를 띠기도 한다. 우리가 평생학습의 탈영토화 혹은 재영토화를 말하는 이유는 비형식학습이라는 학습 양식이 학교의 형식학습이 가지는 고체성에 비해 훨씬 유연하고 탄력적이며, 그 안에서 개체들의 학습이 보다 활발하게 일어날 수 있는 조건을 제공하기 때문이다. 마찬가지로, 학습이 일어나는 학습체계의 양태가 어떤가에 따라 학습의 가능성이 높아지기도 하고 혹은 낮아지기도 한다.

전담 교육훈련 기구들이 탄생하기 이전의 학습은 주로 활동 체계 안에서 상황적 혹은 맥락적으로 이루어졌다. 이렇게 이루어지는 학습을 교육학에서는 단순하게 '사회화(socialization)'라고 불렀다. 사람들은 자신에게 주어진 활동을 통해 그 사회 전체의 활동 체계 안에 연결되어 들어갔고, 이렇게 자기 역할에서부터 시작되는 학습을 통해 자신의 역할과 정체성을 획득해 나갔다. 반면, 근대사회에서의 학습은 사회화적 양상을 탈피하여 조금씩 제도화되는 양상을 보였다. 근대사회는 어찌 보면 학교가 만들어 낸 인공적 구성물일지도 모른다. 공장에서 물건 찍어 내듯 학생들의 표준 모형을 중복적으로 찍어 내고 사회로 배출함으로써 한 사회의 동일성을 획득하고 유지하는 방식, 즉 그런 개별 정체성을 대량으로 복제하여 탄생한 사회가 바로 근대사회이다. 학교는 삶의 현재적 맥락으로부터 학생들을 분리해 내어 교실과 수업이라는 공간 안에 재위치시킨다. 그렇게 취학한 학생들에게 그 사회의 과거와 현재 그리고 미래에 관한 추상적 이미지를 심어 주며, 그 안에서 기능할 수 있는 개인 단위의 역량을 교육했다. 이것을 전담하는 기관이 학교였고, 학교를 졸업한 후에는 그렇게 학습된 지식과 능력을 현실 속에서 적용하는 삶과 학습의 분업 체제가 작동했다. 따라서 학교에 취학하는 동안의 삶과 실제 사회 안에서 일과 삶을 추구하는 삶 사이에는 엄격한 간극이 존재했다. 즉, 인간의 삶은 청년 전기 이전의 교육과 그 이후의 직업·생활로 분리되는 형태를 띠기 시작했다. 이렇게 본다면 근대라는 사회는 어쩌면 학교가 아니었다면 생겨날 수 없는 사회 양식을 가지고 있었다고 말할 수도 있고, 이 점에서 근대사회는 충분히 학교화된 사회(the schooled society)라고 불릴 만하다.

이렇듯이 학교 안에서의 학습의 가장 큰 특징은 형식학습, 즉 학습의 제도화를 통해 복제되는 강력한 동일성 복제 시스템에서 찾을 수 있다. 교육은 학교라는 장치를 통하여 표준화된 지식을 의무 취학하는 모든 개인에게 습득하도록 함으로써 전체적으로 사회적 동일성을 복제해 내었다. 새로운 변화, 예컨대 사회 변동과 새로운 윤리적 가치 혹은 삶의 양식 등은 사회 체계 안에서 직접 실험되는 것이 아니라 학교라는 시뮬레이션 공간 안에서 먼저 실험되고, 그것이 졸업생들의 삶을 통해 서서히 사회를 변화시켜 나가는 방식이었다. 시간이 가면서 사회의 급속한 변화를 통해 학교의 변화가 오히려 사회의 변화에 뒤지는 지연 현상이 나타나게 되었지만—우리가 최근 교육개혁을 요구하는 이유가 바로 이것 때문인데—20세기 중반까지만 해도 학교는 늘 사회보다 앞선 지식과 삶의 양식, 가치와 이념을 공유하는 곳이었다. 요컨대, 근대교육은 개개인들에게 한 사회의 이상과 이념, 미래적 지향성과 행동 방식을 지식의 형태로 주입함으로써, 그렇게 형성된 '새로운 정체성'들이 형성하는 중복성이 새로운 사회적 정체성으로 탈바꿈하도록 하는 실험적 방법을 사용했다.

이러한 방식은 그 이전의 자연 상태의 사회화 학습 양식에 비해서 사회 변화를 가속화하는 효과를 가져왔다. 중세 같았으면 수백 년 걸렸을 변화를 근대사회에서 한 세기 안에 이루어 낼 수 있었던 이유도 바로 학교라는 형식학습의 힘 때문이었다. 제2장에서 설명한 것처럼, 학습의 표준화 및 제도화는 집단화를 위한 방편이었다. 동시에 대규모의 개체들에게 동일한 표상과 이론, 지식을 습득하게 하고, 그렇게 형성된 '개체들 간의 중복성'이 사회 집합성으로 드러나는 방식을 선택하였다. 만 6세 모든 아동에 대하여 취학과 동시에 국가가 선정한 표상적 동일성을 표준화된 방식으로 대량 이식시켰다. 그렇게 개개인의 뇌 안에 형성된 개체적 표상들은 그대로 한 사회의 집합적 표상성으로 나타난다. 물론 이렇게 형성된 지식들은 개념 중심적이고 이론적이며 기억을 우선으로 하는 인지적 교육목표를 추구하게 되고, 가급적 오차 없이 동일한 표상으로 각인되도록 하는 것이었다. 이전까지의 '사회화' 모형에서 사용하던 방법, 즉 사회의 맥락과 기능 안에 새로운 구성원을 서서히 적응하고 조절해 가도록 만드는 방법과 극적으로 차별적이었다. 학교를 통해 흩어져 있던 작은 마음들(small minds)을 하나의 표준화된 마음(big mind)으로 전환해 낼 수 있었다. 또한 그런 변화를 추동할 수 있도록 학습의 표준화 및 제도화를 추진하는 강력한 힘을 교육체계에 부여하였다.

따라서 이런 관점에서 볼 때 의무교육은 근대사회를 (재)생산하는 가장 큰 힘이었다. 당시 근대사회는 정치 체제, 경제 제도, 종교 체제 등에 있어서 중세와 완전히 다른 사회 질서, 생산 양식, 인간관,

법과 질서 등을 인간의 마음속에 삽입할 필요가 있었고, 이에 따라 학교는 개인들의 몸과 마음을 집합적으로 통제하면서 한 사회의 표준화된 지식과 능력을 각 개인들에게 똑같이, 그리고 반복적으로 공유하도록 제어하기 시작했다. 말하자면, 그렇게 복제된 사회는 '모두가 비슷한 생각을 가진' 사회였으며, 표준화된 지배적 아이디어가 대량으로 퍼져 나가기 용이한 형태를 띠게 되었다. 예컨대, 학교를 통해 아동과 청소년들에게 문자와 이론을 가르쳤고, 그것을 통해서 새로운 사회 질서로서의 민주주의와 자본주의경제에 대한 판에 박힌 듯 동일한 지식들을 모두의 머리에 각인시켜 가면서 앞으로 다가올 새로운 근대사회의 질서를 만들어 갔다. 대부분의 저개발국들은 선진국의 발전 모형을 학교를 통해 사회 발전 모형으로 재생산했고, 식민주의자들은 식민지 학생들에게 허상적 이미지를 복제함으로써 교육을 식민 통치의 수단으로 활용했다. 학교는 국민을 형성했고, 노동자를 양성했으며, 정의와 가치의 기준을 만들었고, 부자와 가난한 자들이 서로 사회적으로 위치 지어지는 규칙을 머릿속에 정당화해 갔다. 그렇게 부여된 교육과정이 내면화된 정도를 능력(merit)이라고 불렀고, 국가교육제도는 그러한 능력의 차이에 따라 사회적 지위가 부여되는 방식을 형식화했다. 이것을 능력자지배주의(meritocracy)라고 이름 붙였다.

하지만, 잠깐만! 내 설명이 더 진행되기 전에 독자들은 이미 알아차렸을 것이다. 세상이 그런 식으로 만들어지기에는 너무나도 복잡하다는 것을 말이다. 물론 세상이 학교가 복제한 대로 차근차근 돌아갈 수는 없었고, 이러한 방식으로 형성된 '기계적 집단성'은 너무나 단순한 것이어서 끊임없는 문제와 갈등과 도전에 직면해야 했다.

사회는 끊임없이 '민주주의란 무엇인가?' 혹은 '정의란 무엇인가?' 등의 문제와 사투를 벌였고, 그래서 19~20세기는 사회 혁명과 전복의 역사로 기억되었다. 학교를 동일성의 복제 기구로 상정하는 교육표준화 방식은 실제 상황에서는 제대로 기능하지 않았고, 따라서 교육체계는 사회의 입장에서 본다면 늘 개혁의 대상이 되었다.

20세기 중반으로 넘어서면서 사회는 이런 방식으로 형성된 중복성(reduncance)의 사회, 즉 중복된 개체들에 의해 사회적 동일성이 확보되는 기계적 사회 모형으로서는 감내하기 어려운 복잡성을 드러내기 시작했다. 끊임없이 등장하는 위험사회 담론, 불확정성 사회에 대한 지적들, 그리고 합리성에 대한 의심과 파괴는 19세기에 출발한 중복성을 기반으로 하는 사회적 질서가 얼마나 취약한지를 보여 주기 시작했다. 학교의 기능성이 의심받게 된 이유는 단순히 코딩을 할 줄 모르는 학생들 혹은 산업이 요구하는 기초 역량을 기르지 못하는 교육과정의 문제가 아니었다. 궁극적으로는 더 이상 학교가 생산하는 개체 단위의 획일적 동일성 기반으로는 작동하지 않는 사회가 시작되었기 때문이다.

이제는 개체에게 미래 이미지를 복제함으로써 집단적 미래를 투사하는 방식이 아니라 사회 자체가 진화하는 방향으로 변화해야 한다는 생각이 지배적이 되었다. 학습은 학교에서 수행되어 사회로 이행되는 것이 아니라—즉, 학교라는 전경화된 학습체계에 의해 개별적으로 복제되어 그 성과가 사회로 이전되는 것이 아니라—삶터와 일터의 모든 차원에서 일상적으로 수행되는 것이어야 한다는 생각—이것이 다름 아닌 평생학습의 아이디어이다—이 교육계에 서서히 스며들기 시작했다. 이제는 복잡한 현실과 실제 속에서 문제를 분석하고 해결하는 학습활동이 장착되어야 하고, 그렇게 획득된 지식을 통해 현실을 변화시키는 과정 자체를 학습의 관점에서 가속화하는 프로그램을 작동시켜야 한다는 생각이 점점 더 힘을 얻기 시작했다. 1990년대의 셍게(D. Senge)의 학습 조직(learning organization) 이론(Senge et al., 1994), 노나카(I. Nonaka) 등의 SECI이론(Nonaka & Takeuchi, 1995), 각종 무형식학습이론들(Garick, 1998) 등은 경제이론으로서의 학습이 어떻게 연수원 스타일의 계속교육모형을 탈피하여 현장 혁신 모형으로 재창조되고 있는지를 보여 주는 몇 가지 사례라고 할 수 있다.

돌이켜 보면, 그동안 평생학습 담론이 삶터와 일터의 물밑에서 일어나는 학습을 포착하는 방식은 의외로 단순했다. 학교라는 형식학습, 조직화된 비형식학습과 차별화된 것으로서의 무형식학습(informal learning)이라는 학습 양식 안에 경험학습(experiential learning) 혹은 우연학습(incidental learning) 등을 포함시키는 한편, 이때 무형식학습의 조건은 단지 학습자의 학습 의도가 있는지를 묻는 것이면 충분했다. 말하자면, 학습자가 무엇인가를 학습하고자 하되 그것을 위해 조직화된 수업에 참여하거나 학력을 추구하기 위한 활동을 하지 않은 채 학습활동에 몰입하는 모든 활동을 무형식학습이라는 범주로 포착하려고 했다. 그러다 보니 무형식학습의 범주가 지나치게 넓어질 뿐 아니라 그 안에서 이루어지는 수많은 다양한 활동을 세목화하지 못하고 단순하게 뭉개 버리는 결과를 낳기도 했다. 게다가 일터와 삶터 안에서 일어나는 학습의 대부분이 사실상 개인의 인지 단위에서 완성되기보다 집단 내의 소통과 협력 체제를 통해 성과를 내는 것들이라는 점을 제대로 포착하는 데 실패하였다.

잉게이징 마인드

내가 아마존 온라인 서점에서 『Engaging Minds』를 발견한 것은 꽤 오래전의 일이었다. 이 책은 인간의 학습을 이해하는 방식에 대전환이 필요하며, 그 대전환은 근대 학교의 표준화된 형식학습만으로는 가능하지 않다는 점을 교육자들이 이해하게 하는 데 많은 도움을 준다. 이 절에서는 이 책의 내용을 함께 들여다보면서 그 함의된 의미를 검토해 본다.

교육학을 복잡 체계적 관점에서 조망한 이 책은 캐나다 캘거리 대학의 수학교육과 교수들의 작품이다. 지금까지 네 번의 수정본이 발간되었다. 이 책의 초판은 2000년 『Changing Teaching in Complex Times』라는 부제를 달고 처음 출판되었다. 이들은 당시 확산되던 복잡 체계(complex systems)를 교육실천 현장과 이론에 적용하고 교육을 새롭게 이해해 보려고 하였다. 이 책은 이후 2008년 동일한 제목으로 제2판이 출간되었고, 2017년에 이 책은 『마음과 학습』이라는 제목으로 번역되었다. 이렇게 출간된 1판과 2판은 주로 복잡 체계라는 맥락에서 교육의 이론과 실천을 설명하면서 현재의 표준획일화교육의 모형을 비판하는 것을 주목적으로 편성되어 있었다.

반면, 3판과 4판은 이에 머물지 않고 현대 공교육의 흐름을 앞에서 말한 네 가지 프레임, 즉 표준획일화(standardized), 개별진정성(authentic), 민주시민성(democratic citizenship), 체계지속성(systemic sustainability)이라는 네 가지 프레임에 기초해 정리하면서, 그 각각의 프레임을 또 다시 각각 서로 다른 인식론적 기반, 지식을 교과로 다루는 방식, 그것을 학습하는 방식과 이론, 그리고 그런 지식과 학습을 잘 인도하고 교수하는 교수법 등이 무엇인지를 비교하면서 서술하려고 노력하고 있다. 그들이 주목해 왔던 복잡 체계에서의 교육은 이 가운데 네 번째 프레임 안에 담겨 있다. 내가 이 책에 흥미를 느끼게 된 첫 번째 이유는 그 제목 때문이다. 왜 『Engaging Minds』일까? 사실 Engaging이라는 단어의 의미는 참여(participation)와 비슷하지만, 그보다는 뭔가 "기존 시스템에 접속하다."라는 뜻이 더 강해 보인다. 내가 주체가 아니라 전체 상황의 일부가 된다는 점에서 좀 더 중립적이다. 참여라는 개념보다는 조금 더 상황적이며 어떤 맥락 안에서의 조응이라는 수동적인 맛도 줄 수 있다. 이 단어는 저자들이 제시한 4단계의 교육체계 양상 가운데 마지막 단계, 즉 체계 복잡성의 단계에 적합한 학습과 교육의 양상을 비유적으로 표현한다.

뒤에 자세히 설명하겠지만, 저자들이 설정하는 체계지속성교육(systemic sustainability education) 프레임은 최근 우리가 새롭게 조망하고 있는 다양한 신철학적 사조들, 생태적이고 복잡계적 사고들, 새로운 교육학적 접근과 그 배경에 담긴 탈근대적·탈구조주의적·탈휴먼적 접근들을 포괄적으로 담아내고 있다. 그리고 이러한 철학적 배경을 실천해 내기에는 표준화된 학교 체계가 분명한 한계를 가지고 있다고 주장한다. 저자들은 또한 평생학습(lifelong learning)이 바로 이 네 번째 단계의 교육프레임을 실현해 낼 수 있는 학습과 교육의 한 가지 양식이라고 본다. 적어도 이 저자들이 보기에 '평생학습'은 복잡 체계로 포착되는 체계지속성교육모형을 실현할 수 있는 적합한 학습의 양식을 장착하였다. 당연한 말이지만, 이때의 평생학습이란 학교에서 수행해 온 학습–학력–사회적 인정이라는 고리를 평생에 걸쳐 재생산하는 보완적 확장 장치가 아님에 분명하다. 그렇다면 과연 평생학습은 체계지속성교육이라는 교육프레임과 어떤 논리적 관계성을 가지는 것일까? 그리고 평생학습이라는 '사회적 학습 양식, 조건, 혹은 배치'는 이 프레임이 설정하고 있는 지식의 양식, 학습의 양식 그리고 교수 양식 등을 어떻게 품어 내고 있는 것일까? 이를 설명하기 위해서는 우선 이 책이 가르치고 있는 네 가지 교육의 프레임이 어떤 기준과 조건, 단계 등의 변화를 징검다리 삼아 진화하고 있는지를 이해하는 것이 필요하다.

저자들이 보기에 근대 공교육체계는 그 탄생 이후 네 가지 프레임이 서로 시기를 다르게 쟁송하며 서로에게 영향을 주면서 현재의 모습으로 형성되어 왔다. 이들을 각각, ① 표준획일화교육(standardized education), ② 개별진정성교육(authentic education), ③ 민주시민성교육(democratic citizenship education), ④ 체계지속성교육(systemic sustainability education)으로 이름 붙였다. 다음 〈표 8-1〉은 이 네 가지 모형의 구조적 특징을 매우 간단하게 정리하고 있다.

첫째, 표준획일화교육모형은 근대 산업사회가 형성되는 과정에서 나타난 근대 학교교육체계의 가장 고전적인 모형이라고 할 수 있다. 이 모형을 떠받치고 있는 인식론 혹은 존재론적 전제는 주로 17세기 이후 나타난 물리학적 사유, 즉 우주는 오차 없이 돌아가는 '정밀한 기계'이며 그 안에서 인간도 기계의 일종으로 이해되었다. 근대사회는 주로 물리학적 비유를 통해 사태를 이해하려고 하던 시대였다. "우주는 시계처럼 정교하고 복잡한 법칙을 따라 작동한다."라고 했던 뉴턴의 시계의 비유가 생겨난 것도 당시에 가장 발달한 과학이 물

〈표 8-1〉 교육의 네 단계 특징 요약

A BRIEF OVERVIEW OF FOUR MOMENTS IN FORMAL EDUCATION				
MOMENT:	Moment 1 **Standardized**	Moment 2 **Authentic**	Moment 3 **Democratic Citizenship**	Moment 4 **Systemic Sustainability**
APPROX START	1600s	early 1900s	1960s	1990s
SCIENTIFIC ATTITUDE	physical sciences	human sciences	social sciences	complexity sciences
INFLUENTIAL DISCOURSES	physics & industry	biology & structuralism	sociology & economics	ecology & systems theory
PREVAILING METAPHORS	MECHANICAL; DIRECTIONAL	ORGANIC; BRANCHING	CONTRACTUAL; COLLABORATIVE	ECOSYSTEMIC; EMERGENT
ICONIC VISUAL METAPHOR				
KNOWLEDGE AND CURRICULUM	OBJECTIFIED FACTS	PERSONAL INTERPRETATIONS	SOCIAL CONSTRUCTIONS	VIBRANT COMPLEX FORMS
	the Canon; skill mastery	meaning; understanding	participation; conscientization	wellness; awareness
LEARNERS AND LEARNING	DEFICIENT CONTAINERS	SUFFICIENT ACTORS	PARTIAL AGENTS	COMPLEX UNITIES
	correspondence theories	coherence theories		
	ACQUIRING; INTERNALIZING; TRAVERSING	CONSTRUING; ADAPTING; EMBODYING	ACCULTURATING; APPRENTICING; CO-CONSTRUCTING	VIABILITY-MAINTAINING; LIFE PROCESSES OF THE KNOWING SYSTEM
TEACHING	INSTRUCTING; DIRECTING	FACILITATING; GUIDING	ENCULTURATING; EMPOWERING	DESIGNING; ENGAGING

* 출처: Davis et al. (2021). 표준화교육에서 복잡성 교육으로. 교육과학사, p. 382.

리학이었기 때문이다.

그런 이유에서인지 몰라도 지식도 일종의 물리적 오브젝트로 이해되었다. 당시에는 (지금도 여전히 그 흐름이 사라지지 않고 있지만) 지식도 일종의 물질이며, 한 인간에서 다른 인간으로 전달할 수 있거나 혹은 백과사전 등을 통해 쌓고 축적할 수 있는 객체로 파악했다. 인식의 과정은 주로 외부에 존재하는 실재를 인간의 눈과 뇌를 통해 그대로 복사해 들여오는 것이며, 따라서 학습의 목적은 오류 없이 객관적 지식을 인식 체계 내로 옮겨 놓는 것이었다. 교사는 이런 객관적 지식으로 표준화된 대량 전달 체계를 통해 가르치고 평가하며, 이런 과정이 체계적으로 이루어질 수 있는 공간이 교실이자 수업 현장이었다. 한마디로, 교육이란 교사로부터 학생에게 지식이 전달되는 일방적 화살표와 같은 것이었다. 지식은 축적할 수 있고 저장할 수 있으며, 전달할 수 있고 쪼갤 수 있는 어떤 것이었다. 이런 사유가 근대 학교의 교육과정 개념을 지배했다. 학교교육에서 지식은 교과로 경계 지어지며, 그 안에서 시수별로 쪼개진다. 수업을 통해 전달될 수 있고, 학생들이 획득한 지식을 평가를 통해 확인할 수 있다.

둘째, 개별진정성교육모형은 20세기에 접어들어 기존의 표준화 모형이 점차 비판받기 시작하면서 모습을 드러냈다. 이 모형은 주로 생물학의 발달로 인해서, 생명이 기계가 아니라 유기체이며 내부에 모종의 구조적 발달 과정을 내장하고 있다고 보는 관점과 함께 나타나기 시작했다. 이 모형을 주도하는 발달과 구조라는 개념을 통해 볼 때, 지식은 더 이상 외부에 존재하는 객체를 내부로 전달하는 일이 아니며, 오히려 경험의 과정을 통해 내부에서 구성되는 것으로 재인식되었다. 이 과정에서 아동 중심 교육, 경험주의교육 등이 대두되었다. 이 모형은 학생이 결코 가르치는 대로 배우지 않는다는 점을 전제한다. 따라서 학습 결과가 다양한 것은 교육의 실패가 아니라 오히려 성공을 의미하는 것이다. 그럴 경우, 교사가 가르치는 지식은 학습자에게 일방적으로 전달되기보다는 오히려 학습자가 가진 고유한 경험 구조에 의해 재해석되고, 그 경험 안에 동화되거나 조절 과정을 거쳐 정착하게 된다고 보았다. 이런 프레임에서 교육은 학습자의 학습 과정을 조력하고 촉진하며 보조하는 일로 여겨졌다. 아동 중심 교육 혹은 대안교육의 흐름은 이러한 교육프레임 안에서 탄생한 것이다. 대안교육의 핵심은 교수자 중심성에서 학습자 중심성으로 전환하는 것이며, 그 안에서 '학습'이라는 존재성이 부각된 것이었다. 인지과학과 학습과학의 발달, 생물학적 인식에 기초한 발달과 성장 개념 등은 교수요목, 조직화된 교육, 엄밀한 평가 등을 상대적으로 약화시켰다. 한마디로 말해서, 개별진정성교육은 교육주의가 해체되고 학습주의가 고개를 들기 시작한 것이었다고 할 수 있다.

셋째, 민주시민성교육모형은 1960년대에 들어서면서 유럽과 북미에서 큰 변화의 물결이 일었던 시기에 나타났다. 68혁명을 계기로 기존 사회 질서와 권력 구조 그리고 사회적 고정 관념에 대한 비판과 저항의 운동이 시작되었다. 미국에서 흑백 간의 갈등이 최고조에 달했고, 흑백 간의 통합교육이 법으로 강제되자 이를 저지하려던 알칸소주에서 대규모 유혈 사태가 나타났다. 사실, 이전까지만 해도 교육은 사회적 상류 계층의 전유물이었고, 사회적 약자 계층과 기존의 귀족 계층이 서로 다른 종류의 학교에 다니는 것은 사회적 불문율이었다. 교육평등과 공정성의 개념이 학교 체계에 도입된 것이 바로 이 시기라고 할 수 있다. 이제 지식이란 중립적이지 않으며 경험의 맥락을 반영한 편파성을 가질 수밖에 없다는 전제 아래, 이런 각자의 독특한 경험의 차이들을 어떻게 소통시키고 공존하게 할 수 있을 것인가에 관한 질문들이 교육의 전면에 대두하게 되었다. 갈등론적 관점에서 교육을 이해하는 교육사회학의 다양한 접근들, 파울로 프레이리(P. Freire) 등의 이론에 힘입은 비판적 교육학, 교육의 장면을 궁극적으로 시민성교육으로 보는 세계시민성교육 등에 관한 접근들이 이때부터 나타나기 시작했고, 이러한 흐름 전체를 민주시민성교육모형으로 이해할 수 있다. 우리나라에서 1980년대 전교조의 등장과 교육민주화의 열풍도 이런 흐름과 연결되어 있다. 이때 교육은 심리적·존재적·정치적 혹은 경제적 억압으로부터의 해방과 자유를 획득하는 데 의미가 있었다.

넷째, 20세기로 넘어오면서 나타난 새로운 사회인식론은 또 한 번 교육활동과 체계를 이해하는 방식에 변화를 가져왔다. 복잡계, 불확정성, 생태학적 접근 등은 교육과 학습의 관계가 그리 단선적이거나 단순하지 않다는 점을 강조하게 시작했다. 교육으로부터 탈영토화된 학습은 당시 새롭게 주목받던 암묵적 지식 개념 혹은 체화된 지식(embodied knowledge) 개념, 그리고 그것을 인간 능력과 접목시켰던 역량 혹은 핵심 스킬 개념과 연결되면서 인간의 학습을 교육영토로부터 분리시켰다. 가장 분명하게는 노동시장과 직업능력 개발과 연결되었지만, 이를 넘어서 환경운동 등 다양한 사회운동의 흐름과도 접목되었다. 21세기 초반 활발하게 나타나기 시작한 포스트 휴먼 논의, 인공지능 논의, 인간-비인간 연결망이론, 신유물론, 복잡체계 이론 등은 교육의 또 다른 차원의 도약을 암시하고 있다. 인간과 지구, 생명과 비생명을 연결하며, 착취와 개발 중심의 역사를 공존화 연대의 역사로 전환해야 한다는 강한 메시지를 주고 있다. 교육은 이제 더 이상 산업 개발의 도구도 아니며, 인적자원이나 사적 역량 개발 도구도 아니다. 교육은 인간 문명이 이 지구에서 지속 가능하게 살아갈 수 있는 지혜와 방책을 사유하며 공유하는 지구적 인간 생존의 핵심적 장치이다. 이것이 체계지속성교육모형이 가지는 이념이다. 평생학습 관련 담론은 이미 오래전부터 이런 방향의 연구에 힘을 기울여 왔다. 이러한 흐름을 체계지속성교육모형이라고 할 수 있다.

교육이 다양한 프레임들의 동시적 경쟁과 쟁송성을 드러내는 현상이라는 점은 그리 기이한 일이 아니다. 마치 생물이 나름의 이종성을 통해 각자의 환경 적응 가능성을 경쟁하며 그 가운데 주도적인 종이 살아남는 것처럼, 교육의 본질도 어떤 본원성에 의해 처음부터 결정된 것이 아니라 서로 다른 프레임의 종들이 생성, 변형, 소멸을 반복한다. 그 변형된 형태에 따라 그 프레임 안에서 전제되는 지식과 학습의 양태가 가질 수 있는 조건 혹은 가능성의 범주가 달라진다. 예컨대, 표준획일화교육에서 학습이 '고립된 기억 작용'으로 전제된다면, 개별진정성교육에서 학습은 이해, 적응, 정합적 작용으로 프레이밍된다. 그리고 민주시민성교육에서 학습은 보다 참여와 의식화에 강조점을 두는 실천적 활동이며, 체계지속성교육에서는 생명 체계를 유지하는 일, 웰빙, 지식 체계의 생명 과정(인간은 숙주) 등으로 그 위상이 설정된다. 이러한 개념의 진화와 탈영토화 혹은 확장 현상은 교수의 차원에서도 그대로 드러난다. 예컨대, 표준획일화교육에서 교수활동이 수업, 지시 등으로 읽힌다면, 개별진정성교육에서는 점화, 촉진 등으로 재번역된다. 그리고 민주시민성에서는 임파워링과 의식화로 읽히며, 체계지속성교육에서는 디자이닝 혹은 잉게이징 등으로 상징화된다. 이들이 칭하는 자세한 내용은 그 책을 참조해야 하겠지만, 여기에서의 핵심 포인트는 하나의 사회 체계로서의 교육체계가 지식을 무엇으로 보는가, 학습을 어떻게 이해하는가, 가르치는 일을 어떻게 규정하는가 등에 따라 그 안에서 교육사태가 관찰되고 수행되며 전이되는 양상이 달라진다는 것이다.

전층위학습(Lifedeep learning)

앞에서 우리는 여러 층위와 차원의 체계들에 대해 이야기했고, 그 체계들이 생명성을 가지는 한 모두 학습하는 체계들, 즉 학습체계라고 말했다. 즉, 세상은 후경으로 남아 있는 학습체계들의 분산적 연결망이라고 할 수 있다. 그런데 우리가 실제로 사는 세계는 그 각각의 체계들이 모두 별개로 분리되어 존재하는 세계가 아니다. 오히려 그들이 서로 얽혀서 하나의 복잡 체계로 묶인 세계에 살고 있다. 내가 문해자가 되는 과정은 내 신경 체계가 글을 쓰기에 충분할 정도로 발달해 있을 뿐만 아니라, 심리 체계 차원에서 글이라는 기호를 인지하고 기억하며 다시 쓸 수 있는 의미 구조가 발달하는 것을 포함한다. 또한 글이라는 기호 자체가 사회 문화적 산물이라는 점에서 그 글의 의미는 결국 한 사회의 제도적 산물이며, 그 사회 내에서 지속적으로 변화 성장한다. 우리가 쓰는 문법은 고정되어 있는 것이 아니라 역사와 학문 속에서 계속 다듬어지고 발전하며 공유된다. 그러한 '한글'이라는 상징체계를 매개로 한국인이라는 개념이 집합적으로 생성되고 유지된다. 또한 그렇게 대한민국이라는 정체성은 형성된다. 이 모든 것은 학습의 과정이며 서로 분리되기 어렵다. 학습은 그렇게 복잡 체계의 중층성 안에서 수행되는 중층적·복수적 과정인 셈이다.

복잡 체계는 그 자신이 학습하는 체계의 연결망이며, 체계들은 중층적이다. 따라서 학습도 이러한 중층성을 전제로 한다. 학습이 전경화된다면 학습활동이 이러한 복잡 체계로부터 빠져나와 단순 체계로 환원되어 수행될 수밖에 없다. 그런 학습은 개인 단위의 성취도를 평가하여 성공과 실패를 판단해도 무방하다. 하지만 학습이 실제 활동 체계들 안에서 수행되어야 한다면, 즉 우리가 말하는 '학습하는 체계'의 학습활동으로 이해하려고 한다면, 그 성공과 실패는 결코 개개인의 시험 성적에 의해 판단될 수 없다. 모든 성공과 실패는 학습체계 단위에서 판단되어야 하며, 한 층위에서의 성공 여부는 고립된 상황이 아니라 그것과 연결된 층위들 안에서의 성공 여부로 판단되어야 한다. 세계는 다양한 층위의 행위자들, 즉 행위하는 학습체계들로 구성되어 있고, 그들의 학습은 모두 서로 연결되어 있다. 학습은 단독자의 고립적 행위가 아니다. 체계 차원에서의 학습효과를 맛보기 위해서는 그 연결된 체계들의 학습이 동시다발적으로 수행되고 작동해야 한다. 마치 지구 온난화 문제를 해결하기 위해서는 단순히 기상학을 배우거나 쓰레기 투기를 하지 않는 것만으로 충분하지 않은 것과 같다. 또 코로나19를 퇴치하기 위해서는 나의 세포 단위에서의 T세포 학습과 나의 사회적 거리 두기, 그리고 전세계 차원의 이동 규제와 PCR 검사 등이 병행되어야 한다. 즉, 생명체계 차원의 학습, 심리 체계 차원의 학습, 사회 체계 차원의 학습이 동시에 이루어지지 않는다면 우리가 상상하는 '변화'는 기대하기 어렵다. 이렇게 중층화된 학습활동의 위계적 연속성을 나는 중층적 학습체계들이 수행하는 '전층위학습(lifedeep learning)'이라고 부르려고 한다. 이전에 lifedeep learning은 흔히 한 개인의 존재적 학습 등으로 해석되었는데, 주로 한 개인의 삶의 존재성을 성찰하고 깊이 질문하는 학습 양식을 의미하는 것이었다. 나는 이 장에서 이 개념을 체계들의 수직적 위계성을 파고드는 전층위적 차원에서 재규정할 것이다.

평생학습 2.0 단계에서 평생학습은 흔히 'anytime, anywhere, anyone', 즉 언제 어디서나 누구나 할 수 있는 학습으로 이해되어 왔다. 지난 50여 년 동안 평생학습이라는 개념이 전제하는 학습은 모든 사람의 학습(learning for all)이라는 전제 위에 그들이 살아가는 두 가지 축으로서의 전생애(lifelong)라는 시간성과 전사회(lifewide)라는 공간성이 만드는 확장된 2차원 위에서 작동하는 것이었다. 평생학습은 학교의 시공간, 즉 아동 · 청소년기, 학교 시설 그리고 학생이라는 자격이 구성했던 경계를 '확장'함으로써 그 안에 숨겨진 지식 · 학습권력 재생산 메커니즘을 해체하려고 시도하였다.

물론 이런 생각이 틀린 것은 아니지만 여전히 '학습의 양식' 자체를 변경하는 시도는 아니었다. 다만, 학교 형식화된 학습들을 더 많은 사람에게 공급하려는 공급 확대 정책에 다름 아니다. 이제 '더 많은 학습을 평생으로 확장'하려는 시도에 무게를 싣는 대신, 그렇게 수행되는 '학습의 성격'이 무엇이며, 그것을 확장하는 것이 좋은 일인지에 대해서 고민할 필요가 있다. 유사 형식학습—혹은 수업의 형태로 직조된 학습—이라는 형태가 과연 '학습사회'가 기대하던 학습의 양식일까? 삶 혹은 일과 분리된 '학습'의 양이 늘어나고, 삶터와 일터와 분리된 '배움터'가 많아지는 것이 우리가 원하는 미래인가? 우리에게 필요한 것은 학습 기회의 물리적 확장이 아니라 그것을 이해하고 수행하는 '프레임'의 전환이다. 평생학습은 처음에 '언제 어디에서나 누구에게나'라는 슬로건을 내걸었는데, 우리의 전경화된 제도적 학습활동이, 즉 그런 학습을 수행하는 교육훈련 기관들이 언제 어디서나 누구에게나 개방되어야 한다는 의미에 국한되었던 것은 아니다. 오히려 학습이라는 본질적 행위가 전경화 혹은 후경화라는 형태와 상관없이 언제나, 어디서나, 누구에게나 (혹은 어떤 학습체계 안에서나) 작동해야 한다는 것을 뜻하는 것으로 이해할 필요가 있다. 학습은 다시 삶과 일의 위치로 재배치되어야 할 필요가 있다. 그리고 그 안에서 수행되는 학습은 그것이 수행되는 상황으로서의 '시간'과 '공간'의 자유도를 가져야 하겠지만, 이와 함께 그것이 간여하는 삶의 깊이만큼, 그리고 일의 위계만큼의 '깊이'의 연결성 역시 필요하다. 내가 평생학습의 세 번째 축으로서 '깊이(deep)'에 관해 고민하게 된 이유이다.

평생학습을 전경화된 학습활동들이 아닌 후경에서 작동하는 것으로 이해할 경우, 그것은 삶의 순간순간에 일어나는 미시적 학습들의 축적과 연계가 만들어 내는 집합체로 형상화될 수 있다. 혹은 학습체계들 안에서 일어나는 지속적인 학습 사건들의 총합으로 이해될 수 있다. 전경화된 학습이 우리 눈에 관찰되는 수업, 프로그램, 강의, 과제, 평가 등으로 드러나는 반면, 후경화된 학습은 그 실체가 분명하지 않다. 다만, 우리가 무엇인가를 경험하고 그 경험을 통해 어떤 생각과 행동이 강화되거나 동화되거나 혹은 조절되는 등의 변화가 일어날 수 있는데, 이때 학습은 경험 및 그 경험의 결과 사이를 매개하는 일종의 매개변인으로 인식될 수 있다. 그럴 경우, 학습은 삶과 앎의 과정에서 분명한 경계를 가지고 벌어지는 어떤 현상이라기보다 변화를 동반하는 모종의 경험적 사건들 속에 내재해 있다고 말할 수 있다. 삶 속에서의 학습은 그렇게 일어난다.

만일 우리가 '점' 하나를 하나의 학습 사건이라고 할 수 있다면, 그 점들이 시간의 흐름을 따라 연결된 '선'은 일종의 학습 생애사로서

한 인간의 전생애적 평생학습(lifelong)의 양상을 보여 준다. 여기에 너비가 더해져서 '면'을 이루게 되면(lifewide) 그 면은 다양한 선들(개인들)의 복합으로서 사회적으로 확장된 학습의 면으로 드러나게 된다. 앞의 개념들이 생명의 2차원의 x축과 y축을 지지해 주는 개념들이었다면, 이 개념은 이것을 3차원 공간으로 확장해 주는 z축의 역할을 담당한다. 즉, 물체의 부피를 표현할 때 길이(long), 폭(wide) 그리고 깊이(deep)가 필요하다는 점에서, 평생학습의 세 번째 특징을 lifedeep으로 표현하는 것은 매우 적절한 비유라고 할 수 있다. 이제 자연스럽게 '깊이(lifedeep)'라는 세 번째 축이 등장하게 될 수 있는데, 이것이 평생학습의 3차원 공간을 완성한다.

세 번째로 등장한 lifedeep, 즉 '깊이'라는 차원은 아직까지 우리에게 친숙한 개념이 아닐뿐더러 여전히 개념적 발생 단계를 거치는 중이다. 대중적인 한국어 번역도 없고, 그 의미에 대한 해석도 각양각색이다. 이 표현이 등장한 것은 어쩌면 단순한 의도에서였을지 모른다. 지금까지 lifedeep learning은 매우 초보적인 차원으로만 의미 규정되어 왔으며(Belanger, 2016) 우리말로 '실존적 학습'으로 번역되었다. 이 개념을 통해서 주로 인간의 심층까지 파고드는 인문학적 성찰 혹은 영적 각성 등을 이 축으로 표현하려고 시도하였다. 어떤 사전은 lifedeep learning을 "인간이 특정한 방식으로 행동하고 학습하고 믿고 사유하도록 이끄는 사회적 · 문화적 · 도덕적 · 영적 · 의사소통적 · 윤리적 가치들"로 정의하기도 한다. 하지만 이 개념을 단지 한 인간의 영성이나 심성의 깊이에 도달하는 학습으로만 해석하는 것은 학습을 여전히 근대주의적 개인 합리성의 차원에서 해석하는 것이다.

나는 lifedeep이라는 단어를 전생애적 학습(lifelong), 전사회 학습(lifewide)과 함께 '전층위학습(lifedeep learning)'으로 해석한다. 여기에서 '전층위'라는 말은 앞 절에서 설명되었던 복잡층위를 의미한다. 이 개념은 벨란저(P. Belanger)가 말한 학습의 실존적 층위의 차원을 넘어서, 그 지식의 층위가 한 개인 단위 안에 고립적으로 존재하는 것이 아니라 생명의 전층위 혹은 전 체계를 관통하는 중층 체계적인 현상과 연관되어 있다는 점을 강조한다.

사실, 이 두 가지는 서로 구분된 것이 아니다. 개인이 알고 있는 지식은 처음부터 사회 문화적인 집합체로서의 지식을 개인적 차원에서 '반복'하는 과정에 나타난 '차이'일 뿐이다. 그 점에서 개인의 고립적 소유물이 아니다. 이 '반복된 차이'를 매개로 집합적 지식이 진화한다. 이 현상을 보는 관점을 개인으로부터 집합적 문화 체계로 전환하는 순간, 우리는 그동안 보지 못했던 학습의 새로운 차원이 보이기 시작한다. 학습은 생명의 전층위를 넘나들면서 집합적으로 이루어지는 것이었던 셈이다.

복잡 체계 학습의 중층 체계성

평생학습 관련 개념어군에서 lifedeep learning이라는 단어는 이전부터 사용되어 왔다. 주로 한 개인의 생애에서의 '실존' 학습이라는 의미로 사용되었었다. 평생학습이 한 개인의 평생에 걸쳐 일어나는 모든 종류의 학습이면서 동시에 그의 삶의 깊이와 실존성을 담아낸 개념이라는 점에서 깊이(deep)이라는 개념을 개인의 실존성과 연관시킨 것은 의미 있는 선택이었다. 비교적 최근에 이 개념을 사용했던 벨란저는 그의 책에서 다음과 같이 말한다.

> 우리는 인문학의 역사에서 볼 때 성인기의 자유 시간이 노동 시간보다 점점 더 길어지는 시기로 접어들고 있다. 하지만 그런 가운데 이루어지는 평생학습, 즉 전생애에 걸쳐 혹은 전사회적 차원에서 계속되는 학습도 만일 학습하는 개인이 자신의 발달을 주도하는 여정을 스스로 만들어 가지 못한다면 결코 지속 가능하지 않게 된다. 실존적 학습(lifedeep learning) 없이는 전생애적 학습(lifelong learning)이나 전사회적 학습(lifewide learning)도 가능하지 않다. 우리는 어떤 현실적 필요 때문에 자주 뭔가를 배우게 되지만, 이런 경우 그 학습에서 모종의 자신만의 독특한 의미를 발견하지 않는다면, 그래서 이 지식을 적극적으로 자신에게 동화시키고 추후 지속적으로 활용하지 않는다면 그 지식을 제대로 학습하기 어렵다(Belanger, 2016, p. 244).

이 설명은 언뜻 보기에 설득력 있는 말로 들린다. 하지만 가만히 살펴보면 여전히 학습을 학교학습 혹은 형식학습의 지위에서 내려다보고 있다는 인상을 받는다. 그가 말하는 "자신의 발달을 주도하는 여정을 스스로 만드는" 학습의 주도성 혹은 "적극적으로 자신에게 동화시키고 지속적으로 활용하는" 적극성은 사실 앞에서 비판했던 평생학습의 인간 본위적 주체성 혹은 자기편향성을 그대로 표현한 것이다.

나는 학습의 제3층위인 '깊이'를 개인의 존재성이라는 심층학습의 차원으로만 제한하려는 시도에 동의하기 어렵다. 오히려 나는 이 세 번째 '깊이'의 차원을 개인을 넘어선 사회적 · 생태적 · 지구적 패턴의 차원으로까지 확대할 필요가 있다고 본다. 인간의 실존은 결코 개체의 심리적 한계 안에서 규정될 수 없으며, 자연과의 관계 및 사회 문화적 실존성의 층위로까지 확대되어야 한다. 특히 복잡 체계적 사유에서 실존이란 세포적 차원에서부터 시작해서 지구 생태적 차원까지의 중층적 · 분산적 연결성을 전제로 하는 실존으로 해석될 수 있다.

'전층위학습'이라는 개념은 기존의 교육학 개념 구조 안에서는 존재하지 않던 새로운 학습의 양식을 등장시킨다. 앞에서 나는 평생학습이 '평생'이라는 맥락 위에서 탈피하며 변용되는 학습의 새로운 차원들을 품어 낸다고 말했고, 따라서 포스트-평생학습의 차원에서 삶의 맥락 안에서 작동하는 학습활동들의 새로운 양식이라고 보았다. 전층위학습은 살아 있는 학습체계가 수행하는 학습의 양식이며, 그 체계를 둘러싸고 있는 세계, 즉 학습이 일어나는 세계가 가진 인식-존재론적 맥락과 전제 안에서 함께 사고되어야 한다. 그 안에서 학습이 일어나는 층위가 제한적이거나 고정되어 있는 것이 아니라, 무수히 많은 활동체 혹은 학습 사건들이 만들어 내는 동시적이고 다층적인 학습들의 중층적 연결이라는 점을 전제로 한다. 그 가운데 지금까지의 전제, 즉 인간의 학습이 인간의, 인간만의, 인간에 의해, 인간이 주체인 그런 상황에서 이루어진다는 생각을 해체한다.

첫째, 모든 살아 있는 존재는 서로 연결된 하나의 복잡 체계들의 일부이다. 이 복잡 체계들은 수평적 · 수직적으로 연결된 하위 체계들의 연결망이다. 그 안에는 문화-기술의 결합, 인간-자연의 결합, 생물-무생물의 결합, 목적-수단의 결합 등을 통해 생명의 단위들을 탄생시킨다. 여기에서 모든 체계는 그것이 '살아 있는 한'에 있어서 지속적으로 학습하는 체계이다. 우리가 평생학습에서 생(生, life)이라는 단어를 지속적으로 동원하는 이유도 바로 여기에 있다. '살아 있음'은 본질적으로 '학습함'과 연결되기 때문이다. 살아 있다는 것은 본질적으로 학습할 수 있다는 것을 말한다. 모든 살아 있는 단위 체계는 생존한다. 환경과 자신을 구분하고 변화에 대하여 적응하고 조절한다. 학습은 인간 단위 개체들만 하는 것이 아니며, 인간 단위 개체들은 상하위 체계들의 부분 체계이거나 포함 체계이기 때문에 그 단위 체계의 학습만으로는 변화할 수 있는 범위가 제한적이다. 인간의 학습은 동식물의 학습과 연결되어 있고, 또한 학습에 간여하는 기계나 시설들과 공명한다. 그런 체계들은 나를 포함해서 마이크로 체계에서부터 매크로 체계로까지 중층적으로 겹겹이 나를 둘러싸고 있다. 나는 하나의 학습체계이며, 내 신경망도 그 하위 체계이자 하나의 학습체계이다. 나를 포함한 지역사회도 하나의 학습체계이다. 마치 러시아 인형을 연상하도록 만드는 중층적 체계들은 각각 단독적인 학습체계이면서 동시에 서로 연결되어 있다.

둘째, 전층위학습이란 나를 둘러싼 하위 체계들(sub-personal), 개인 체계(personal) 그리고 상위 체계들(super-personal)이 수행하는 학습들을 서로 수직적으로 연동하는 한편, 수평적으로 개체들, 인간, 비인간, 생태 차원에서 서로 연결하는 것이다(Davis et al., 2015). 이 점에서 학습은 기본적으로 전체 연결망 안에서 이루어지는 집합적 작동이며—들뢰즈에서 유래하고 라뚜르가 사용한 '배치'라는 개념이 이 경우에 가장 잘 들어맞는다—하나의 학습은 한 개인에게 귀속되는 고립된 변화가 아니라는 점을 전제로 한다. 나의 학습은 나와 동일한 맥락에 묶여 있는 타자의 학습과 서로 연동하고 공진화하며, 나의 학습은 타자의 학습에 의해 영향을 받는다.

셋째, 그러한 학습들은—이 부분이 전층위학습의 진면목을 보여주는데—나를 둘러싼 미시 체계에서부터 거시 체계에 이르는 다층적 학습들의 동시적 작동 과정이다. 내가 원하든 원하지 않든 간에 모든 학습은 동시다발적으로 이루어지고 주변의 모든 학습체계에게 영향을 준다. 중층적 학습 과정, 즉 어떤 한 가지 행동 혹은 인지의 변화와 연결되면서 나타나는 세포적 차원, 몸 차원, 문화 차원 등의 다층에서 일어나는 학습 과정은 어떤 경우 나노 초 단위로 일어나기도 하지만, 어떤 부분은 보다 긴 시간을 통해 크게 진동하며 나 이외의 집합적 공명을 일으키면서 전체를 흔들기도 한다. 시간 지연(time lag)은 늘 우리를 괴롭히는 요소이다.

넷째, 여기에서 핵심은 이 모든 과정이 학습하는 '나'에게 포착되고 의도되며 인지되는 것은 아니라는 것이다. 앞의 예에서 보자면, 이 과정에서 아이는 어떤 부분은 의식적 인지를 통해 그 변화를 포착하게 되지만 그 외 많은 부분들은 무의식적(unconscious) 인지나 감성을 지나면서 개인에게는 포착되지 않는, 그러나 여전히 중요한 학습의 부분으로서 모종의 변화를 촉발시키는 과정을 구성하게 된다. 이러한 부분을 헤일즈(Hayles, 1999/2017)는 비의식적 인지(non-conscious cognition)라고 부른다.

다섯째, 사태가 이렇다 보면 학습은 결코 '주체적' 혹은 '자기주도적'으로만 이루어지기는 어렵다는 점을 인정해야 한다. 물론 학습의 방아쇠를 당기는 일이 내 손에 달렸다고 말할 수 있지만, 실제로 그 방아쇠는 내 힘만으로 당겨지는 것이 아닐뿐더러 그것을 당긴 결과가 나한테만 영향을 미치는 것도 아니다. 학습은 학습체계의 작동성에 의해 시작되고 마무리된다. 그 작동성의 중심에는 그 체계의 목적이 자리 잡고 있는데, 한편에서 이 목적성은 그 체계가 가지는 주체성과 동일시될 수도 있다. 그러나 다른 각도에서 보자면 그 주체성은 임의적 주체성이거나 변덕을 가정한 주체성이 아니라 그 체계가 가지는 객관적 목적 혹은 생태적 필연성을 담고 있는 것일 수 있다. 이 점에서 학습은 비록 주체가 수행하는 활동이지만 실제로는 그 체계의 객체적 형편을 반영한 것이라고 할 수 있다.

여섯째, 이러한 학습의 기본은 체계의 항상성(homeostasis)을 유지하는 것이며, '감성'은 인지 차원 이전에 학습의 동력을 부과한다. 예컨대, 다마시오(Damasio, 2018)는 스피노자의 정동(affect) 개념에 기대어 학습이 인지와 감성을 동시에 연접하는 활동이라는 점을 일깨워 준다. 감성이 동반되는 한, 학습은 관찰자로서 수행하는 일도 아니며 억지로 해야 되는 일도 아니다. 나의 본성으로부터 전해지는 신호에 반응하는 본능적이면서도 중핵적인 활동이 된다. 감성의 가장 큰 역할은 체계의 항상성을 유지하고 안정성을 확보하는 것이다. 예컨대, 내가 슬픈 이유는 나의 존재가 위협받았기 때문이며, 내가 기쁜 이유는 필요하던 어떤 것이 충족되었기 때문이다. 감성은 늘 결핍에 대한 반작용을 통해 체계의 객체적 유지와 지속성을 감당해 준다.

한 가지 사례

이와 관련된 사례를 하나 들어 본다. 아무리 간단한 학습이라고 할지라도 그 학습이 한 가지 복잡 체계 층위에서만 일어나는 경우는 없다. 학습의 연쇄 반응 혹은 '중층적 동시학습'이 촉발된다. 예를 들어, 기타를 연주하는 법을 배우는 일은 여러 체계가 동시적으로 작동해야 가능하다. 우선 왼손이 기타 네크의 정확한 플랫을 짚는 법을 익혀야 하고, 동시에 오른손이 줄을 튕기는 동작이 서로 동시에 일어나야 한다. 하지만 이 일은 개체 차원에서 간단히 일어나는 것이 아니다. 그 개인(혹은 개인 체계)의 하위에 존재하는 신경 체계 혹은 그 신경 체계 하위에 존재하는 압력을 느끼는 능력과 소리를 감별하는 능력이 동시에 작동해야 한다. (이것들을 내 의식을 통해 모두 계산하고 명령하지는 못한다.) 손가락을 누르는 순간 손끝의 신경은 압력을 느끼게 되고, 동시에 귀는 그렇게 튕겨진 소리가 명료한지를 판단한다. 압력 부족으로 탁한 소리가 난다면 근육 체계는 압력을 더 증가하도록 손가락에 요구한다. 만일 손가락 근육 체계에 문제가 있거나 청음력에 문제가 있을 경우, 혹은 이 두 가지 체계가 서로 연동하는 능력이 떨어질 경우 기타 연주는 불가능하게 된다. 이렇게 우리가 "무엇인가를 배운다."라고 한마디로 말하는 것도 실제로는 여러 층위의 여러 체계가 만들어 내는 '작은 학습들'의 공생적 연합 작용을 필요로 한다.

기타를 배우는 일은 여기에서 끝나지 않는다. 이와 동시에 시력은 악보를 읽고, 동시에 청력을 통해 그 연주의 결과가 제대로 피드백

되어 소리로 울리는지를 확인한다. 빠른 연주가 가능한 사람은 이런 '작은 학습들의 공생적 연합 작용'이 매우 빠르게 연동하도록 훈련한 결과를 즐기고 있는 셈이다. 이 과정 하나하나를 의식의 차원에서 추적하는 것은 불가능하다. 말하자면, 이 모든 것을 작업기억을 통해 뇌가 모두 통제하고 있다고 보기는 어렵다. 인간의 몸은 컴퓨터처럼 CPU와 입력, 출력 장치, 저장 장치 등이 모두 분리되어 있지 않다. 인간의 몸은 전체가 CPU의 역할을 분산적으로 수행하며, 분산적 네트워크를 통해 정보를 공유한다.

개인 연주의 실력이 좀 늘어서 기타 연주자가 그룹을 만들어 협연을 하고 싶어 한다고 가정하자. 드럼, 베이스, 키보드 등이 함께 협주하는 상황이 발생한다. 이때 기타 연주는 단지 기타 연주로만 끝날 수 없다. 다른 악기들과 조화를 이루기 위해 끊임없이 드럼과 베이스 소리를 동시에 들어야 하고, 그 소리들에 조응하는 방식으로 자신의 기타 연주의 크기와 빠르기 등을 조절해야 한다. 물론 자신과 연주를 함께하는 드럼이나 베이스 등도 어떤 고정된 음원(MR)이 아니기 때문에 끊임없이 변동한다. 그리고 베이스 주자의 입장에서도 기타 연주자와 똑같은 방식으로 타자의 소리를 듣고 거기에 자신을 흡수시켜 간다. 말하자면, 이들 그룹 연주자들은 모두 서로가 서로에게 기대어 연주하는 방법을 학습해 나가게 된다. 내가 얼마나 잘 학습했는지는 바로 타자와의 '관계' 속에서 판단되고 평가된다. 이들이 열심히 해서 음반을 내고 국내에서 유명한 연주자가 되었다고 하자. 당연히 국내의 다른 연주자들은 이들의 음반을 통해 혹은 실황을 통해 이들의 연주를 학습하게 된다. 이들은 어느새 학습자에서 교수자의 지위에 오르게 된다.

어느 날 이들이 만 명이 모인 스타디움에서 실황 공연을 펼치게 된다고 하자. 몇 명 앞에서 연주하는 것과 만여 명이 모인 상황은 완전히 다르다. 이런 큰 무대에 서 보지 않은 연주자들은 아무리 연습실에서 훌륭한 연주를 할 수 있었다고 해도 두렵고 떨릴 수밖에 없다. 녹음실과 실황 현장이 완전히 다른 이유는 바로 거기에 엄청난 관객들의 반응과 응원이 있기 때문이다. 자신들의 연주에 대한 즉시적인 반응이, 그것도 연주자들을 압도할 만한 엄청난 위력으로 다가온다. 연주자들의 호흡은 가빠지고 맥박은 빨라진다. 이들은 이런 청중들의 반응에 즉시적으로 함께 호흡하며 연주하는 법을 상황 속에서 경험으로 배워야 한다.

이 실황은, 예컨대 인터넷 생중계를 통해 전 세계로 퍼져 나가게 되고, 지구 반대편에서도 이들과 연결되어 음악을 듣고 배우며 함께 즐기는 상황이 펼쳐질 수도 있다. 아마도 시간이 흘러 이들의 음악이 비틀스나 퀸처럼 전설이 된다면, 이들의 이야기가 교과서에 실릴지도 모른다. 이들의 음악이 새로운 음악의 장을 개척하게 되고, 과거에 록, 발라드, 소울 등으로 나뉘던 음악 생태계에 새로운 계열을 창조하는 수준에 도달할 수도 있다. 동시대의 젊은이들이 이런 스타일의 음악을 즐기고, 참여하고, 연주하며, 동질감을 느끼게 된다. 마치 밥 말리의 레게 음악이 젊은이들에게 새로운 공간을 열어 주었던 것처럼 혹은 비틀스의 음악이 유럽의 젊은이들에게 68혁명의 씨앗을 만들어 주었던 것처럼 말이다.

학습은 이런 것이다. 수많은 '층위'의 체계들이 서로 수직적으로 연쇄 반응을 일으키며 연동한다. 수많은 '체계'가 서로 관계하면서 서로가 서로에게 영향을 미친다. 그런 학습의 과정, 공명, 연동의 결과는 결코 그 학습자 개인에서 끝나지 않는다. 작게는 마이크로 세포에서 시작하여 크게는 지구생명 생태계 전체에까지 이어진다. 지속 가능한 지구의 모습은 이런 상상력의 끝에서 나타나는 것이 될지도 모른다.

요컨대, 학습이 가정하는 연결망은 실재적이다. 사회체계론에서 볼 때 모든 개인은 하나의 고유한 체계(system)이며, 타자들은 모두 환경(enviroment)이 된다. 그를 둘러싼 사람들은 모두 그에 대한 고유한 환경이 된다. 즉, 서로가 서로에 대해 환경인 상황이 벌어진다. 사회 문화적 대변혁과 혁명은 작은 학습들의 축적을 기다리지 않는다. 오히려 그들이 학습하기 이전에 사회 체계 자체가 움직이며 연결망 전체를 뒤흔들어 놓는다. 그 안에 속한 시민들에게 동화(assimilation)가 아니라 조절(accomodation)이 필요한 상황을 연출한다. 이 상태가 되면 사회가 개체들을 가르치는 양상이 펼쳐진다. 역사적 변혁이 개체들을 가르친다. 연결망(= 세계)은 늘 흔들리고 변화하며, 그것이 개체들의 기존 학습을 뒤집어 놓는다. 변화의 폭이 큰 세계 (예컨대, 지식경제, 불확실성의 미래 등)에서 학습은 보다 개체 의존적 (안정된 교육체계 학습)이 아니라 거대 연결망 의존적(무형식, 무의식, 패러다임 변화, 경험적 등)이 된다. 학교는 이 진동폭을 감당하기 어렵다.

전체 안에서 모든 학습은 연결되어 있다. 한 학교 안에서의 학습은 전체 프로그램, 동창 의식, 경쟁, 전체 등수, 졸업생 등의 개념 안에 묶인다. 대한민국 모든 학생의 경험은 수능과 입시로 묶인다. 또한 과거, 현재, 미래의 계열성은 학습의 전 과정에 연결되어 있다. 과거의 나, 현재의 나 그리고 미래의 나는 모두 하나의 흐름이고, 이

전 학습은 이후 학습을 결정한다. 요컨대, 학습은 그 다층위적 활동 체계들이 모두 동시적 · 공시적으로 연결되어 있다. 마치 촘촘한 그물망 같다. 내가 학습한 것이 타자에게 연결되고 그를 흔들어 댄다. 홀로 학습하고 홀로 자유로울 수 없다. 그래서 학습은 마치 바이러스 같다.

이것이 새로운 맥락에서의 '평생학습'의 의미이다. 이때 평생이란 생의 시간적 연결망, 생의 공간적 연결망, 생의 다차원적 연결망, 생의 집단적(사회 문화적) 연결망 등을 동시적으로 포함한다. 이러한 평생학습은 학교의 형식학습, 즉 학습을 수업 단위로 자르고, 학년과 학기 단위로 자르고, 학교 공간 안으로 자르고, 개인 단위로 자르며, 그 성과를 평가하는 수업 기반 학습과 차별적이다. 만일 교육 장면에서 수업 기반 학습을 생애 기반 학습으로 전환하기 위해서는 어떤 변화가 필요한 것일까? 이 과정에서 '교육개혁'의 가능성은 여전히 존재하는가? 아니면 개혁이 아니라 '혁명'이 필요한 시점인가?

제9장 학습하는 체계들의 사회

『포르 보고서』가 50년 전 제시했던 '학습사회' 개념을 포스트적 맥락에서 재해석하려고 시도했다. 학습체계는 '학습을 촉진하는 체계'라는 기존의 개념을 넘어 '스스로 학습하는 체계들'로 이해될 필요가 있다는 점을 설명하였다. 말하자면, 학습사회란 스스로 학습하는 체계들의 중층적-분산적 연결망인 셈이다. 코로나19 상황에서 나타났던 전층위적 학습 현상을 예시하면서, 학습사회란 그런 각 층위의 학습체계들이 서로 연쇄적으로 학습하며 변화하는 사회 구성체라는 점을 예시하려고 하였다.

학습사회라는 말

평생학습 연구에서 학습사회(learning society)라는 단어만큼 아름답고 신비로운 것은 없다. 한 사회가 학습으로 충만하고 그 에너지로 변화해 가는 모습은 마치 한 인간이 미숙함에서 성숙함으로 나아가는 모양을 생각나게 한다. 마치 피아제(Piaget, 1971)의 인지발달 이론 혹은 키건(R. Kegan)의 체계적 사고 발달 과정(Kegan, 1982) 속에서 한 아이가 이 세계를 자신과 몸 중심에서 타자와 소통 그리고 객관성의 세계로 조금씩 나아가는 모습이 설명되는 것처럼, 평생학습 연구는 한 사회 내에서 폭력과 신화 그리고 금권과 힘으로 유지되던 사회적 유기체의 연결성이 조금씩 기호와 소통, 합리성과 윤리 그리고 학습과 교육이라는 차원에서 새로운 지평을 찾아 나가는 모습을 그려 낼 수 있어야 한다(Wain, 2004; Welton, 2001).

하지만 다른 한편에서 학습사회는 이제 막 출발한 새 길이다. 우리가 두려운 것은 학습의 야누스적 두 얼굴이다. 학습이란 쉬운 말로 변화와 적응 혹은 생성 등을 의미한다. 변화는 한편에서는 지금의 모순을 극복하는 희망의 차원을 말하기도 하지만, 동시에 그동안 지속되던 안정성이 불안정성으로 바뀌는 위험성을 뜻하기도 한다. 위험사회(Beck, 1992)는 그 안에 학습사회적 요소를 내장하고 있으며, 반대로 학습사회는 그 안에 위험사회적 요소를 내장하고 있다. 안정된 활동 체계의 모순이 드러나고 극복되는 과정은 결코 평탄하거나 평화롭지 않다. 온갖 갈등과 반목을 넘어설 수 있는 강력한 방책들을 필요로 한다.

학습이 인간의 존재성을 자유롭게 하고 모순을 해소하며 새로운 삶의 방정식을 구축해 갈 수 있다는 기대를 가지고 있지만, 다른 한편에서는 훨씬 더 학습이 도구화 혹은 기능화되면서 미래의 희망을 디스토피아로 바꾸어 놓을지도 모른다는 공포 또한 존재하는 것이 사실이다. 1990년대 지식경제와 함께 등장한 학습경제(learning economy)가 당시의 신자유주의 기조와 연결되면서 인간의 평생학습을 목적이 아닌 생산 도구로 전환하는 양상을 낳았던 기억을 상기해 볼 때, 우리는 학습사회를 그저 낭만적으로만 받아들일 수 없으며 오히려 보다 조심스럽고도 양가적인 현상으로 해석하고 이해해야 한다.

학습사회의 의미는 앞의 '학습'과 뒤의 '사회'라는 두 단어가 어떤 식으로 조합되어 해석되는지에 따라 달라진다. 우선, 학습사회는 '지식경제'라는 개념과 동일한 방식으로 해석될 수도 있다. 지식경제는 '모종의 특정한 종류의 지식(대개 디지털 데이터)'을 축적하고 활용함으로써 경제 체제가 그 효과를 톡톡히 누리고 있다는 점을 강조하는 기술 방식이다. 지식경제에서 데이터는 제조 산업에서의 원료처럼 새로운 자원이 되었고, 경제는 이런 지식을 중심으로 새로운 플랫폼경제를 창출하였다. 그런 지식경제는 기존의 제조업경제와 많이 다르다.

이런 방식으로 학습사회의 의미를 풀이하는 것은 현재 학습사회 연구에서 흔히 있는 일이다. 이때 학습사회는 학교의 형식학습과 함께 비형식학습 혹은 무형식학습 등이 동시에 전경화하면서, 이를 통합하는 평생학습이라는 학습 양식이 일터와 삶터에서 일상적이고 지배적인 형태로 사회가 필요로 하는 학습 기회와 방식을 공급하는 사회를 말한다. 다른 말로 표현하면, 학교사회와 차별적인 것으로서의 학습사회라는 어떤 특정한 학습 양식이 그 사회의 지배적인 학습 양식으로 자리매김이 된 그런 사회적 작동 방식을 말한다. 한편에서 평생학습의 고용 효과는 신자유주의 영향 아래 상당히 많은 장면에서 증명이 되었고, 또한 그 사회 통합적 효과 역시 여러 다양한 맥락에서 실증되었다. 이것이 오직 정규 학교교육에만 의존했던 과거의 교육사회와 차별적이라는 점에서, 그것을 구태여 평생학습사회라 부르지 않고 단지 학습사회라 하더라도 큰 혼란이 있을 법하지는 않다. 하지만 학습이 어떤 방식으로 한 사회의 조직 및 활동에 긍정적 영향을 주며, 그것이 예컨대 교육사회와 어떻게 차별적인지 등에 관해서는 아직까지 많은 연구가 축적되지 못하였다.

반면, 나는 이 책에서 다른 방식을 제안하고자 한다. 그 방식은 '학습'과 '사회'를 동사적으로 결합하는 것이다. 나는 학습사회를 '어떤 사회가 학습을 수행한다'는 차원에서 일종의 '학습하는 사회'로 본다. 이 말은 언뜻 들으면 너무나 당연한 말처럼 들린다. 우선 학습사회는 많은 사람이 학습하는 사회이기 때문이다. 그런데 내가 강조하는 학습의 주어는 사회 내의 개체들이 아니라 집합체로서의 사회 자신이다. 나는 여기에서 '사회'를 학습의 주어로 간주한다. 즉, 학습사회는 간명하게 '학습하는 사회'이며, 다른 말로 하면 '사회가 하나의 체계적 단위로서 학습한다'는 뜻이다. 이 책에서 나는 사회를 복잡 체계로 이해하며, 모든 살아 숨쉬는 체계는 그 성질상 학습을 본질로 내장하고 있는 체계로 본다. 마치 모든 생물이 (생존을 위해서) 반드시 학습하고 적응하는 행위를 수행하는 것처럼, 모든 사회(체계)는 생명 과정의 중심으로 생존을 위해 반드시 학습을 한다. 학습사회는 사회의 모든 구성단위로서의 '체계들'이 학습하는 사회이다. 그리고 그 체계들은 동시에 학습체계, 즉 학습하는 체계들이다.

이것은 마치 셍게의 '학습 조직(learning organization)'과 유사한 것일 수 있지만, 실상은 오히려 엥게스트롬의 활동 체계(activity systems)에 더 가깝다. 제5장과 6장 그리고 7장에서 체계(system)라는 주체에 대한 설명은 간헐적으로 해 왔기 때문에 이 주장이 완전히 낯설지는 않겠지만, 여전히 이 글을 읽는 독자들은 '체계가 학습한다'는 의미에 익숙하지 않을 것이다. 제8장에서 설명한 것처럼, 학습의 주체는 개인이 될 수도 있고 조직이나 회사가 될 수도 있다. 그러나 여기에서 말하는 학습사회는 이들 각 층위의 학습이 서로 분리된 것이 아니며, 한 사회는 크고 작은 하위적 사회 체계들 및 이들 간의 연결망으로 이루어진 더 큰 단위의 포괄적 학습체계로 이해될 수 있다는 점을 강조한다. 그것을 제9장에서는 학습사회라고 부른다.

학습사회 담론의 역사적 궤적

앞의 제3장에서 『포르 보고서』가 제안한 학습사회 개념이 평생학습이라는 학습 양식을 통해 도달하게 되는 미래 지향적 사회 형태로 묘사되었던 것처럼, 지난 50여 년 동안 평생학습정책과 연구 등에서 학습사회에 대한 관심은 매우 높았다. 학습사회라는 개념이 처음 본격적으로 등장한 것은, 1968년 로버트 허친스(R. Hutchins)의 『The learning society』가 출간된 때라고 할 수 있다(Hutchins, 1968). 여기에서 학습사회는 근대 산업사회가 진전되면서 생겨나는 노동과 여가의 분리 현상을 배경으로 그 여가를 교양학습과 연결시키는 개념이었다. 이후 이 개념은 1972년 유네스코의 『포르 보고서』에 의해 본격적으로 주장되기 시작한다. 이 해에 허친스는 다시 『The prospects for a learning society』를 출간하게 되는데, 여기에서 그는 학습하는 사회(learning society)와 훈련하는 사회(society in training)를 구분한다.

예일대학교 법대 학장과 시카고 대학교 총장을 역임했으며 브리태니커 백과사전 편집위원장이었던 그는 학습사회를 교양사회(educated society)의 관점으로 해석했는데, 그의 책에서 인간 발달의 목적은 인력(manpower)이 아니라 인간성(manhood)의 발달에 있다(Hutchins, 1968, p. viii)고 주장했고, 그런 점에서 학습사회는 '모든 사람에게 자유교육을(liberal education for all)' 보장해 주는 사회적 장치였다. 그는 학습의 목적은 이해(understanding)에 있는 반면, 훈련의 목적은 훈련자에 의해 작동하는 학습의 도구적(instrumental) 특성에 있다고 하면서 이 두 가지 사회를 분리하여 개념화했다(Hutchins & Center for the Study of Democratic Institutions., 1972).

이어서 1973년에는 카네기 고등교육위원회(Carnegie Commission on Higher Education)가 『Towards a learning society: alternative channels to life, work, and service』를 출간한다(Carnegie Commission on Higher Education., 1973). 이 당시에는 대학 팽창이 큰 주목을 받던 시기였으며, 학습이라는 시각을 통해 사회의 성격을 규정함으로써 고등교육의 필요성과 대중화를 이끌게 된다. 또한 같은 해 마틴 트로우는 엘리트 중심 대학이 대중화된 대학으로 변화하는 과정에서 나타나는 다양한 문제를 다룬 논문을 발표하기도 한다

(Trow, 1973).

1972~1976년 사이에 여러 권의 학습사회 관련 서적들이 출판되었고, 스웨덴 교육학자였던 토르스텐 후센(T. Husen)이 쓴 『Learning society』(1972)도 그중 하나이다. 이 책은 1986년 『The learning society, revisited』라는 제목으로 다시 선보였다(Husen, 1986). 그의 관심은 학습사회라는 지향점을 통해 미래교육을 다시 디자인하는 것이었고, 그 안에서 새롭게 미래교육혁신을 추진하는 것이었다. 이런 접근은 정확히 『포르 보고서』의 정신을 공유하는 것으로 보인다. 여기에서 당시 그의 학습사회 개념은 학교를 포함한 교육체계를 전면적으로 개혁하기 위한 프레임이었고, 그렇게 개혁된 교육체계를 당시에는 평생교육(lifelong education)이라고 불렀다.

하지만 제5장에서 서술한 것처럼 1990년대 신자유주의 및 지식경제의 맥락에서 학습사회는 학습경제와 동급으로 사용되기 시작한다. 학습사회를 이런 방식으로 해석한 대표적 학자는 피터 자비스라고 할 수 있는데, 그는 2006년 출간한 『From adult education to the learning society』를 통해서 21세기 학습사회 개념을 새롭게 조명했다(Jarvis, 2006b). 또한 같은 해에 그가 주도하고 있던 국제학술지 『International Journal of Lifelong Education』은 『학습사회를 넘어서(beyond the learning society)』라는 특집호를 통해서 평생학습과 학습사회의 경제적 편향성을 강하게, 그리고 비관적으로 비판하기도 했다. 그가 보기에 (물론 『포르 보고서』가 출간되던 당시 상황이 그리 녹록한 것은 아니었고, 그런 홀리스틱하고 급진적이며 전향적인 개혁, 즉 평생교육을 통한 학습사회 실현이라는 개혁의 실현 가능성이 높았던 것은 아니었지만) 80년대 레이건과 대처로 대표되는 지구적 신자유주의 상황 속에서 학습사회는 허친스나 포르 등이 생각했던 인간의 삶의 가치와 교양을 담은 형태와는 거리가 있는 것이었다.

자비스는 그의 논문에서 1980~90년대 학습사회의 특징을 네 가지로 요약한다. 즉, ① 개방사회의 형성, ② 글로벌경제의 출현, ③ 새로운 지식의 양식과 지식경제의 출현, 그리고 ④ 실용적 도구주의의 일반화가 그것이다. 그는 이런 상황에서 '학습이 본질적으로 선한 것이라는 통념적 전제 때문에 학습사회라는 개념도 그런 선한 본성을 가진 것처럼 오해되어서는 안 된다'고 하였다(Jarvis, 2006a, p. 205). 1990년대 신자유주의가 가장 활발하게 전개되던 영국에서 이런 갈등은 가장 첨예하게 드러났는데, 성인교육의 진보주의적 전통은 신자유주의 아래 부활한 평생학습 개념과 강하게 충돌했다(Field, 2002).

한편, 지식경제라는 맥락에서 학습사회를 학습경제(learning economy)와 동격으로 설정하는 일련의 연구물들은 1990년대 이후 상당수 쏟아져 나오게 되는데, 이들은 학습을 직업 역량 혹은 핵심 역량으로 재해석하면서 학습사회 개념과 지식경제 개념을 동일시하였다. 반 데르 지(van der Zee, 1991)의 『The learning society』, 레이븐과 스테판손(Raven & Stephenson, 2001)의 『Competence in the learning society』 등이 선보였다. 랜손(Ranson, 1998)은 『Inside the learning society』를 1998년에 출간했고, 래가트 등(Raggatt et al., 1996)은 『The learning society: challenge and trend』를 썼다.

지식경제라는 관점에서 학습사회는 지식사회의 연장선상에 있는 사회 형식으로 해석될 수 있다. 지식사회는 지식이 교환 가치를 가지고 화폐적 가치 혹은 자본의 형태를 띠는 경제 구조에 기초한 사회 형식이었다(Han, 2008). 초기에는 지식의 생산이 소수 지식 계층 혹은 IT 전문직들의 전유물이었고, 대다수는 지식 소비를 통해 지식의 자본적 가치를 유지하는 형태를 띠었다. 즉, 지식의 생산과 소비가 뚜렷이 구분되는 양상이었다. 반면, 지식 가치의 범주가 넓어지고 노동이 전면적으로 지식 노동의 형태를 띠게 되면서 비지식 노동의 경우는 빠른 속도로 자동화되는 노동 편제의 분화가 나타나게 되었고, 생존하는 노동 대부분이 지식 노동의 요소를 더 많이 함유하게 되는 변화가 나타난다. 이제 '학습'은 노동 가치 유지의 기본 요소가 되고, 노동이 지속되는 동안 그 가치 유지를 위해서 지속적인 학습이 필요한 양상이 일반화되었다. 이것을 학습사회(혹은 학습-노동사회)라고 부를 수 있는데, 여기에서 학습-노동의 연계는 학습사회의 핵심 축을 구성한다.

이런 논의들에 대한 비판적 성토도 여기저기에서 출몰하였다. 예컨대, 국제학술지 『International Journal of Lifelong Education』 특집호 서문인 「학습사회를 넘어서(beyond the learning society)」에서 자비스는 학습사회의 신자유주의적 도구화가 여전히 대세라는 점을 비판하면서도, 다른 한편에서 학습사회를 이해하는 방식이 지속적으로 변하고 있으며 개념적 함의가 여전히 유효하다는 힌트를 남기고 있다.

> 사회가 변하더라도 우리는 여전히 학습사회를 넘어서지 못했다. 어떤 것도 넘어서지 못했고, 여전히 그 안에 있다. 하지만 학습사회를 이해하는 방식은 계속해서 달라지고 있다. 어쨌거나 그 안에서 우리는 계속해서 학습하며—심지어 '함께 살기 위한 학습(to learn to live together)'을 하기도 하며—과거 UNESCO 보고서의 정서

를 되울림해 낸다(Jarvis, 2006a, p. 211).

당시는 신자유주의가 유럽을 강타하고 있었고, 그 바람을 타고 평생학습은 마치 대유행처럼 영국을 점령했다. 기존에 대학에서 진보적 성인교육을 가르치던 교수들이 하나둘씩 정년을 했지만 그 자리는 결코 채워지지 않았고, 제4장에서 잠시 엿보았던 버드 헐 교수의 탄식과 같은 생각들이 진보적 성인교육자들 사이에서 퍼지기 시작했다. 그만큼 전통적 성인교육자들은 평생학습을 통한 성인교육의 도구화 현상을 그대로 받아들이기 어려워했다. 학습사회라는 개념 또한 여전히 애매하거나 혹은 단지 슬로건으로만 남을 수밖에 없는 것으로 생각되었다. 하지만 생각의 범위를 넓혀 보면 우리는 지금 성인교육 대 평생학습의 싸움 혹은 사회교육 대 평생교육의 싸움을 하고 있는 것이 아니다. 다시 말해서, 지금의 대결은 진보주의와 신자유주의의 정치경제학적 대결을 교육학이 대신해 주는 것이어서는 안 된다. 오히려 학습사회의 지형을 해석하는 방식을 놓고 교육학 안에서 벌어지는 대결에 주목해야 한다. 지금의 대결은 학교 형식학습의 아성에 어디까지 도전할 수 있는지에 관한 것이며, 이것을 위해서 사회 전체가 각각 학습 기관으로서 대항 담론적인 연대를 하고 새로운 교육/학습 실험들을 수행해 내야 한다. 그것을 위해 평생학습이 가져다줄 수 있는 진보적 변화의 가능성을 일찍부터 포기해서는 안 된다. 여하튼 신자유주의의 도래 이후 학습이 경제적 가치를 가진다는 생각은 은연중에 노동경제학 전반에 수용되기 시작하였고, 그에 따라 사회 혹은 국가가 학습의 기회를 최대한 개별 학습자들에게 분배하고 참여를 유도할 책무성을 가져야 한다는 생각이 일반화되었다. 그리고 이런 논쟁 속에서 학습사회의 정치 지형적인 해석을 어느 편으로 가져가야 할지에 대한 논쟁이 끊임없이 진행되었다.

하지만 진보주의 혹은 신자유주의의 어느 편에 있든 간에 이때의 학습사회는 결국 같은 방식으로 해석된다. 즉, 개별 학습자들에게 학습의 기회를 풍부하게 부여함으로써, 그 결과로서 어떤 방식으로 사회 변화를 유발해야 한다는 생각에는 차이가 없었다. 그런 차원에서 지금까지 학습사회의 개념은 개별 학습자들의 학습 총량을 증가시키고 학습의 기회를 제공하기 위한 제도적 플랫폼으로 이해되어 왔다. 예컨대, 성인교육자들의 입장에서 볼 때 학습사회가 개개인들의 교양과 비판적 성찰을 촉발할 수 있는 학습 기회를 확산하는 사회적 장치로 읽혔다면, 그 반대편에서의 신자유주의적 글로벌경제 체제가 해석하는 학습사회도 여전히 노동자들의 역량과 기술 습득을 위한 훈련 프로그램을 공급하고 학습 결과를 인정하는 장치로서의 학습경제(learning economy)와 동일한 개념으로 사용되었다는 점이다. 여기에서의 핵심은 학습사회가 개인학습자들의 학습 참여를 독려하고 교육프로그램을 공급하며, 학습 결과를 인정하고 학습의 질을 모니터링하는 등의 학습 지원 패키지를 가동시키는 장치에 다름 아니었다는 것이다.

한편, 2010년에 출간되었던 『평생학습사회연구』에서 나는 학습사회를 '학습 기능의 전면화'라는 차원에서 규정하려고 시도하였는데, 개체학습 중심으로 학습사회의 학습활동 체계를 이해하려고 했다는 점에서 여전히 앞의 흐름을 공유하고 있지만, 이 구체적 내용에서 일종의 학습생태학적 개념을 등장시킴으로써 나름의 차이를 확보하려고 시도하였다.

이 책에서 나는 "어떤 사회를 '학습사회'라고 부를 수 있기 위해서는 적어도 한 사회의 학습과 관련된 일련의 과정과 체계가 이전 사회에서와는 다른 방식으로 존재하고 관리됨과 동시에 바로 그 특징으로 인하여 학습이 그 사회의 생산과 재생산의 전면에 나서서 핵심적 역할을 담당하는 모습을 보일 수 있어야 한다."라고 주장했다(한숭희, 2010, p. 23). 또한 "학습사회란 한 사회 내에서 학습이 다루어지고 구조화되고 확장되는 양식의 특이성에 따른 구분이며, 단지 학습에 보다 많은 재원과 시간이 투자되고 있다는 이유만으로 그 사회를 학습사회라고 부를 수는 없다."라고 하였다(한숭희, 2010, p. 23). 결국 이 글에서 나 역시 학습사회를 개인학습의 분배와 재분배 방식에 관한 정책적 도구로 이해했던 셈이지만, 그럼에도 불구하고 여기에서 중요한 것은, 학습의 총량을 증가시켜야 한다는 단순한 양적 접근을 넘어서 그러한 학습 기회가 분배되는 패턴이나 학습 과정이 관리되는 방식, 그리고 학습 결과가 인증되는 방식 등에서 특이한 변화가 나타나는 모습이 관찰되어야 비로소 '학습사회'라는 이름을 붙일 수 있다고 보았다는 것이다. 이런 논의의 연장에서 나는 학습사회의 특성을 다음과 같이 규정했다(한숭희, 2010, pp. 25-26).

첫째, (우리가 지향하는) 평생학습사회는 사회 각 부문에서 학습이 적극적으로 일어날 수 있도록 촉진하는 사회 형태이다. 학습사회는 학습하는 행위가 평생에 걸쳐 일상화되고 삶의 모든 장면에 학습 원리가 스며들며, 사회 제반 기반 시설과 지원 시스템이 학습을 최우선 과제로 설정하는 사회이다.

둘째, (우리가 지향하는) 평생학습사회는 다양한 생태적·정치 사회적인 문제들을 인간의 경험 성장과 성숙을 통해 해결하려고 하는 사회이다. 가장 진화한 형태의 평생학습사회는 학습이 사회 구성 원리의 제1원칙으로 자리 잡는 사회를 말한다.

셋째, (그러나) 평생학습사회는 그 자체가 하나의 복잡계이며 마치 팽창하는 우주와 같은 것으로서, 건축되기보다는 성장하는 유기체와 같다. 즉, 학습이라는 메커니즘을 통해 스스로 진화하는 사회이다. 처음에는 폭력과 지배를 통해 구성된 한 사회 양식이 시간이 감에 따라 인간 경험의 성숙과 인식 능력의 향상 그리고 습관의 변화를 통해 사회 질서를 재편해 나가는 사회이다.

여기에 기술된 첫 번째 특징이 개별 학습 촉진을 위한 사회적 장치로서의 성격을 분명히 드러낸 것이었던 데 반해서, 두 번째 특징은 보다 분명하게 그 사회적 차원에서의 작동적 특성에 방점을 찍은 진술이었다. 그리고 세 번째 특징은 이 책에서 말하려고 하는 것처럼 학습사회 자체를 하나의 자기조직화하는 복잡 체계로 인식하려는 시도가 담겨 있다. 당시의 나의 관점은 주로 생태학적 사회관에 쏠려 있었기 때문에 이런 학습사회의 구조를 학습생태계(learning ecosystem)로 표상화하였다.

> 생태계적 관점에서 학습사회는 작은 겨자씨에서부터 진화하는 하나의 유기적 생태계라고 말할 수 있다. 즉, 사회 전반에서 학습체계가 분화되고 진화되며, 그들의 '닫힌' 고유한 자기조직화적 체계가 발달하기 시작하는 사회이다. 지금까지 미분화 상태로 기존 경제체계, 문화 체계, 정치 체계 등 안에 존재하던 성인교육, 재교육, 무형식학습, 경험학습 등의 영역이 스스로를 구분하면서 복잡화됨과 동시에 하위 학습체계를 새로이 구성해 내고, 이들이 기존의 학교

체제와 접속하면서 보다 확장된 새로운 형태의 평생학습체제로 진화하는 현상을 드러내는 것이다(p. 41).

학습하는 체계들: 사례

학습을 일종의 생태체계적 관점에서 포착한다는 것은 결국 그 각각을 별도 활동들의 분절 구조의 합으로 이해하기보다 서로가 서로에 대해 어떤 방식으로 영향을 미치는지, 어떻게 중첩된 구조로 공명하는지 등의 방식으로 이해하려는 의도가 담겨 있다고 할 수 있다. 사회 체계는 그 자체가 양파처럼 중층적으로 다층성을 통해 구성된 총체이기 때문에 '학습하는 주체로서의 학습체계'란 그 각각의 층위를 말하기도 하고 혹은 한 층위를 구성하고 있는 개별 기관들을 말하기도 한다는 점을 기억할 필요가 있다.

이 점을 구체적인 논의 안으로 끌어들이기 위해서 2020년부터 불어닥친 코로나19 사태 안에서 일어난 학습활동 체계들의 전모를 학습사회라는 관점에서 포착하고 진술해 보는 것이 우리의 논의를 구체적으로 진전시키는 데 도움을 줄 수 있다. 잠시 시간을 돌려서 지난 3년을 돌이켜 보자.

사실, 누구나 그 시간이 얼마나 끔찍했는지를 다시 상기하고 싶지 않을 것이다. 2019년 겨울에 시작된 코로나19 사태가 가져다준 결과는 그야말로 참혹했다. 3년이 지나도록 멈출 기미를 보이지 않는다. 지난 30년간 구축되었던 글로벌 자유무역 기반 경제를 무너뜨렸고, 국경을 닫아거는 나라가 늘어남에 따라 글로벌 인구 이동의 흐름이 정지되었다. 바이오산업에 기초한 백신 무기화 현상으로 인하여 지구상 빈부 격차가 더욱 확대되었다.

특히 사회적 거리 두기로 인해 가장 큰 피해를 본 곳 가운데 하나가 바로 학교를 비롯한 교육훈련 기관들이었다. 학교에 가지 못하는 아이들은 학업에 집중하지 못했고, 가정의 빈부 격차는 그대로 학력 격차에 반영되었다. 도시 봉쇄와 기업 폐쇄는 그대로 노동자 계급의 생존 문제로 이어졌다.

북미와 유럽이 풍족하게 확보한 백신을 통해 정상화의 길로 들어서는 가운데에도 아프리카와 남아시아, 남미 등 지역은 단지 자연 면역에만 의존해야 하는 형편이었고, 그에 따른 수많은 희생자는 대부분 사회적 약자 계층에 몰려 있었다. 이런 형편은 이 책을 쓰고 있는 2022년 가을에도 현재 진행 중이다.

바이러스는 세포 차원에서 많은 종류의 새로운 학습을 촉진했다. 우선 생물 체계 차원에서 면역 세포들은 바이러스의 침투에 대처하는 새로운 방식들을 학습했다. 이렇게 학습된 면역을 후천 면역이라고 한다. 후천 면역은 출생 시에는 없었지만 어떤 사태 이후에 학습된 결과를 말한다. 예컨대, T세포의 학습 과정은 사람의 면역 체계가 외부 침입자를 만나고 항원을 인식할 때 시작된다. 이후 후천 면역 성분이 항원을 공격할 수 있게 하는 방식을 배우고 그에 대한 기억을 형성한다. 이렇게 세포들도 학습하고, 적응하고, 기억하는 특성을 갖고 있다. 코로나19 바이러스에 대하여 T세포는 이런 방식으로 학습하며, 항원을 구별하고 공격할 수 있게 되었다.

개인 차원에서도 사람들은 사회적 거리 두기와 마스크 착용이 바이러스 전파를 막을 수 있는 매우 효과적이면서도 강력한 방법이라는 것을 학습하게 되었으며, 시간이 지나면서 야외에서는 마스크를 벗어도 크게 위험성이 높아지지 않는다는 것도 알게 되었다. 면역이 형성되지 않았던 팬데믹 초반기에는 도시 봉쇄와 이동 제한 등을 통해 대규모 사회적 거리 두기가 강제화되었고, 모든 지식은 불확정한 실험들을 통해서 조금씩 밝혀지기 시작했다.

이 과정에서 수많은 심리적·사회적·경제적 차원의 문제들이 나타났다. 오랫동안의 자가격리 등이 우울증 등 심리적 장애를 경험하게 한다는 것을 알게 되었고, 이를 위한 사회적 지원 방안이 연구되기 시작했다. 수많은 사회경제적 문제들이 나타났지만 답은 존재하지 않았다. 공장 폐쇄 등으로 일자리를 잃은 노동자들, 공항 폐쇄로 일시해고된 항공운수업 노동자들, 식당 폐쇄로 수입이 줄어든 자영업자들 등, 우선적으로 먹고 사는 문제가 가장 큰 현안으로 떠올랐다. 이를 위해 대규모 '돈 풀기'가 시행되었고, 양적 완화라는 이름으로 각종 지원금들이 천문학적 수준으로 지급되었다. 이 때문에 곧이어 인플레이션 공포가 현실화되었고, 금리의 어마어마한 상승이 불가피하게 되었다.

백신과 관련해서 인류는 그야말로 백지 상태에서 새로 배워 나가야만 했다. 초기에 개발된 백신의 효과성 및 부작용 등이 제대로 입증되지 않은 상태에서 단지 긴급 승인만으로 대량 백신 투여가 시작되었고, 그로 인한 부작용은 백신의 효과성에 대한 의구심으로까지 확산되었다. 처음에는 백신을 맹신하던 사람들도 알려진 부작용들을 비교하면서 백신에 대한 사실과 오해를 구분하는 방법을 학습하기 시작했다. 물론 이런 학습은 의료 전문가들에게도 그대로 나타났다.

국가마다 선택한 방식은 달랐고, 그 차이를 통해 각 국가들은 많은 것을 배울 수 있었다. 초기부터 집단 면역 전략을 선택했던 스웨덴에서는 수많은 위중증자와 사망자가 발생했고, 그에 따라 백신만으로 집단 면역에 이르는 것이 가능하지 않다는 사실이 드러났다. 반면, 코로나 박멸을 외치는 중국은 몇 사람의 확진자만으로 상해와 같이 수천만 명이 사는 도시 전체를 봉쇄하는 정책을 유지했다. 3년이 지난 지금에는 이런 다양한 방식에 대한 대차대조표가 대체로 나오고 있지만, 그 전까지는 결코 미리 준비된 지식을 개개인들이 합리적 정답을 전제로 하고 차근차근 배워 갈 수 있는 방식으로 진행되지 않았다. 모든 학습은 집단적 경험 속에서 획득되는 것이었다.

한편, 백신의 불균형은 국가별 불평등 문제를 더욱 노골적으로 드러내었다. 사람들은 확진자 비율, 백신 수급률 등이 그대로 한 국가의 정치경제적 비교우위를 반영하고 있음을 알게 되었고, 이 과정에서 유엔보건기구(WHO)의 무능함에 대해서도 알게 되었다. 말하자면, 그동안 믿고 있었던 초국가기구의 역량 및 국가 간 신뢰와 연대라는 것이 허구에 불과하다는 것을 깨닫게 되었다. 또한 미국이나 유럽 등의 강대국의 약속이 어떤 순간에는 공허한 헛소리로 들릴 수 있다는 것과 함께, 제2차 세계대전 이후 세계 질서를 주도해 왔다고 착각했던 유엔, 세계보건기구 등의 초국가기구들이 한낱 허상에 지나지 않았다는 것도 알게 되었다.

거시경제적 관점에서 보았을 때, 이런 영향은 산업 전반에까지 미치게 되었다. 그때까지 대부분의 산업은 글로벌 분업 체계에 의해 작동하고 있었다. 2만 개가 넘는 자동차 부품이 세계 여러 나라의 공장을 통해 생산 조달되었고, 그런 부품을 만드는 데 필요한 원료 공급 역시 조밀한 글로벌 분업망에 의존하고 있었다. 마치 내 몸에 피가 흐르는 것을 평소에는 인지하지 못하듯이, 코로나19 이전에는 원료와 부품의 조달 및 제품의 생산이라는 것이 글로벌 분업망에 의존하고 있다는 것을 잊고 있었다.

하지만 도시 격리로 인해 공장이 폐쇄되고 공항과 항만이 기능하지 않게 되면서 모든 물품의 수급에 문제가 생기기 시작했다. 작고 보잘것없는 전자 부품 하나가 없어서 자동차 출고가 지연되고, 주문 이후 거의 1년 이상을 기다려야 신차를 인도받을 수 있는 상황에까지 내몰리게 되었다. 식량 수출이 지연되면서 곡물 가격은 천정부지로 올랐고, 특히 저개발 국가들이 큰 피해를 입기 시작했다. 이 흐름 속에서 글로벌 자유무역 체제를 기반으로 쓰였던 경제학 교과서는 완전히 다시 써야 하는 꼴이 되었다. 경제는 더 이상 몇 년 전의 그 상황이 아니었다.

일상생활에서 면대면 활동이 제약받기 시작하면서 비대면 커뮤니케이션은 우리가 선택할 수 있는 유일한 소통 방식이 되었다. 동시 화상 대면 테크놀로지를 가진 기업들의 실적이 하늘 모르게 치솟았고, 이런 수단을 통한 의사소통 방식의 변화는 삶의 가장 큰 변화를 가져왔다. 사람들은 실제로 장소를 이동하지 않고도 회의와 포럼이 가능하다는 것, 그리고 그것이 그리 나쁘지 않다는 사실을 새롭게 경험하게 되었다. 수많은 국제회의가 줌(Zoom), 구글미트(Google Meet), 웹엑스(Webex) 등을 통해 이루어졌고, 참여자들에게 큰 호응을 받게 되었다. 대학 강의는 글로벌 경계를 넘어 이루어졌고, 국경 저편에 있는 연구자가 아무런 이동 비용도 들이지 않고 타국 강의실에서 강연할 수 있게 되었다.

원격교육은 학교교육의 패러다임을 바꾸어 놓았다. 인터넷 기반이 강력하다면 학교를 폐쇄하는 것이 반드시 교육의 중단을 의미하지는 않는다는 것을 경험을 통해 배울 수 있게 되었다. 하지만 모든 것이 차근차근 순서대로 이루어지는 법은 없었다. 새로운 장비와 환경, 수업의 전개와 방식 등 모든 것이 새로웠기 때문에 교사나 학생 모두 시행착오를 피하기 어려웠다. 어플리케이션 하나를 사용할 때에도 실제로 작동될 것인지를 결국 해 봐야 아는 것이었고, 그래서 마치 한 살 어린아이가 처음 걸음마를 배우듯이 간단해 보이는 모든 것이 더뎠고, 착오를 동반했다. 단순해 보이지만 그 안에 새롭게 배워야 할 것이 너무나 많다는 것을 학생들뿐만 아니라 교사들까지도 새롭게 깨닫게 되었다. 이들은 새로운 패턴을 익혀야 했고, 수업이라는 활동 자체가 새로운 학습일 수밖에 없다는 것을 뼛속까지 깨닫게 되었다.

이 과정에서 거대 캠퍼스와 주거 시설을 중심으로 하는 전통적 대학교들의 효용성이 논란의 대상이 되었다. 왜 구태여 교실에 모여 수업을 들어야 하며, 점심시간에 긴 줄을 서야 하고, 하루에 한두 시간의 통학 시간을 허비해야 하는지에 대한 선호도가 갈리기 시작했다. 이 틈새를 인공지능과 메타버스가 치고 들어오면서 AI 기반 원격교육의 입지가 갑자기 높아지기 시작했고, 그런 기술을 활용한 '캠퍼스 없는 대안 대학들'의 존재감이 상승하였다.

이상의 내용은 코로나19 팬데믹이 낳은 엄청난 변화의 일부분에 지나지 않는다. 이 내용을 기술하는 과정에서, 나는 자의 반 타의 반으로 '학습' '배우다' '알게 되다' '깨닫다'라는 말을 수도 없이 사용해야 했다. 이들 모두는 학습과 관련이 있는 현상들이었다. 그리고 이들은 모두 서로 연결되어 있었다!

이 사례에서 인류는 미지의 대상과 마주치게 된다. 그리고 갑작스럽게 그것이 형성하는 변화 속으로 휘말리게 된다. 모든 것이 불안정하고 불확실하며, 미리 공유된 지식은 존재하지 않거나 미약하기 그지없었다. 모든 것을 다시 배워야 했다. 그리고 학습은 나, 너, 당신 등 개체들 단위에서만 일어나지 않았다. 학습은 면역 세포에서, 신경 체계에서, 심리적 차원에서, 의사 등 전문가 집단들의 연구 개발 단위에서, 자가격리당하는 마을과 도시 단위에서, 시장과 경제의 파동과 충격 속에서, 재정 위기에 대한 국가 정책과 그 여파를 온몸으로 받는 집단 가운데에서, 백신 개발과 획득 과정에서 나타난 글로벌사회 단위에서 이루어졌다. '만약 ……이라면'이라는 이론학습이 아니었다. 이것은 실재 사태였고, 모르면 사망에 이르는 매우 치명적인 학습 과정이었다.

이 사태를 관찰하면서 나는 학습에 대한 몇 가지 근본적 질문을 던지게 되었다. 학습을 한 가지 현상의 일반화로 규정할 수 있을까? 인간의 신경계통과 뇌를 통해 수행하는 인지 변화만을 학습이라고 보아야 할까? 그런 학습과 세포의 학습, 국가 집단의 학습, 부품 공급에 애를 먹는 글로벌 유통계의 학습 등은 어떻게 다르거나 혹은 같은가? 인간의 학습과 비인간의 학습은 어떻게 서로가 서로를 지지해 주는가?

다른 것들은 차치하고라도 여기에서 가장 중요한 포인트는 이런 학습들이 서로 연결 고리를 가지고 동시다발적으로 수행되고 있었다는 것이다. 그것이 내가 제8장에서 전층위학습(lifedeep learning)이라는 개념을 제안하게 된 이유이기도 하다. 코로나로부터 내가 생존하기 위해서는 머리로 이해하는 학습만으로는 부족하다. 내 T세포가 똑똑하게 학습해야 하고, 보건 전문 집단이 충분히 현명하게 학습하고 방역 지침을 조정해 가야 한다. 설사 병에 걸리지 않는 행운이 있다고 하더라도 도시 폐쇄 때문에 내가 운영하던 식당은 문을 닫아야 했고, 국가보조금이 언제 나오는지에 촉각을 곤두세워야 했다. 그보다 더 힘들었던 것은 좁디좁은 원룸에서 14일간 격리하면서 내 마음이 망가져 가는 것을 혼자 느껴야만 했다는 것이다. 어떻게 생존할 것인가? 이 질문들은 차원은 달라도 모두 연결된 하나의 질문이다.

이와 함께 나는 학습의 주체성을 어떻게 설정해야 할 것인가에 대하여 질문할 수밖에 없었다. 과연 '나'라고 하는 살아 숨쉬고 말도 하는 지적 개체가 학습하는가? 그리고 이 상황에서 이루어지는 모든 학습은 그런 개체 단위의 지적 학습 형태로 환원될 수 있는 것일까? 솔직히 말하자면 이 처참한 상황에서 벌어지는 모든 종류의 학습을 놓고 볼 때, 인간 개체가 주체적으로 수행할 수 있는 학습은 오히려 상대적으로 적다. 나의 폐 세포, 나의 정신, 나의 뇌는 각각 학습하는 주체들이면서 동시에 더 큰 활동 체계가 설정한 객체 지향적 학습을 수행하는 단위들이었다. 또한 거리에서 마스크를 쓰는 사람들, 체온을 재는 사람들은 결코 각각의 개별 주체가 아니었다. 남들이 하는 걸 보고 나도 따라 했고, 마스크를 쓰지 않는 사람을 보면 너나 할 것 없이 질책했다. 코로나19가 무엇이라는 것은 결코 고립된 나 혼자만으로는 이해할 수 없는 것이었다. 내가 만나고 함께 행동하고, 함께 사는 주변의 이 많은 사람이 없었다면 나는 결코 이 상황의 본질을 거의 이해하지 못했을 것이다. 이들 각각이 모두 주체적 학습의 주인공들이라고 해석해서는 이 사태 전체가 가지는 활동 체계성을 이해하기 어렵다.

내가 선택한 '학습체계'라는 단어는 그렇게 해서 탄생했다. 학습은 체계가 하는 것이다. 개인도 체계이지만, 내 T세포도 하나의 체계이다. 국가도 자신의 존재성을 방어하고 유지하려고 하는 살아 있는 체계이며, 이 상황에서 가장 피해를 보았던 자영업자 집단도 하나의 체계이다. 모든 체계는 생존을 위해 학습을 해야 하고, 그래서 체계들은 모두 학습체계이다. 어느 한 층위의 학습이 작동하지 않을 경우, 심하면 시스템 전체가 작동 불능 상태에 빠질 수 있다는 것이다. 지구라는 시스템이 작동하기 위해서는 마이크로 층위에서 매크로 층위까지 각 층위의 변화들에 적합하게 적응하고 새로운 방식을 학습하는 기제들이 제대로 작동해야 한다.

이상의 코로나19 위기가 총체적으로 결과한 새로운 학습 현상이 보여 주는 핵심 포인트를 간략히 요약해 보면 다음과 같다.

첫째, 총체적 위기 상황에서 학습은 준비되지 않은 상태로 던져진다. 답이 없는 학습이 강요된다.

둘째, 각 층위에서의 다발성 학습 현상들은 결코 서로 분리될 수 없으며, 모두 한꺼번에 다가온다. 우리가 순서를 정할 수 없다.

셋째, 세포 수준의 학습, 개체 수준의 학습, 경제 체제 수준의 학습, 국가 위기적 수준의 학습, 지구 생태계적 수준의 학습 등 가운데 어느 한 층위의 학습이 작동하지 않을 경우 전체적 차원에서의 위기 탈출은 훨씬 어려워진다.

넷째, 문제는 연속되며, 한 가지 변화가 다른 변화들을 촉발하는 연쇄 작용이 계속된다. 한 가지 학습을 통한 변화는 그와 연결된 또 다른 차원의 환경 변화를 낳게 되며, 이를 위한 학습이 이어진다. 학습은 종료되기보다 연속된다.

다섯째, 결국 이 모든 문제 상황은 모든 단계의 체계들의 학습을 동반하고, 궁극적으로는 그 총체적 복잡계의 가장 최상위 차원에서의 재안정화를 통해 안정화된다.

정리하면, 각각의 층위와 영역들은 모두 각각의 체계들로 구성된다. 즉, 우리는 수많은 복잡 체계들 안에서 살고 있으며, 그 체계들은 각각 문제 상황을 인지하고 전개하며 해결하는 학습의 과정을 수행한다. 모든 체계는 자율적인 학습체계들이다. 그리고 그런 학습체계들의 역동적 전체를 학습사회라고 부를 수 있다. 다시 말하지만, 학습사회는 '학습하는 체계들의 사회'이며, 그 안에서 학습은 연속적 · 다층적 · 관계적으로 진행된다. 지금까지의 교육학은 이러한 입체성을 진지하게 받아들이지 않고 단지 개체 단위의 학습에만 관심을 집중하면서도 그 결과가 전체 체계의 변화로 연결되기를 기대해왔다. 하지만 앞에서 본 것처럼 개체 차원의 인지-행동학습만으로는 그와 연결된 중층적 복잡 체계를 변화시키기 어렵다. 따라서 늘 학교교육의 실제적 효과성은 제한적일 수밖에 없었다. 예컨대, 지속가능발전교육(Education for Sustainable Development: ESD)만으로 지구 온난화 문제를 해결할 수 없으며, 음주 운전 방지교육만으로 음주 운전이 해결되지 않는 이유가 이런 것이다.

그렇다면 교육은 어떻게 새로운 방식으로 학습을 다루고 관리해 나가야 할까? 지금까지 학교교육은 인간의 인지 변화에 특화된 학습관리를 통해 세계를 특정 방식으로 재생산하려고 하였다. 지금까지의 교육학은 개인들을 일터 혹은 삶터와 분리된 학교사회라고 하는 고립된 공간 안에 두고, 특별하게 개발된 교육과정과 수업을 통해 그들의 생각과 행동을 변화시키는 데 초점을 두었다. 그러나 이러한 방식의 교육은 인간의 삶의 생태계를 변화시키는 데 분명한 한계가 있는 방식이었다. 총체적인 학습체계들의 세계를 교육학의 활동 무대로 생각할 수 있다면, 앞으로의 교육학은 학교라는 배움터에서 일어나는 개체의 인지학습 차원뿐만 아니라, ① 일터와 삶터 안에 내재되어 작동하는 수많은 학습체계들 가운데 일부분에 대하여 선별적인 제도화가 가능할 수 있는 새로운 교육모형을 개발할 필요가 있으며, ② 개인의 심리학습 차원을 넘어 조직과 사회 체계의 학습까지 교육학의 영역 안에 포함시킬 수 있어야 한다.

학습체계를 보는 관점

반복하지만, 학습사회는 '학습하는 체계들의 사회'이다. 나는 이 말을 설명하기 위해 학습체계라는 단어를 지나칠 정도로 많이 사용했다. 사실, 이 개념은 어떤 방법으로도 엄밀하게 정의하기 어렵다. 왜냐하면 체계라는 개념 자체가 가지는 복수적 의미 때문이다. 체계이론과 관련해서 수많은 곁가지 이론들이 있고, 그들이 보는 이 사태의 본질은 꽤나 차이가 난다. 따라서 어떤 통일된 형태로 학습체계를 설명할 수 있는 방법은 현재로서는 마땅치 않다. 여기에서 기술하는 체계에 대한 이해 역시 결코 중립적이거나 객관적이지 않다. 내가 체계를 이해하는 방식을 제시해 본다.

우선, 체계란 환경과의 차별성을 통해 존재하며, 자신의 모습을 유지하기 위해 끊임없이 반복적으로 활동한다. 또한 체계는 '서로 구분되지만 상호 의존적인 부분 요소들이 나름의 통일성과 연결성을 유지하면서 구성한 모종의 실체' 혹은 '그 구성 부분들의 상호 작용을 통해 전체로서 존재를 유지하고 기능하는 독립체'이다(O'Connor & McDermott, 1997/2006, p. 26). 생명체로서의 체계는 건축물의 구조처럼 고정되어 있는 것이 아니라, 끊임없이 작동하고 움직이는 활동과 사건들의 반복에 의해 자신을 유지한다.

가장 기본적인 차원에서 일반 체계 이론은 일종의 물리학적 상상력을 요청한다. 체계는 그것이 '체계'로 정의될 수 있기 위해서라도 모든 부분이 연결되어 있고, 그중 하나를 빼거나 더할 경우 혹은 그 배열의 순서를 바꿀 경우에는 전체 성질 자체가 변하는 것으로 규정된다. 따라서 체계의 변화는 예측하기 어려우며, 한 부분의 변화는 전체의 변화를 유발하는 것이고, 따라서 체계의 변화는 목적한 변화와 함께 반드시 부수적 변화, 즉 부작용이 따를 수밖에 없다. 체계는 복층적 층위들의 합으로 이루어져 있는데, 체계의 차원이 높아질 경우에 이전 차원에서 가지지 않던 새로운 특성들이 '창발(emergence)'하게 된다.

생물학적 차원에서 볼 때, 생명성으로서의 체계는 늘 운동성을 통해 자신의 균형을 유지하며, 자신을 안정화하는 지표 혹은 상태로서의 항상성(homoestasis)을 유지한다. 모종의 임계점을 넘을 경우, 그 항상성은 파괴되며 생명으로서의 체계는 죽는다. 이들의 운동성은 선형적이지 않다. 어떤 원인이 항상 어떤 결과를 낳는 것은 아니며, 처음과 끝이 있거나 목적과 수단이 나뉘지 않는다. 기본적으로 피드백, 즉 재귀성에 의해 그 작동적 폐쇄성이 유지되는지를 점검하면서 변화한다. 자기준거적 재귀성을 통해서 체계는 원인과 결과가 서로를 규정하는 순환적 관계를 유지한다. 모든 시스템은 그 시스템의 작동 과정에서 자신의 의미 체계에 의존한다. 이것을 넘어서기 위해서는 메타포지션으로 나아가야 한다. 시스템을 읽는다는 것은 바로 자기참조 체계로부터 메타포지션으로 나가는 것을 말한다.

사회학적 차원에서 볼 때, 니클라스 루만의 『사회 체계 이론』 혹은 『사회의 교육체계』 안에 나타난 체계의 개념은 이보다 좀 더 사회적 의사소통, 조직화, 제도화 등의 측면들을 포괄적으로 담아낸다. 그는 사회 체계는 '사회적 현상'이라고 말하며, 그런 사회적 현상은 다름 아닌 '소통(communication)'이라는 단일한 관계로 규정 지어지는 현상이다. 흥미롭게도 개인은 소통의 주체가 아니다. 소통 행위는 의미를 생산하고 그 의미는 소통을 통해 정보를 선별하며 통보되고 이해되는 것인데, 개인은 이러한 소통에 '참여하는 자'일 뿐 그것을 '구성하는 주체'는 아니다. 왜냐하면 소통은 개체가 아니라 체계가 수행하는 작용이기 때문이다. 이러한 체계는 어떤 고정된 구조물이 아니며 오히려 일종의 작동 혹은 활동의 체계로 규정된다. 사회 체계로서의 체계 역시 스스로를 조직하고 선별하고 작동하는 존재이다. 하나의 사회 체계는 대상이 아니라 작동으로 구성된다. 체계가 존재한다는 말은 곧 체계가 작동한다는 말이다(Berghaus, 2011/2012, p. 52). 이 작동을 통해서 체계는 자신과 환경의 '차이'를 만들어 낸다. 이 차이를 지속적으로 관찰하고 변화시켜 가는 것이 소통을 통한 사회 체계의 운동성이다. 체계는 무기력한 구조물이 아니다. 체계는 결코 정적이지 않으며, 정적인 생명체는 죽는다. 체계는 활동을 통해 자신을 재생산한다. 그래서 사회 체계는 그 자체가 하나의 '활동 체계'이다. 체계는 그 자체가 운동성이며, 운동성을 통해 지속적으로 활동하고 차이를 만들어 간다. 체계는 작동(operation)이자 기능(function)이다.

나는 세계를 하나의 거대한 복잡 체계(complex system) 혹은 복잡 생태계(complex ecosystem)로 이해한다. 전체는 모두 서로 연결되어 있으며, 서로가 서로에게 의존하며 영향을 준다. 이 전체 체계를 통치하는 통치자는 별도로 존재하지 않는다. 각각의 하위 체계들이 수행하는 행동과 학습의 복합체가 결국 전체 체계의 움직임과 변화를 가져온다. 복잡 체계의 학습적 특성을 요약하면 다음과 같다.

첫째, 복잡 체계는 중층적인 체계들의 복합체이며, 각 층위가 모두 자기참조적 조직화를 수행하는 단위 체계들이다. 복잡 체계는 슈퍼바이저, 감독관, 관리자 및 조직자 등 자신을 통제하고 제어해 주는 어떤 외부적 도움 없이도 스스로의 정합성을 유지한다. 자기조직화(self-organization)와 자기유지(self-maintenance)는 복잡계의 특징이다.

둘째, 모든 체계는 학습한다. 자신의 항상성(homoestasis)을 유지하기 위해 새로운 변화에 대해 적응하고 조절한다. 이 과정에서 자신의 정합성(coherence)을 유지하는 활동을 수행한다. 여기에서 "학습은 충분히 정합성을 유지하기 위해서 내적 관계들을 끊임없이 재구조화하는 과정"이다(Davis et al., 2008, p. 135). 모든 단위의 체계들은 가장 하위 체계에서부터 가장 상위 체계에 이르기까지 각자의 정합성을 유지하는 차원에서 모두 각자가 '학습하는 체계' 혹은 '학습체계'이다.

셋째, 중층적으로 존재하는 체계들의 학습은 서로 동시적으로 연동할 때 체계 전체의 실제 변화를 만들어 낼 수 있다. 우리에게 익숙한 개별 학습자들도 하나의 학습체계이며, 이들은 자신이 인지한 사태의 정합적 이해를 위해 끊임없이 학습한다. 또한 개인 층위의 학습체계를 구성하고 있는 하위 복잡 체계들, 예컨대 몸과 기관들, 세포와 신경들도 각자의 수준에서 학습하는 학습체계들이다. 마찬가지로, 나를 포함한 개인들의 집단과 조직도 사회 체계로서의 복잡체계를 구성하며, 따라서 각자가 학습하는 체계들이다. 우리가 말하는 학습도시, 학습기업, 글로벌경제 등도 모두 각각 나름의 수준에서 형성된 복잡 체계들임과 동시에 학습하는 체계, 즉 학습체계들이다. 이렇게 학습체계들은 중층적 위계 속에 서로 연결되어 생명의 연쇄 고리를 형성한다.

교육체계는 지금까지 학습하는 개인들을 관리하는 국가 장치 정도로 이해되어 왔다. 교육과정을 통해 교수자와 학습자가 교과와 상호 작용하는 것을 교육의 핵심 과정으로 이해하는 한편, 그 주변에서 이 과정을 지원하는 것들, 예컨대 학교 시설, 제도, 학제, 장학, 교사 양성과 연수 등의 교육체계는 모두 국가가 인위적으로 통제하고 바꾸고 대체할 수 있는 부품 정도로 보았다. 지식-학습-교수의 과정 또한 국가와 시장이라는 교육 외부의 의사 결정을 통해 관리될 수 있는 기계와 같은 것이었다. 교육과정은 국가가 결정하며, 이를 포함한 학교 활동은 사회적 필요, 즉 국민 함양과 노동자 양성이라는 외적 요구에 의해 순응하는 과정이었다. 요컨대, 제6장에서 논의한 것처럼 교육체계는 지금까지 사회적 수요에 대응하는 수동적 재생산 체계로 이해되어 왔다.

그러나 학습사회라는 관점에서 보면 기존 체계는 상당 부분 다른 관점에서 읽힌다. 우선, 교육체계는 하나의 단일 체계가 아니다. 그 안에는 지식 체계, 교수·학습 체계, 학교의 활동-시공간 체계, 교사 양성 체계, 학제와 제도화 체계 등의 다층적 활동 체계들이 존재하며, 이들은 각각 스스로의 재생산 체계를 갖고 있다. 달리 표현하면, 서로 연결되어 있지만 서로 다른 방식으로 환경과의 차이를 해석하고 학습하는 활동 체계들의 중층적 복합체인 셈이다. 루만적 관점에서 보자면, 학교는 교사-지식-학생이라는 인지 활동 차원의 미시 학습체계와 함께 학교 단위에서의 인적-물적 시공간 구성 방식을 둘러싼 중간 학습체계가 있고, 학교들을 둘러싼 교육제도-체계로서의 거시 학습체계가 서로 관련 속에 공존한다고 할 수 있다. 이들 체계들은 각각 자신의 존재성과 운동성을 결정하는 작동적 폐쇄성을 내장한다.

제6장에서 논의했던 루만의 사회 체계 이론적 관점을 다시 떠올려 보자. 우선, 사회 체계(이하 체계)는 환경과의 상대적 구분을 통해 존재한다. 즉, 체계는 환경이 아닌 모든 것으로 규정된다. 이때, 체계와 환경이 처음부터 혹은 '본질적으로' 나뉘어 있는 것은 아니다. 환경이란 체계의 외부면 전체이며 그런 환경은 체계의 인지와 관찰에 의해 구분된다. 사회 체계가 자기참조적으로 진화하는 방식은 관찰과 자기복제를 통해서인데, 여기에서 체계는 환경과의 차이로 존재성이 드러난다. 반대로, 환경은 체계가 생산해 낸 것을 통해 존재하며, 그래서 체계의 '외부 면'이고, 동전의 양면이며, 동일한 것의 안과 밖이다. 말하자면, 체계가 관찰하고 재귀적으로 자기조직화하는 만큼 환경도 존재할 수 있다는 것이다. 요컨대 '무엇이 환경인가'의 문제는 결국 '무엇이 체계가 아닌가'의 문제와 동일하다. 혹은 거

꾸로 말하자면 '무엇이 체계가 아닌가'의 문제를 통해 '무엇이 체계인가'의 문제를 이해할 수 있게 되기도 한다. '무엇이 교육인가'라는 질문은 거꾸로 '무엇이 교육이라는 체계의 환경인가', 즉 '무엇이 그 체계가 아닌가'라는 문제를 통해 이해될 수 있다.

체계를 체계일 수 있도록 재생산하는 기제가 바로 '작동적 폐쇄성(operational closedness)'이다. 체계는 자기 스스로의 작동적 폐쇄성을 지속적으로 재생산하면서 유지된다. 여기에서 작동적 폐쇄성이란 쉽게 말해서 자신이 인지한 기능성을 계속해서 유지하고 재생산한다는 뜻이다. 이 과정을 통하여 체계는 결코 외부에서 주어진 구조가 아니라 스스로 생성해서 유지되는 기능적 작동을 통해 스스로를 증명한다. 예컨대, 인간의 생물적 체계는 처음부터 주어진 DNA가 반복된다는 점에서 '주어진 것'이라고 볼 수도 있지만, 이 진화사를 거꾸로 추적해 올라가다 보면 그런 DNA라는 것도 외부에서 주어진 외생적인 것이 아니다. 진화의 과정에서 우연히 구성된 주체의 형성물일 따름이다. 그런 점에서 우리가 '체계'라고 말하는 순간 이미 그 안에서 작동하는 것들 가운데 외재적으로 주어지거나 심어진 것들은 없다고 봐야 한다.

이런 관점에서 보자면, 교육체계라는 일종의 사회 체계 역시 자신의 모습을 스스로 재생산해 가는 유기적 체계이며, 그 본질은 중단없이 이어지는 반복적 활동 및 이를 수정해 가는 학습의 과정을 통해 유지된다. 학습은 사회 체계의 변화를 설명해 준다. 사회 체계로서의 교육체계는 환경과 자기 자신을 관찰하며, 이때 획득한 체계/환경의 경계를 자기 내부에 복제하고, 자신과 세계를 규정짓는 모든 관찰/구별의 토대로서 사용한다(Berghaus, 2011/2012, p. 75). 이것을 루만은 자기준거(self-refential)라고 한다. 예를 들어, 학교 체계는 학습의 결과를 사회적 지위와 교환하는 데 필요한 것들, 즉 교과, 수업, 시험, 학점, 졸업장 등을 통해 교육체계와 환경을 구별한다. 그리고 그런 핵심 요소들을 자기복제해 나가면서 자신의 준거를 재귀적으로 재생산한다. 이를 통해 '학교란 무엇인가' 혹은 '학교교육이란 무엇인가'라는 정체성이 자리 잡게 된다.

이 과정은 결코 처음부터 주어진 어떤 동일성을 기계적으로 재생산하는 일이 아닌 만큼, 이 과정 안에서 끊임없이 크고 작은 변화—즉, 체계적 차원의 학습—가 일어나게 된다. 즉, '자기참조/타자참조'의 준거들이 바뀌어 나가게 되면서 '교육이란 무엇인가'에 대한 대답이 바뀔 수 있다. 즉, 학교 체계가 스스로의 정체성을 새롭게 학습해 간다. 이렇게 변화되는 준거들은 개체 차원, 즉 교수자–학습자의 활동 체계에도 영향을 미치게 된다. 이렇듯 학습사회라는 맥락에서 모든 활동 체계는 각각의 차원에서 학습을 수행하며, 그 학습의 결과들을 통해 서로에게 영향을 미친다. 제도는 구성원들의 행동을 촉진하기도 하고 반대로 제한하기도 하면서, 일정한 가치를 사회 전체가 공유할 수 있는 방향으로 몰아간다. 그렇게 본다면 '제도화'는 하나의 살아 있는 활동의 과정이며, 그 안에서 지속적으로 사회 체계적 차원의 학습이 이루어진다. 오랜 시간 동안의 반복적이고 재귀적인 과정을 통해 모종의 닫힌 체계를 형성하며, 이 과정에서 개체적 행동을 제도라는 표준에 따라 재귀적으로 성찰하는 순환루프가 사회적 행동 안에 안착된다.

돌이켜 보면 인류 문명사에서 교육은 한 사회가 선택한 학습의 내용과 방법을 선택적으로 제도화해 왔으며, 그 활동을 영속화시키는 체계화를 동반해 왔다. 교육의 제도화로 말미암아 사회화 중심 무형식학습의 역사로부터 처음으로 독립적이고 명시적인 교수·학습체계가 분리되어 나오게 되었다. 교육체계는 생활사 속에서 늘 후경에 머물던 학습이 별도의 공간과 시간을 획득하면서 전경화되는 현상을 만들었다.

중세까지 우리가 학교라고 불렀던 기관들은 이러한 교육체계의 발생사 가운데 나타난 일종의 변이체들이었다. 근대사회로 넘어오면서 이러한 기관들은 하나의 독립적인 사회 체계로서의 교육체계로 진화하였고, 동일 모형의 인간을 대량 생산하는 기관으로 자리잡게 되었다. 그 안에서 학습의 시간과 공간을 전유하는 형태의 '형식학습'이라고 하는 독특한 학교학습의 양상이 나타나게 되었다.

1990년대 이후 사회는 빠른 속도로 평생학습체계라고 하는 포괄적 학습체계 집합을 탄생시키고 있다. 여기에서 평생학습체계는 일종의 범주적인 개념이며 실제 그 안을 채우고 있는 것들은, 예컨대 우리나라의 경우 평생교육체제 지원 성인대학, 학습도시, 지역 평생학습관, 도서관, 박물관, 온라인학습 커뮤니티, 노동조합, 사회복지관, 문화관, 장애인 평생학습 기관들, 기업 연수원, 시도 평생교육진흥원, 체육 시설, 공무원 연수원, 문해교육센터 등 실로 헤아릴 수 없이 많은 학습체계들이 「평생교육법」 및 관련 제도들, 지자체 조례, 관례와 문화 등을 준거로 서로 연결되어 있다.

이렇게 특화된 평생학습 기관들의 연합체로서의 평생학습체계는 몇 가지 특징을 가진다. 첫째, 이들 기관들은 단순한 '교육기관'이 아니며, 다양한 법체계, 정치 체계, 경제 체계, 문화예술 체계 등의 핵심적인 하위 시스템들이다. 이들은 단순한 구성원에 대한 연수 기능을 넘어 각 상위 체계가 시스템적 성장을 할 수 있도록 하는 기능을 부여받을 수 있다. 예컨대, 행정자치부가 운영하는 국가공무원 연수원은 구성원들의 교육을 통해서 국가 행정의 비전과 문제를 다룬다. 이 과정에서 여러 가지 과정에 노출될 수 있는데, 예컨대 피터 생게가 말한 학습 조직 개념이 적용될 수도 있고, 혹은 엥게스트롬이 시사한 확장학습의 장이 될 수 있다. 기관은 다수 개인의 단순 집합을 넘어 하나의 집합지성을 구성한다. 여기에서 국가공무원 연수원 사례를 들었지만, 사실 조직과 기관 단위들은 그 자체가 중층적이다. 인간들의 구성체를 넘어 시설과 자원, 관계, 연결망 등을 포함한다.

여기에서 말하는 '학습'은 바로 그런 실제 관계 속에서 실현된다. 인간의 학습 결과는 뇌 속에 저장되더라도 결국은 시험지를 통해, 수행평가를 통해, 작업 성과를 통해, 자신이 뛰는 팀의 승리를 통해, 혹은 타자와의 공감의 증가를 통해 드러난다. 또한 학습의 결과로 성취한 사례들은 클라우드에 저장되거나 블로그로 옮겨져서 타자들에게 영향을 준다. 나는 지금 컴퓨터와 '연결'되어 글을 쓰고 있으며, 이 글은 곧 출판을 통해 또 다른 '연결'을 만들 것이다. 내가 일하는 대학의 평생교육전공 대학원생들은 이 책을 통해 새로운 (혹은 이미 알고 있었던) 생각을 공유하면서 평생교육학자로서의 효능감을 향상시킨다. 예컨대, 이런 사태들은 복잡체계론뿐만 아니라 라뚜르의 행위자연결망이론(ANT)으로도 그 변화의 실재성이 존재하는 중심점을 포착할 수 있다.

이 책에서 학습은 보다 일반성을 가진 열린 개념으로 규정된다. 학습은 모든 체계가 항시적으로 수행하는 자기조직화 및 자기적응화로 이해한다. 또한 복잡 체계가 학습체계라는 말은 체계가 환경의 변화에 대하여 스스로 적응하고 항상성을 유지하기 위해 지속적으로 작동한다는 말과 같다. 이 현상은 개체 차원에서 끝나지 않는다. 복잡 체계는 중층적 체계들의 종적 연속성을 가정하며, 개체는 그 가운데 한 가지 체계일 뿐이다. 따라서 복잡 체계의 학습은 중층적 학습의 연동 작용, 복합적 연속 작용으로 나타난다.

그 연속선상에서 나는 학습사회를 이렇게 학습하는 체계들이 구성해 가는 복잡 체계라는 관점에서 이해하려고 한다. 복잡 체계는 그 자체가 학습하는 체계이며, 스스로 학습을 한다(Davis et al., 2008, p. 132). 이때 학습이란 존재와 분리되어 있지 않다. 흔히 학습을 외부로부터 지식을 가져오는 타자적 작동 체계로 이해하지만, 이런 대응이론적 관점의 학습은 생명 체계를 설명하는 데 결코 적합하지 않다. 학습은 항상성을 유지하는 생명 과정이기 때문이다.

학습사회에서의 학습은 개체 단위에서도 물론 일어나지만, 개체를 구성하는 하위 체계(sub-personal systems)나 개체들이 복수로 구성하는 상위 체계(super-personal systems)의 차원에서도 일어난다. '학습'과 '사회'를 동적으로 결합하는 방법으로 학습사회를 '학습하는 사회'로 보는 방식은 학습의 주체가 바로 사회 자신이 된다. 단순하게 표현하자면 살아 있는 모든 생명체는 체계이다. 그리고 체계들은 학습을 통해 환경에 적응한다. 학습사회 안에서 교육체계도 하나의 살아 있는 활동 체계이며, 새로 형성되고 있는 평생학습체계도 일종의 살아 있는 활동 체계이다. 이들은 서로 연결되고 영향을 주고받으며 자신의 사회적 재생산에 기여한다.

그런데 이런 정의를 만나게 되면 독자들은 아마 혼돈스러울지 모른다. 왜냐하면 그런 식으로 학습체계를 정의한다면 세상에 학습체계가 아닌 것이 없게 되기 때문이다. 하지만 활동이 정지되거나 환경 변화에 비탄력적인 체계, 즉 학습하지 않는 체계는 존재하기 어렵다는 점에서 모든 사회 체계가 학습체계라는 주장은 그리 무리한 관점이 아니다. 예컨대, 경제 체계나 군사 체계 등 모든 체계가 그들의 당면한 문제를 해결하기 위해 데이터를 발굴하고 공유하며 빅데이터 기반 인공지능을 구축하는 등의 노력을 벌인다. 그리고 이를 수행할 수 있는 전문 인력을 양성하려고 노력한다. 또한 동일한 방식으로 학교나 문화센터, 대학 등 '전경화된 교육 전담 체계들'뿐만 아니라 군대나 기업, 법원 등도 여전히 학습체계들로 이해될 수 있다. 다시 강조하지만, 모든 살아 생존하는 체계는 학습체계이다. 체계와 기관의 형질과 역량, 효과성, 자신감 등을 바꾸어 낼 수 있는 집단지성이 그 안에서 실제로 작동하는 한 모든 체계는 학습체계이다. 그러한 학습 기능이 활성화된 체계들의 오케스트라가 여기에서 말하는 학습사회라고 할 수 있다.

학습사회의 다층성과 전층위학습

'인간의 학습'을 말할 때 심리학적 차원의 활동만을 이야기할 경우, 그것을 둘러싼 전층위적 풍부함의 세계들을 모두 놓치게 된다. '나'의 기억은 나의 고립된 단수적 기억이 아니라 수많은 사람, 사물들, 관계들을 통해 형성된 경험으로 이루어져 있다. 그런 점에서 나의 기억은 나라는 단수가 아니라 우리라는 복수로 구성된다. 개체라는 단층이 아니라 다층적 중층성으로 드러난다. 사회 체계 이론이 보는 인간은 생물 체계, 심리 체계, 사회 체계라는 중층적 체계들을 가로지르는 존재이다. 그리고 이 책의 주된 관심은 학습 현상 역시 이 세 가지 체계들 사이를 오가는 복잡 현상이라는 것이다. 인간은 그 자신이 유기체적 세포들로 구성되어 있고, 신경계로 연결되어 있다. 또한 의식과 인식, 기억이라는 심리 체계적 활동들을 가지고 있으면서 동시에 그런 인식과 의식이 의미 생산과 공유를 통해서 소통하는 복수의 개체들, 즉 사회 체계의 일부이다.

> 인간은 그 자체가 생물적 체계, 신경생리학적 체계, 심리적 체계, 사회적 체계 등 서로 중첩되지 않으면서 다른 층위에서 작동하는 수많은 자립적인 체계들의 복합체이다(Kneer & Nassehi, 2000/2008, p. 98).

생명이 환경에 적응하는 과정의 핵심은 자신과 환경을 차별화하는 것이다. 생명은 그 차이를 통해 자신을 타자로부터 구분하고, 그 존재성을 확인하며, 그 존재의 재생산에 집중한다. 고등 생명으로 갈수록 그 차이는 물리적·화학적 차이로부터 상징적·의미적 차이로 전환된다. 고등 생명 가운데 하나인 인간은 자신을 환경과 차별화하며, 이 둘 사이의 차별성을 이해하고, 그 차이를 의미로 규정할 줄 안다. 가장 중요한 학습은 나와 환경 사이의 경계를 긋고, 그것을 생존의 준거로 삼는 것이다. 나를 제외한 모든 타자도 일종의 환경이라고 한다면, 이것은 타자들과 나의 차별성을 드러내는 '자아' 혹은 '정체성'이 될 수 있다.

하지만 체계(나)와 환경의 경계는 결코 개체 단위에서 고정된 것이 아니다. 나는 나이면서 동시에 가족에 속한다. 나 개인의 경계는 가족 체계와 환경 사이의 경계라는 복수의 선을 포함하게 된다. 또한 나는 대학의 교수이며 대한민국 국민이다. 그리고 나는 이 지구에 살고 있고, 지구 온난화는 내 존재성을 위협하는 가장 중요한 위기 요소이다. 이렇게 따져 보면 결국 나의 경계는 계속해서 확장되어야 하며, 그 안에 속한 타자들과 만나 연동해야 한다. 오히려 주변의 타자들이 흔드는 물결에 내가 경계를 감지하고 학습에 참여하게 되는 것이 대부분의 순서이다.

학습사회는 그 자체가 학습하는 총체적 체계이며, 그 안에 또한 학습하는 다양한 하위 체계들의 기억으로 구성된다. 앞 장에서 설명한 것처럼, 복잡 체계 안에서 모든 살아 있는 체계는 원칙적으로 학습을 하며 기억을 산출한다. 체계란 환경과 자신을 구분하는 경계를 관찰하고 그 변화 속에서 자신의 항상성을 유지하려는 성질을 갖는데, 이때 나타나는 변화를 학습이라고 본다. 몸 기관, 인간 개체, 조직, 회사, 국가, 지구 생태계 등은 모두 서로 상하좌우로 연동하는 각 층위의 체계들이며, 개인도 그런 체계들 가운데 하나이다. 이들은 모두 연동하는 공동체들이며, 각 체계들의 균형과 안정화는 결코 위 수준의 체계에 의해 명령 하달되지 않는다. 어찌 보면 상위 체계는 하위에 있는 체계에게 있어서 단지 하나의 환경으로 인지될 뿐이기 때문이다. 우선은 각자도생하는 것처럼 보이지만, 사실은 서로 간에 소통하며 공동의 균형점들을 찾아 간다.

학습사회는 기본적으로 불안정한 사회이지만 또한 그것을 넘어설 장치를 내장한 사회이다. 각 하위 체계들의 학습 강도가 높다는 것은, 거꾸로 말하면 사회는 불안정성과 변화를 수용하는 사회라는 뜻이다. 우리가 불확정성 속에서 날마다 금융 위기, 에너지 위기, 전쟁, 바이러스 창궐, 환경 파괴 등을 경험하며 살아가지만, 그 안에서도 새로운 적응 기제를 발견하고 학습해 갈 수 있는 이유는 그만큼 그 사회 체계가 '학습하는 체계'이기 때문이다.

학습체계는 하위 학습체계들의 중층적 구조의 연속이다. 수직적으로 자신을 포함하는 상위 체계들에 속해 있고, 또한 자신이 포함하는 하위 체계들을 가지고 있다. 또한 수평적으로 자신과 경쟁하거나 협력하는 외부 체계들과 연결되어 있다. 개체도 이런 체계들 가운데 하나이다. 체계란 반드시 생물학적 체계만을 말하지 않는다. 인간-비인간, 생물-물질, 목적-수단, 문화-자연 등의 구분을 넘어선다. 삶(life)이란 이런 복잡한 체계들의 관계 속에서 이루어진다. 우리가 말하는 '평생'이란 그런 것이다. 나의 평생은 내가 속한 어떤 조직이나 사회의 평생과 연결되어 있다. 계속 나아가면 내 생명을 지지하는 지구 생태계 전체의 평생과 연결되어 있다. 학습은 체계의 생명 과정이다. 이런 중층성에서 볼 때, 개인학습이 기능하기 위해서는 그 단위를 포함하는 더 큰 층위의 시스템학습 안에서의 연관성과 기능성을 동시에 고려하지 않으면 안 된다. 그리고 프랙털적으로 사고한다면 개인학습의 패턴과 팀 혹은 조직학습의 패턴은 서로 연동하는 홀로그램적 관계에 있어야 한다.

이러한 이야기에도 불구하고 교육학은 여전히 심리학적 차원의 인지와 의식 그리고 학습 개념의 포로가 되어 있다. 잠시라도 그런 선입견에서 떨어져 나와서 학습체계들이 만드는 심포니를 관찰해 보라. 만일 세포들이 의식이 있다면 그의 눈에는 자기와 연접해 있는 다른 세포들이 포착될 것이다. 이런 세포들의 눈으로 본 세계는, 예컨대 심장, 폐, 근육 등일 테고, 그런 기관들의 집합으로서의 인간이라는 개체는 세포가 보기에 너무나 거대해서 일종의 클라우드 같은 이미지로 보일지 모른다. 그런 기관들이 하나의 개체로서의 인간을 만든다. 또한 그런 개체들이 가정을 이루고 회사를 구성하며 국가를 형성한다. 인간은 또한 생태와 얽혀 있고, 그 생태계는 궁극적으로 생물권 전체를 포함하는 궁극적 영역까지 확장된다. 코로나 상황에서 T세포의 학습은 거리 두기만큼이나 중요하다. 게다가 국경을 닫고 출입국을 감시하는 국가 단위의 행동 방식도 또 하나의 중요한 학습활동이다. 이러한 다층적 차원의 학습들이 모두 서로 조율되어야 코로나19는 비로소 종식될 수 있다. 요컨대, 학습의 종적 연속성이 필요하다. 세포에서 생물권에 이르는 복잡층위는 모두 서로 촘촘히 그물처럼 연결되어 있고, 그 사이에서 어떤 존재도 독립성을 주장할 수 없다. 이것을 제8장에서 전층위학습(lifedeep learning)이라고 불렀다. 근대사회의 실수는 바로 개체라는 단위의 인간에게 지나친 자율권, 결정권, 독립성을 부여했다는 점이다. 개체에서 끊어진 생명사슬은 이후 생태계를 위협하는 수많은 난제를 만들어 내었다.

학습사회와 집단지성

인간학습은 기본적으로 지식 공유에서 시작한다. 가장 단순하게 말해서 공동의 지식을 구축하고 의사소통을 통해서 공유하는 일이 인간학습의 가장 중요한 목적이 될 수 있다. 이런 학습은 본질적으로 집단학습(collective learning)이라는 특성을 갖게 되며, 이렇게 공유되기 위해 축적되는 합의된 동일성이 집단지성(collective intelligence)이다. 문화진화론 혹은 인류학적 차원의 사유에서 '집합적'이란 곧 '세대를 거쳐 시간의 축을 따라 축적되어 온'이라는 뜻을 가진다. 그런 점에서 우리가 가진 모든 지식은 집합지식으로 볼 수 있다. 적어도 한 개인의 순전한 발명품은 아니다. 그것이 '집합적'인 이유는 또한 공동체 구성자들 사이에서 공유되고 있기 때문이다. 사실, 의사소통 자체가 집합적 의미를 전제하지 않고는 성립할 수 없다는 점에서 모든 지식과 의미 체계는 집합적이다.

근대사회에서 인간의 지배적 학습 양식을 결정해 온 '근대성'이라는 단일기호는 집단지성의 성격을 다양성보다는 중복성에 치우치게 만들었다. 학교는 그 대표적 형식이었다. 집단지성은 중복성(redundancy)과 다양성(diversity)의 균형을 통해 발전하며, 어떤 사회에서는 중복성이 강조되는 반면, 그 밖의 사회에서는 다양성이 강조되기도 한다. 중복성이 강조된 사회는 군대와 같은 단일 집단성 및 위계적 통제 구조를 가지게 되는 반면, 다양성을 강조하는 사회는 차이를 통해 새로운 학습의 지평을 형성해 간다. 근대사회는 학교를 통해 일종의 동일성이라는 중복적 요소들을 개개인에게 복제하여 탄생한 사회이며, 표준화된 절차와 방법대로 살아가는 데 익숙한 사회로 진화해 왔다. 그 안에서 개인학습의 대량 복사라는 방식으로 한 사회의 집단성을 단일화시키는 데 기여한 학교의 표준적 작동 방식은 집단을 결속시키고 그 안에서 조직이 마치 한 개인처럼 통일적 행동을 할 수 있도록 해 준다는 점에서 한 사회의 생존을 가능하게 하는 엄청난 강점을 가지지만, 다른 한편에서 그 안에서의 다양성을 최소화하고 제한하게 된다는 점에서 이미 선택된 어떤 거대 담론의 방향을 전환하는 데에는 한계를 가진 학습 방식이라고 할 수 있다.

반면, 우리가 이미 논의했던 위험사회, 지식사회, 스마트사회 등의 개념은 이러한 근대사회적 학습 양식을 넘어서는 방식, 즉 중복성을 넘어 다양성이 새롭게 학습될 수 있는 집단지성의 구조를 전제로 한다. 여기에서 '집합'이란 표현은 여러 개체가 모여 활동하는 가운데 각각의 개인적 목적이나 관심으로 환원될 수 없는 집단 고유의 어떤 특성이 새롭게 창발되고 소통되며 공유되어 갈 수 있는 생성적 집단성을 말한다. 그러기 위해서는 우선 고도의 정밀한 소통이 가능해야 하며, 그런 소통을 통해 전체가 하나의 단위로 소통하고 작동할 수 있다는 차원이 전제되어야 한다. '거인의 어깨'를 활용하는 것도 중요한 집단지성을 활용하는 방법이다. 학습체계는 그러한 집단지성을 구성하는 개별 활동 체계들의 학습 양식을 확장하고, 이를 통해서 활동 체계의 한계와 모순을 넘어설 수 있는 사회적 소통 과정을 장착해야 한다.

이제, 지식경제 등장 이후 새로운 방식으로 지식과 사회를 연결하려는 시도들이 나타나고 있다. 또한 과거의 근대 학교 기반 사회체제와 다른 질적인 변화가 나타나고 있다. 이런 현상들은 모두 지식의 존재 근거와 활용 방식, 그 학습 방식 등에 대한 변화를 요청한다. 예컨대, 암묵적 지식에 대해 주목하기 시작하면서 그것이 공유되는 무형식학습에 대한 자연적인 관심이 표출되기 시작했다. 그 가치가 부상하면서 이에 대해 사회적 교환 가치를 부여하고자 하려는 관심이 증대되었다. 스마트 생산을 강조하는 산업 4.0 혹은 5.0이 출현했고, 일상생활 속에 인공지능이 자리 잡으면서 '챗GPT' 등과 같은 대화생성기계들이 나타났다. 이러한 각각의 체계들은 모두 이른바 '스마트'라는 개념을 전면화하면서 학습하는 인간, 학습하는 기계, 학습하는 생산 체계, 학습하는 도시를 선언하고 있다. 딥 러닝처럼 기계가 학습하는 사회에서 인간의 학습을 '학교화된 사회'가 전제했던 방식 안에 갇혀서 이해해서는 안 된다. 이제 사회가 학습하는 사회, 즉 학습사회로 전환될 시대가 되었다. 학습사회는 이제 '더 많은 학습을 더 평등하게 공급하는 사회'를 넘어선 새로운 의미로 재해석될 필요가 있다.

참고문헌

김대용(1993). 조선 초기 교육의 사회사적 연구. 한울 아카데미.

김득영(1995). 일본 평생교육의 정책이념에 관한 연구. 평생교육학연구, 1(1), 179-201.

김신일(2001). 학습이론과 학습자관의 변화. 김신일, 한숭희 (편), 평생교육학. 교육과학사.

김신일(2005). 학습시대 교육학 패러다임. 박부권 (편), 학습시대 교육학. 교육과학사.

김신일, 박부권 (편)(2005). 학습사회의 교육학. 학지사.

김욱동(1992). 모더니즘과 포스트 모더니즘(개정증보판). 현암사.

쓰지모토 마사시, 오키타 유쿠지 (편). (2010). 일본교육의 사회사.

장상호(1997). 학문과 교육 (상권). 서울대학교출판부.

정민승(2021). 평생학습, 또 하나의 오래된 미래. 에피스테메.

채재은, 한숭희(2015). 고등 평생학습체제의 형성 과정 분석. 평생학습사회, 11(4), 1-24.

최근정(2019). 성인들의 '대학 밖 대학' 배움 활동 해석: 들뢰즈의 '노마드'와 '배치' 개념을 중심으로. 이화여자대학교.

한숭희(1999). 학습생태학적 입장에서 바라본 성인 학습. 평생교육학연구,

5(1), 223-244.

한숭희(2001). **평생학습과 학습생태계**. 학지사.

한숭희(2004). 지식혁명의 포스트 모던 조건과 평생학습의 난제. **아시아교육연구**, 5(3).

한숭희(2005). **포스트 모던 시대의 평생교육학**. 집문당.

한숭희(2006a, 2006. 6. 23). 평생학습사회에서의 교육과 학습의 재음미. 김신일 교수 초청 학술포럼대회, 서울대 교수회관.

한숭희(2006b). 평생학습사회의 학습체제 연구를 위한 생태 체제적 개념 모형 탐색. **평생교육학연구**, 12(4), 179-202.

한숭희(2009a). **학습사회를 위한 평생교육론**(3판). 학지사.

한숭희(2009b). 화성에서 온 사회교육, 금성에서 온 평생교육. **평생학습사회**, 5(1), 1-18.

한숭희(2010). **평생학습사회연구**. 교육과학사.

한숭희, 이은정(2016). 고등교육 보편화와 체제적 복잡화: 고등교육과 평생학습의 화학적 결합. **평생학습사회**, 12(1), 1-31.

한숭희(2019). **교육이 창조한 세계**. 교육과학사.

한숭희, 양은아, 임혜진(2020). '평생학습' 개념 생태계 연구: 평생학습 개념의 확장, 융합, 그리고 창발에 관하여. **평생교육학연구**, 26(2), 1-30.

한숭희(2021). 평생학습 제도화 현상의 이론적 기반과 글로벌 전개 과정: 유럽과 동아시아 현상 비교. **평생교육학연구**, 27(4), 1-42.

Baets, W. R. J. (2006). *Complexity, Learning and Organizations*. Routledge.

Baker, D. P. (2014). *The Schooled Society*. Stanford University Press.

Baraldi, C., & Corsi, G. (2017). *Education as a social system. Springer*.

Beck, U. (1992). Risk society: Towards a new modernity. Sage.

Bélanger, P. (2016). *Self-construction and social transformation*. UIL.

Berghaus, M. (2011/2012). *Luhmann leicht gemacht: Eine Einfuhrung in die System theorie.* (이철 역). 쉽게 읽는 루만. 한울 아카데미.

Bidwell, C. E. (2006). Varieties of institutional theory: traditions and prospects for educational research. In H.-D. Meyer & B. Rowan (Eds.), *The new institutionalism in education* (pp. 33-47). SUNY Press.

Biesta, G. J. J. (2006). *Beyond Learning: Democratic education for a human future.* (박은주 역). 교육과학사.

Braidotti, R. (2019). *Posthuman knowledge.* Policy Press.

Bryant, L. R. (2011/2021). *The democracy of object.* (김효진 역). 갈무리.

Buhr, D. (2015). *Social innovation policy for industry 4.0. Friedrich Ebert Stiftung.*

Capra, F. (1998). *The Web of Life.* (김동광, 김용정 역). **생명의 그물**. 범양사 출판부.

Carnegie Commission on Higher Education. (1973). *Toward a learning society: alternative channels to life, work, and service*. McGraw-Hill.

Coole, D., & Frost, S. (2010). *New materialisms: ontology, agency, and politics*. Duke University Press.

Damasio, A. (2018). The strange order of things. Vintage Books.

Davis, B., Sumara, D., & Luce-Kapler, R. (2008/2017). *Engaging Minds: Learning and teaching in a complex world.* (한숭희, 양은아 역). **마음과 학습**. 교육과학사.

Davis, B., Sumara, D., & Luce-Kapler, R. (2015). *Engaging minds: Culture of education and practices of teaching* (3rd edition). Routledge.

Davis, B., Sumara, D., & Luce-Kapler, R. (2015/2021). *Engaging minds: Cultures of education and practices of teaching* (3rd edition). (한숭희, 강영숙, 양은아, 이현경, 정혜령 역). **표준화교육에서 복잡성 교육으**

로. 교육과학사.

DeLanda, M. (2002/2009). *Intensive science and virtual philosophy.* (이정우, 김영범 역).강도의 과학과 잠재성의 철학. 그린비.

Deleuze, G. (1965/2007). *Nietzsche.* (박찬국 역). 들뢰즈의 니체. 철학과현실사.

Deleuze, G., & Guattari, F. (1991). *What is philosophy?* (H. Tomlinson & G. Burchell, Trans.). Columbia University Press.

Dintersmith, T. (2018/2019). *What school could be.* (정미나 역). 최고의 학교. 예문아카이브.

Donald, M. (2001). *A mind so rare.* W. W. Norton and Company.

Edwards, R. (2010). The end of lifelong learning: a post-human condition? *Studies in the Education of Adults, 32*(1), 5-17.

Edwards, R. (2012). Human-centric learning and post-human experimentation. In P. Jarvis (Ed.), *The Routledge International Handbook of Learning*. Routledge.

Edwards, R., Miller, N., Small, N., & Tait, A. (Eds.). (2002). *Supporting lifelong learning vol.3: Making policy work*. Routledge.

Engeström, Y. (2001). Expansive Learning at Work: Toward an activity theoretical reconceptualization. *Journal of Education and Work, 14*(1), 133-156.

Engeström, Y. (2016). *Studies in expansive learning: Learning what is not yet there.* Cambridge University Press.

Field, J. (2002). *Lifelong learning and the new educational order.* Trentham Books.

Fox, N., & Alldred, P. (2017). *Sociology and the new materialism*. Sage.

Garick, J. (1998). Informal learning in corporate workplace. *Human Resource Development Quarterly, 9*, 129-144.

Green, A. (2000). Lifelong learning and the learning society: different

European models of organization. In A. Hodgson (Ed.), *Policies, politics and the future of lifelong learning*. Kogan Page.

Green, A. (2006). Models of lifelong learning and the 'knowledge society'. *Compare, 36*(3), 307-325.

Hager, P. J. (2011). Concepts and definitions of lifelong learning. In M. London (Ed.), *The Oxford Handbook of Lifelong Learning*. Oxford University Press.

Han, S. (2001). Creating systems: lifelong learning in Asia. *Asia Pacific Education Review, 2*(2).

Han, S. (2008). Competence: Commodification of Human Ability [Reports - Descriptive]. *Asia Pacific Education Review, 9*(1), 31-39.

Han, S. (2009). The lifelong learning system in Asia. *The Routledge international handbook of lifelong learning*, 459.

Han, S. (2013). Confucian states and learning life: making scholar-officials and social learning a political contestation. *Comparative Education, 49*(1), 57-71.

Han, S. (2017). Institutionalization of Lifelong Learning in Europe and East Asia: from the Complexity Systems perspective. *Asia Pacific Education Review, 18*(2), 281-294.

Han, S., & Makino, A. (2013). Learning Cities in East Asia: Japan, the Republic of Korea, and China. *International Review of Ecucation, 59*(4), 443-468.

Hayles, N. K. (1999). *How we became posthuman*. University of Chicago Press.

Hayles, N. K. (2017). *Unthought: The poweer of the cognitive nonconscious*. University of Chicago Press.

Holford, J., & Mleczko, A. (2013). Lifelong learning: national policies from the European perspective. In *Lifelong learning in Europe*.

Edward Elgar Publishing.

Husén, T. (1986). *The learning society revisited : essays* (1st ed.). Pergamon Press.

Hutchins, R. M. (1968). *The learning society*. F. A. Praeger.

Hutchins, R. M., & Center for the Study of Democratic Institutions. (1972). *The prospects for a learning society* [Sound recording]. Santa Barbara, Calif., Center for the Study of Democratic Institutions.

Illich, I. (1977). *Deschooling society.* Harper & Row.

Jackson, M. C. (2007). Social Systems Theory and Practice: The Need for a Critical Approach. *International Journal of General Systems, 10*(2-3), 135-151.

Jarvis, P. (2006a). Beyond the learning society: globalisation and the moral imperative for reflective social change. *International Journal of Lifelong Education, 25*(3), 201-211.

Jarvis, P. (2006b). From adult education to the learning society: 21 years from the *International journal of lifelong education*. Routledge.

Jarvis, P. (2009)(ed.). *The Routledge International Handbook of Lifelong Learning*. Routledge.

Kegan, R. (1982). *The evolving self: Problem and process in human development.* Harvard University Press.

Kincheloe, J. (1993). *Toward a critical politics of teacher thinking: Mapping the postmodern*. Bergin and Garvey.

Kneer, G., & Nassehi, A. (2000/2008b). *Niklas Luhmanns Theorie Sozialer Systeme.* (정성훈 역). 니클라스 루만으로의 초대. 갈무리.

Knowles, M. S., Holton III, E. F., & Swanson, R. A. (1998). *The adult learner* (5th Edition). Gulf Publishing Company.

Kolenc, J. (2012). Luhmann's theory of education. *Solsko Polje, 23*(1),

241-252.

Kuhn, M. (Ed.). (2006). *Towards the Learning Economy*. Peter Lang Publishing Inc.

Latour, B. (1991/2009). *Nous n'avons jamais été modernes*. (홍철기 역). 우리는 결코 근대인이었던 적이 없다. 갈무리.

Luhmann, N. (1984/1995). *Social Systems* (J. John Bednarz & D. Baecker, Trans.). Stanford Universit Press.

Luhmann, N. (1984/2007). *Soziale Systeme*. (박여성 역). **사회 체계 이론1**. 한길사.

Luhmann, N. (2002). *Introduction to Systems Theory*. Polity.

Luhmann, N. (2002/2015). *Das Erziehungssystem der Gesellschaft*. (이철, 박여성 역). **사회의 교육체계**. 이론출판.

Margulis, L., & Sagan, D. (1997/2011). *Microcosmos: Four billion years of microbial evolution*. (홍욱희 역). 마이크로코스모스. 김영사.

Milana, M., & Holford, J. (Eds.). (2014). *Adult Education Policy and the European Union*. Sense Publisher.

Miller, J. H., & Page, S. E. (2007). *Complex Adaptive Systems*. Princeton University Press.

Mulgan, G. (2018). *Big mind: How collective intelligence can change our world*. Princeton University Press.

Nonaka, I., & Takeuchi, H. (1995). *The knowledge-creating company*. Oxford University Press.

O'Connor, J., & McDermott, I. (1997/2006). *The art of system thinking*. (아시아미래인재연구소 역). 생각의 미래. 지식노마드.

OECD. (1973). *Recurrent Education: A Strategy for Lifelong Learning*. OECD.

OECD. (2010). *The Nature of Learning: Using research to inspire practice*. OECD.

OECD. (2022). *Education at a Glance 2022: OECD Indicators.* OECD.

Peters, M. (Ed.). (1997). *Education and the postmodern condition.* Bergin & Garvey.

Piaget, J. (1971). *Biology and Knowledge.* University of Chicago Press.

Raggatt, P., Edwards, R., & Small, N. (1996). *The Learning Society: Challenges and Trends.* Routledge.

Ranson, S. (1998). *Inside the learning society.* Cassell.

Raven, J., & Stephenson, J. (2001). Competence in the learning society. *Counterpoints(166)*, xx, 535 p.

Rovelli, C. (2017/2019). *The order of time.* (이중원 역). 시간은 흐르지 않는다. 쌤앤 파커스.

Rubenson, K. (2006). The Nordic model of Lifelong Learning. *Compare: A Journal of Comparative and International Education, 36*(3), 327-341.

Saar, E., & Ure, O. B. (2013). Lifelong learning systems: overview and extension of different typologies. *In Lifelong learning in Europe.* National Patterns and Challenges.

Schuetze, H. G., & Slowey, M. (2000). *Higher Education and Lifelong Learners: International perspectives on change.* Routledge/ Falmer.

Seidl, D. (2004). *Luhmann's theory of autopoietic social systems.* Ludwig-Maximilians-Universitat Munchen, Munich School of Management.

Senge, P., Kleiner, A., Roberts, C., Ross, R. B., & Smith, B. J. (1994). *The fifth discipline: The art and practice of the learning organization* (e ed.). Doubleday.

Simons, M., & Masschelein, J. (2007). The learning society and governmentality: An introduction. In J. Masschelein, M. Simons, U. Brockling, & L. Pongrantz (Eds.), *The learning society from the perspective of governmentality*. Blackwell Publishing.

Slowey, M., & Schuetze, H. G. (Eds.). (2012). *Global Perspectives on Higher Education and Lifelong Learners*. Routledge.

Spolar, V. A. M., & Holford, J. (2014). Adult learning: from the margins to the mainstream. In M. Milana & J. Holford (Eds.), *Adult education policy and the European Union* (pp. 35-52). Sense Publishers.

Sun, Q. (2009). Adult education in China 1978-2008: An analytical review on the influence of national educational policies. *Convergence, 42*(1), 23-37.

Sun, Q., & Chang, B. (2019). The 40 Years' Evolution of the Chinese Adult and Continuing Education: Where Does it Move Driven by the China Dream? *New Directions for Adult and Continuing Education, 2019*(162), 11-23.

Thompson, G. (2020). *The educational assemblage*. Routledge.

Torres, R. M. (2002). Lifelong Learning in the North, Education for All in the South. In C. Medel-Anonuevo (Ed.), *Integrating Lifelong Learning Perspective* (Vol. ED 470 373). UNESCO.

Trow, M. (1970). Reflections on the transition from mass to universal higher education. *Daedalus, 99*(1), 1-42.

Trow, M. (1973). *Problems in the transition from elite to mass higher education*. Carnegie Commission on Higher Education.

Tuschling, A., & Engemann, C. (2006). From education to lifelong learning: the emerging regime of learning in the European Union. *Educational Philosophy and Theory, 38*(4), 451-469.

UIL. (2016). *Global Report on Adult Learning and Education III*. UNESCO.

UNESCO. (1972). *Learning to be*. UNESCO.

UNESCO. (2015). *Education 2030 Framework for Action*. UNESCO.

Usher, R., Bryant, I., & Johnston, R. (Eds.). (1997). *Adult education and the postmodern challenge.* Routledge.

van der Zee, H. (1991). The Learning Society. *International Journal of Lifelong Education, 10*(3), 213-230.

Vanderstraeten, R. (2004). The social differentiation of the Educational System. *Sociology, 38*(2), 255-272.

Wain, K. (2004). The learning society in a postmodern world: the education crisis. *Counterpoints,(260)*, xvi, 362.

Walters, S. (2006). Adult learning within lifelong learning: a different lens, a different light. *Journal of Education, 39*(1), 7-26.

Walters, S. (2010). 'The planet will not survive if it's not a learning planet': sustainable development within learning through life. *International Journal of Lifelong Education, 29*(4), 427-436.

Welton, M. (2001). Civil society and the public sphere: Habermas's recent learning theory. *Studies in the Education of Adults, 33*(1), 20-34.

Williams, J. (2013). *Gilles Deleuze's difference and repetition: a critical introduction and guide*. Edinburgh University Press.

World Economic Forum. (2016). *Furture of Jobs: Employment, skills and workforce strategy for the Fourth Industrial Revolution.* World Economic Forum.

찾아보기

인명

내용

저자 소개

한숭희

현 서울대학교 교육학과 교수

한숭희는 교육학자이다. 서울대학교에서 교육학으로 학사와 석사과정을 마쳤고 뉴욕주립대학교에서 박사학위를 받았다. 현재 서울대학교 사범대학 교육학과 교수로 일하고 있다. 지난 20여 년 동안 평생학습을 학습생태계적 관점에서 포착하는 연구들로서 『평생학습과 학습생태계』, 『포스트모던 시대의 평생교육학』, 『평생학습사회연구』, 『학습사회를 위한 평생교육론』 등을 출간하였다. 최근에는 복잡 체계 이론에 근간한 교육의 프레임 진화사를 담은 『표준화 교육에서 복잡성 교육으로』를 번역하였고, 교육의 활동-체계 연동 구조를 드러내는 책으로서 『교육이 창조한 세계』를 출간하였다.

평생학습이 창조한 세계
–생성적 이형화와 학습하는 체계들–

2023년 7월 30일 1판 1쇄 발행
2025년 1월 20일 1판 2쇄 발행

지은이 • 한숭희
펴낸이 • 김진환
펴낸곳 • ㈜학지사
04031 서울특별시 마포구 양화로 15길 20 마인드월드빌딩
대표전화 • 02-330-5114 팩스 • 02-324-2345
등록번호 • 제313-2006-000265호

홈페이지 • http://www.hakjisa.co.kr
인스타그램 • https://www.instagram.com/hakjisabook

ISBN 978-89-997-2789-4 93370

정가 18,000원

저자와의 협약으로 인지는 생략합니다.
파본은 구입처에서 교환해 드립니다.